Beiträge zur Frühförderung interdisziplinär – Band 6

Herausgegeben von Dr. Martin Thurmair
Seidlstr. 4, D-80335 München
(Arbeitsstelle Frühförderung Bayern)

Große Pläne für kleine Leute

Grundlagen, Konzepte und Praxis der Frühförderung

Herausgegeben von Christoph Leyendecker und Tordis Horstmann

Mit 44 Abbildungen und 16 Tabellen

Ernst Reinhardt Verlag München Basel

Dr. päd. **Tordis Horstmann**, Diplom-Psychologin und Heilpädagogin, Leiterin des „Zentrums für Frühbehandlung und Frühförderung", Köln

Univ.-Prof. Dr. rer. nat. **Christoph Leyendecker**, Sonderpädagoge und Psychotherapeut, Lehrstuhl für Sondererziehung und Rehabilitation bei Körperbehinderung, Universität Dortmund

Titelphoto: privat

Die Deutsche Bibliothek – CIP-Einheitsaufnahme

Große Pläne für kleine Leute :
Grundlagen, Konzepte und Praxis der Frühförderung :
mit 16 Tabellen / hrsg. von Christoph Leyendecker und Tordis Horstmann. -
München ; Basel : E. Reinhardt, 2000
   (Beiträge zur Frühförderung interdisziplinär ; Bd. 6)
   ISBN 3-497-01517-2

ISSN 0940-8967

Ernst Reinhardt Verlag, Postfach 38 02 80, D-80615 München
Net: www.reinhardt-verlag.de Mail: info@reinhardt-verlag.de

Inhalt

Vorwort

Wir hatten es zum dritten Mal gewagt; und der Erfolg gab uns recht. Insgesamt 1.300 Teilnehmerinnen und Teilnehmer waren zu unserem „III. Kölner Frühförderkongreß 1999" gekommen.

Unser Programm war reichhaltig, das Interesse groß, alle Veranstaltungen waren ausgebucht. Da konnte leider nicht jeder an jeder gewünschten Veranstaltung teilnehmen. Im Vorfeld hatten wir daher schon eine informative Kongreßmappe mit Kurzfassungen der Vorträge und Workshops vorbereitet und für später eine umfassende Dokumentation in Aussicht gestellt.

Diese sollte ein wenig mehr als nur eine Referatesammlung darstellen. So haben wir uns durch Gliederung und redaktionelle Überarbeitung bemüht, daß das Buch ein aktuelles Kompendium der Frühförderung darstellt und viele nützliche Anregungen für die Praxis enthält.

Frühe Förderung behinderter und von Behinderung bedrohter Kinder hat im System von Gesundheit und Erziehung ihren festen Platz gefunden: Vielerorts werden „große Pläne für kleine Leute" mit Engagement umgesetzt. Daran sind viele in interdisziplinärer Zusammenarbeit beteiligt.

Damit die Pläne nicht in den Wind geschrieben sind, bedürfen sie der kritischen Reflexion. Vor allem müssen sie den Bedürfnissen von Kind und Familie entsprechen. Diese Orientierung zieht sich wie ein roter Faden durch viele Beiträge dieses Buches.

Namhafte Fachleute aus Theorie und Praxis kommen zu Wort. Sie behandeln ein breit gefächertes Themenspektrum: Es beginnt mit der Frage der Finanzierung, überspannt einen weiten Bogen diagnostischer, konzeptioneller und interdisziplinärer Aufgaben, gibt einen praxisorientierten Überblick der Förderkonzepte und widmet sich schließlich aktuellen Qualitätsfragen.

Mit letzterem stellt sich die Frühförderung einem wichtigen gesundheitspolitischen Erfordernis: Die Qualität der Arbeit nicht unter den Scheffel zu stellen, sondern transparent und überprüfbar zu machen.

Aus unterschiedlichen Gründen konnten wir nicht alle Referate und Workshops in diesem Buch wiedergeben, dies hätte auch den Rahmen einer überschaubaren Publikation gesprengt. Wir hoffen aber, daß die interessierten Leserinnen und Leser alles Wesentliche wiederfinden.

Allen Referentinnen und Referenten, die zu diesem Buch beigetragen haben, sind wir zu großem Dank verpflichtet. Ein besonderer Dank gilt unserer Mitarbeiterin Frau Ulrike Diehl, Doktorandin der Heilpädagogik, die uns in vielerlei Hinsicht eine unersetzliche Hilfe war. Bei der Vorbereitung des Kongresses hat sie sich mit organisatorischem Geschick empfohlen, bei der Durchführung hatte sie die Fäden in der Hand und war mit Walkie-Talkie auf dem Kopf der kommunikative Dreh- und Angelpunkt. Schließlich hat sie mit Geduld, Charme und Beharrlichkeit die Beiträge eingeholt und das Typoskript zusammengestellt. Bei alldem hat sie sich so bewährt und profiliert, daß ihr größtes Problem derzeit ist, unter den vielen Stellenangeboten auszuwählen: „Große Pläne" sind nicht nur „für kleine Leute", sondern auch für große Leute förderlich.

Köln, im Frühjahr 2000

Univ.-Prof. Dr. Christoph Leyendecker   Dr. Tordis Horstmann

1. „Große Pläne brauchen Geld" –
   Finanzierungsformen und Kostenträger im
   System der Frühförderung

Wer soll was bezahlen?

Von Kurt-Alphons Jochheim

Während des III. Kölner Frühförderkongresses hat sich die Arbeitsgruppe „Große Pläne brauchen Geld" bemüht, mit kompetenten Fachleuten das schwierige Thema der Finanzierung von Frühförderung zu analysieren und zu einer Zukunftsperspektive für diesen Bereich beizutragen.

Auf dem Podium diskutierten aus dem Sozialhilferefrat des Bundesministeriums für Arbeit und Sozialordnung *Regierungsdirektorin Bettina Cleavenger*, als Beigeordnete der Stadt Köln *Dr. rer. pol. Ursula Christiansen*, der Vorsitzende des Bundesausschusses Ärzte/Krankenversicherungen *Staatssekretär a. D. Karl Jung*, der Justitiar der Bundesvereinigung Lebenshilfe *Klaus Lachwitz* und für den Verband der Angestelltenkrankenkassen *Hanspeter Grigoleit*.

Als Moderator fungierte *Prof. Dr. med. Kurt-Alphons Jochheim*, Deutsche Vereinigung für die Rehabilitation Behinderter.

Die Arbeitsweise der Frühförderung entspricht nach gemeinsamer Auffassung einem Teamkonzept, in dem interprofessionelle und interdisziplinäre Aufgaben zu lösen sind.

Dabei sind akademisch vorgebildete Berufsgruppen (Ärztinnen/Ärzte, Psychologinnen/Psychologen, Pädagoginnen/Pädagogen und Motopädinnen/Motopäden) ebenso wie klassische Therapieberufe (Physiotherapeutinnen/Physiotherapeuten, Ergotherapeutinnen/Ergotherapeuten und Logopädinnen/Logopäden) – je nach Art und Schweregrad der individuellen Entwicklungsmängel des Kindes – in unterschiedlichem Ausmaß beteiligt.

Es verwundert bei dem unbestritten vielfältigen Aufgabenkatalog der Frühförderung, daß ärztliche Leistungen und Heilmittel nach den Gesichtspunkten der kurativen Medizin verschrieben und abgerechnet werden, während die übrigen Leistungen entsprechend den Zielen der Eingliederungsverordnung (§39 BSHG) über den Sozialhilfeträger zur Verfügung gestellt werden.

Diese bisher von Ort zu Ort unterschiedlich geführte und nur ausnahmsweise völlig harmonische Zwangsehe zwischen gesetzlichen Krankenversicherungen (GKV) und Sozialhilfe gerät rasch in konkrete Schwierigkeiten, wenn die beteiligten Vertragsärzte eine weitere Verschreibung zu Lasten der GKV wegen der Gefahr der Überschreitung des Heilmittelbudgets ablehnen und damit ein wesentlicher Baustein aus dem Teamkonzept herausbricht.

Der Bundesausschuß Ärzte/Krankenversicherungen ist mit dem Entwurf neuer Heilmittelrichtlinien beschäftigt und daher auch für die Frage zuständig, welche Methoden in der Frühförderung zu Lasten der GKV verordnet werden können. Die Richtlinien werden auch Vorgaben über die Verordnung von sogenannten komplexen Heilmitteln enthalten, die mehrere Einzel-Heilmittel zu einer Komplexleistung zusammenfassen. Die Leistungen in der Frühförderung insgesamt, die ja im §43a SGB V näher als Leistungen *sui generis* beschrieben sind, zählen auch technisch nicht zu den Heilmitteln, die auf das Heilmittelbudget des einzelnen Arztes angerechnet werden. Wenn man sich jedoch außerhalb des §43a SGB V im allgemeinen Bereich der Rehabilitation bewegt, so kommen die dort üblichen Voraussetzungen für die Leistungsgewährung zum Tragen.

Für diesen Bereich ambulanter und stationärer Vorsorge und Rehabilitation haben die Spitzenverbände der Krankenkassen mit den Spitzenorganisationen der Vorsorge und Rehabilitation in der BRD (insgesamt 26 Organisationen) zum 1. Juli 1999 Rahmenempfehlungen abgeschlossen, in denen die Grundprinzipien Vorsorge und Rehabilitation, einschließlich Begriffsdefinitionen, geregelt sind.

Es ist vorgesehen, in zusätzlichen Detail-Vereinbarungen auch die weitere Ausgestaltung der Vorsorge und Rehabilitation zu regeln.

Allerdings gehört bisher die Frühförderung und die Behandlung in sozialpädiatrischen Zentren nicht zu diesem Bereich, sondern ist zur Zeit noch im kurativen Bereich angesiedelt.

Gegenwärtig wird häufig zwischen Krankenkassen und Sozialhilfe eine Mischfinanzierung vereinbart, die für die sozialpädiatrischen Zentren bereits vielfach zur Vereinbarung von Fallpauschalen geführt hat.

Im Kölner Raum ist eine solche Lösung auch für die Frühförderung gelungen. Krankenversicherung und Sozialhilfe erbringen im Verhältnis sechs zu fünf im Quartal DM 600,– und 500,– für den Einzelfall in drei verschiedenen Frühförderungseinrichtungen. Sozialpädagogische Gruppen werden dagegen von der Sozialhilfe allein finanziert.

Schließlich sind bei den Finanzen vielfach auch die Landesregierungen durch freiwillige Leistungen beteiligt. Zum Teil geschieht dies durch Projektförderung, wie beispielsweise zur Erstellung eines Qualitätshandbuches (Nordrhein-Westfalen) oder in Form einer Fehlbedarfsfinanzierung (Rheinland-Pfalz) oder durch Übernahme der Personalkosten für Heilpädagoginnen und Heilpädagogen (Bayern).

Mit der Reform des Sozialhilferechts von 1996 wurden maßgebliche Vorschriften der §§93 ff BSHG dahingehend geändert, daß seit dem 1. Januar 1999 nicht mehr das Selbstkostendeckungsprinzip, sondern eine vertragliche Leistungsvereinbarung zwischen Sozialhilfeträger und Einrichtungen oder ihren Verbänden maßgeblich ist. Hierin ist eine Pauschale für Unterbringung und Verpflegung, eine Pauschale für Maßnahmen und eine Investitionsvergütung je nach den besonderen Bedürfnissen des Einzelfalls zu erfassen. Maßnahmen der Qualitätssicherung sind Voraussetzung für einen solchen Vertragsabschluss.

Da solche Rahmenverträge nicht rechtzeitig in allen Ländern bis zum 31. Dezember 1998 abgeschlossen werden konnten, sind Übergangsregelungen notwendig geworden. Allerdings ist es gerade im ambulanten Bereich noch nicht vollständig zu Bundesempfehlungen und Rahmenverträgen gekommen und daher der Abschluß von Einzelvereinbarungen vor Ort zwischen Sozialhilfeträgern und Einrichtungen nicht ausgeschlossen. Die für den Kölner Raum beschriebene Absprache wird also zunächst noch weiter gelten können.

Nachdem auch aus dem Kreis des engagiert mitdiskutierenden Auditoriums zahlreiche kritische Äußerungen zu dem frustrierenden Zeitaufwand für die betroffenen Einrichtungen bei der Suche nach tragfähigen Absprachen mit potentiellen Kostenträgern lauter wurden, ja sogar der Weg der Sozialgerichtsklage für Einzelfälle empfohlen wurde, und die Bemühungen bei politischen Instanzen seit mehr als zehn Jahren auch ohne sich konkret abzeichnende Lösungen blieben, wurde eine entsprechende Weisung des Gesetzgebers zum Abschluss von Leistungsvereinbarungen gefordert. Die Vielfalt der komplexen Leistungen im Rahmen der Frühförderung ließ die Zuordnung zum §125 a SGB V als Rehabilitationsleistung sinnvoll erscheinen und hat eine entsprechende Resolution des Frühförderkongresses an das Bundesministerium für Arbeit und Sozialordnung ausgelöst, um diese Aufgabe bei der gegenwärtigen Bearbeitung des SGB IX angemessen zu berücksichtigen.

In der Resolution, die auch den jeweiligen Ministerien im Gesundheitswesen auf Landes- und Bundesebene zugeschickt wurde, heißt es wörtlich:

> „Frühförderung behinderter und von Behinderung bedrohter Kinder ist eine multiprofessionelle und multidisziplinäre Aufgabe. Ihre professionelle Durchführung setzt die Kooperation von pädagogischen, psychologischen, medizinischen und therapeutischen Berufsgruppen voraus.
>
> Je nach den Erfordernissen des Einzelfalles sind Ärzte, Psychologen, Pädagogen, Sozialpädagogen, Motopäden sowie Physiotherapeuten, Ergotherapeuten und Logopäden am Förderplan beteiligt.
>
> Derzeit existieren sowohl auf der örtlichen wie auf der Länderebene die unterschiedlichsten Modelle zur Finanzierung von Frühförderung. Dabei stehen die Träger der Einrichtungen in der Regel unter dem Druck, Vereinbarungen mit den zuständigen Kostenträgern – Krankenversicherung und Sozialhilfe – zu schließen, die eine kostendeckende Finanzierung sicherstellen. In der Mehrzahl gelingt dies nicht, da Zuständigkeiten nur vordergründig geregelt sind und Kostenträger die Übernahme bestimmter Leistungen ablehnen.
>
> Um diesem Mißstand abzuhelfen, müssen endlich bindende Rahmenvereinbarungen auf Länderebene geschaffen werden oder eine sozialrechtliche Einbeziehung nach §125 a SGB V (ambulante, komplexe Rehabilitation) in das SGB IX erfolgen."

2. „Wie kleine Leute handeln lernen" –
   Aktuelle Förderkonzepte in der Frühförderung

2.1. Interdisziplinäre Beiträge der Kinderneurologie zur Frühförderung

Von Richard Michaelis

Auch nach 30 Jahren Frühförderarbeit in Deutschland ist die Mitarbeit der Medizin in der Frühförderung nicht selbstverständlich. Dafür gibt es viele Gründe, von denen nur einige genannt werden sollen:

- Kinderärztinnen und Kinderärzte arbeiten, im Gegensatz zu den anderen Berufsgruppen, die in der Frühförderung tätig sind, nur selten fördernd und therapierend direkt am Kind.
- Die Kinderheilkunde als Ganzes hat sich bis heute nur bedingt mit der Frühförderung und ihren Inhalten auseinandergesetzt und identifiziert. Dies wird häufig von den anderen Disziplinen, die in der Frühförderung arbeiten, als nicht optimale oder mangelnde Expertise oder gar als Abwertung ihrer eigenen Arbeit erlebt.
- Von ihrer Ausbildung her sind Medizinerinnen und Mediziner in ein eher hierarchisches System der Patientenbetreuung eingebunden. Eine echte Teamarbeit, die diesen Namen auch verdient, haben sie selten erlebt oder gar gelernt.
- Was sie jedoch gelernt haben ist, daß sie *alleine* für eine Diagnosestellung und für eine Therapie die Verantwortung zu übernehmen haben, mit allen, auch juristischen Konsequenzen, die sich daraus ergeben können.
- Kinderärztinnen und Kinderärzte, die nicht direkt in eine Frühförderinstitution eingebunden sind, tun sich daher schwer, sozusagen auf zwei Hochzeiten zu tanzen: in der Praxis als Solisten, in der Frühförderung als Gruppentänzer.

Teamarbeit, und gerade in der Vielfalt, wie sie in der Frühförderung zwingend ist, muß daher von der medizinischen Seite gewollt, akzeptiert und gelernt werden.

Aus unserer 25jährigen interdisziplinären Zusammenarbeit mit den Frühfördereinrichtungen unseres Tübinger Einzugsgebietes möchte ich dazu einige Erfahrungen pointiert herausstellen:

- Gegenseitiges Vertrauen und Akzeptanz in die jeweilige interdisziplinäre Kompetenz benötigt Zeit, um wachsen zu können. Sie gelingt nicht von heute auf morgen.
- Sie werden begründet durch die gegenseitige Erfahrung und Anerkennung der Kompetenz und der Professionalität. Diese muß allerdings spürbar, faßbar und überzeugend sein.
- Gegenseitiges Vertrauen und Akzeptanz, wenn sie mit der Zeit gewachsen sind, lassen zu, daß berufliche Abgrenzungen erwartet und respektiert werden können, trotz kritischer Diskussionen, die der Sauerteig aller interdisziplinärer Arbeit ist, um professionell bleiben zu können und um nicht der Routine der täglichen Arbeit zu erliegen.

Was sind nun die Anteile, die von der Kinderneurologie und der Entwicklungsneurologie in die interdisziplinäre Arbeit eingebracht werden können?

Statt einer langen Liste, die durchaus präsentiert werden könnte, möchte ich mich auf drei Schwerpunkte beschränken, weil sie mir auch im Hinblick auf die

Frühförderung besonders wichtig sind. Diese drei Schwerpunkte sind: die Bedeutung einer Diagnose als nosologische Entität, die Individualität der frühen kindlichen Entwicklung und die sich daraus ergebende Frage, warum die kindliche Entwicklung nicht ausschließlich hierarchisch sondern sehr variabel organisiert ist.

2.1.1. Die Bedeutung der Diagnose

Immer häufiger wird darauf gedrängt, eine festlegbare, medizinische Diagnose für einen auffälligen Entwicklungsverlauf oder für eine Behinderung anzugeben. Schon alleine die Verpflichtung, eine ICD-Klassifikation vornehmen zu müssen, zwingt dazu, sich um eine medizinische Diagnose zu bemühen. Aber auch die finanziellen Einschränkungen, die dem sozialen Bereich unserer Gesellschaft auferlegt werden, forcieren die Zwänge für alle in der Frühförderung tätigen Berufsgruppen, die Effektivität ihrer Arbeit in naher Zukunft auch belegen zu müssen. Für die Diagnosestellung wird dafür zunehmend ein hoher Aufwand mit modernsten Techniken notwendig sein, wie molekulargenetische Analysen oder bildgebende Verfahren zur Darstellung des Gehirnes und seiner Funktionen.

Ist ein solcher Aufwand überhaupt gerechtfertigt?

Für therapieorientierte oder pädagogische Berufe ist die Diagnose von sekundärer Bedeutung, da es zunächst nur auf die Art und Schwere der Funktionsbeeinträchtigungen beim einzelnen Menschen ankommt, und nicht so sehr auf die Kenntnis der Faktoren, welche die Ursache für solche Lebensbeeinträchtigungen sind. Eine genaue Diagnose ist jedoch aus mindestens vier Gründen, abgesehen von dem bereits genannten zunehmenden Zwang, die Effektivität eines diagnostischen oder therapeutischen Vorgehens nachweisen zu müssen, notwendig.

(1) Nur eine echte Diagnose erlaubt Aussagen über die Ursache, den Verlauf, über die Schwere, über die zu erwartenden Komplikationen, über Therapiemöglichkeiten und über die Erblichkeit eines pathologischen Geschehens. Eine solche Diagnose wird *nosologisch* genannt, da sie die Krankheit oder die Behinderung in einem Gesamtzusammenhang definiert, wie z. B. Masern oder eine chromosomale Erkrankung.

(2) Die Anwendung neuer, gezielter Therapien ist nur bei genauer Kenntnis der Diagnose möglich, ebenso wie der Nachweis der Effektivität therapeutischer oder pädagogischer Maßnahmen.

(3) Das Übersehen einer in einer Familie aufgetretenen genetischen Erkrankung ist nicht nur für die Familie, sondern für alle medizinisch und therapeutisch beteiligten Personen eine Katastrophe, besonders dann, wenn ein weiteres Kind der Familie geboren wird, das die gleiche Symptomatik und die gleiche Erkrankung aufweist wie bei einem älteren, auffälligen oder behinderten Kind. Auch in diesem Bereich werden zunehmend bei Fehldiagnosen juristische Konsequenzen und Verurteilungen zum Schadensersatz zu erwarten sein.

(4) Für Eltern ist eine *nosologisch* fundierte Diagnose die einzige Möglichkeit, akzeptieren zu können, warum und welche Probleme bei ihrem Kind zu einer Entwicklungsverzögerung oder zu einer Behinderung geführt haben.

Sogenannte *Phänomenologische* Diagnosen (s. u.) führen dazu, daß Eltern, überredet und wohlmeinend beraten von der Familie, von Freunden, von Medizinerinnen/Medizinern, von Therapeutinnen/Therapeuten, von Heilpraktikerinnen/Heilpraktikern, von Scharlatanen sich meist auf einen Leidensweg begeben, von einer Institution zur anderen, was nicht so selten zu großen finanziellen Opfern für die Familie, aber auch zur Verbitterung führt. Dies hängt damit zusammen, daß jede Institution ihre eigene Meinung zu Diagnose und Therapie äußert und die Eltern oft, unabhängig von jeder Diagnose und Therapie, bei derjenigen Institution bleiben, die ihren eigenen Bedürfnissen und denen ihres Kindes am besten gerecht werden konnte. Streng zu unterscheiden ist davon der Wunsch vieler Eltern, bei einer einmal gestellten Diagnose sich die Bestätigung von einer anderen Institution einzuholen. Ein solcher Wunsch von Eltern ist nachvollziehbar und legitim, er sollte nicht als Mißtrauen gegen die erstinstanzliche Meinung gewertet werden.

Phänomenologische Beschreibungen eines Befundes, eines Zustandes sind keine *nosologischen* Diagnosen, höchstens *phänomenologische* Diagnosen. Sie werden jedoch gerne als *nosologische* Diagnosen verwendet. *Phänomenologische* Diagnosen sind unter anderem:

* Muskuläre Hypotonie,
* Hypotone Cerebralparese,
* Zentrale Koordinationsstörungen,
* Wahrnehmungsstörungen,
* Aufmerksamkeitsdefizit-Syndrom mit oder ohne Hyperaktivität.

Solche *phänomenologischen* Diagnosen geben keine Hinweise für die Ursachen und den Verlauf des auffälligen Zustandes oder der Behinderung eines Kindes. Wer eine Diagnose stellt, gleichgültig ob *nosologisch* oder *phänomenologisch*, hat dafür auch die Verantwortung für die Folgen zu übernehmen, die sich aus einer solchen Diagnose ergeben. Dies gilt für alle Disziplinen, die in der Frühförderung tätig sind. Ich bin mir darüber im Klaren, daß eine *nosologische* Diagnose bei Kindern im Vorschulalter nicht immer möglich sein wird. Wir werden sogar die Frage stellen müssen, ob bestimmte Auffälligkeiten, wie z. B. „zentrale Koordinationsstörungen" oder sogenannte „Wahrnehmungsstörungen" überhaupt von medizinischer Relevanz sind und sich nicht als Varianten der Norm, als individuelle Begabungsstrukturen oder als transitorische, vorübergehende neurologische Auffälligkeiten besser beschreiben und erklären lassen. Darauf wird am Schluß noch einmal zurückzukommen sein.

Ein Beispiel aus der Praxis soll die Bedeutung einer richtigen Diagnosestellung und deren Konsequenzen demonstrieren. Ein achtjähriger Junge, der sehr deutlich zu früh geboren worden war, entwickelte im Laufe des ersten Lebensjahres eine spastische Diparese oder, wie wir *phänomenologisch* heute genauer sagen würden, eine beinbetonte spastische Tetraparese bei insgesamt nicht beeinträchtigter Intelligenz. Die Beschäftigungstherapeutin und der Krankengymnast der Körperbehindertenschule kommen eines Tages mit dem Jungen und berichten, daß der Junge trotz all ihrer Bemühungen, ihm zu helfen, seine motorischen Funktionen zu verbessern, immer schlechter in seiner Motorik würde. Die *phänomenologische* Diagnose einer spastischen Diparese paßte mit der Frühgeburtlichkeit des Jungen gut zusammen. Bildgebende Verfahren, wie z. B. eine Magnet-Resonanz-Tomographie des Gehirns, die sehr typische Befunde zeigen würde, waren damals noch nicht möglich. Wir hatten dann noch einmal die Frage aufgerollt, ob die *nosologische* Diagnose überhaupt richtig gewesen war. Bei diesem erneuten Prozeß der Diagnosefindung entdeckten wir, daß ein Onkel des Jungen die gleiche Symptomatik wie der Junge selbst zeigte und auch der Vater des Onkels – also der Großvater des Jungen – motorisch auffällig gewesen war. Die Erkrankung des Jungen erwies sich also nicht als durch die Frühgeburtlichkeit bedingt, sondern durch einen neurodegenerativen Prozeß, der in der Familie genetisch in der männlichen Linie weitergegeben wurde. Die richtige Diagnose entlastete den Jungen von unangemessenen Anforderungen, auch von dem Vorwurf, sich zu verweigern; er entlastete aber auch die Therapeutinnen/Therapeuten und die Pädagoginnen/Pädagogen. Sie half, die Therapie neu zu definieren, die Hilfsmittelversorgung zu regeln und Zukunftsperspektiven für den Jungen zu gewinnen, da seine Intelligenz weiterhin nicht beeinträchtigt war. Die Bereitstellung eines Schreibcomputers eröffnete dem Jungen Ausdrucksmöglichkeiten, die ihm bisher nicht zur Verfügung standen und – trotz der Schwere seiner Behinderung – neue Möglichkeiten zur sozialen Kommunikation. Für die Familie war mit der richtigen Diagnose auch die Möglichkeit einer humangenetischen Beratung eröffnet.

2.1.2. Die individuelle frühkindliche Entwicklung

Der holländische Entwicklungsneurologe Bert Touwen (siehe Literatur unter 2.2.4.) hat mit Untersuchungen an Säuglingen und Kleinkindern schon in den 70er Jahren nachgewiesen, daß die kindliche Entwicklung außerordentlich variabel verläuft und nicht in ein System hierarchisch ablaufender Entwicklungsschritte gezwängt werden kann, wie dies in den allermeisten der heute verwendeten Entwicklungstests noch geschieht. Touwen hat aufgrund seiner Untersuchungsergebnisse an Kindern, die von der Geburt bis zum freien Gehen in ihrer Entwicklung genau verfolgt wurden, folgende Prinzipien der menschlichen Entwicklung aufgestellt:

- Kinder entwickeln sich mit einer hohen *interindividuellen Variabilität*,
- Kinder entwickeln sich selbst in ihren verschiedenen Entwicklungsbereichen unterschiedlich *(intraindividuelle Variabilität)*,
- Kinder zeigen in ihrer Entwicklung Inkonsistenzen, d. h. sie können Entwicklungsphasen überspringen oder noch einmal in vorausgegangene Phasen zurückfallen.
- Es gibt eine *interkulturelle Variabilität*. Für Kinder ist es nicht gleichgültig, in welchen Kulturen sie aufwachsen, oder anders ausgedrückt, in verschiedenen Kulturen wachsen Kinder unterschiedlich auf.

Ich kann in dem hier vorgegebenen Zusammenhang nicht auf Details dieses ganz anderen Entwicklungsverständnisses bei Kindern eingehen. Ich verweise dazu u. a. auf die Literatur des nachfolgenden Artikels (2.2.4.). In unserer Tübinger Abteilung haben wir jedoch die Anregungen von Touwen aufgenommen und die individuelle Entwicklung im Bereich der Körpermotorik und der Sprache an gesunden Kindern untersucht. Die Variabilität in beiden Entwicklungssträngen ist derart groß, daß es nicht möglich erscheint, die einzelnen Entwicklungsschritte bei dem jeweiligen Kind im Verlauf und in der zeitlichen Abfolge voraussagen zu können.

Daraus ergibt sich jedoch ein prinzipielles Problem. Wie soll, wenn die menschliche Entwicklung derart variabel verläuft, eine Entwicklungsbeurteilung überhaupt möglich sein? Die Konsequenz dieses anderen Entwicklungsverständnisses ist, Entwicklungsverläufe nicht mehr in der gleichen Restriktivität zu beurteilen, wie dies bei Entwicklungsbeurteilungen geschieht, die sich auf ein hierarchisches Entwicklungsverständnis beziehen. Hierarchisch geordnete Entwicklungsbeurteilungen neigen dazu, sehr viel mehr pathologische Befunde zu erheben als tatsächlich existieren, da es leicht geschieht, die Variabilität in Entwicklungsverläufen als Pathologie zu deuten. Um bei der hohen Variabilität individueller Entwicklungsverläufe doch etwas über eine normale oder auffällig verlaufende Entwicklung aussagen zu können, ist von uns der Begriff „*essentielle Grenzsteine der Entwicklung*" eingeführt worden. Damit wird ausgesagt, daß z. B. in süddeutschen Populationen 90–95 % aller Kinder mit neun Monaten frei sitzen gelernt haben, *unabhängig davon, auf welche Weise sie zu dieser Fertigkeit gekommen sind* (manche schon sehr früh, manche um den 7. bis 8. Lebensmonat, jedoch nahezu alle haben diese Fähigkeit bis zum Ende des 9. Lebensmonates beherrscht). Ein ähnlicher essentieller Grenzstein ist die Fähigkeit, mit 18 Monaten frei und sicher gehen zu können, unabhängig davon, über welche Entwicklungsschritte der Körpermotorik dieses Ziel erreicht worden ist. Bei Kindern, die entsprechende Grenzsteine zu einem bestimmten Zeitpunkt nicht erreicht haben, darf nicht mehr von einem „Spätentwickler" gesprochen werden. Nach dem 9. Monat oder nach dem 18. Monat muß geklärt werden, warum das Kind den jeweiligen Grenzstein in seiner Entwicklung nicht erreicht hat. Gründe dafür können neurologische Auffälligkeiten sein, aber auch mangelnde Gelegenheiten mit familiären Wurzeln (Vernachlässigung) oder (und das muß geprüft werden) eine späte aber noch normal verlaufende Entwicklung.

2.1.3.   Evolutionstheorie und kindliche Entwicklung

Gibt es eine Begründung für die besondere individuelle Variabilität von Entwicklungsprozessen beim Menschen? Wir werden versuchen, über die Evolutionstheorie eine Antwort auf diese Frage zu erhalten. 1974 entdeckte Donald Johanson in der Nähe des abessinischen Dorfes Afar, an der Grenze zu Kenia, etwa 40 % eines menschenähnlichen Skelettes eines weiblichen Wesens. Dieses muß etwa 120 cm groß und höchstens 50 kg schwer gewesen sein. Das Gehirnvolumen betrug etwa 500 cm^3, ein Gehirnvolumen das etwa dem der heutigen Schimpansen entspricht. Unser heutiges Hirnvolumen beträgt ungefähr 1.500 cm^3. Die Skelettreste konnten auf ein Alter von 3,4 Millionen Jahren festgelegt werden. Sensationell war an der Entdeckung, daß dieses weibliche Wesen offenbar aufrecht gehen konnte. Die Füße hatten nicht mehr die Form von Greiffüßen, wie sie heute noch bei den Menschenaffen existieren, sondern hatten sich bereits zu Geh- und Lauffüßen umgebildet.

Donald Johanson gab dieser Hominiden-Frau den Namen „Lucy", ein Name unter dem dieser Fund weltberühmt geworden ist. Johanson nannte sie nach dem damals viel gespielten Beatles-Song „Lucy in the sky with diamonds", weil Lucy als Frühform der heutigen Menschen angesehen werden muß. Damit aber noch nicht genug. Vier Jahre später entdeckten Mitarbeiter der Anthropologin Mary Leaky bei Laetoli im nördlichen Tansania menschliche Fußspuren. Drei Hominiden waren über einen Boden gegangen, der auf zwanzig Meter ihre Spuren aufgenommen und wegen eines Ascheregens bei einem kurz danach erfolgten Vulkanausbruch bewahrt hatte. Altersbestimmungen der Fußspuren ergaben, daß auch diese etwa 3,6 Millionen Jahre alt waren. Die Fußspuren waren schon damals den Fußabdrücken heutiger Menschen verblüffend ähnlich.

Warum sind diese Funde so wichtig? Die Evolution des Menschen lief nicht primär über die Hirnentwicklung, sondern über den aufrechten Gang, der sich schon vor etwa vier Millionen Jahren herausgebildet hatte. Durch den aufrechten Gang konnten die Hände im Laufe der weiteren Entwicklung dazu benutzt werden, Werkzeuge mitzutragen, sie in ihren Funktionen zu verändern und zu verbessern, was vor allem mit Steinwerkzeugen geschah (Steinzeit). Mit der zunehmenden Verfeinerung der Herstellung von Steinwerkzeugen nahm das menschliche Gehirn an Größe zu. Vor etwa 1,5 Millionen Jahren hatte das Hirnvolumen schon 900 cm^3 erreicht. Ein Präzisionsgriff der Hände, Werkzeugbearbeitung, Werkzeugkultur, Arbeitsteilung, erstmalige Beherrschung des Feuers, gezieltes jagdliches Vorgehen und ein funktionierendes Sozialgefüge müssen bei diesen Menschen bereits vorhanden gewesen sein. Sie sind in einer ersten Welle aus Afrika ausgewandert und verbreiteten sich über die ganze damalige Erde.

Was haben solche Überlegungen mit der menschlichen Entwicklung zu tun?
(1) Für die Präzisionsbewegungen der Hand- und Fingermotorik entstanden große neuronale Steuerungskomplexe im Gehirn, die eine Präzisionsarbeit erst ermöglicht haben. In zentralen Speichern werden ganze Abläufe *geübter und erlernter* motorischer Fähigkeiten gespeichert und im Ganzen bei Gebrauch abgerufen. Neuronale Speicher sind z. T. bereits angeboren etabliert, sie bilden sich bei Gebrauch aus, wie die Körpermotorik, die Feinmotorik der Finger für den täglichen Gebrauch, der aufrechte Gang, die Fähigkeit zum mimischen Ausdruck und zur nonverbalen Kommunikation. Andere Speicher müssen durch Lernen erworben werden, manchmal mühsam und über lange Zeit, wie das Erlernen von fremden Sprachen, die Ausübung von Künsten oder besonderen motorischen Fertigkeiten, wie sie bei Artisten oder bei Hochleistungssportlern zu sehen sind. Erst die während der Evolution entstandenen neuronalen Speicher im Gehirn haben zu den Fähigkeiten geführt, die heute als menschentypisch bezeichnet werden.

(2) Variable, nicht streng genetisch in ihrem Ablauf gesteuerte Entwicklungsverläufe besitzen einen hohen evolutionären Selektionsvorteil. Würde die menschliche Entwicklung weitgehend hierarchisch geordnet und streng genetisch gesteuert ablaufen, wie dies bei Pflanzen und Tieren typisch ist, wäre die notwendige Anpassungsfähigkeit an Störfaktoren, die einen Entwicklungsverlauf schädigen und beeinträchtigen könnten, enorm. Bereits ein kleiner Schaden in diesem Zahnrad-System würde sich für den Aufbau des gesamten Systemes negativ oder deletär auswirken. Eine variabel und adaptiv verlaufende Entwicklung gewinnt jedoch ganz erhebliche Vorteile im Vermeiden und Ausgleichen von Entwicklungsbeeinträchtigungen, da auf Umwelteinflüsse, Krankheiten oder andere Störfaktoren der Entwicklung mit Anpassung und Übergang auf andere Ent-

wicklungsschienen doch noch ein bestimmtes Entwicklungsziel erreicht werden kann. Vergleiche verschiedener Erziehungsstile in verschiedenen Kulturen, die z. T. entwicklungsfördernd, aber auch vorübergehend entwicklungshemmend sein können, zeigen diese Anpassungsfähigkeiten der menschlichen Entwicklung deutlich und drastisch, da trotz der Unterschiede, die kindliche Entwicklung zu steuern, letztendlich doch alle gesunden Kinder sich normal und wie gewünscht entwickeln.

Was lernen wir für die Frühförderung aus der Evolutionstheorie?

(1) Anpassungsfähigkeit und Variabilität in den Begabungsstrukturen und individuellen Entwicklungsverläufen sind Evolutionsvorteile des Menschen, die ihm vor allen anderen Lebewesen besondere Überlebenschancen gesichert haben. Sie sind menschenspezifisch.

(2) Entwicklungsbeurteilungen müssen daher in der Zukunft viel mehr das Prinzip der individuellen variablen kindlichen Entwicklung berücksichtigen, wenn sie Kindern und ihren individuellen Begabungsstrukturen gerecht werden wollen. Hierarchisch strukturierte Entwicklungstests und Entwicklungsbeurteilungen laufen Gefahr, eine hohe Anzahl von Kindern *falsch positiv* zu beurteilen, d. h. sie fälschlicherweise in ihrer Entwicklung als auffällig zu bezeichnen.

(3) Therapeutische Strategien müssen davon ausgehen, daß menschliche Fähigkeiten in neuronalen Speichern fixiert werden, deren Inhalte teils genetisch festgelegt sind, teils nur durch langen Gebrauch erworben werden können. Die Existenz und die Arbeitsweise neuraler Speicher erklärt aber auch, warum therapeutische Fortschritte nicht so leicht zu erreichen sind, sondern ihre Zeit brauchen. Zentrale Speicherprogramme müssen erst angelegt werden, bevor motorische oder kognitive Fähigkeiten sichtbar werden und funktionell-effektiv eingesetzt werden können.

(4) Die Evolutionstheorie mit ihrer Tendenz der Streuung und Variabilität von Eigenschaften und Begabungen, die eine Anpassung an vorgegebene Umweltbedingungen erst ermöglichen, legt aber auch nahe, daß gewisse Entwicklungsauffälligkeiten nur Normvarianten bestimmter Begabungsstrukturen sind, die sich nicht von vornherein in unsere vorgegebenen Zivilisationsbestimmungen einpassen und einfügen können. Daher können auch Normvarianten bestimmter Begabungsstrukturen beim einzelnen Kind zu Entwicklungsauffälligkeiten und Verhaltensproblemen führen, die einer adäquaten Förderung oder Therapie bedürfen. Ob sie allerdings deswegen als pathologisch anzusehen sind, mit den sich daraus ergebenden Konsequenzen, wird in den nächsten Jahren mit Sicherheit auch die Diskussion innerhalb des Bereiches der Frühförderung bestimmen. Der interdisziplinären Frühförderung wird daher in den nächsten dreißig Jahren noch viel bleiben, worüber nachzudenken und zu diskutieren ist und was davon in die praktische Arbeit umzusetzen ist.

2.2.   Handeln statt Behandeln

Hans G. Schlack

Noch vor wenigen Jahrzehnten entsprach es der vorherrschenden Meinung, daß ein Kind, insbesondere im ersten Lebensjahr, ein mehr oder weniger inkompetentes Wesen sei, ausschließlich abhängig von seiner Umwelt mit einem sehr begrenzten, aufs Reagieren beschränktem Repertoire an Handlungsmöglichkeiten. Als Konsequenz dieser Sichtweise waren auch die Konzepte der Entwicklungsförderung von Kindern ganz darauf abgestellt, Kindern zusätzliche, kompensatorische und vermeintlich „therapeutische" Stimulation zukommen zu lassen, sie also zu *be-handeln.*

Inzwischen weiß man, daß schon ein neugeborenes Kind ein Mensch mit erstaunlich differenzierten Kompetenzen ist, der sich von Beginn an aktiv in die Interaktion einbringt (Dornes 1993). Diese neue Sichtweise hat sich bisher aber noch wenig in der Praxis der Förderung von Kindern mit Entwicklungsstörungen durchgesetzt. Nach wie vor sehen sich Eltern und Fachleute dafür verantwortlich, Kinder mit Entwicklungsrückständen zu trainieren, ihnen also Aufgaben zu stellen, Ziele vorzugeben, kurzum: sie zu *be-handeln.* Man traut also den Kompetenzen des Kindes nicht so recht, insbesondere dann nicht, wenn offensichtlich eine Behinderung vorliegt. Ein solches Konzept von Behandlung geht davon aus, daß therapeutische Maßnahmen einen unmittelbaren und spezifischen Einfluß auf das Gehirn des Kindes ausüben können und deshalb auch ohne Mitwirkung des Kindes oder sogar gegen seine Motivation sinnvoll und effektiv seien. Solche Vorstellungen sind zwar eingängig und weit verbreitet, jedoch bisher weder wissenschaftlich erwiesen noch theoretisch gut begründet.

Zweifellos hat ein Umdenken begonnen, aber die neuen Konzepte bedürfen noch der Systematisierung und der konsequenten Umsetzung in die Praxis der Frühförderung. Diesen beiden Zielen ist dieser Beitrag gewidmet. Dazu werden:

- drei Thesen zu den Ausgangsvoraussetzungen der Frühbehandlung und Frühförderung formuliert (2.2.1.),
- die theoretischen und empirischen Belege zur wissenschaftlichen Fundierung dieser Thesen vorgelegt (2.2.2.) und
- die sich daraus ergebenden praktischen Konsequenzen für Therapie und Frühförderung diskutiert (2.2.3.).

2.2.1.   Thesen zu den Ausgangsvoraussetzungen der Frühbehandlung und Frühförderung

Zunächst also sollen die *drei Thesen* genannt werden, welche die paradigmatische Grundlage des vorgestellten Konzepts bilden:

1. *Das Kind entwickelt sich aktiv.* Das bedeutet: Die spontane Aktivität des Kindes in der Auseinandersetzung mit der sozialen und dinglichen Umwelt ist in allen Altersstufen die entscheidende Triebfeder der Entwicklung.

2. *Das Kind nimmt Entwicklungsanreize selektiv auf.* Das bedeutet: Das Kind ist durch Anregungen (also auch durch Therapie) nicht beliebig „aufzufüllen" und zu formen; vielmehr nimmt es nur diejenigen Angebote an, die seinem Entwicklungsstand, seinen Interessen, seinen aktuellen Fähigkeiten, seiner Verfassung, seiner Motivation entsprechen und die somit eine aus der subjektiven Bewertung des Kindes sinnvolle Erweiterung des aktuellen Handlungsrepertoires eröffnen.

3. *Diese beiden Prinzipien sind allgemeingültig.* Das bedeutet: Sie gelten für geschädigte bzw. behinderte Kinder in grundsätzlich gleicher Weise wie für normal entwickelte Kinder.

2.2.2.   Theoretische und empirische Belege zur wissenschaftlichen Fundierung dieser Thesen

Im folgenden sollen die *wissenschaftlichen Argumente* dargelegt werden, auf die sich diese Thesen stützen. Selbstverständlich kann es sich bei diesen Argumenten nicht um „Beweise" im mathematisch-naturwissenschaftlichen Sinne handeln, sondern um ein „Paradigma", d.h. ein Gebäude aus begründeten Hypothesen und darauf aufbauenden Folgerungen, deren Plausibilität im Abgleich mit neuen wissenschaftlichen Befunden und praktischen Erfahrungen ständig überprüft werden muß.

2.2.2.1 *Eigenaktivität als Motor der Entwicklung*

Die Erkenntnisse über Natur und Bedeutung der frühen motorischen Aktivität stammen zu einem wesentlichen Anteil aus der Entwicklungsneurologie der Groninger Schule *(Prechtl und Mitarbeiter)*. Durch die Ultraschalldiagnostik können beim ungeborenen Kind bereits ab der 8. Schwangerschaftswoche charakteristische und koordinierte Bewegungen nachgewiesen werden, die bis zum Ende des (postnatalen) 2. Lebensmonats grundsätzlich bestehen bleiben, sich aber kontinuierlich ausdifferenzieren (de Vries et al. 1982, Touwen 1994). Im intrauterinen Milieu ist der Fetus sehr weitgehend von exogenen Reizen aller Art abgeschirmt, so daß seine Bewegungen nicht reflektorischer Art sind, sondern auf endogener Aktivität des Nervensystems beruhen. Diese primäre Aktivität ist unentbehrlich für die normale Entwicklung; Funktion und Struktur des zentralen Nervensystems beeinflussen sich gegenseitig (Touwen 1994).

Reifgeborene Kinder beginnen im 3. Lebensmonat, sich interaktiv über ihre Motorik mit der Umwelt auseinanderzusetzen (Übergang von der primären zur intentionalen Motorik). Von da an nimmt die Variabilität der Bewegungsmuster sowohl intra- als auch interindividuell erheblich zu (Touwen 1993). Ein gesunder Säugling wiederholt praktisch nie eine Handlung auf identische Weise. So wurden bei neurologisch unauffälligen Säuglingen bis zu neun verschiedene Variationen der Aufrichtung zum Stand beobachtet, während es bei neurologisch auffälligen (aber nicht behinderten!) Säuglingen nur ein bis drei Formen waren (Touwen 1993).

Variabilität ist offensichtlich ein Merkmal des gesunden Nervensystems. Die primäre Variabilität dient der Erprobung unterschiedlicher Handlungsstrategien (Touwen 1994); vom 3. Lebensjahr an werden dann die Bewegungsweisen zunehmend an die speziellen Erfordernisse der einzelnen Tätigkeiten angepaßt (adaptative Variabilität).

Festzuhalten ist zunächst, daß die primäre fetale und frühinfantile Motorik sowie die primäre Variabilität der frühen intentionalen Motorik sehr weitgehend auf spontaner, d. h. endogen gesteuerter Aktivität beruht und die Grundlage differenzierter und adaptativer Handlungsweisen im Laufe der weiteren Entwicklung bildet.

Ein sehr aussagekräftiges Argument für die Bedeutung der Eigenaktivität ergibt sich aus der Metaanalyse von Entwicklungsstudien an gesunden, risikobelasteten und verschiedenartig behinderten Kleinkindern (Schlack 1989a; 1989b). In diesen Studien wurde der funktionelle Entwicklungsfortschritt (gemessen am Entwicklungsquotienten) mit speziellen Merkmalen der Eltern-Kind-Interaktion in Beziehung gesetzt (s. Tab. 2.2-T1).

Tab. 2.2-T1: Auswirkung mütterlicher Verhaltensmuster auf die Entwicklung des Kindes. Auswertung von 20 Studien (je 6 über gesunde bzw. risikobelastete Kinder, 8 Studien über Kinder mit verschiedenartigen Behinderungen) (Schlack 1989 a u. b)

Positiv	Negativ
Responsivität	Direktivität
Kontingente, verbale Reaktionen	Autoritäre Kontrolle
Emotionales Interesse	Überstimulation
Angebot adäquaten Spielzeugs	

Positiv wirken alle Interaktionsformen, welche die Eigenaktivität des Kindes unterstützen: emotionale Zuwendung, Angebot altersangemessenen Spielzeugs, prompte und regelmäßige sprachliche Rückmeldungen und vor allem Responsivität; darunter versteht man ein Verhalten der Bezugsperson, welches dem Kind die Initiative überläßt, aber in Bereitschaft steht, auf diese Initiativen verstärkend und ausgestaltend einzugehen. Negativ wirken demgegenüber alle Verhaltensweisen der Erwachsenen, welche das Kind in eine passive Rolle bringen, selbst wenn das mit einem intensiven Reizangebot verbunden ist.

Es muß hier noch einmal hervorgehoben werden, daß diese Beobachtungen bei normal entwickelten und bei behinderten Kindern in gleicher Weise gemacht wurden. Auch bei behinderten Kindern besteht keineswegs eine lineare Beziehung zwischen der Intensität einer therapeutischen Anregung und dem Entwicklungsfortschritt; im Gegenteil kann Überstimulation die Entwicklung nachweislich behindern. Entscheidend für den Erfolg therapeutischer Interventionen ist, daß das Kind trotz eingeschränkter Möglichkeiten die therapeutischen Anregungen aktiv aufgreifen und in sein Handlungsrepertoire integrieren kann.

2.2.2.2 Selektive Aufnahme und Umsetzung von Entwicklungsanreizen durch das Kind

Ein Überblick über die entwicklungspsychologische Forschung der letzten Jahre macht deutlich, daß ein Kind auf der Grundlage seiner genetischen Ausstattung von Anfang an Einfluß auf seine Entwicklung nimmt (Scarr 1992). Kinder wählen aus ihrer sozialen und dinglichen Umwelt diejenigen Erfahrungsfelder aus, die ihren Anlagen, Fähigkeiten und Interessen entsprechen. Die subjektive Interpretation von Erfahrungen ist weitgehend genetisch bestimmt, und dieser genetische Einfluß wird im Laufe der Entwicklung zunehmend deutlich (Scarr 1992). Es ist also keinesfalls so, daß ein Kind durch Erziehung oder Frühförderung beliebig geformt oder wie ein leerer Container aufgefüllt werden könnte (Largo 1999).

Vielmehr ist jedes Kind mit einem immanenten Entwicklungsantrieb ausgestattet, den es auf die ihm gemäße Art und selektiv umsetzt. Dies geschieht in sehr weitgehender Eigenregulation, sofern die emotionalen Grundbedürfnisse des Kindes erfüllt und entwicklungsspezifische Erfahrungsmöglichkeiten nicht vorenthalten werden (Largo 1999).

Schließlich entspricht es auch praktischer sonderpädagogischer Erfahrung, daß Kinder mit Entwicklungsstörungen die besten Fortschritte machen, wenn sie auf der Grundlage der individuellen Gegebenheiten in ihrer Handlungskompetenz unterstützt werden (Kautter et al. 1988; Speck 1995; Leyendecker 1998).

2.2.2.3. Gleichartige Entwicklung behinderter und nicht behinderter Kinder

Die Gleichartigkeit bezieht sich natürlich nicht auf die Zeitpunkte des Erwerbs bestimmter Fertigkeiten oder auf ihre Qualität. Schon zwischen nicht behinderten Kindern gibt es dabei große Unterschiede, auch zwischen Kindern mit gleicher Behinderungsursache (z. B. Down-Syndrom) und erst recht zwischen behinderten und nicht behinderten Kindern. Analog ist bei behinderten und nicht behinderten Kindern jedoch die *Abfolge der Entwicklungsschritte*, die in den kognitiven und sprachlichen Funktionen wesentlich weniger Variationen aufweist als etwa in der Motorik (Largo 1999).

So stellt z. B. das orale Erkunden eine normale Phase der kognitiven Entwicklung, vor allem um das Ende des 1. bis zur Mitte des 2. Lebensjahres, dar. Kinder, deren Entwicklung aufgrund einer Behinderung verzögert ist, durchlaufen diese Entwicklungsphase viel langsamer und behalten deswegen das orale Explorieren bis zum Alter von drei Jahren oder darüber hinaus bei. Dieses Verhalten wird dann von Eltern und Fachleuten meist nicht mehr toleriert, obwohl alles dafür spricht, daß das orale Erkunden für die Entwicklung des 3jährigen retardierten

Kindes die gleiche Bedeutung und Wichtigkeit hat wie für das 1jährige normal entwickelte Kind (Largo 1998).

Spontan gewählte Tätigkeiten sind grundsätzlich ein guter Indikator für den Entwicklungsstand und die Fähigkeiten eines Kindes; sie sind deshalb für das individuelle Kind sinnvoll. Nichts spricht dafür, daß das bei behinderten Kindern anders wäre (Largo 1998). Daher kann auch bei therapeutischer Absicht die Entwicklung eines behinderten Kindes gestört werden, wenn man den Sinn eines vermeintlich abnormen Verhaltens nicht versteht und dieses Verhalten deswegen zu unterbinden versucht.

2.2.3. Praktische Konsequenzen für Therapie und Frühförderung

Aus diesen Thesen und Argumenten lassen sich *praktische Konsequenzen für die Frühförderung* ableiten. Ich möchte diese Folgerungen wieder in einigen Thesen zusammenfassen und danach erläutern:

(1) In der Frühförderung muß dem Kind eine weitgehende Selbstbestimmung eingeräumt werden.
(2) Therapeutische Interventionen sind danach auszurichten, daß sie Eigenaktivität und Motivation des Kindes anregen.
(3) Frühförderung ist ein komplexes Geschehen. Die Bedeutung von therapeutischen Methoden tritt hinter die Bedeutung der therapeutischen Beziehung zurück.

Zu (1): Es widerspricht sicherlich vielen tradierten Vorstellungen, einem Kind – und zumal einem behinderten – die Kompetenz zuzutrauen, die seiner Auseinandersetzung mit der Umwelt und damit der Entwicklung aktuell dienlichen Handlungsweisen selbst auswählen zu können. Allzu sehr fühlen sich Eltern und Therapeutinnen/Therapeuten angesichts von Entwicklungsdefiziten herausgefordert, für das Kind aktiv zu werden und es nach bestimmten Vorgaben zu behandeln. Schon der Begriff *Be-handlung* verrät, daß dabei das Kind Objekt und nicht Subjekt ist.

Nicht nur die oben zitierten Belege für die Annahme einer eigenaktiven und selektiven Entwicklung des Kindes sprechen dafür, daß die spontanen Handlungsweisen und Interessen des einzelnen Kindes wegweisend für das therapeutische Vorgehen sein sollen; es fehlen auch bis heute stichhaltige empirische Befunde, von denen der Nutzen einer direktiven, aus normativen Entwicklungskonzepten resultierenden Übungsbehandlung abgeleitet werden könnte. Das gilt auch für verhaltenstherapeutische Ansätze des Funktionstrainings, obwohl die Verhaltenstherapie – im Gegensatz zu den meisten anderen Vorgehensweisen – gewissermaßen mit einem experimentellen Design arbeitet und dadurch in der Lage ist, kurzfristig erzielte Effekte ursächlich auf das therapeutische Vorgehen zu beziehen. Dabei bleibt es aber oft äußerst fraglich, ob der erzielte Effekt (z. B. eine durch operantes Konditionieren verdreifachte Vokalisation eines autistischen Kindes) wirklich die kommunikative Kompetenz verbessert und als neue, für das Kind subjektiv sinnvolle Fähigkeit auch ohne fortlaufende äußere Verstärkung erhalten bleibt. Wenn Weg und Ziel einer Übungsbehandlung von der Therapeutin/dem Therapeuten vorgegeben werden und wenn dieser Vorgabe ein theoretisches Konzept von Entwicklung zugrunde liegt, welches nicht auf die Gegebenheiten bei dem individuellen Kind ausgerichtet ist, so ist das Scheitern der therapeutischen Bemühungen vorprogrammiert (Schlack 1998a).

Selbstbestimmung des Kindes in der Frühförderung bedeutet, daß die Fachleute (und die Eltern) die spontane Aktivität des Kindes als Auskunft über den augenblicklichen Stand seines Umweltverständnisses und sein aktuelles Interesse verstehen sollten. Wenn sich dagegen das Kind verweigert oder gegen eine Behandlung auflehnt, so stellt sich die Aufgabe des Einfühlens: Was könnte das Kind in dieser Situation empfinden, wie verarbeitet es ein bestimmtes Reizangebot, welche Bedürfnisse drückt es mit seinem Verhalten aus? (Schlack 1987, Leyendecker 1998).

Mit einer so verstandenen Selbstbestimmung des Kindes ist nicht ein Verzicht auf Behandlung und Förderung gemeint, sondern vielmehr die Unterstützung des spontanen Entwicklungsantriebs, den auch ein behindertes Kind hat. Damit entspricht dieses Konzept dem Motto, das Maria Montessori bereits vor einem Jahrhundert aufgestellt hat: „*Hilf mir, es selbst zu tun*".

Zu (2): Eigenaktivität und Eigenmotivation des Kindes sind nicht nur für das subjektive Wohlbefinden, sondern auch für die funktionelle Weiterentwicklung ausschlaggebend. Viele behinderte Kinder sind von vornherein in ihrer Eigenaktivität und ihren Handlungsmöglichkeiten mehr oder weniger stark beeinträchtigt, sei es wegen einer cerebralen Bewegungsstörung, sei es durch verminderten Antrieb, geringeres Interesse oder schnellere Ermüdbarkeit. Gezielte therapeutische Maßnahmen zur Verbesserung der Handlungsmöglichkeiten und der Aktivität sind insbesondere die adäquate Versorgung mit Hilfsmitteln sowie die Stimulation von Körperwahrnehmung und Vigilanz, die auf verschiedenen Wegen (z.B. im Rahmen der Bobath- und SI-Therapie oder der Basalen Stimulation) möglich ist (Schlack 1998 b).

Die entscheidenden Faktoren für die Aufrechterhaltung von Motivation und aktiver Auseinandersetzung mit der Umwelt sind zweifellos Erfolgserlebnisse und die Responsivität der Eltern und Therapeutinnen/Therapeuten. Erfolgserlebnisse hat das Kind hauptsächlich dann, wenn es in seinem Explorations- und Spielverhalten seinen Fähigkeiten und Interessen folgen kann, immer vorausgesetzt, daß das Angebot an Spielmaterial und Erfahrungsmöglichkeiten seinem Entwicklungsstand angemessen ist. Hier besteht also ein unmittelbarer Bezug zum Prinzip der Selbstbestimmung. Zum Begriff der Responsivität ist oben schon das Wesentliche gesagt worden. Die Initiative soll vom Kind ausgehen, und die Aufgabe des Erwachsenen dabei ist, diese Initiative durch emotionale Signale und sprachliche Zuwendung zu verstärken und zugleich Anstöße zu Variation und Ausgestaltung zu geben. Auf diese Weise ergeben sich durchaus Ansatzpunkte einer „therapeutischen" Intervention auch bei konsequent responsivem Vorgehen.

Eine so verstandene Anregung von Eigenaktivität und Eigenmotivation hat die besten Chancen, den Möglichkeiten und Bedürfnissen des Kindes gerecht zu werden, und trägt entscheidend dazu bei, Erfahrungsdefizite als Folge von Inaktivität und Resignation zu vermeiden (Largo 1998).

Zu (3): Die Effekte der Frühförderung folgen nicht einer einfachen Ursache-Wirkungs-Beziehung, und schon daraus ist zu erkennen, daß therapeutische Interventionen nur durch das aktive Zutun des Kindes wirksam werden können. In diesem Kontext soll die Studie von Palmer et al. (1988) in Erinnerung gerufen werden. Dort wurde als Ergebnis festgehalten, daß Kinder mit spastischer Diplegie, welche eine heilpädagogische Förderung erhalten hatten, nicht nur im kognitiven Bereich, sondern überraschenderweise auch in der Motorik bessere Entwicklungsfortschritte machten als Kinder mit dem gleichen Krankheitsbild, bei denen die Behandlung in Krankengymnastik bestand. Die m. E. naheliegende Interpretation dieses Befundes geht dahin, daß eine krankengymnastische Behandlung kein spezifisches, direkt auf das Nervensystem wirkendes Heilmittel bei Cerebralparese ist, sondern daß vielmehr das Kind, wenn es umfassend und adäquat angeregt wird, über seine eigene Aktivität das Bestmögliche aus seinen verbliebenen Fähigkeiten macht.

Diese Einsicht führt zu einer Relativierung des Methodenstreits. Keine Therapiemethode hat bisher plausibel nachweisen können, daß sie einen unmittelbaren korrigierenden Effekt auf das zentrale Nervensystem ausüben könnte. Daher muß sich jede Therapiemethode danach fragen lassen, wie weit sie die Eigenaktivität und Eigenmotivation des Kindes fördert oder eher unterdrückt (Schlack 1998a) und wie sie sich auf die emotionale Befindlichkeit des Kindes auswirkt. Es ist eine Binsenweisheit, daß die Leistungsfähigkeit entscheidend von der emotionalen Befindlichkeit mitbestimmt wird, und es gibt keinen Grund anzunehmen, daß dieses Prinzip auf behinderte Kinder nicht zuträfe.

Im Fokus steht deshalb nicht so sehr die Therapiemethode als vielmehr die therapeutische Beziehung. Sie ist als ein Beziehungssystem zu verstehen, in welches das Kind, die Eltern und die Therapeutinnen/Therapeuten einbezogen sind. Von der Bedeutung der therapeutischen Beziehung zu sprechen, ist neuerdings schon fast eine Selbstverständlichkeit. Die Umsetzung dieser Einsicht in die Praxis ist aber durchaus nicht selbstverständlich und auch nicht leicht: Sie setzt spezifische Fortbildung, Selbsterfahrung und Supervision voraus. Wer sich z. B. als Therapeutin/Therapeut in der Rolle eines „Machers" versteht, wird Schwierigkeiten mit dem Praktizieren von Responsivität haben, auch wenn er dieses Prinzip theoretisch gut heißt.

Immerhin: Ein grundlegender Wandel der Konzepte der Frühförderung auf der Grundlage neuer Erkenntnisse ist eingeleitet (Speck 1995). Ihn als einen kontinuierlichen Prozeß fortzuführen, ist unsere Aufgabe.

Literatur

Dornes, M. (1993): Der kompetente Säugling. Frankfurt
Kautter, H. et al. (1988): Das Kind als Akteur seiner Entwicklung. Heidelberg
Largo, R. H. (1998): Wie entwickeln sich behinderte Kinder? In: Schlack, H. G. (Hrsg.): Welche Behandlung nützt behinderten Kindern? Mainz
– (1999): Kinderjahre. München/Zürich
Leyendecker, C. (1998): „Je früher, desto besser?!" Konzepte früher Förderung im Spannungsfeld zwischen Behandlungsakteuren und dem Kind als Akteur seiner Entwicklung. In: Frühförderung interdisziplinär 17, 3-10

Palmer, F. B. et al. (1988): The effects of physical therapy on cerebral palsy. In: New England Journal of Medicine 318, 803-808

Scarr, S. (1992): Developmental theories for the 1990s: Development and individual differences. In: Child Development 63, 1-19

Schlack, H. G. (1987): Wer bestimmt, was „gut für das Kind" ist? Oder: Die Sache mit der Autorität des Fachmanns. In: Ebert, D. (Hrsg.): Wer behindert wen? Frankfurt

– (1989a): Psychosoziale Einflüsse auf die Entwicklung. In: Karch, D. et al. (Hrsg.): Normale und gestörte Entwicklung. Berlin/Heidelberg/New York

– (1989b): Wie spezifisch wirken „Therapie" und „Milieu" auf die Entwicklung behinderter Kinder? Konsequenzen für die Praxis. In: Karch, D. et al. (Hrsg.): Normale und gestörte Entwicklung. Berlin/Heidelberg/New York

– (1998a): Grundkonzepte der Behandlung. Eine Orientierung in der Vielfalt der Methoden. In: Schlack, H. G. (Hrsg.): Welche Behandlung nützt behinderten Kindern? Mainz

– (1998b): Stimulation der Körperwahrnehmung – ein wichtiges Konzept in der Behandlung cerebralparetischer Kinder. In: Schlack, H. G. (Hrsg.): Welche Behandlung nützt behinderten Kindern? Mainz

Speck, O. (1995): Wandel der Konzepte in der Frühförderung. In: Frühförderung interdisziplinär 14, 116-130

Touwen, B. C. L. (1993): How normal is variable, or how variable is normal? In: Early Human Development 34, 1-12

– (1994): Physische Entwicklung und motorische Fertigkeiten. In: Bewegung und Entwicklung 27, 9-19

de Vries, J. I. P., Visser, G. H. A., Prechtl, H. F. R. (1982): The emergence of fetal behaviour. I. Qualitative aspects. In: Early Human Development 7, 301-322

2.3. Das Castillo Morales Konzept in der Frühförderung

Von Angelika Enders

Rodolfo Castillo Morales wurde als jüngster Sohn einer kinderreichen Familie geboren. Er wuchs in Argentinien auf – geprägt durch den Einfluß von Eingeborenen, unter deren Obhut er lebte. Diese lehrten ihn früh, seine Beobachtungsgabe im Tierreich zu schulen und vermittelten ihm ihr seit Jahrhunderten überliefertes, naturheilkundliches Wissen, ihre Lebensweise und die Achtung vor dem Leben. Sehr früh entschloß sich Castillo Morales, Medizin zu studieren, und bereits während des Studiums galt sein großes Interesse dem Rehabilitationsbereich.

1964 lernte er das Ehepaar Bobath bei einem von ihnen geleiteten Kurs in Brasilien kennen. 1968 beendete er seine Ausbildung zum Rehabilitationsarzt in Madrid/Spanien. In dieser Zeit wurde er stark durch die französische neurologische Schule von Andre Thomas geprägt.

Seit über 30 Jahren leitet er nun in Cordoba/Argentinien ein Rehabilitationszentrum für Kinder und Erwachsene mit neurologischen Störungen.

1976 kam Prof. Hellbrügge anläßlich einer Vortragsreise in das Rehabilitationszentrum nach Cordoba, lernte Castillo Morales kennen und war so beeindruckt von dem dort Erlebten, daß er ihn umgehend 1977 nach München und zum Osterseminar nach Brixen einlud. Dort stellte Castillo Morales in Anwesenheit von Prof. Vojta und dem Ehepaar Bobath sein Konzept vor.

Seither bietet Dr. Castillo Morales in Europa Kurse zu seinem Konzept an. Diese waren anfangs nach sensomotorischen und orofazialen Schwerpunkten getrennt:

- Neuromotorische Entwicklungstherapie (NET) und
- Orofaziale Regulationstherapie (ORT).

Die Orofaziale Regulationstherapie fand hier in Europa schnell großen Anklang, da bei Kindern mit motorischen Problemen im Mund- und Gesichtsbereich ein so umfassendes und differenziertes Behandlungskonzept noch nicht bekannt war.

Seit 1997 werden die beiden Therapieschwerpunkte nicht mehr getrennt unterrichtet, da eine Behandlung im orofazialen Bereich ohne Berücksichtigung und Stabilisierung des Haltungshintergrundes wenig erfolgversprechend ist.

Das gesamte Konzept wird von Castillo Morales oder von den von ihm ausgebildeten Lehrtherapeutinnen/-therapeuten im Rahmen sechswöchiger Fortbildungskurse vermittelt.

2.3.1.   Das Behandlungskonzept

Sein sensomotorisches Behandlungskonzept entwickelte Castillo Morales aus der jahrelangen Arbeit und Erfahrung mit Kindern mit muskulärer Hypotonie, die nicht selten auch ein langsameres Lerntempo zeigten. Schwerpunkt seines therapeutischen Interesses und Ansatzes war ursprünglich also nicht das Kind mit Cerebralparese wie bei Bobath oder Vojta, sondern das hypotone Kind.

Dieses Behandlungskonzept hat sich erweitert und bezieht heute folgende motorische *Indikationsstellungen* mit ein:

- Kinder mit genetischen Syndromen und Muskelhypotonie wie Trisomie 21, Prader-Willi-Syndrom, Williams-Beuren-Syndrom u. ä.,
- Kinder mit verlangsamter sensomotorischer Entwicklung,
- Kinder und Erwachsene mit zentralmotorischen Störungen und/oder Mehrfachbehinderung,
- Patienten mit peripheren Paresen (Plexusparesen, Myelomeningozele),
- Patienten mit neuromuskulären Erkrankungen,
- Patienten nach Schädelhirntrauma und Koma.

Die Therapie orientiert sich an der normalen sensomotorischen Entwicklung des Kindes. Castillo Morales veranschaulicht sie am *Modell zweier Körperdreiecke.* Das obere Dreieck hat die Basis an den oberen, das untere an den unteren Extre-

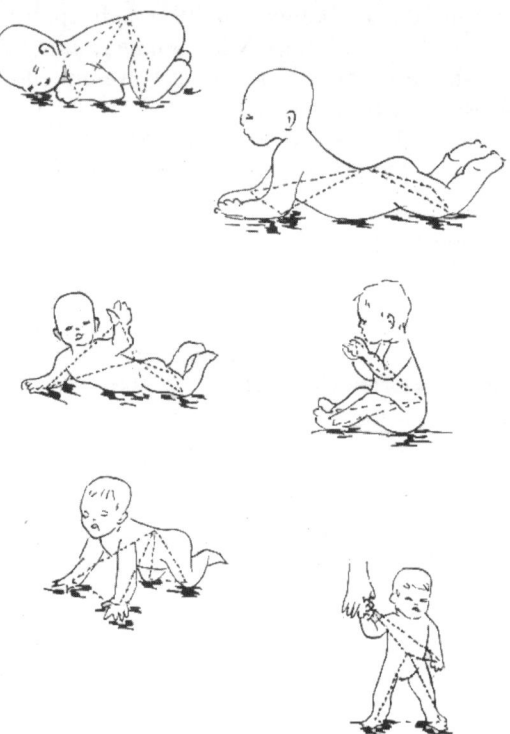

Abb. 2.3-A1: Modell der Dreiecke nach Castillo Morales

mitäten. Beide Dreiecksspitzen treffen sich dorsal in der dorsolumbalen Zone, ventral in der Bauchnabelzone (s. Abb. 2.3-A1).

Beim Neugeborenen befinden sich die Basen der Dreiecke noch sehr nah am Körper. Im Laufe der Entwicklung entfernt das Kind die Basen voneinander und bewegt sie in einem immer weiter werdenden Raum (Sphäre) um sich herum. Die dorsolumbale Zone gilt als wichtige „Informationszone" für die Aufrichtung und Haltungskontrolle gegen die Schwerkraft. Sie ist die Koordinations- und Stabilisationszone für beide Dreiecke.

Aufgrund des herabgesetzten Tonus sind beim hypotonen Kind von Geburt an die Basen dieser Dreiecke sehr weit voneinander entfernt. Aufrichtereaktionen, Stützfunktionen und Gewichtsverlagerungen erfolgen unökonomisch und sind dadurch mit vermehrter Anstrengung verbunden. Das Kind verharrt meist lange in Rückenlage, liegt ungern in Bauchlage und kann seine Position nicht eigenständig verändern.

Je länger ein hypotones Kind in Bauch- oder Rückenlage verbringt, desto weniger Kontakt erfährt es mit seinem Umfeld. Ohne Hilfestellung schließt sich ein hypotones Kind vermehrt von der Umwelt ab, weicht in Beschäftigungen aus, die ihm möglich sind, oder in Eigenstimulationen (Stereotypien), die es in seiner Entwicklung nicht voranbringen.

In der Therapie werden die Basen der beiden Dreiecke einander angenähert und die Gelenke in eine physiologisch günstige Ausgangsstellung gebracht, um dem Kind bessere Voraussetzungen für Gewichtsverlagerung, aktive Aufrichtung und Stützen zu bieten. So wollen wir versuchen, bessere Bewegungs- und Wahrnehmungsmöglichkeiten zu schaffen und mehr Kommunikation mit dem Umfeld zu ermöglichen.

Die Therapie nutzt darüber hinaus *Stimulationszonen* auf der Vorder- und Rückseite des Körpers, die sich sowohl im oberen als auch im unteren Dreieck befinden. Diese Stimulationszonen sind wichtig für die Regulierung des Muskeltonus über Zug, Druck und intermittierende Vibration. Intermittierende Vibration erhöht den Muskeltonus, während langanhaltende, regelmäßige Vibration die Muskelspannung senkt.

Wir arbeiten im Castillo Morales Konzept sehr intensiv an der Stützfunktion der Füße und vertikalisieren die Kinder so früh wie möglich, mit Teil- oder Vollbelastung der Füße, am besten am oder auf dem Körper der Eltern. Wir bleiben nicht nur in den unteren Positionen, wie Bauch- oder Rückenlage, sondern richten die Kinder frühzeitig auf. Propriozeptive Erfahrungen werden dabei durch die genannten Behandlungstechniken, wie Zug, Druck und Vibration, verdeutlicht und die visuelle Orientierung im Raum haltungsstabilisierend genutzt. Dadurch werden die Kinder aufmerksamer, offener und motivierter, nehmen ihre Umwelt besser auf, werden fähiger zur Kommunikation und probieren mehr aus.

Die Wiederholung von Bewegungsabläufen in unterschiedlichen Situationen begünstigt den Lernprozeß des Kindes. Kind und Eltern bekommen mehr Zutrauen, so daß sich die Selbständigkeit des Kindes erweitern kann.

2.3.2. Die Orofaziale Regulationstherapie

Seine Erfahrungen für die orofaziale Therapie sammelte Castillo zunächst bei Kindern mit Lippen-Kiefer-Gaumenspalten sowie Kindern mit Down-Syndrom.

Die Orofaziale Regulationstherapie wird heute bei Kindern und Erwachsenen mit verschiedensten sensomotorischen Störungen im Bereich des Gesichtes, des Mundes und des Rachens angewandt. Dazu zählen näher betrachtet:

- Kinder mit motorischen Problemen im Mund- und Gesichtsbereich, wie beim Moebius-Syndrom, der Pierre-Robin-Sequenz, dem Down-Syndrom u. a.,
- Patienten mit Lippen-Kiefer-Gaumenspalten,
- Fazialisparesen,
- Früh-/Neugeborene und Säuglinge mit Saug- und Schluckstörungen,
- Patienten mit Problemen beim Kauen und Schlucken.

Orofaziale Begleitsymptomatik gilt es zu berücksichtigen bei Patienten mit neurologischen Grunderkrankungen, wie:

- Neuromuskulären Erkrankungen,
- Cerebralparesen,
- nach Schädel-Hirn-Traumata und Schlaganfällen,
- Dyspraxien.

Die Therapie setzt exaktes Wissen über die muskulären Verläufe und verschiedenen Muskelfunktionen sowie die Entwicklung der physiologischen Funktionen des orofazialen Komplexes voraus. Sie muß Bedingungen der emotionalen und sozialen Entwicklung ebenso berücksichtigen wie Kriterien der Autonomie-Entwicklung des Kindes (s. Abb. 2.3-A2).

Das Schema von Brodie ist für das Verständnis der Therapie, im Zusammenspiel mit der Körpermotorik, sehr hilfreich.

Der Schädel wird als feststehendes Element (Punctum fixum) verstanden, an dem mobile Elemente befestigt sind, wie Unterkiefer und Zungenbein. Diese stehen über Muskelketten miteinander in Verbindung und somit in direktem Kontakt mit Schultergürtel, Wirbelsäule und Beckengürtel.

So wird verständlich, daß durch körperliche Fehlhaltungen auch der orofaziale Komplex in Mitleidenschaft gezogen wird oder wir umgekehrt auch vom Becken- und Schultergürtel her den Mund-, Gesichts- und Rachenbereich indirekt beeinflussen können. Eine Arbeit im Mund- und Gesichtsbereich ist deshalb ohne Berücksichtigung der übrigen Körpermotorik funktionell nicht möglich.

Voraussetzung für die Anregung physiologischer Bewegungen am orofazialen Komplex ist eine aufgerichtete und stabile Haltung von Körper und Kopf, die *motorische Ruhehaltung* genannt wird. Das Kind wird in engem Körperkontakt sicher gehalten, der Nacken wird in Verlängerung der Wirbelsäule aufgerichtet. Klarer taktiler Kontakt am Brustbein vermittelt eine Orientierung zur Mitte (s. Abb. 2.3-A3).

Das Kind führt seine Hände zur Mittellinie und damit auch in sein Gesichtsfeld. Es kann also nach Personen und Gegenständen greifen und wird so fähig zum Handeln.

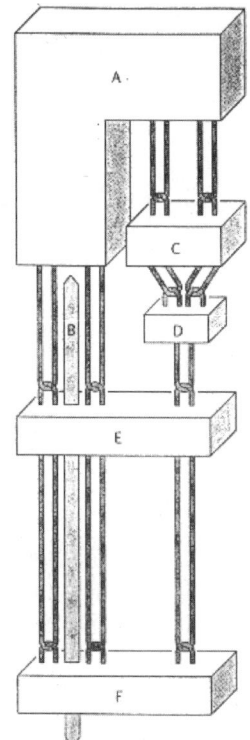

Abb. 2.3-A2: Schema nach Brodie modifiziert von Castillo Morales:
Muskelkettenverbindungen zwischen Schädel (A), Wirbel-
säule (B), Mandibula (C), Zungenbein (D), Schulter- (E)
und Beckengürtel (F)

Die Atmung wird ruhiger und regelmäßiger. Mit Hilfe der *motorischen Ruhe* gelingt es dem Kind, seinen Tonus zu regulieren und sich besser zu orientieren. Es findet eine Bündelung, ein Sammeln der Sinne, der Propriozeption, des Gehörs, des vestibulären und visuellen Systems statt. Durch die motorische Ruhe erreichen wir jene *wache Aufmerksamkeit, die Voraussetzung zum Lernen ist.*

Es ist zu bedenken, daß der Mund- und Gesichtsbereich zu den sensibelsten und intimsten Zonen unseres Körpers gehört und somit auch störungsempfindlich ist. Wir müssen dem Kind oder Erwachsenen Sicherheit vermitteln, ihm genügend Zeit und Raum geben, um Vertrauen zu fassen, wenn wir den Gesichts- und Mundbereich berühren wollen.

Die *motorische Ruhe* ist insbesonders auch Voraussetzung bei der Unterstützung des Saugens und Schluckens. Bei der Therapie werden die gleichen Behandlungstechniken genutzt, wie bei der sensomotorischen Behandlung, wobei gerichtete Vibration die entscheidendste Rolle spielt, beispielsweise die Vibration der Wangenmuskulatur zur Anregung des M. buccinator, der beim Aufbau eines negativen intraoralen Drucks zum Ansaugen und Abschlucken eine wichtige Funktion zeigt.

Auch die Kieferkontrolle ist ein wichtiger Faktor, der nach den verschiedenen Übungen immer wieder eingebaut wird, damit das Kind die veränderte Situation von Kiefer, Wangen, Lippen, Mundboden und Zunge spüren und dabei ruhig durch die Nase atmen kann. Wir bauen Hilfestellungen ab, sobald das Kind die Funktion eigenständig übernimmt.

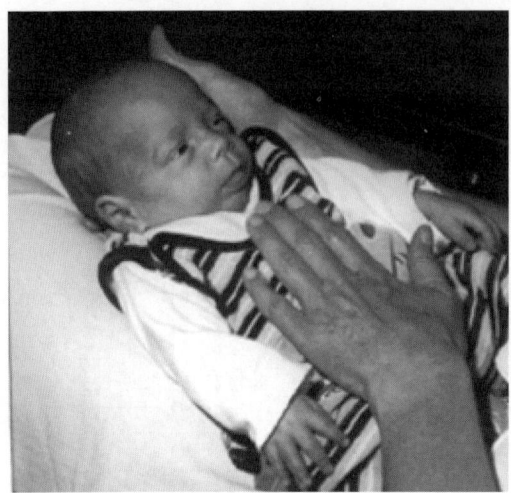

Abb. 2.3-A3:
Motorische Ruhehaltung

Die orofaziale Behandlung dient primär dazu, Gesichtsmuskulatur, Mund-höhle und Rachen angenehm bewußt zu machen sowie den orofazialen Komplex in das gesamte sensomotorische Empfinden zu integrieren. Ziel ist die Tonusre-gulierung und Aktivierung der Muskulatur des orofazialen Komplexes, die Ver-minderung motorischer Kompensationen im Mund- und Gesichtsbereich und das gleichzeitige Aktivieren von physiologischeren Bewegungen oder das Anregen schwach ausgebildeter oder fehlender Funktionen.

Es wird über manuelle Behandlungstechniken, wie Berührung, Streichen, Zug, Druck und Vibration, direkt Einfluß genommen auf die Körper-, Kopf- und Kiefer-haltung, die Mimik, die Wangen-, Lippen- und Zungenfunktion, auf die orofazialen, *vorsprachlichen* Funktionen wie Saugen, Schlucken und Kauen sowie auf die At-mung.

Beim Saugen, Schlucken und Kauen werden die gleichen orofazialen Elemente aktiviert wie beim Sprechen. Wir erwarten somit, indirekt auch Einfluß auf eine bessere Phonation und klarere sprachliche Artikulation zu nehmen.

2.3.3.   Menschenbild und Philosophie im Castillo Morales Konzept

Das Menschenbild, das Castillo Morales uns vermittelt, wird für jeden spürbar und erfahrbar, wenn er ihn in der Behandlungssituation mit Kindern oder Er-wachsenen erleben konnte.

Die Person des Menschen mit Behinderung stellt Castillo in den Mittelpunkt des Konzeptes. „Persona" (von „personare") ist ein Begriff aus dem Lateini-schen, der in der Welt des antiken Theaters den Schauspieler bezeichnet, der durch eine getragene Maske sprach. „Persona" ist in der Übersetzung also der, der hinter einer Maske spricht. Die Maske könnte – übertragen auf unsere Kinder – beispielsweise das Down-Syndrom sein. Dahinter gilt es, das individuelle Kind zu entdecken. Wir sollen es vorurteilsfrei beobachten lernen, ohne unsere Aufmerksamkeit auf seine Defizite zu fokussieren, wie wir dies in unserer leistungs-betonten Sicht gerne tun.

Von den Eingeborenen Lateinamerikas hat Castillo Morales übernommen, daß sie die motorische Entwicklung der Kinder in direktem körperlichem Kontakt fördern. Um mit dem Kind in Kontakt treten zu können, müssen wir uns auf die Ebene des Kindes begeben. Im Spiel mit den Eltern und am Körper der Eltern lernt das Kind, die Etappen seiner Entwicklung zu durchlaufen. Es ist im direkten personellen Kontakt weit motivierter, Neues zu versuchen und seine Welt zu entdecken. Motorisches Lernen erfolgt im bewußten Spüren des eigenen Körpers und im Kontakt des Körpers mit der Umgebung. Wir wollen nicht Verhaltensweisen einüben, sondern den Kindern einen Weg weisen, sich Entwicklungsschritte selbst zu erarbeiten. Dazu müssen wir auch abwarten können und die „Eigenzeit" des Kindes respektieren lernen, um ihm eine Chance zum eigenen Handeln einzuräumen. Wir müssen Zutrauen finden in die Fähigkeiten und Ressourcen von Kind und Eltern.

Wenn die Beziehungsebene stimmig ist und das Kind sich verstanden fühlt, kommt es zu einem vertrauensvollen Dialog in Gegenseitigkeit, der die grundlegende Voraussetzung für jede therapeutische Situation ist. Nur ein Kind, das sich wohl und geborgen fühlt, spielt und lernt.

Kontaktadresse: Castillo Morales Vereinigung e.V., Postfach 760143, D-60507 Frankfurt

Literatur

Castillo, M. R. (1991): Orofaziale Regulationstherapie. München
– (1995): Die neuromotorische Entwicklungstherapie. In: Bewegung und Entwicklung 28, 15–26
Haberstock, B. (1999): Castillo Morales-Konzept. In: Hartmannsgruber R., Wenzel D. (Hrsg.): Physiotherapie. Lehrbuchreihe Bd. 12, Pädiatrie. Stuttgart, 119-139

2.4. Die Behandlung der orofazialen Muskulatur (Saug-, Trink, Schluck- und Eßhilfen)

Von Gudrun Beckmann-Hopp

Die Behandlung der orofazialen Muskulatur kann nur sinnvoll durchgeführt werden, wenn sie auf einem fundierten Wissen über die Anatomie und Physiologie Zusammenhänge aufbaut. Ein dreistündiger Workshop kann dies selbstverständlich nicht leisten, es können aber Orientierungshilfen gegeben werden, welche Methode man vertiefen möchte. Nachfolgend werden einige Ansätze kurz beschrieben, um anschließend praktische Überlegungen zur Nahrungsaufnahme und Probleme bei der Nahrungsverweigerung darzustellen.

2.4.1. Das Konzept von Castillo Morales

Wie unter 2.3. bereits ausführlich erläutert, ist es Rudolfo Castillo Morales, Rehabilitationsarzt und Leiter des Centro Modelo de Reducación in Cordoba/Argentinien, wichtig, daß durch die Therapie die gesamte Entwicklung des Kindes und seiner Familie, in möglichst vielen/allen Bereichen gefördert wird. Er unterteilte seine Konzepte in:

(1) NET = Die neuromotorische Entwicklungstherapie für die Behandlung von Kindern mit statomotorischen Entwicklungsrückständen, Meningomyolocelen und peripheren Paresen. Sehr erfahrene Therapeutinnen/Therapeuten können diese Methoden auch bei Hyper- und Dystonus einsetzen.
(2) ORT = Orofaziale Regulationstherapie für Patienten mit sensomotorischen Störungen im Bereich des Gesichtes, Mundes und Rachens, besonders für die Behandlung von Saug-, Kau-, Schluck- und Sprechstörungen.
(3) Diese beiden Bereiche sind in ein breit angelegtes Förderkonzept eingebunden, welches auch die Wahrnehmung in ihren verschiedenen Bereichen einbezieht.

2.4.2. Myofunktionelle Therapie (MFT)

Daniel Garliner (USA) begründete diese Methode, die in verschiedenen Richtungen weiterentwickelt wurde. Seine Konzepte sind eng mit der Kieferorthopädie verbunden. Elemente aus der MFT können auch bei der Therapie von jüngeren Kindern einfließen, zielen jedoch hauptsächlich auf die Altersgruppe ab sieben Jahren und älter. Schwerpunkt sind Übungen:

- zum Mundschluß,
- zur Umlenkung von der Mund- auf die Nasenatmung,

- zum Einhalten der korrekten Zungenlage,
- zur Korrektur des Kau- und Schluckverhaltens,
- zur Verbesserung der Artikulation.

2.4.3.   Neurofunktionelle Reorganisation nach Beatriz Padovan

Beatriz Padovan (Brasilien) ist Waldorfflehrerin und Logopädin. Bei ihren Kursen arbeitet sie mit Nelson Annunciato zusammen. Ihre Behandlung integriert Ganzkörper-, Mund- und Sprechübungen, die von Versen oder Liedern zur Rhythmisierung begleitet werden. Es werden immer wieder Funktionszusammenhänge hergestellt, wobei folgende Aspekte ineinander greifen:

- Atmung,
- Artikulation,
- Saugen,
- Kauen,
- Schlucken,
- Rhythmisiertes Sprechen.

2.4.4.   Die Mund- und Eßtherapie

Dieser Unterpunkt wäre gewiß noch erweiterungsfähig und -bedürftig!
   – Im Rahmen der Bobath-Therapie gibt es Anregungen und Übungen, welche den orofazialen Bereich und die Nahrungsaufnahme stützen. Für Sprachtherapeutinnen/-therapeuten und Logopädinnen/Logopäden ist es hilfreich, in Kooperation mit Bobath-Krankengymnastinnen/-gymnasten zu behandeln.
   – Aus der Bobath-Therapie entwickelte sich die F.O.T.T. (Fazio-Orale-Trakt-Therapie) nach Kay-Coombes. Diese Methode findet in der Dysphagietherapie Verwendung. In Deutschland hat sie besonders in der Schlucktherapie bei Erwachsenen einen festen Platz gefunden.

2.4.5.   Allgemeine praktische Überlegungen zur Nahrungsaufnahme

Bei dem Impuls „*es gibt was zu Essen*" bereitet sich der ganze Körper darauf vor, daher sollten wir nachfolgende Aspekte einbeziehen:

- *Körperhaltung* von Kind und Helferin/Helfer,
- *Sehen* der Nahrung,
- *Fühlen und Greifen* der Nahrung (erst über Hände oder Füße erfahren, ehe sie in den Mund kommt),
- *Riechend* entscheiden: bekannt/unbekannt,
- *Schmeckend* entscheiden: schmackhaft/unschmackhaft,
- *Schlucken*,
- *Soziales Miteinander, verbale und nonverbale Kommunikation.*

Ein wesentlicher Aspekt der Eßtherapie ist es, die Kinder zu möglichst großer Selbständigkeit zu führen. Dies ist nur ausgehend von den Ressourcen der Kinder und in Anpassung an deren Lern- und Leistungsfähigkeit möglich. Jedes Kind ist in irgendeiner Form lernfähig, deshalb ist es unsere Aufgabe, erreichbare Ziele zu formulieren. Lernen ist nicht ohne eine gewisse Mühe oder Anstrengung möglich. Dies gilt für beide Beteiligten, die die Nahrung geben und diejenigen, welche gefüttert werden. Bei Widerstand, Unwilligkeit oder dem Gefühl der Ungewohntheit ist es unsere Aufgabe einen Weg zu finden, damit die Kinder den Lernprozess zumindest schrittchenweise angehen.

Wenn den Kindern nicht auch „reiferes" Eßverhalten zugemutet wird, bleibt es bei kleinkindhaften Schluckmustern und Eßgewohnheiten. Daraus können folgende Probleme entstehen:

- Zahn-, Zahnfleisch- und Zahnstellungsprobleme,
- Verdauungsprobleme aller Art,
- Versorgungsprobleme durch Mangelernährung u. a. m.
- Durch die einseitige Kost schränkt das Kind seine Erfahrungen in Bezug auf Geschmacksrichtungen und Eßerfahrungen ein und erlegt sich selbst den Zwang auf, auf der Stufe zu verharren.
- Dieses Problemverhalten schränkt auch die sozialen Erlebnismöglichkeiten ein, wie z. B. das Essen bei einer Familienfeier oder ein Restaurantbesuch.
- Bei Krankheiten oder Krankenhausaufenthalten können schneller bedrohliche Situationen auf Grund der einseitigen Ernährungsakzeptanz entstehen.
- Muskelgruppen werden nicht trainiert, wodurch die Gefahr der Rückbildung entsteht. Da die Knochen durch die Muskelaktivitäten stimuliert werden, besteht sowohl Gefahr für das Kiefergelenk als auch für die anderen knöchernen Strukturen und Gelenkverbindungen.

Literatur

Bartholome, G. et al. (1993): Diagnostik und Therapie neurologisch bedingter Schluckstörungen. Stuttgart/Jena/New York

Bigenzahn, W. (1995): Orofaziale Dysfunktionen im Kindesalter. Stuttgart/New York

Castillo, M. R. (1991): Die orofaziale Regulationstherapie. München

Evans Morris, S., Dunn Klein, M. (1995): Mund- und Eßtherapie bei Kindern. Stuttgart/Jena/New York

Garliner, D. (1982): Myofunktionelle Therapie in der Praxis. München

2.5. Konduktive Förderung von cerebralbewegungsgestörten Kindern im Vorschulalter unter den Bedingungen eines Frühförderzentrums

Von Tordis Horstmann und Ulrich Oskamp

Seit Mitte der 90er Jahre werden Frühförderzentren immer wieder durch Eltern von cerebralparetischen Kindern mit der Frage konfrontiert, inwieweit diese für ihre Kinder die Konduktive Förderung anbieten bzw. ermöglichen helfen.

Das Zentrum für Frühbehandlung und Frühförderung in Köln sowie die Heilpädagogische Fakultät der Universität zu Köln, in Verbindung mit der Forschungsgemeinschaft „Das Körperbehinderte Kind e. V.", haben die Auswirkungen der „Konduktiven Förderung von cerebralbewegungsgestörten Kindern im Vorschulalter unter den Bedingungen eines Frühförderzentrums" untersucht. Die Untersuchung erfolgt im Auftrag des Bundesministeriums für Gesundheit in der Zeit vom Dezember 1996 bis Juli 1999.

2.5.1. Theoretische Orientierungen

2.5.1.1 Pädagogische Orientierungen

Die Praxis der Frühförderung orientiert sich an Ganzheitlichkeit, Interdisziplinarität und Familienbezogenheit. Sie geht von einer medizinisch-therapeutischen und pädagogisch-psychologischen Aufgabenteilung aus. Die kindlichen Entwicklungsstörungen der Grob- und Feinmotorik, der Wahrnehmung, der Selbständigkeit, des Denkens, der Interaktion und Kommunikation, der emotionalen Bindung und des Sozialverhaltens bedingen ein interdisziplinäres Vorgehen. Zu den ärztlichen Aufgaben zählen vorbeugende Maßnahmen, Früherkennung, Frühbehandlung und begleitend rehabilitative Zielsetzungen. Dabei sollten Krankengymnastik, Ergotherapie, Logopädie und Motopädie als medizinische Rehabilitationsleistungen mit heilpädagogischer Übungsbehandlung, Spieltherapie, Rhythmik und psychologischen Begleitaufgaben, wie z. B. Psychodiagnostik, Kinderpsychotherapie oder psychotherapeutischen Gesprächsangeboten, aufeinander abgestimmt sein. Entwicklungsdiagnostik, Zusammenarbeit mit Eltern, Förderplanung und Fallbesprechung erfordern interdisziplinäre Teamarbeit. Dies gilt in besonderem Maße für Kinder mit cerebralen Bewegungsstörungen (Bundesverband für Körper- und Mehrfachbehinderte o. J.; Rochel/Neuhäuser 1996).

Die veränderte Sichtweise der Frühförderung körperbehinderter Kinder vollzog sich von einem mehr funktionsorientierten, allein-kindzentrierten Schwerpunkt zu einer familien-kind- und umfeldbezogenen Sicht. Sie hob dabei die Auswirkungen unterstützender Systeme hervor (Speck 1997). Dennoch wird die Notwendigkeit neurophysiologisch orientierter Kind-Frühtherapie für cerebralbewegungsgestörte Kinder herausgestellt. Die intensive familiensystemische Stützung psychosozialer Ressourcen hält Schlack (1989) für erforderlich. Hier zeichnet sich einer der Einflüsse der erkenntnistheoretischen Um-Orientierung in den Human- und Sozialwissenschaften ab, die von der Systemtheorie und vom Konstruktivismus herrühren. Wenn Schlack die Kompetenz auch des behinderten Kindes unter dem Aspekt des „Akteurs seiner eigenen Entwicklung" einfordert (siehe 2.2.), so greift er damit unmittelbar das Argument selbstreferenzieller Systeme auf, die Maturana/Varela (1987) in biologischen Systemen herausfanden. Als Weiterentwicklung des systemisch-ökologischen Denkens gilt der Empowerment-Ansatz. Mit Empowerment (Selbstbemächtigung) verbindet sich die Durchsetzung einer größtmöglichen Kontrolle und Verfügung über die eigenen Lebensumstände und zugleich der Versuch, neue sozial tragfähige Beziehungen und Netze zu knüpfen (Theunissen/Plaute 1995). In der Umsetzung des Empowerment-Ansatzes für die Frühförderung erkennt Ziemen ein Konzept, welches das Persönliche des Einzelnen, seine Fähigkeiten, Kompetenzen und Energie anerkennt (1995, 72).

Jetter (1985) hält es für eine wesentliche Aufgabe der Förderung körperbehinderter und mehrfachbehinderter Kinder, sie in ihrer konstruktiven Aneignung von Wirklichkeit zu unterstützen. Im kooperativen Handeln mit dem Kind sollte es nicht fremdbestimmt „behandelt" werden, sondern sich eigenaktiv handelnd und damit selbstbestimmt in die Förderungsprozesse einbringen, indem es seine Wirklichkeit mitkonstruiert. Unter diesem Aspekt sollte die Kooperation nicht nur mit dem Kind, sondern auch die der Frühförderteams untereinander sowie mit den Eltern stattfinden. Das bedeutet, auch eine Neuorientierung für die neurophysiologisch orientierte Krankengymnastik für cerebralbewegungsgestörte Kinder nach Bobath, wie sie Milano Comparetti (1980) bereits in Italien praktiziert.

Das gegenwärtige interdisziplinäre Forschungsinteresse im Bereich der Frühförderung behinderter oder von Behinderung bedrohter Kinder vertieft den systemisch-konstruktivistischen Aspekt. Zu nennen sind dabei unter anderem: Bindungsforschung, Eltern-Kind-Interaktionsforschung, elterliche Bewältigungsprozesse und Frühförderung in sozialen Brennpunkten.

Bei dem Versuch einer Standortbestimmung bezüglich der Zielvorstellungen der Konduktiven Methode liegen diese zwischen einer speziellen Therapie für cerebralparetische Kinder einerseits und einem pädagogisch orientierten Förderansatz auf der anderen Seite. Bei der Frage, wieweit sich die Methode bei uns einsetzen läßt, ergibt sich die Notwendigkeit der Einordnung und der Vergleich mit dem bestehenden vorschulischen Fördersystem und den Therapieansätzen für Kinder.

Die allgemeinen Ziele der pädagogischen Konzeption im Bereich der vorschulischen Förderung (§22 KJHG/SGB VIII) beziehen sich auf folgendes:

- Förderung des Kindes zur Eigenverantwortlichkeit und Gemeinschaftsfähigkeit,
- Orientierung des Förderangebotes an den Bedürfnissen von Kind und Eltern,
- Kooperation von Eltern und Erzieherinnen/Erziehern.

2.5.1.2 Therapeutische Orientierungen

Die angewandten Methoden zur Rehabilitation von Kindern mit Cerebralparesen beziehen sich im medizinisch-therapeutischen Bereich auf die Bobath- bzw. auf die Vojtamethode. Diese beiden physiotherapeutischen Behandlungsmethoden, basierend auf neurophysiologischen Grundlagen, sind Inhalt des Heilmittelkataloges, der von den gesetzlichen Kostenträgern des Gesundheitswesens anerkannt wird. Schlack beschreibt das Bobath-Konzept wie folgt:

Durch verschiedene Behandlungstechniken werden bestimmte periphere Reize gesetzt, die eine Beeinflussung der Spastik ermöglichen. Dadurch werden dem Kind „komplexe, willentliche Bewegungsabläufe ermöglicht..., deren Ziel die größtmögliche Selbständigkeit des Kindes ist. Als Mittel dazu dienen bestimmte Techniken der Hemmung (Inhibition) von falschen Haltungsmustern mit ungünstigem Muskeltonus, der Anbahnung (Facilitation) von Bewegungsabläufen und vor allem der Stimulation zur Verbesserung des Muskeltonus und der Aufrichtung. Über allem steht die Zielsetzung, das Kind zu größtmöglicher Eigenaktivität zu motivieren....

Das Vojtaprinzip besteht in einer Stimulation angeborener, komplexer Bewegungsmuster, die als genetisch vorgegebene und für die weitere Entwicklung unverzichtbare Basis der statomotorischen Entwicklung ... angesehen werden. Es geht also nicht um die Anbahnung komplexer Funktionen, sondern um die Normalisierung der Voraussetzung, auf deren Basis das Kind diese komplexen Funktionen danach selbst erwerben kann. Das zentrale Postulat besteht also darin, daß die Behandlungsmethode in der Lage ist, die Grundfunktionen der posturalen Ontogenese auch in Fällen definitiver Hirnschädigung zu normalisieren." (1995, 351)

Die Konduktive Förderung versteht sich nach Schlack (1995) als interdisziplinäres Konzept; es ist in seinem Ansatz vorwiegend pädagogisch-psychologisch orientiert, auch wenn medizinische Therapieelemente integriert sind. Das Ziel ist auch hier eine möglichst große Selbständigkeit in allen Lebensbereichen. Ebenso wird die Befähigung zu komplexen Funktionen angestrebt.

In dieser Kurzdarstellung aller drei Behandlungsmethoden für Cerebralparesen zeigen sich deutliche Unterschiede im theoretischen Hintergrund, die sich auch in der Praxis auswirken. Bei einigen Therapiemethoden wird die Annahme zugrunde gelegt, daß die Entwicklung in mehr oder weniger hierarchisch streng gegliederter Abfolge verläuft. Die Therapie muß auf der Stufe der Entwicklung ansetzen, die als Voraussetzung für den Erwerb der Basisfertigkeit für die nächsthöhere Stufe gilt, um eine Normalisierung bestimmter Funktionen für die weitere Entwicklung in Gang zu setzen. Hierzu zählt die Vojtamethode. Neuere Konzepte stellen die Übungsbehandlung als solche in Zweifel, weil sie von einem komplexen Wirkgefüge zur Förderung von Entwicklung ausgehen. Das bedeutet eine Schwierigkeit in der Überschaubarkeit sowie der Vorhersagbarkeit bezüglich der Wirksamkeit für alle diejenigen, die die Sicherheit für Nutzung sowie Kosten suchen. Dennoch können diese Methoden der Realität von Entwicklungsverläufen und Entwicklungsbedingungen nicht gerecht werden, da sie von einem monokausalen Konzept ausgehen; Entwicklungsprozesse sind jedoch heterokausal bestimmt. In diesen Kontext läßt sich die Bobathmethode einordnen, ebenso auch die Konduktive Förderung. In beiden Förder- und Behandlungsansätzen sind die Therapieziele sehr komplex und entwicklungspsychologisch orientiert und lassen sich mit heterokausal orientierten Entwicklungsmodellen in Einklang bringen, so wie sie von Vertretern neuerer Behandlungsmethoden formuliert werden.

Die Therapieziele für die Behandlung auch von cerebralparetischen Kindern sind nach Ohrt (1998):

- Sicherung der Vitalfunktion,
- Sorge für Wachstum und Gesundheit,
- Prävention sekundärer und funktioneller sowie psycho-emotionaler Störungen,
- Ermöglichen sensomotorischer Erfahrung als Basis für den Erwerb motorischer Fertigkeiten sowie kognitiven und sozialen Lernens,
- Sorge für ausreichende motorische Aktivierung zur Unterhaltung von Agilität und Motivation,
- Größtmögliche funktionelle Selbständigkeit in den Aktivitäten des täglichen Lebens,
- Autonomie und Selbstbestimmung,
- Wohlbefinden von Kind und Familie,
- Unterstützung einer förderlichen Interaktion zwischen Kind und Eltern,
- Unterstützung der Familie in ihrer Kompetenz und Abhängigkeit, Wahrung ihrer Intimsphäre.

Bei der Frage der Vergleichbarkeit der verschiedenen Behandlungsmethoden bei Cerebralparesen muß konkretisiert werden, unter welchem Aspekt Effekte von Behandlungsmethoden im Vergleich evaluiert werden sollen.

2.5.1.3 Zur Konduktiven Förderung

Zum Stand der Konduktiven Förderung ergeben sich, entsprechend der Literaturanalysen, sehr unterschiedliche Widersprüche und Folgerungen:

Einige Fachleute aus dem Bereich der Pädiatrie sowie Neurologie und Neurophysiologie negieren unter Bezugnahme auf vorliegende Forschungsergebnisse therapeutische Effekte der Konduktiven Förderung bis hin zur Empfehlung der Nichtanerkennung als Kassenleistung. Sie bejahen hingegen eine vorwiegend pädagogische Effizienz. Fachärztliche gutachterliche Stellungnahmen deutscher Ärzte aus dem Internationalen Petö-Institut Budapest fallen ausgewogener in beide Richtungen aus. Ärztliche Vorbehalte gibt es mehr im Hinblick auf unzureichende Berücksichtigung von Gelenkbeanspruchungen, vor allem des Hüftgelenks. Berichten Sonderpädagoginnen/Sonderpädagogen der Administration oder Lehre aus dem Budapester Internationalen Petö-Institut, geraten ihre Hospitationserträge oft zu zwar wohlwollenden aber unkritischen Befürwortungen des Transfers nach Deutschland – ohne empirische Basis und ohne Hinweise auf kulturelle Adaptation unter Berücksichtigung des bisherigen Frühförderstandards für cerebralbewegungsgestörte Kinder.

Die Bundesrepublik wird derzeit überrollt mit mehr kurz- als langlebigen konduktiven Angeboten und Versprechungen, die dem Anliegen der Konduktiven Förderung nach Kontinuität der Kindergruppen und Beziehungsdichte zu den Konduktorinnen widersprechen. Qualitätsstandards werden aus unterschiedlichen Gründen dabei kaum berücksichtigt.

Eine neue, umfangreiche deutsche Schriftenreihe, konzipiert und herausgegeben von Weber, fundiert die Konduktive Förderung unter multidisziplinärem und internationalem Aspekt. In einem der Bände (Schumann/Clemens 1999) erfolgt eine theoretische Fundierung der Konduktiven Förderung nahezu ausschließlich unter dialektisch-materialistischem Anspruch, allerdings ohne Bezugnahme auf andere Paradigmen der pädagogischen und pädiatrischen Theoriebildung zur Frühförderung allgemein und insbesondere zur Frühförderung cerebralbewegungsgestörter Kinder.

In vielen Quellen wird eine deutschsprachige Zusatzausbildung zur Konduktiven Förderung für therapeutische und pädagogische Berufsgruppen gefordert. Das jetzige deutschsprachige Angebot in Budapest überzeugt nicht, weil didaktische Elemente deutschsprachiger Elementarpädagogik nicht berücksichtigt werden.

Insgesamt lastet auf der Konduktiven Förderung derzeit ein größerer empirischer Effizienzdruck als auf irgendeinem anderen Therapieansatz und einer anderen Förderrichtung für cerebralparetische Kinder zuvor.

Hieraus ergaben sich für den Forschungsansatz einige Folgerungen:

Uns interessierte vor allem im Hinblick auf das derzeitig vorrangige systemisch-ökologische Interesse der Theoriebildung, ob die Konduktive Förderung mehr geschlossenen konditionierenden Konzepten zuzuordnen ist, oder ob und unter welchen Bedingungen mehr Offenheit möglich ist. Unsere Studie versteht sich somit als Evaluationsstudie, weil sie daran interessiert ist, Qualitätsstandards unter den Rahmenbedingungen eines etablierten Frühförderzentrums und im Vergleich mit dessen bisherigen Standards zu entwickeln und zu überprüfen.

Zwei weitere, derzeit noch nicht abgeschlossene Forschungsvorhaben überprüfen die Wirksamkeit der Konduktiven Förderung unter anderen Gesichtspunkten:

In der Studie von Schmidt und Oerter „Konduktive Förderung in der Stiftung Pfennigparade" (1999) geht es um einen entwicklungspsychologischen Vergleich des Zusammenhangs von Kognition und Motorik im Schulalter, während v. Voss, Kinderzentrum München, im Auftrag des Verbandes der Angestelltenkrankenkassen eine vergleichende therapeutische Effizienzstudie zur Konduktiven Förderung durchführt.

2.5.2.   Fragestellungen und Rahmenbedingungen

2.5.2.1 Fragestellungen

Für die Untersuchung ergaben sich folgende drei Fragestellungen:

(1) Kann Konduktive Förderung als gleichwertiges Förderkonzept, im Rahmen der elementarpädagogischen Förderung, in regel- bzw. heilpädagogischen Kindergärten angeboten werden?

(2) Ist Konduktive Förderung mit ihren therapeutischen Grundprinzipien und praktischen Anwendungsmöglichkeiten als gleichwertig mit der Bobath- oder Vojtamethode anzusehen?

(3) Kann Konduktive Förderung im Rahmen einer interdisziplinären Frühförderung ein Alternativangebot unter weiteren Behandlungsangeboten darstellen?

Zu (1) wird folgende Hypothese formuliert: Die Konduktive Förderung stützt die Entfaltung:

- der kindlichen Autonomie und Selbständigkeit,
- der Interaktion und Kommunikation,
- der Eigenaktivität und Handlungskompetenz.

Aus (2) ergibt sich folgende Hypothese: Die Konduktive Förderung

- ermöglicht sensomotorische Erfahrung als Basis für den Erwerb motorischer Fertigkeiten sowie kognitiven und sozialen Lernens, die durch motorische Aktivierung in Alltagssituationen gefördert werden,
- fördert die funktionelle Selbständigkeit in den Aktivitäten des täglichen Lebens,
- unterstützt die Entwicklung von Autonomie und Selbstbestimmung,
- beachtet das Wohlbefinden von Kind und Familie,
- unterstützt eine förderliche Interaktion zwischen Kind und Eltern.

Bezugnehmend auf (3) läßt sich folgendes formulieren:

- Die Konduktive Förderung ist eine komplexe Interventionsmaßnahme, da sie einem systemisch-ökologischen Konzept zugeordnet wird.
- Sie hat Einfluß auf die mentale, perzeptive, motorische, soziale, sprachkommunikative Entwicklung.
- Die Intervention durch die Konduktive Förderung wirkt nur indirekt.
- Die Einstellung der Eltern, ihre Compliance und die Einstellung der Konduktorinnen haben Einfluß auf den Therapieerfolg.
- Das Konzept der Konduktiven Förderung berücksichtigt die Kriterien der Qualitätssicherung: Struktur, Prozeß und Evaluation.

2.5.2.2 Rahmenbedingungen: Planung und Durchführung des Kölner Projektes

Insgesamt wurden während des Projektzeitraumes von Februar 1997 bis Sommer 1998 30 Kinder konduktiv gefördert. Von diesen 30 Kindern nahmen insgesamt 20 Kinder an allen Untersuchungen teil. Die Indikation für die Aufnahme zur Konduktiven Förderung war: Kinder im Alter von zwei Jahren bis zum Kindergartenalter mit Cerebralparesen ataktischer, athetotischer oder spastischer Ausprägung bzw. mit cerebralparetischen Mischformen, einschließlich dysarthrischer bzw. anarthrischer Kommunikationsstörung, jedoch mit Sprach- und Handlungsverständnis.

Folgende Aufzählung gibt einen Überblick über die Einzelbefunde der am Projekt beteiligten Kinder, die in der Kindergartengruppe gefördert wurden.

Kiga/1, geb. 1/91
Ehemaliges Frühgeborenes der 31. Schwangerschaftswoche, Zustand nach BNS-Anfallsleiden und einmaligem fieberinduziertem Grand mal, hypoton-ataktische Bewegungsstörung, psychomentale Entwicklungsstörung im Rahmen einer Lernbehinderung, zentrale Sehstörung rechts > links.

Kiga/2, geb. 8/92
Ehemaliges Frühgeborenes der 31. Schwangerschaftswoche, Zustand nach perinataler Asphyxie, beinbetonte spastische Tetraparese mit gekreuzter Betonung (rechter Arm, linkes Bein), Teilleistungsstörungen (räumlich-visuelle Wahrnehmung, Auge-Hand-Koordination).

Kiga/3, geb. 6/92
Ehemaliges Frühgeborenes der 26. Schwangerschaftswoche, mit Atemnotsyndrom und perinataler Hirnblutung, bein- und rechtsbetonte spastische Tetraparese. Nahezu altersgemäße mentale und sprachliche Leistungsfähigkeit. Deutlicher psychosozialer Entwicklungsrückstand.

Kiga/4, geb. 12/90
Ehemaliges Frühgeborenes der 28. Schwangerschaftswoche, leichter Hydrocephalus internus bei Zustand nach intraventrikulärer Hirnblutung, Grad 2–3, beinbetonte spastische Tetraparese. Regelrechte psychomentale und sprachliche Entwicklung.

Kiga/5, geb. 6/92
Ehemaliges Frühgeborenes der 32. Schwangerschaftswoche, Zustand nach perinataler Hirnblutung, Grad 1, beinbetonte spastische Tetraparese. Zustand nach beidseitiger Subluxation der Hüften (operative Korrektur). Teilleistungsstörungen bei regelrechter mentaler Leistungsfähigkeit.

Kiga/6, geb. 10/91
Ehemaliges Frühgeborenes der 29. Schwangerschaftswoche, Zustand nach perinataler Hirnblutung, links- und beinbetonte spastische Tetraparese, Teilleistungsstörungen.

Kiga/7, geb. 3/91
Ehemaliges Frühgeborenes der 27. Schwangerschaftswoche, Zustand nach perinataler Hirnblutung Grad 2–3 und RDS III, beinbetonte spastische Tetraparese, Teilleistungsstörungen bei regelrechter mentaler und sprachlicher Leistungsfähigkeit, Hyperopie.

Kiga/8, geb. 6/91
Ehemaliges Frühgeborenes der 31. Schwangerschaftswoche, Zustand nach Hyperbilirubinämie und Neugeborenenkrämpfen, Tetraparese mit gekreuzter Betonung (linker Arm, rechtes Bein), schwere psychomotorische und sprachliche Entwicklungsstörung, zentrale Sehstörung bei Optikusatrophie beidseitig.

Kiga/9, geb. 10/92
Ehemaliges Frühgeborenes der 36. Schwangerschaftswoche, Zustand nach postnataler Asphyxie, rechtsbetonte spastische Tetraparese, Teilleistungsstörungen bei regelgerechter kognitiver und sprachlicher Leistungsfähigkeit.

Kiga/10, geb. 1/93
Ehemaliges Frühgeborenes der 33. Schwangerschaftswoche, mit perinataler Hirnblutung, links- und beinbetonte spastische Tetraparese, günstige psychomentale Entwicklung mit schwerer Dyspraxie, nahezu ausbleibende Sprachentwicklung infolge schwerer Dysarthrie.

Die Struktur der Gruppen ist sowohl hinsichtlich Frequenz, Alter der Kinder als auch Gruppenstärke unterschiedlich:

- 1997 – 1998:
Konduktive Förderung für Kinder mit Cerebralparesen im Kindergartenalter, Gruppe mit 10 Kindern, 5x wöchentlich für 5 Stunden täglich, Dauer: 1 Jahr;

Gruppen mit 5 Kindern sowie den Müttern, 3x wöchentlich für jeweils $2^1/_2$ Stunden, Dauer: 15 Monate.

- 1998 – 1999:

Gruppe mit 4–5 Kindern, 1–3x wöchentlich für jeweils $2^1/_2$ Stunden;

Nachmittagsgruppen aus ehemaligen Kindergartengruppen, 1–3x wöchentlich für jeweils $2^1/_2$ Stunden;

Freitagsgruppen mit Schulkindern, 1x wöchentlich für $2^1/_2$ Stunden.

Die Förderung und Betreuung der cerebralparetischen Kinder wurde durch ein interdisziplinäres Team hochqualifizierter Fachleute geleistet (s. Tab. 2.5-T1).

Die besondere Qualität der Förderung wurde nicht nur durch die Inhalte des Konzeptes der Konduktiven Förderung getragen, sondern auch durch die Kontinuität der Mitarbeiterinnen/Mitarbeiter, als auch durch die Interdisziplinarität des Teams gewährleistet.

Im Rahmen der Konzeption zur Durchführung der Konduktiven Förderung in den einzelnen Gruppen wurden von den Konduktorinnen Wochen- und Monatspläne erstellt, die eine gedankliche Vorbereitung auf die motorische und pädagogische Förderung der Gruppe, aber auch einzelner Kinder beinhalten. Dabei unterscheiden sich die Pläne und ihre Inhalte aufgrund der unterschiedlichen Altersverteilungen der geförderten Kinder innerhalb der Gruppen und auch der Gruppen untereinander.

Das Förderprogramm besteht aus Monats- und Wochenplänen, mit der Vorgabe, Situationen zu schaffen oder aufzugreifen, in denen Kinder aus eigenem, spontanem Interesse ihre Wünsche, Bedürfnisse und Einfälle aktivieren und einbringen können. Diese Art der Planung ist einerseits offen, andererseits systematisch. Die Informationen, die aus den Lernbereichen kommen, vermitteln Sinnzusammenhänge und Grundlagen für weiteres Lernen. Die thematischen Schwerpunkte sind variabel und austauschbar. Vor allem orientieren sie sich an alltäglichen Situationen im Tagesablauf, mit dem Ziel, konkrete Erfahrungen und übersehbare Handlungszusammenhänge, unter Berücksichtigung der individuellen Besonderheiten einzelner Kinder zu vermitteln. Das Förderprogramm soll durch erfolgreiches Lernen das personale Bewußtsein der Kinder stärken (s. Tab. 2.5-T2).

Tab. 2.5-T1: Das interdisziplinäre Team des Forschungsprojektes

Ständige Mitarbeiterinnen	Zahl der Stellen	Wochenstunden je Stelle
Kinderärztin	1	5
Konduktorinnen	4	38,5
Sonderpädagogin	1	38,5
Sozialpädagogin i. A.	1	38,5
Physiotherapeutin	1	5
Ergotherapeutin	1	5
Psychologin	1	5
Supervisor	1	8

Tab. 2.5-T2: Beispiel: Wochenplanung für die dritte Novemberwoche (Kindergartengruppe)

Montag	Dienstag	Mittwoch	Donnerstag	Freitag
1. Tiere im Winter	1. Gegensätze (trocken-nass warm-kalt, weich-hart, schwer-leicht, rauh-glatt)	1. Begriffschulung „Der Schatten"	1. Rätsellösung (bzgl. Tiere im Winter)	Märchentag: „Hans im Glück" 1. Vorlesen des Märchens
2. Rund und eckig	2. Das Auge führt die Hand (kombiniertes Spiel)	2. Zungenbrecher, Reime (bzgl. Tiere im Winter)	2. Basteln: Adventskalender	
3. Vergleich von Klang- und Bewegungs-Mustern	3. Zaunmalen	3. Schattenspiel (mit Fingern, Körpern usw., kombiniertes Spiel)	3. Freispiel	3. Kinder erzählen, was Glück für sie bedeutet

Tab. 2.5-T3: Das Auswertungsteam

Wissenschaftliche Begleitung/Projektteam	Wochenstunden
1 Heilpädagoge	20
1 Diplom-Psychologin	5
1 Krankengymnastin (Bobath)	kurzfristig
1 Psychologiestudentin	kurzfristig
1 Kinderärztin	5
1 Informatiker	kurzfristig

Das Auswertungsteam erfaßte zu festgelegten Untersuchungszeitpunkten die Daten zum Entwicklungsstand der Kinder und zur Einstellung der Eltern zu verschiedenen Kriterien (Tab. 2.5-T3).

Der Vergleich mit den bisherigen Standards der Frühförderung cerebralbewegungsgestörter Kinder im Kölner Zentrum für Frühbehandlung und Frühförderung ließ sich nicht nach streng wissenschaftlichen Gesichtspunkten durchführen. Da die Stichprobengröße sowie die Selektionskriterien für eine Zufallsverteilung der Untersuchten sowie der Vergleichsgruppe den wissenschaftlichen Standards nicht genügt hätten, wurde kein statistischer Vergleich mit einer Gruppe „klassisch" geförderter Kinder vorgenommen. Kritisch anzumerken ist, daß die von Bode/Storck (1998) geforderten Evaluationsstandards für Therapiestudien bisher kaum in vollem Umfang bei anderen Therapieformen (z. B. Bobath oder Vojta) erreicht wurden.

Es kamen sowohl quantitative als auch qualitative Methoden der Sozialforschung zur Anwendung. Das Forschungsdesign bestand aus ärztlichen, entwicklungspsychologischen und konduktiven Prä- und Postuntersuchungen der Kinder, einschließlich einer Videodokumentation ihrer motorischen Entwicklung. Hinzu kamen Elternbefragungen zu Beginn und zum Abschluß des Projektes. Im Sinne der Qualitätssicherung wurden die Konduktorinnen abschließend befragt. Der Projektverlauf wurde mit Mitteln teilnehmender Beobachtung begleitet, des weiteren fanden während des Verlaufs videogestützte Interaktionsanalysen statt. Die entscheidungsstatistischen Untersuchungen des inter- und intraindividuellen Vergleichs zur Überprüfung von Veränderungen hinsichtlich einzelner, für die Fragestellung wesentlicher Entwicklungskriterien erfolgten in Zusammenarbeit mit dem Rechenzentrum der Universität zu Köln.

2.5.3. Ergebnisse (Vergleich von Vor- und Nachuntersuchungen)

(1) Die Auswertung des medizinischen Befundbogens belegt deutliche und signifikante Fortschritte der Kinder in den einzelnen Funktionsbereichen „Sitzen, Fortbewegung, Stehen, Handmotorik und Selbständigkeit". Am ausgeprägtesten waren die Leistungsverbesserungen in der Handmotorik sowie der Qualität der Fortbewegung, jedoch auch in der Sitzstabilität und der funktionellen Selbständigkeit. Der Handmotorik wird in der Konduktiven Förderung besondere Beachtung geschenkt sowohl durch ein spezielles „Handprogramm" als auch durch die permanente Anregung der Kinder zu selbständigem Handeln in den Bereichen des täglichen Lebens (s. Abb. 2.5-A1).

(2) Bei den jüngeren Kindern, welche mit der Münchener Funktionellen Entwicklungsdiagnostik untersucht wurden, ergaben sich signifikante Fortschritte in der Entwicklung der aktiven Sprache und des Sprachverständnisses sowie in der Wahrnehmungsverarbeitung. Der Zuwachs des „Entwicklungsalters" betrug in einem Jahr Förderung durchschnittlich ca. zwischen 3,7 (Perzeptionsentwick-

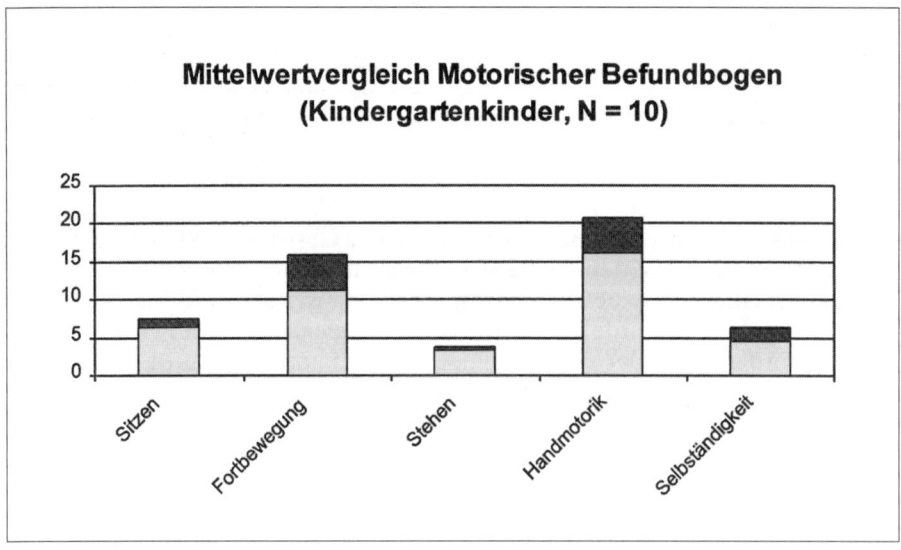

Abb. 2.5-A1: Mittelwertvergleich Motorischer Befundbogen (Kindergartenkinder, N=10)

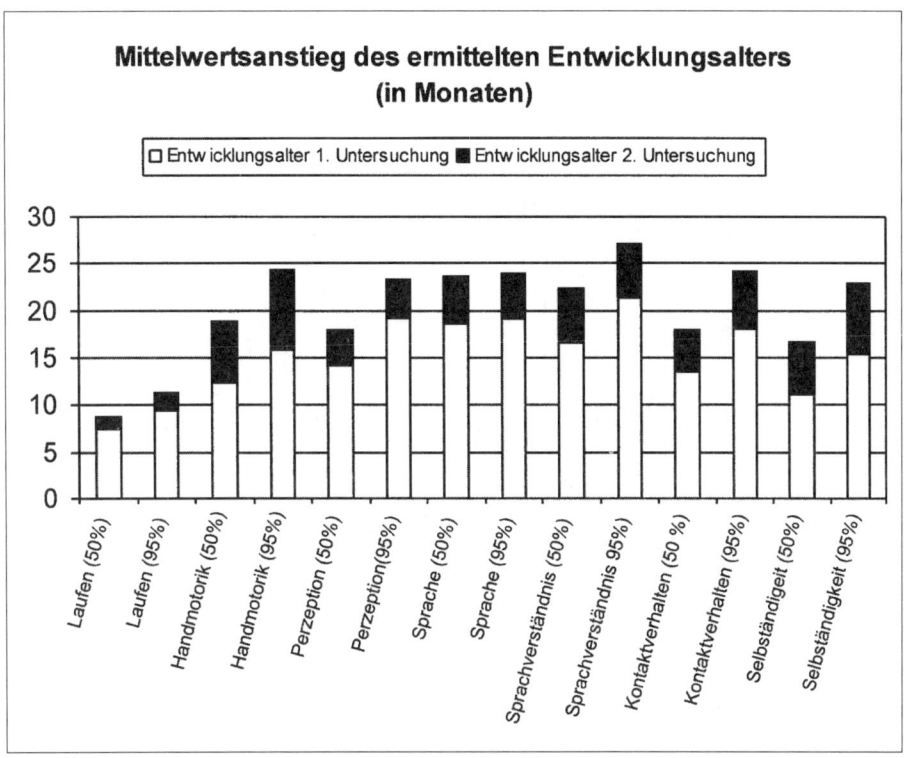

Abb. 2.5-A2: Mittelwertsanstieg des ermittelten Entwicklungsalters (in Monaten)

lung) bis 5,8 Monate (Sprachverständnis). Jedoch kann durch die Intervention mittels Konduktiver Förderung nicht verhindert werden, daß sich die Schere zwischen der sogenannten normalen Entwicklung im Kleinkindalter und der unserer Probanden weiter öffnet. Es ist jedoch festzuhalten, daß alle Kinder neben ihren individuell ausgeprägten motorischen Funktionsverbesserungen auch Fortschritte in den kognitiven Funktionen der Sprache und Wahrnehmungsverarbeitung erlebten, die sich wiederum auf ihre Interaktions- und Kommunikationsfähigkeit positiv auswirken (s. Abb. 2.5-A2).

Mit den Kindergartenkindern wurde der K-ABC durchgeführt. Die Ergebnisse dieser Entwicklungstests sind besonders interessant, da sich eine signifikante Leistungsverbesserung unserer Probanden in der Skala seriellen Denkens von einem unterhalb der Norm liegenden Durchschnittswert (Standardwert 84) auf einen innerhalb der Norm liegenden Standardwert von durchschnittlich 92 ergab. Diese systematische, hoch signifikante Leistungsverbesserung betrifft die sogenannte serielle Reizverarbeitung, d. h. die Konzentration, das Kurzzeitgedächtnis sowie deren Umsetzung in motorisches Handeln. Diese intellektuellen Fähigkeiten stehen, laut Testautoren, in einem direkten Zusammenhang mit dem zu erwartenden Schulerfolg. Die Konduktive Förderung enthält eine starke serielle Komponente,

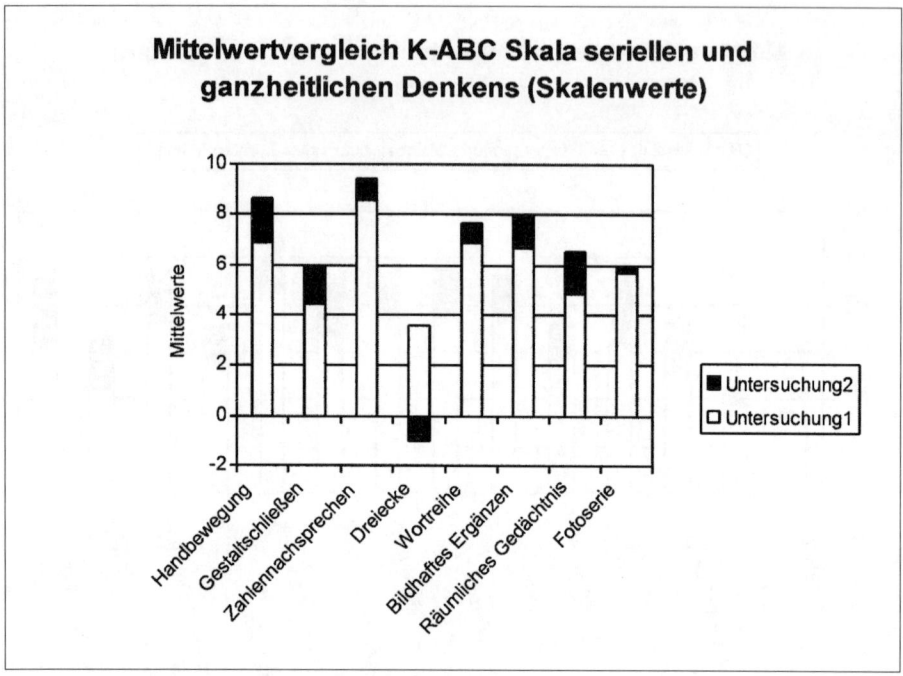

Abb. 2.5-A3: Mittelwertvergleich K-ABC Skala seriellen und ganzheitlichen Denkens (Skalenwerte)

da die Ausführung von Bewegungen durch deren Aufteilung in einzelne, der Reihe nach durchführbare Bewegungsschritte eingeübt wird. Außerdem wird den Kindern im täglichen Ablauf der Konduktiven Förderung eine klare Struktur und Reihenfolge zu bewältigender Tätigkeiten und Bewegungsabläufe vorgegeben. Diese werden durch intensive verbale und zum Teil rhythmische Begleitung angeleitet und unterstützt. Die deutliche Ausprägung und Signifikanz der Leistungsverbesserung der Probanden hinsichtlich des seriellen Denkens könnte auf den Einfluß der Konduktiven Förderung zurückgeführt werden, wie sie hier praktiziert wurde (s. Abb. 2.5-A3).

Die räumlich-visuelle Wahrnehmungsverarbeitung, wie sie in der Untertestaufgabe „Dreiecke" der Skala ganzheitlichen Denkens erfaßt wird, erfuhr über den Zeitraum der Konduktiven Förderung praktisch keine Leistungsveränderung, d. h. die Kinder lösten in der 2. Untersuchung in der Regel dieselben Items wie ein Jahr zuvor, woraus eine Verschlechterung ihres altersabhängigen Skalenwertes resultierte. Die Schwierigkeiten, welche körperbehinderte Kinder aufgrund ihrer mangelnden Bewegungserfahrung im Raum in der Verarbeitung räumlich-visueller Reizinformation haben, sind bekannt. Offensichtlich lassen sich diese Teilleistungsprobleme auch durch eine sehr intensive Förderung, wie sie die Kinder in der Kindergartengruppe erfuhren, kaum beeinflussen. Nichtbehinderte Kinder erwerben die Grundbegriffe räumlicher Dimensionen im Verlauf ihrer Bewegungsentwicklung über die „Eroberung des Raumes",und zwar durch Rollen, Krabbeln und schließlich Laufen. Trotz der motorischen Fortschritte der geförderten Kinder sind die Wahrnehmungseindrücke scheinbar nicht intensiv genug bzw. erfolgen zu spät (im Sinne einer „sensiblen Phase" für die Entwicklung der räumlich-visuellen Wahrnehmung), um hier noch entscheidende Verbesserungen zu erzielen.

Generell bewältigen die geförderten Kinder verbal dargebotene Aufgaben besser als nichtsprachliche. Diese Tendenz verstärkt sich nach einem Jahr konduktiver Förderung. Beispielsweise verbesserten die Kinder ihre bereits knapp altersgemäße Leistung im Subtest „Rätselraten" (89,9) hochsignifikant um fast zehn Skalenpunkte auf einen altersgemäßen Durchschnittswert von 99,6.

Hier könnten sich sowohl die intensive verbale Begleitung in der motorischen Förderung als auch spezielle pädagogische Angebote der Konduktorinnen entwicklungsfördernd auswirken.

(3) Eine wesentliche Anforderung an Therapieverfahren, wie sie Bode und Storck (1998) formulierten, liegt in der nachweisbaren Verbesserung alltagsrelevanter Fähigkeiten. Diese alltagsrelevanten Fähigkeiten (Selbständigkeit in den Bereichen Körperhygiene, Anziehen und Essen) erfahren in der Konduktiven Förderung intensive Beachtung. Bei den Kindern der Mutter-Kind-Gruppen, welche mit der Münchener Funktionellen Entwicklungsdiagnostik untersucht wurden, zeigte sich die zweitgrößte Steigerung des Entwicklungsalters in der Skala „Selbständigkeit" (Zuwachs durchschnittlich 5−7 Monate, Handmotorik 6−8 Monate).

Im medizinischen Befundbogen, mit dem alle Kinder eingeschätzt wurden, konnten Fortschritte in der Selbständigkeitsentwicklung auch für die Kinder der Kindergartengruppe nachgewiesen werden, insbesondere im Bereich der selbständigen Körperhygiene. Die Kinder profitieren in ihren lebenspraktischen Fähigkeiten von der Konduktiven Förderung, womit nicht nur die Selbständigkeit an sich verbessert, sondern mit ihr auch die Autonomie und Handlungskompetenz der Kinder gestärkt wird.

(4) Ein weiteres wesentliches Kriterium für die Qualität eines Therapieverfahrens ist nach Bode und Storck (1998) in der Einbeziehung der Eltern zu sehen. Die Compliance der Eltern, ihre Zufriedenheit mit der wahrgenommenen Therapie des Kindes und der Therapieerfolg stehen in einem wechselseitigem Beziehungsverhältnis. Im Rahmen des Petö-Projektes wurden die Eltern in Anfangs- und Schlußinterviews sowohl zu ihrer persönlichen Belastung und Zufriedenheit, als auch zu ihrer Belastung und Zufriedenheit im Hinblick auf die Behinderung ihres Kindes sowie der wahrgenommenen Veränderungen aufgrund der Konduktiven Förderung befragt.

Zur allgemeinen Belastung ist als Ergebnis festzuhalten, daß die Mütter sich zwar als ausgesprochen zufrieden mit ihrer hausfraulichen Tätigkeit beschrieben, jedoch ein sehr hohes Maß an subjektiv empfundener Belastung durch diese Tätigkeit angaben. Die Väter fühlten sich insgesamt weniger belastet durch ihre berufliche Tätigkeit und äußerten sich überwiegend zufrieden.

Ein weiteres Ergebnis ist, daß die Mütter wiederum höhere Belastungen, diesmal durch die Behinderung ihres Kindes angaben, während die Väter insgesamt weniger belastet erschienen. Vor allem Väter, jedoch tendenziell auch die Mütter, gaben in der 2. Befragung eine höhere Belastung durch die Behinderung ihres Kindes an. Mit anderen Worten, die gefühlsmäßige Belastung der Eltern durch die Behinderung ihres Kindes erhöhte sich während des Förderzeitraumes, statt wie erhofft abzunehmen. Ein Erklärungsansatz kann darin gesehen werden, daß sich die Eltern während dieses Jahres intensiver Förderung verstärkt mit der Behinderung ihres Kindes auseinandersetzen und sich mehr und mehr der Einschränkungen bewußt wurden, denen die Entwicklung ihres Kindes durch die Cerebralparese unterliegt.

(5) Die Eltern wurden um eine Nennung von Entwicklungsfortschritten ihrer Kinder, die sie auf die Konduktive Therapie zurückführen, gebeten. Die Eltern gaben am häufigsten eine verbesserte Selbständigkeit, ein höheres Selbstbewußtsein sowie verbesserte motorische Fähigkeiten ihrer Kinder an. Sie nannten jedoch auch Entwicklungsfortschritte ihrer Kinder im Sozialverhalten, der Sprache und im Bereich kognitiver Fähigkeiten. Die Angaben der Mütter zu diesen Entwicklungsfortschritten standen in einem engen Zusammenhang mit ihrer Zufriedenheit speziell mit der Konduktiven Förderung, während dies bei den Vätern nicht der Fall war. Dieser Befund läßt sich dadurch erklären, daß die Mütter durch ihre hohe Involviertheit in den Ablauf der Konduktiven Förderung, vor allem bei den Mutter-Kind-Gruppen, eine zutreffendere Einschätzung sowohl hinsichtlich der Entwicklungsfortschritte ihres Kindes als auch ihrer damit einhergehenden Zufriedenheit mit der Konduktiven Förderung abgeben können als die Väter.

Vor allem Fortschritte der Selbständigkeit und des Sozialverhalten ihrer Kinder, welche von den Müttern genannt wurden, standen in einem sehr engen Zusammenhang mit ihrer Zufriedenheit hinsichtlich der Konduktiven Förderung.

Interessanterweise konnte bei den Vätern eine signifikante Korrelation zwischen den Entwicklungsfortschritten ihres Kindes, welche sie auf die Konduktive Förderung zurückführen, und ihrer allgemeinen Zufriedenheit (mit sozialer Unterstützung, ihrer eigenen erzieherischen Kompetenz sowie dem Förderangebot) ermittelt werden.

Die Konduktorinnen trauen den Kindern im motorischen Bereich offensichtlich höhere Leistungen zu, während die Eltern dazu neigen, die sprachlichen Leistungen ihrer Kinder hoch einzuschätzen. Der Konsens zwischen Eltern und Therapeutinnen/Therapeuten wird in einer vergleichbaren Einschätzung und Wahrnehmung des Entwicklungsstandes des geförderten Kindes sichtbar. Die Compliance der Eltern wird durch eine gute Kommunikation mit der Therapeutin/dem Therapeuten und eine ähnliche Einschätzung des Kindes verbessert.

(6) Die Konduktorinnen versuchen, die von ihnen selbst geleistete Förderung individuell zu optimieren und sind bemüht, auf Umweltbedingungen der von ihnen geförderten Kinder zu achten und diesbezüglich sowohl mit den Eltern als auch mit anderen Fördereinrichtungen bzw. der Schule oder anderen Therapeutinnen/Therapeuten zusammenzuarbeiten. Ziel dieser Bemühungen ist die Stabilisierung und Anwendung der von den Kindern erworbenen Fähigkeiten, wobei jedoch zugleich eine demotivierende Überforderung vermieden werden soll. Mit diesem Vorgehen der Konduktorinnen werden die Erwartungen an ein systemisch-ökologisches Behandlungskonzept erfüllt.

Die vom Zentrum für Frühbehandlung und Frühförderung durchgeführte Konduktive Förderung berücksichtigt das Wohlbefinden von Kind und Familie. Es ist zu vermuten, daß diese Fördermaßnahme auch indirekt auf die Fördersituation des Kindes wirkt, wobei das Ausmaß dieses Effektes in der vorliegenden Untersuchung nicht geprüft wurde, bzw. praktisch kaum quantifizierbar zu sein scheint.

2.5.4. Folgerungen

Die Konduktive Förderung in Deutschland sollte als Zusatzangebot, nicht aber als Ersatz für bisherige Förderangebote für cerebralparetische Kinder etabliert werden. Die Bedingungen hierfür sind:

- Eingliederung der Konduktiven Förderung in ein systemisch-ökologisches Konzept,
- Ausrichten der Konduktiven Förderangebote auf die didaktischen Vorgaben der Elementarerziehung,
- Interdisziplinäre Ausrichtung der personellen Ausstattung,
- Ärztliche Begleitung,
- Kontinuität in der Gruppenförderung und in der pädagogischen Beziehung.
- Vor dem Hintergrund der Kölner Erfahrungen können Kurzzeitangebote Konduktiver Förderung mit häufigem personellen Wechsel und nicht in Deutschland ansässigen Konduktorinnen nicht befürwortet werden.
- Daraus ergibt sich die Forderung nach Angeboten der Weiterbildung zu Konduktiver Förderung in Deutschland.
- Bei der konduktiven Förderung gehen therapeutische und pädagogische Tätigkeiten ineinander über, sie lassen sich nicht auseinanderdividieren.

Die Kostenträger sind aufgefordert konstruktive („konduktive“) Finanzierungen zu ermöglichen.

Literatur

Bode, H., Storck, M. (1998): Evaluation von Therapiekonzepten. In: Schlack, H. G. (Hrsg.): Welche Behandlung nützt behinderten Kindern? Mainz, 88ff

Bundesverband für Körper- und Mehrfachbehinderte e. V. (Hrsg.) (o. J.): Kinder mit cerebralen Bewegungsstörungen. Eine Einführung. Düsseldorf

Jetter, K. H. (1985): Leben und Arbeiten mit behinderten und gefährdeten Säuglingen und Kleinkindern. 3. Aufl., Stadthagen

Maturana, H., Varela, F. (1987): Der Baum der Erkenntnis. München

Milano-Comparetti (1980): Integration – Wunsch und Wirklichkeit. In: Buch, A., Heinicke, B. (Hrsg.): An den Rand gedrängt. Reinbek, 127-140

Orth, B. (1998): Ziele und Prinzipien einer Therapie mit entwicklungsgestörten Kindern. In: Schlack (Hrsg.): Welche Behandlung nützt behinderten Kindern. Mainz, 46-57

Rochel, M., Neuhäuser, G. (1996): Medizinischer Vergleich zwischen der Konduktiven Förderung und anderen, in Deutschland etablierten Frühförderkonzepten. Frühförderung interdisziplinär 15, 72-77

Schlack, H. G. (1989): Paradigmenwechsel in der Frühförderung. In: Frühförderung interdisziplinär 9, 13-18

– (1995): Therapiekonzepte zur Behandlung von Kindern mit Cerebralparese. In: Der Kinderarzt 3, 348

Schmidt, G., Oerter, R. (1999): Konduktive Förderung in der Stiftung Pfennigparade, München. Zeitraum: Schuljahre 96/97 und 97/98. Forschungsbericht. Universität München, Institut für Pädagogische Psychologie und Empirische Pädagogik (unveröffentlicht)

SGB (1999), 2. Aufl., Neuwied

Schumann, I., Clemens, H. (1999): Theoretische Grundlagen eines Konduktiven Systems. Grundbegriffe – Bausteine – Prinzipien. Zugl.: Weber, K. S. (Hrsg.): Konduktive Förderung und Rehabilitation. Bd. 3., Dortmund

Speck, O. (1997): System Heilpädagogik. Eine ökologisch-reflexive Grundlegung. 3. Aufl., München

Theunissen, G., Plaute, W. (1995): Empowerment und Heilpädagogik. Ein Lehrbuch. Freiburg

3. „Klippen im Leben kleiner Leute" –
Die Bewältigung von kritischen Übergängen in
Kindheit und Jugend: Vulnerabilität und Resistenz

3.1. Entwicklungsverläufe von Scheidungskindern

Von Ulrich Schmidt-Denter

3.1.1. Einführung in die Thematik der Arbeitsgruppe

„Klippen im Leben kleiner Leute" können sich durch kritische Übergänge in Kindheit und Jugend ergeben. In der Forschung werden hier normative von nicht-normativen sozialen Übergängen unterschieden. Als normativ lassen sich solche Übergangsprozesse bezeichnen, die zu bestimmten Altersstufen allgemein erwartet werden und in der Regel auch erwünscht sind, wie z. B. der Übergang in den Kindergarten, die Grundschule oder eine weiterführende Schule. Als nicht-normativ bezeichnen wir solche Übergänge, die in der Regel nicht erwartet bzw. erwünscht sind und die kein allgemein akzeptiertes Entwicklungsziel darstellen.

Die Bewältigung dieser Übergänge gelingt Kindern sehr unterschiedlich. Die Widerstandsfähigkeit gegen Streß und Risiken kann bei Kindern gering ausgeprägt sein, wir sprechen dann von *Vulnerabilität* bzw. Verletzlichkeit. Die Widerstandsfähigkeit kann aber auch hoch ausgeprägt sein, in diesem Fall verfügt das Kind über eine besondere *Resistenz bzw. Resilienz.*

Von kritischen Übergängen sind Kinder also nicht gleichermaßen betroffen, sondern sie reagieren unterschiedlich. Krisensymptome äußern sich in bestimmten Subgruppen stärker als in anderen. Aus der Forschung dieser Unterschiede können wir viel lernen, denn sie sagen uns, daß es neben bestimmten Risikofaktoren, die zu Fehlentwicklungen führen können, auch Schutzfaktoren gibt, die diese Fehlentwicklungen verhindern helfen. Risiko- und Schutzfaktoren können biologisch oder sozial bedingt sein. Sie wirken jedoch nicht isoliert, sondern stehen in Wechselwirkung zueinander. Die Kenntnis insbesondere von Schutzfaktoren bietet Anhaltspunkte für geeignete Präventions- und Interventionsmaßnahmen. Diese Maßnahmen können ansetzen bei internen Schutzfaktoren, dies wären biologisch-konstitutionelle Merkmale oder bestimmte individuelle Kompetenzen des Kindes oder sie können ansetzen bei externen Schutzfaktoren, dies wären vor allem günstige soziale Unterstützungsbedingungen.

Die folgenden Beiträge der Arbeitsgruppe beziehen sich auf diesen Themenkreis, betreffen aber unterschiedliche Aspekte.

Ich selbst werde zu Beginn über eigene Forschungen berichten, die sich auf einen nicht-normativen kritischen Übergang, nämlich die elterliche Trennung/ Scheidung beziehen. Ich werde dabei auf folgende Fragen eingehen:

(1) Wie machen sich die Belastungen bei den Kindern bemerkbar bzw. wie wirken sie sich differentiell aus?
(2) Woher kommen diese Belastungen, was läßt sich als ihre Ursache annehmen?
(3) Was kann man tun, um diese Belastungen zu verringern und die Bewältigungsmöglichkeiten der Kinder zu stärken?

3.1.2. Die Symptombelastung von Scheidungskindern

3.1.2.1 Wie machen sich die Belastungen bemerkbar?

In der Forschungsliteratur wird über eine Vielzahl von Verhaltensauffälligkeiten bei Scheidungskindern berichtet (Fthenakis 1995). Die Symptomliste umfaßt Angstzustände, weinerliches Verhalten, Schlafstörungen, psychosomatische Störungen sowie Aggressivität, Trotz und Schulschwierigkeiten. Es handelt sich hierbei jedoch nicht um spezifische Scheidungssymptome, denn ähnliche Störungen treten auch in anderen belastenden Lebenssituationen auf.

Im Rahmen der Kölner Langzeituntersuchungen mit Scheidungsfamilien wurde die Symptombelastung der Kinder mit Hilfe der Marburger Verhaltensliste (MVL) untersucht (Schmidt-Denter/Beelmann 1995). Die Symptombelastung der Scheidungskinder lag ca. neun Monate nach der elterlichen Trennung hochsignifikant über den Werten in einer Vergleichsstichprobe (Eichstichprobe). 54 % der untersuchten Kinder waren betroffen. Bei einer zweiten Erhebung, die 15 Monate später stattfand, lag der Anteil der verhaltensauffälligen Kinder deutlich niedriger bei 40 % und weitere 15 Monate später in einer dritten Erhebung bei nur noch 30 %. Die ursprünglich hohe Symptombelastung wurde also sukzessiv abgebaut, wenn man von Durchschnittswerten als Maßstab ausgeht.

3.1.2.2 Woher kommen die Belastungen?

Ursachen vor der Trennung/Scheidung
Bereits mehrere Jahre vor dem eigentlichen Trennungsschritt kündigt sich das Scheidungsrisiko in bestimmten Prädiktoren an. Diese Prädiktoren äußern sich auf verschiedenen Verhaltensebenen. Die erste Ebene beinhaltet die emotionalen Probleme der Kinder, die in den Familien, die später von der Scheidung betroffen sind, stärker ausgeprägt sind als in nicht-scheidungsgefährdeten Familien (Cherlin/Chase-Lansdale/McRae 1998). Die zweite Verhaltensebene ist die Qualität der ehelichen Paarbeziehung. Diese ist bei scheidungsgefährdeten Paaren durch ein höheres Konfliktniveau, einen ungünstigeren Kommunikationsstil sowie durch eine geringere Fähigkeit zur Streßbewältigung gekennzeichnet. Die dritte Verhaltensebene betrifft Probleme in der Eltern-Kind-Beziehung. Eine frühe Erosion der Eltern-Kind-Beziehung wurde bereits 8–12 Jahre vor der Scheidung nachgewiesen (Amato/Booth 1996). Wie prospektive Studien zeigen, gibt es eine Verbindung zwischen der Qualität der Eltern-Kind-Beziehung vor, während und nach der Scheidung. Dabei bildet eine frühe schlechte Beziehung einen Risikofaktor für die Bewältigung der scheidungsbedingten Probleme, denn die Eltern-Kind-Beziehung wird durch die Scheidung als solche noch einmal zusätzlich belastet. Eine frühe gute Beziehung wirkt dagegen als Schutzfaktor, der auch nach der Scheidung andauert.

Ursachen während des Trennungs-/Scheidungsprozesses
Im Rahmen der Kölner Längsschnittstudie konnten drei Verlaufstypen kindlicher Symptombelastung nach einer Trennung/Scheidung ermittelt werden (Schmidt-Denter/Beelmann 1997). Etwa die Hälfte der Kinder blieb über einen

Beobachtungszeitraum von ca. 40 Monaten nahezu unverändert stark belastet (Hochbelastete). Etwa 30 % der Kinder wiesen nach anfänglich starken Verhaltensstörungen sukzessive Verbesserungen auf (Belastungsbewältiger) und 20 % der Kinder zeigten keinerlei signifikante Auffälligkeiten (Geringbelastete). Diese enormen Unterschiede ließen sich auf verschiedene Bedingungen zurückführen. In der Kölner Studie erwiesen sich als Schlüsselvariablen zur Erklärung der differentiellen Befunde zum einen ein interner protektiver Faktor. Dies war das Lebensalter: Kinder, die zum Trennungszeitpunkt zwischen vier und sieben Jahren alt waren, erwiesen sich als stärker und andauernder belastet als ältere Kinder. Zum anderen konnten die Unterschiede durch einen externen protektiven Faktor aufgeklärt werden. Dieser bestand in einer positiven familiären Beziehungsgestaltung. Insbesondere die elterliche Paarbeziehung war von zentraler Bedeutung. Diejenigen Eltern, denen es gelang, insbesondere das hohe Konfliktniveau und die stark ausgeprägte resignative Unzufriedenheit zu bewältigen, erreichten damit eine Verringerung der Verhaltensstörungen bei ihren Kindern (Schmidt-Denter/Beelmann/Hauschild 1997). Dieser Faktor der familiären Beziehungsgestaltung erwies sich als wichtiger als außerfamiliäre Faktoren, wie zum Beispiel die Änderung der Wohnumgebung oder materielle Probleme.

Ursachen nach der Scheidung
Bei vielen Kindern zeigen sich neben akuten Anpassungsschwierigkeiten auch langfristige Symptome. Wieso sind also die Übergangsprobleme nach erfolgter Scheidung nicht abgeschlossen? Hierfür hat die Scheidungsforschung mehrere Anhaltspunkte gefunden.

(1) So kann es sein, daß ungünstige Ausgangsbedingungen, die schon vor der Scheidung bestanden bzw. zu dieser geführt haben, auch nach der Scheidung noch bestehen bleiben. Dies könnten bestimmte ungünstige Persönlichkeitsmerkmale sein oder aber ein nach wie vor ungünstiger Umgangsstil zwischen den Eltern bzw. zwischen Eltern und Kindern.

(2) Wallerstein und Lewis (1998) weisen in ihrem Bericht über einen 25 Jahre-Längsschnitt auf eine andere Ursache hin: Jede Entwicklungsstufe bzw. Entwicklungsaufgabe, die das Kind, der Jugendliche sowie später der Erwachsene erreicht, erfordert eine erneute Bewältigung der einmal erlebten Scheidung. So können zum Beispiel im jüngeren Erwachsenenalter Fragen der Intimität und Generativität aktuell werden. Man beobachtete, daß vor allem Mädchen aus Scheidungsfamilien etwas größere Probleme bei der Gestaltung einer eigenen intimen Beziehung haben als Kinder aus vollständigen Familien. Die Art der Auseinandersetzung mit diesen Entwicklungsaufgaben verläuft somit bei Scheidungskindern anders als bei Kindern aus vollständigen Familien.

(3) Schließlich können langdauernde Symptombelastungen dadurch erklärt werden, daß das Leben nach der Scheidung eine andere Richtung nimmt. Es ergeben sich andere Entwicklungspfade als wenn die Scheidung nicht geschehen wäre. Die Situation nach der Scheidung löst eine Kette neuer Anpassungsleistungen aus, und diese bringen eher erhöhte Schwierigkeiten mit sich.

Beispiele für diese veränderten Entwicklungsbedingungen nach der Scheidung lassen sich anhand unserer Daten aus der Kölner Längsschnittstudie beschreiben. Neue Anpassungsleistungen nach der Scheidung, die wiederum belastend wirken können, ergaben sich sechs Jahre nach der Trennung durch neue Partnerschaften. Die Komplexität der Familienstruktur wurde dadurch erhöht. 70 % der Kinder in unserer Stichprobe hatten sechs Jahre nach der elterlichen Trennung ein binukleares Familienkonzept, d. h. sie betrachteten sowohl ihre Mutter (und ggf. deren neuen Partner) als auch ihren Vater (und ggf. dessen neue Partnerin) als zu ihrer Familie gehörig (Schmidt-Denter/Schmitz 1998). Diese im Vergleich zu normalen Kernfamilien komplexere Struktur stellte für einige Kinder, unter bestimmten Bedingungen, ein erhöhtes Risikopotential dar. Überfordert zeigten sich eher jüngere Kinder, und zwar insbesondere dann, wenn weiterhin Spannungen zwischen den Elternteilen fortbestanden, die zu Loyalitätskonflikten im Kind führten (Schmidt-Denter/Schmitz 1999). Einige Kinder reagierten angesichts dieser quälenden Konflikte mit einem Beziehungsabbruch zum Vater.

3.1.3. Was man tun kann: Hilfen für Scheidungskinder

Die prospektiven Studien belegen zunächst die Bedeutung präventiver Maßnahmen, denn eheliche Risiken deuten sich bereits mehrere Jahre vor der eigentlichen Trennung an. Die Prävention in entsprechenden Beratungsstellen ist deswegen zu bevorzugen, weil sie leichter und effektiver durchgeführt werden kann als eine Maßnahme während des Scheidungsprozesses. Außerdem ermöglicht sie es im Erfolgsfalle, eine ganze Kette folgender belastender Ereignisse zu vermeiden.

Die Interventionsmaßnahmen während des Trennungs-/Scheidungsprozesses können vor allem an zwei Punkten ansetzen. Zum einen wird in der Literatur über erfolgreiche Gruppeninterventionen mit Scheidungskindern berichtet (Schmidt-Denter/Schmitz 1997; Schmitz/Schmidt-Denter 1997). Diese unterstützen die Kinder emotional, ermöglichen ihnen die Auseinandersetzungen mit den eigenen Gefühlen, helfen beim Verstehen der Scheidung, vermitteln Problemlösefähigkeiten und unterstützen die Entwicklung einer positiven Wahrnehmung seiner selbst und der Familie.

Neben dieser direkten stützenden Maßnahme bietet die elterliche Paarbeziehung einen geeigneten indirekten Ansatzpunkt, um betroffenen Kindern zu helfen. Die Verbesserung der elterlichen Paarbeziehung übt direkte und indirekte Effekte auf das Kind aus:

- Angst- und Bindungsverunsicherung können beim Kind verringert werden, wenn sich die Eltern seltener und weniger verletzend streiten.
- Elterliche Konflikte bedeuten auch Konflikte für Kinder. Sie werden mit einem Loyalitätskonflikt konfrontiert.
- Irritierendes, explosives und unberechenbares Verhalten eines Elternteils gegenüber dem Kind kann die Beziehung unterminieren.
- Die Belastung der Eltern beeinträchtigt ihre Fähigkeit zur emotionalen Unterstützung des Kindes.
- Die exzessive Beschäftigung der Eltern mit ihren eigenen Problemen vermindert ihre Erziehungskompetenz.

- Der ungünstige Umgang der Eltern miteinander bietet ein schlechtes Verhaltens-modell, das Scheidungskinder bei einer eigenen Beziehungsgestaltung wiederholen können (Transmission des Scheidungsrisikos).

Das elterliche Verhalten ist somit direkter Anlaß bzw. Ursache für kindlichen Streß als auch Moderator der Streßbelastung. Es stellt einerseits selbst eine Klippe dar und beeinflußt andererseits die Fähigkeiten des Kindes, die schei-dungsbedingten Klippen zu bewältigen.

Literatur

Amato, P. R., Booth, A. (1996): A prospective study of divorce and parent-child-relation-ships. In: Journal of Marriage and the family 58, 356-365

Cherlin, A. J., Chase-Lansdale, P. L., McRae, Ch. (1998): Effects of parental divorce on men-tal health throughout the life course. In: American Sociological Review 63, 239-249

Fthenakis, W. E. (1995): Kindliche Reaktionen auf Trennung und Scheidung. In: Familien-dynamik 2, 127-154

Schmidt-Denter, U., Beelmann, W. (1995): Familiäre Beziehungen nach Trennung und Scheidung: Veränderungsprozesse bei Müttern, Vätern und Kindern. 2 Bde., Universität zu Köln, Forschungsbericht.

– (1997): Kindliche Symptombelastungen in der Zeit nach einer ehelichen Trennung – eine differentielle und längsschnittliche Betrachtung. In: Zeitschrift für Entwicklungs-psychologie und Pädagogische Psychologie 29, 26-42

– Hauschild, S. (1997): Formen der Ehepartnerbeziehung und familiäre Anpassungslei-stungen nach der Trennung. In: Psychologie in Erziehung und Unterricht 44, 289-306

Schmidt-Denter, U., Schmitz, H. (1997): Gruppeninterventionen für Kinder aus Tren-nungs- und Scheidungsfamilien – Ein Literaturüberblick. In: Psychologie in Erziehung und Unterrricht 44, 13-26

– (1998): Die Nachscheidungsfamilie sechs Jahre nach der elterlichen Trennung. Poster-präsentation auf dem 41. Kongreß der Deutschen Gesellschaft für Psychologie, Techni-sche Universität Dresden

– (1999): Familiäre Beziehungen und Strukturen sechs Jahre nach der elterlichen Tren-nung. In: Walper, S., Schwarz B. (Hrsg.): Was wird aus den Kindern? Chancen und Risi-ken für die Entwicklung von Kindern aus Trennungs- und Stieffamilien. Weinheim-München, 73-90

Schmitz, H., Schmidt-Denter, U. (1997): Methodische Vorgehensweisen in Gruppeninter-ventionen für Kinder aus Trennungs- und Scheidungsfamilien – ein Literaturüberblick. In: Lehmkuhl, G., Lehmkuhl, U. (Hrsg.): Scheidung, Trennung, Kindeswohl. Weinheim

Wallerstein, J. S., Lewis, J. (1998):. The long-term impact of divorce on children. A first re-port from a 25-year study. In: Family and Conciliation Courts Review 36, 368-383

3.2. Entwicklungsrisiken und -chancen bei der Bewältigung normativer sozialer Übergänge im Kindesalter

Von Wolfgang Beelmann

Kinder gehen zum ersten Mal in den Kindergarten, erleben den ersten Schultag oder wechseln zu einer weiterführenden Schule. Derartige Ereignisse stellen wichtige Einschnitte im menschlichen Lebenslauf dar und können theoretisch als kritische Lebensereignisse (Filipp 1990) und als normative soziale bzw. sozial-ökologische Übergänge (Olbrich 1990; Bronfenbrenner 1981) konzipiert werden. Wichtige normative Lebensereignisse im Kindesalter, die bedeutsame Entwicklungsübergänge in diesem Altersbereich markieren, sind schulischer bzw. vorschulisch-institutioneller Art.

Bedeutsame Lebensereignisse und soziale Übergänge bergen für die Betroffenen Chancen und Risiken: Auf der einen Seite können durch die Konfrontation mit neuen Anforderungen Impulse für Weiterentwicklung und Wachstum gefördert bzw. ausgelöst werden. Auf der anderen Seite enthalten sie aber auch die Gefahr des Scheiterns und können krisenhafte Entwicklungen einleiten oder verstärken, wenn die mit dem Übergang einhergehenden Anforderungen zu hoch sind und/oder für deren Bewältigung keine ausreichenden Ressourcen zur Verfügung stehen.

Im nachfolgenden Beitrag werden Ergebnisse eines größeren als Langzeitstudie angelegten Forschungsprojektes vorgestellt, das die Übergangsereignisse „Kindergarteneintritt", „Grundschuleintritt" und „Eintritt in eine weiterführende Schule" thematisiert. Die berichteten Untersuchungsbefunde stellen interindividuell unterschiedliche Anpassungsverläufe im Übergangsprozeß heraus und geben Aufschluß darüber, welche Merkmale den differentiellen Verläufen zugrunde liegen.

3.2.1. Problemstellungen des Forschungsprojektes

Nachfolgend werden zunächst zentrale Problemstellungen des Forschungsprojektes und die methodische Vorgehensweise kurz skizziert, bevor anschließend einige wichtige Befunde der Untersuchung berichtet werden.

(1) Ein erstes Anliegen des Projektes ist es, die Veränderungen der Lebenssituation der Kinder im Kontext des jeweiligen Übergangsereignisses, in den zentralen Bereichen Familie, Gleichaltrigenbeziehungen und pädagogische Betreuungs- bzw. Bildungseinrichtung aufzuzeigen und vergleichend gegenüberzustellen.

(2) Die zweite Problemstellung bezieht sich auf die Erfassung von Art und Ausmaß der Belastungen, die sich durch die ereignisbedingten Veränderungen in den drei genannten Lebensbereichen bei den betroffenen Kindern zeigen. Dies gibt Aufschluß über Struktur und Gewicht des Belastungspotentials des jeweiligen Übergangs.

(3) Eine zentrale Problemstellung des Forschungsprojektes, zu der nachfolgend wichtige Untersuchungsergebnisse dargestellt werden, betrifft den Verlauf der kindlichen Anpassung im Übergangsprozeß. Thematisiert werden dabei die differentiellen Effekte der Übergangsereignisse. Es wird davon ausgegangen, daß das jeweilige Übergangsereignis nicht gleichförmige Reaktionen der Kinder hervorruft, sondern daß sich interindividuell unterschiedliche Formen kindlicher Anpassungsverläufe empirisch aufzeigen lassen.

(4) In diesem Zusammenhang gilt es nun zu klären, durch welche Bedingungen die unterschiedlichen Anpassungsverläufe der Kinder gekennzeichnet sind. So wird gefragt, welchen Stellenwert die Vorbereitungen auf den Übergang, die mit dem Ereignis einhergehenden neuen Anforderungen und eintretenden Veränderungen sowie die daraus resultierenden Belastungen im Anpassungsprozeß haben. Weiterhin wird der Einfluß von Personmerkmalen des Kindes (intellektuelle Fähigkeiten, Temperamentseigenschaften und Bewältigungsstrategien) sowie von sozialen Faktoren (die sozial-emotionale Eltern-Kind-Beziehung, das elterliche Erziehungsverhalten und die sozio-ökonomischen Rahmenbedingungen der Familie) im Prozeß der Anpassung bei den drei untersuchten Übergängen analysiert.

3.2.2. Methode

Das Forschungsprojekt ist als Längsschnittstudie mit zwei Meßzeitpunkten angelegt. Die erste Erhebungswelle erstreckte sich von Mitte April bis Anfang Juli 1997. Die zweite Erhebung erfolgt mit einem zeitlichen Abstand von ca. sechs Monaten in der Zeit von Oktober bis Dezember 1997. Die Daten wurden nicht in der Laborsituation, sondern in der häuslichen Umgebung der Familie erhoben. Die Auswahl der Erhebungsinstrumente (Testverfahren und Fragebögen) wurde zum einen von der Notwendigkeit bestimmt, die relevanten Merkmalsbereiche bei Kindern in der Altersspanne von 3,5 bis 11 Jahren zu erfassen. Dabei sollte nach Möglichkeit eine direkte Vergleichbarkeit der Daten der verschiedenen Altersstufen gewährleistet sein. Zum anderen wurde neben der unmittelbaren Perspektive des Kindes auch die Sicht der Eltern sowie hinsichtlich der Beurteilung kindlicher Anpassungsprobleme zusätzlich auch die Sichtweise der Erzieherinnen/Lehrerinnen berücksichtigt.

Die gewonnene Stichprobe läßt sich wie folgt charakterisieren: Zum ersten Erhebungszeitpunkt nahmen N = 180 Kinder, deren Eltern sowie die Erzieherinnen/Lehrerinnen der Kinder an der Studie teil. Zum Zeitpunkt der zweiten Erhebung waren es davon noch N = 175 (Stichprobenausfall: 2.8 %). Die Gesamtstichprobe besteht aus drei Teilgruppen, und zwar aus Familien, deren ältestes Kind im August 1997 in den Kindergarten (n = 60), in die Grundschule (n = 60) oder in eine weiterführende Schule (n = 60) eingetreten ist. Es handelt sich um vollständige Familien (d. h. die Kinder lebten mit Mutter und Vater in einem gemeinsamen Haushalt). Das Durchschnittsalter der Kinder in den Teilstichproben betrug zum Zeitpunkt der ersten Erhebung M = 3.7 (SD = 0.4) Jahre, M = 6.4 (SD = 0.7) Jahre bzw. M = 10.6 (SD = 0.6) Jahre. Das Verhältnis zwischen Mädchen und Jungen ist in jeder Teilstichprobe in etwa ausgewogen. Ebenso ausgewogen ist das

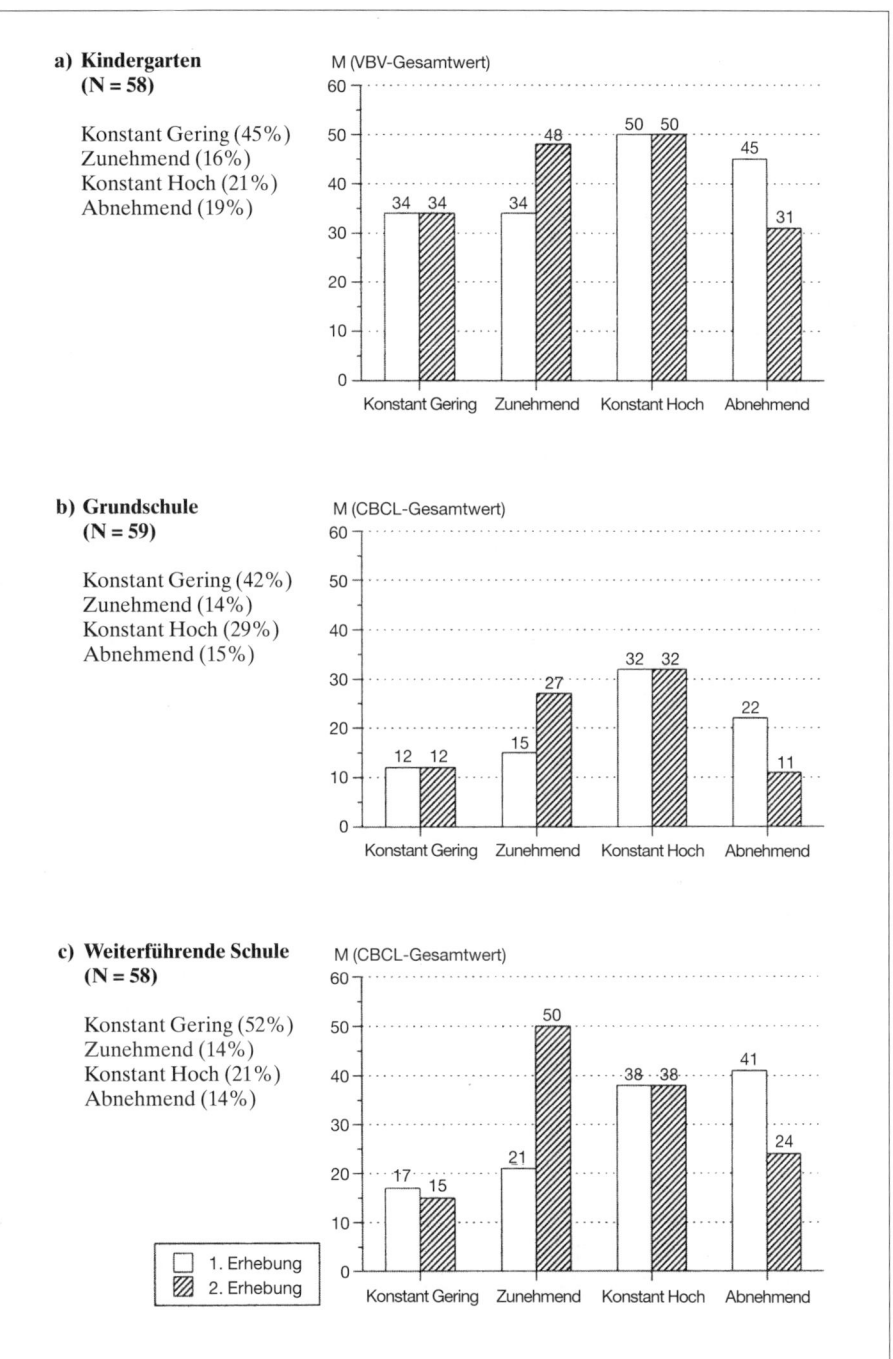

Abb. 3.2-A1: Anpassungsstörungen bei Kindern im Kontext sozialer Übergänge (Elternsicht)

Verhältnis von Einzelkindern zu Geschwisterkindern, mit Ausnahme des Übergangs zur weiterführenden Schule, wo der Anteil der Kinder mit Geschwistern etwas überwiegt. Berücksichtigt wurden Familien aus Städten verschiedener Größe sowie aus ländlichen Gebieten in NRW. Die Probanden stammen aus verschiedenen Sozialschichten. Es konnten dabei auch Familien aus schwächeren Sozialschichten zur Mitarbeit gewonnen werden. Beim Übergang zur weiterführenden Schule wurden zu gleichen Teilen Kinder berücksichtigt, die auf die Haupt-, die Gesamt- oder die Realschule bzw. zum Gymnasium wechseln.

3.2.3. Ergebnisse

3.2.3.1 Unterschiedliche Verläufe kindlicher Anpassung im Übergangsprozeß

Den Ausgangspunkt für die empirische Klassifikation unterschiedlicher Anpassungsverläufe bei den Kindern im Übergangsprozeß bildeten die mittels VBV (Döpfner et al. 1993) bzw. CBCL (Arbeitsgruppe Deutsche Child Behavior Checklist 1998) registrierten kindlichen Verhaltensauffälligkeiten (Anpassungsstörungen) aus Sicht der Eltern. Auf der Grundlage der kritischen Differenz zur Beurteilung intraindividueller Unterschiede nach Lienert und Raatz (1994) wurden vier Gruppen von Kindern ermittelt, die sich hinsichtlich des zeitlichen Verlaufs der Anpassung bedeutsam voneinander unterscheiden. In Abb. 3.2-A1 ist für jedes der drei untersuchten Übergangsereignisse dokumentiert, wie groß zum einen der Anteil der Kinder ist, bei denen aus der Perspektive der Eltern eine Veränderung im Hinblick auf die erfaßten Anpassungsstörungen festzustellen ist, wobei nochmals zwischen einer Zunahme und einer Abnahme dieser Störungen im Übergangsprozeß unterschieden wird, und zum anderen, wie groß der Prozentanteil der Kinder ist, bei denen sich im zeitlichen Verlauf eine Konstanz hinsichtlich des Ausmaßes der Anpassungsstörungen entweder auf relativ niedrigem oder relativ hohem Niveau zeigt.

Abb. 3.2-A1 macht deutlich, daß es sich bei den nach Übergangsereignissen unterschiedenen Teilgruppen um Kinder handelt, die hinsichtlich des Verlaufs von Anpassungsproblemen im Übergangsprozeß bedeutsame Unterschiede aufweisen. Wie Abb. 3.2-A1 weiterhin zu entnehmen ist, stellt bei allen drei Übergangsereignissen die Gruppe der Kinder, bei denen im zeitlichen Verlauf eine Konstanz hinsichtlich der Anpassungsstörungen auf einem relativ niedrigem Niveau vorliegt, mit 45%, 42% bzw. 52% den größten Anteil dar. Für diese Kinder verläuft die jeweilige Übergangsphase, trotz der mit den Ereignissen verbundenen Anforderungen und notwendigen Neuorientierungen, ohne größere Anpassungsprobleme. Die zweitgrößte Gruppe bilden mit einem Anteil von 21%, 29% bzw. 21% die Kinder, bei denen sich das Ausmaß an Anpassungsstörungen im zeitlichen Verlauf konstant auf einem relativ hohem Niveau bewegt. Bei diesen Kindern verfestigen sich Verhaltensprobleme, die bereits vor dem Übergangsereignis bestanden. Eine weitere Gruppe stellen die Kinder dar, bei denen im Verlauf des jeweiligen Übergangs eine Zunahme an Anpassungsstörungen zu konstatieren ist (16%, 14% bzw. 14%). Diesen Kindern gelingt es nicht ohne weiteres, die im Kontext des Übergangsereignisses auftretenden Veränderungen und Umstellungen in ihr Leben zu integrieren und eine Reorganisation herbeizuführen. Die vierte Teilgruppe bilden die Kinder, bei denen sich eine Abnahme der Anpassungsstörungen im Zeitverlauf zeigt (19 %, 15 % bzw. 14 %). Weisen diese Kinder vor dem Ereignis ein relativ hohes Maß an Verhaltensproblemen auf, so kommt es im Kontext des Übergangs hier zu einer deutlichen Entspannung.

3.2.3.2 Determinanten unterschiedlicher kindlicher Anpassungsverläufe im Übergangsprozeß

Im folgenden Schritt wurde nun geprüft, durch welche Bedingungsvariablen sich die unterschiedlichen Verlaufstypen näher charakterisieren lassen bzw. welche Merkmale sich als Schutz- oder Risikofaktoren für kindliche Anpassungsprobleme im Übergangsprozeß erweisen. Tab. 3.2-T1 gibt einen schematischen Überblick über ermittelte Unterschiede zwischen den vier gebildeten Subgruppen, die nachfolgend zusammenfassend dargestellt werden.

Es zeigt sich zunächst, daß der Grad der Belastungen aufgrund ereignisbedingter Veränderungen in drei zentralen Lebensbereichen bei den Kindern der vier Subgruppen unterschiedlich ausgeprägt ist, und daß die beobachteten Unterschiede übergangsspezifisch anders ausfallen. Manifestieren sich die Gruppenunterschiede hinsichtlich der festgestellten Belastung beim Eintritt in die Grundschule in den Bereichen Familie, Gleichaltrigenbeziehungen und pädagogische Betreuung, so betrifft der Unterschied im Belastungserleben beim Eintritt in den Kindergarten lediglich den Lebensbereich Familie. Dahingegen sind beim Eintritt in die weiterführende Schule Gruppenunterschiede in den Bereichen Gleichaltrigenbeziehungen und pädagogische Betreuung durch Lehrerinnen/Lehrer gegeben. Alle drei sozialen Übergänge betreffend, stellen personale Faktoren, wie die Temperamentseigenschaften und Bewältigungsstrategien des Kindes, bedeutsame Risiko- und Schutzfaktoren dar. Beim Übergang zur weiterführenden Schule spielen zusätzlich intellektuelle Fähigkeiten des Kindes eine wichtige Rolle. Darüber hinaus erweisen sich auch soziale Faktoren, wie die sozial-emotionalen Eltern-Kind-Beziehungen und das mütterliche Erziehungsverhalten als bedeutsame Einflußgrößen. Zudem sind situationale Merkmale wie etwa Formen der Ereignisantizipation und die Gestaltung der Eingewöhnungsphase (Kindergarteneintritt) sowie die sozialen Beziehungen des Kindes außerhalb der Familie (Eintritt in die weiterführende Schule) von Bedeutung.

3.2.4.   Anwendungspraktische Relevanz

Die dargestellten Untersuchungsbefunde haben neben dem wissenschaftlichen Erkenntnisgewinn auch eine anwendungspraktische Relevanz. Die in der Studie ermittelten Risiko- und Schutzfaktoren geben wichtige Hinweise auf Aspekte, die für Prävention und Intervention bedeutsam sein können. So zeigte sich etwa in Hinblick auf die kindlichen Bewältigungsstrategien, daß im Übergangsprozeß auftretende Anforderungen besser bewältigt werden, wenn den Kindern ein brei-

Tab. 3.2-T1: Schematischer Überblick über bedeutsame Unterschiede zwischen den unterschiedenen Verlaufstypen in den Ausprägungen untersuchter Merkmale (nach Übergängen)

Untersuchte Merkmale		Kindergarten	Grundschule	weiterf. Schule
Belastungen aufgrund ereignisbed. Veränderungen (EFÜ)				
- Im familiären Bereich	(t2)	ZU>KG	AB<ZU, KH	
- Hinsichtl. Beziehungen und Kontakte zu Gleichaltr.	(t2)		ZU>KG, AB	KG<KH
- Im Bereich der pädagog. Betreuung durch Lehrer	(t2)		ZU>KG, AB	KG<KH
Intellektuelle Fähigkeiten des Kindes (K-ABC)				
- Gestaltschließen	(t1)			ZU<AB
Temperamentsmerkmale des Kindes (EAS)				
- Emotionalität	(t1)	ZU<KH, AB	KH>KG, AB	KH>KG
- Soziabilität	(t1)		AB>KH	
- Aktivität	(t1)		KH<ZU	
Bewältigungsstrategien des Kindes (BKB, SSK)				
- Suche nach sozialer Unterstützung	(t1)	AB>KG, ZU, KH		
	(t2)	AB>KH		
- Problemorientiertes Bewältigungsverhalten	(t1)		AB>KG	
	(t2)			AB<KG, KH
- Emotionsorientiertes Bewältigungsverhalten	(t1)			AB<ZU
	(t2)		ZU>KH	
Sozial-emotionale Familienbeziehungen des Kindes (FRT)				
- Positive Gefühle zur Mutter	(t2)		ZU>KH, KG	
- Negative Gefühle zur Mutter	(t1)		ZU<AB	
- Positive Gefühle zum Vater	(t1)		AB>KG, ZU, KH	
	(t2)		AB>ZU	
- Negative Gefühle zum Vater	(t2)	AB<KG		
- Niemand-Zuordnungen	(t1)			ZU<KG
	(t2)	KG<KH		ZU<KG, AB
Mütterliches Erziehungsverhalten (FDTS)				
- Belohnung durch liebevolle Zuwendung	(t1)	AB<KH		
- Bestrafung durch Ärger und Geringschätzung	(t2)		AB<KH	ZU>AB, KG
- Leistungsehrgeiz	(t1)		ZU>KH	
Situationale Merkmale (EFÜ)				
- Häufigkeit vorbereitender Lernübungen mit dem Kind	(t1)	ZU>AB	ZU>AB	
- Motivation des Kindes zum Eintritt in neue Institution	(t1)			ZU<AB
- Berufsbedingte Abwesenheit der Mutter (Std./tägl.)	(t1)	ZU>AB		
- Anzahl fester Freunde	(t1)			ZU<KG, KH, AB
- positiver Einfluß der Mitschüler auf das Kind	(t1)			KG>KH
- Durchschnittsnote im letzten Zeugnis	(t1)			KG<KH
- Hausaufgabendauer (Min./tägl.)	(t1)			ZU>KG
- Anwesenheit der Eltern im KiGa (erste 2 Wochen)	(t2)	ZU<KG		
- Aufenthaltsdauer des Kindes im KiGa (erste 2 Wo.)	(t2)	AB<ZU		

Anmerkung: ZU - zunehmende, AB - abnehmende, KH - konstant hohe, KG - konstant geringe Verhaltensauffälligkeiten im Anpassungsprozeß. Es ist t1 - erster und t2 - zweiter Erhebungszeitpunkt. Dargestellt sind Gruppenunterschiede von mindestens p<.10. Angaben zu den eingesetzten Erhebungsverfahren sowie die vollständigen statistischen Angaben zu den durchgeführten Gruppenvergleichen können beim Autor angefordert werden.

tes Bewältigungsrepertoire, insbesondere aber auch problemlösende Bewältigungsstrategien zur Verfügung stehen. Hinzuweisen ist in diesem Zusammenhang auf Forschungsergebnisse zum kindlichen Bewältigungsverhalten (Lohaus et al. 1997), die gezeigt haben, daß Präventionsansätze mit einem Schwerpunkt auf der Vermittlung problemlösender Bewältigungsstrategien zu günstigeren Ergebnissen führen als eine Schwerpunktsetzung auf emotionsregulierende Strategien (Entspannungstechniken).

Darüber hinaus rechtfertigen die Befunde der vorliegenden Untersuchung auch Versuche, die Eltern der potentiell risikobehafteten Kinder verstärkt in Prävention und Intervention einzubeziehen. Die Qualität der Eltern-Kind-Beziehungen und das Erziehungsverhalten bilden wesentliche Kriterien für den Verlauf der kindlichen Anpassung. Im Zusammenhang mit elterlichem Erziehungsverhalten sei z. B. hingewiesen auf Trainingsprogramme für Eltern, wie etwa das kürzlich von Hahlweg (1999) veröffentlichte Programm „Positive Erziehung". Auch ist in Hinblick auf die Bedeutsamkeit familiärer Aspekte verstärkt an systemisch orientierte Ansätze in Beratung und Therapie zu denken.

Literatur

Arbeitsgruppe Deutsche Child Behavior Checklist (1998): Elternfragebogen über das Verhalten von Kindern und Jugendlichen. Deutsche Bearbeitung der Child Behavior Checklist (CBCL/4-18). 2. Aufl. mit deutschen Normen, bearbeitet von M. Döpfner et al., Köln

Bronfenbrenner, U. (1981): Die Ökologie der menschlichen Entwicklung. Stuttgart

Döpfner, M. et al. (1993): Verhaltensbeurteilungsbogen für Vorschulkinder (VBV 3-6). Weinheim

Filipp, S.-H. (Hrsg.) (1990): Kritische Lebensereignisse. 2. Aufl., München

Hahlweg, K. (1999): Positive Erziehung. Triple P – Positives Erziehungsprogramm. Münster

Lienert, G. A., Raatz, U. (1994): Testaufbau und Testanalyse. 5. Aufl., Weinheim

Lohaus, A., Klein-Heßling, J., Shebar, S. (1997): Stressmanagement for elementary school children: A comparative evaluation of different approaches. In: European Review of Applied Psychology 47, 157-161

Olbrich, E. (1990): Normative Übergänge im menschlichen Lebenslauf: Entwicklungskrisen oder Herausforderungen? In: Filipp, S.-H. (Hrsg.): Kritische Lebensereignisse. 2. Aufl., München, 123-138

3.3.   Erstberatung bei Kindern mit genetischen Syndromen

Von Klaus Sarimski

3.3.1.   Erinnerungen an die Diagnosemitteilung

Die Mitteilung der Diagnose einer Behinderung verändert die Lebensperspektive der betroffenen Eltern schlagartig und unumkehrbar. Ganz gleich, ob sie unmittelbar in den ersten Tagen nach der Geburt oder im Verlauf der ersten ein oder zwei Lebensjahre des Kindes gestellt wird, sie bedeutet Abschiednehmen von der Hoffnung auf ein gesundes, sich gut entwickelndes Kind, das die Eltern in ihren inneren Phantasien vor Augen hatten. Darüber hinaus heißt es, die Realität anzuerkennen, daß das Kind eine Behinderung hat, die seine Entwicklung dauerhaft beeinflussen wird. Die Eltern verlieren mit der Mitteilung der Diagnose zunächst ihre Zuversicht in eine glückliche Zukunft mit ihrem Kind und das natürliche Selbstvertrauen, der Sorge für das Kind und den Anforderungen seiner Erziehung gerecht werden zu können. Verzweiflung, Trauer, Zorn, Vorwürfe, Schuldgefühle und Selbstvorwürfe gehören zu den Gefühlen der ersten Zeit. Die Trauerreaktionen können sehr unterschiedlich sein; Mütter und Väter müssen anerkennen, daß ihre Empfindungen und Bewältigungsversuche zum gleichen Zeitpunkt sehr unterschiedlich sein können – und daß dies normal ist. Allzu oft finden sie zu wenig Unterstützung und Hilfe bei Fachleuten.

Die Mutter eines Kindes mit Cri-du-Chat-Syndrom:

> *„Die Mitteilung der Diagnose war für uns ein Weltuntergang. Unter anderem wurde uns gesagt, daß es sein kann, daß sich das Kind überhaupt nicht entwickelt oder im Kleinkindalter stirbt. Das erste Lebensjahr war für mich die schlimmste Zeit meines Lebens."*

Die Mutter eines Kindes mit Wolf-(4p-)Syndrom:

> *„Diese Diagnose war für mich wie ein Todesurteil, alle saßen um einen Tisch herum, schauten mich an, als ob ich ein Verbrechen begangen habe und sagten mir, daß mein Kind schwer behindert wird, und das war's dann. Ich wurde total alleingelassen."*

Die Mutter eines Kindes mit Cornelia-de-Lange-Syndrom:

> *„An die Mitteilung der Diagnose kann ich mich noch sehr gut in jeder Einzelheit erinnern, oftmals läuft dies wie ein Film in meinem Gedächtnis ab. Meine Gedanken waren damals: Das bin nicht ich, das ist die Geschichte von jemand anderem. Oder alles ist ein Traum, ich wache auf, und alles ist wieder in Ordnung."*

Die Eltern eines Mädchens mit Trisomie 18 erinnern sich:

> *„Die Diagnose wurde zehn Tage nach der Entbindung gestellt. Das Gespräch mit dem Professor der Genberatung war für uns niederschmetternd. Äußerungen wie ‚Sie kön-*

nen Ihr Kind auch hier in der Klinik lassen, falls Sie sich der Situation nicht gewachsen fühlen' oder ‚Binden Sie sich nicht zu sehr an Ihr Kind, es stirbt bald' waren keine Seltenheit. Nur ein Arzt hat uns zwar die ganze Tragweite erläutert, aber auch einen Funken Hoffnung gelassen."

Die Eltern eines Jungen mit Angelman-Syndrom:

„Der Kinderarzt, der uns die Diagnose mitteilte, konnte kaum etwas zur Auswirkung des Syndroms sagen. Auch heute noch sind wir es, die Eltern, die ihm Literatur über das Syndrom zukommen lassen, anstatt umgekehrt. Er hatte aber großes Mitgefühl."

3.3.2.   Nachwirkungen ungelöster Traumatisierung

Die psychische Belastung der Eltern in der Auseinandersetzung mit der Realität der Diagnose, Angst vor der Zukunft, Niedergeschlagenheit, Erschöpfung, Gefühlen der Überforderung und Hilflosigkeit beeinträchtigen das Einstimmen auf die Bedürfnisse des Kindes und seine individuellen Signale. Sie hemmen so die Beziehungsentwicklung und eine förderliche Interaktion mit dem Kind und damit seine Entwicklungschancen.

Wenn die frühe Traumatisierung einer belastenden Diagnosemitteilung nicht aufgelöst werden kann, beeinträchtigt sie dauerhaft die Beziehung zum Kind. Dies spiegelt sich in Beratungsgesprächen wider durch:

- Vorherrschen von Ärger und Zorn im Beratungsgespräch,
- fortgesetzte Suche nach den Gründen für die Behinderung,
- distanziert-unpersönliche Sprechweise über das Kind,
- realitätsferne Erwartungen an die Zukunft des Kindes,
- inkohärente Erzählweise mit inkongruentem Lachen.

Bei der Beobachtung der Eltern-Kind-Beziehung zeigt sich in diesen Fällen oft eine:

- ambivalente oder unsichere Bindung (für das Kind nicht verständliches Beziehungsverhalten der Eltern),
- Vermeidung des unmittelbaren emotionalen Kontaktes mit dem Kind.

Empirische Verlaufsstudien haben gezeigt, daß das Gelingen der Diagnoseverarbeitung, der Bindungsstatus des Kindes und die subjektive Belastung der Mutter eng zusammenhängen – eine Beobachtung, die Praktikern im Bereich der Frühförderung sicherlich vertraut ist. Dabei wurden Mütter von behinderten Kindern in einem standardisierten Interview nach ihren Erinnerungen und Reaktionen auf die Diagnosemitteilung befragt, das Bindungsverhalten der Kinder in der Fremde-Situation analysiert und die subjektiv empfundene Belastung der Mütter mit dem Parenting Streß Index (PSI) erhoben (Marvin/Pianta 1996; Sheeran et al. 1997)(s. Tab. 3.3-T1).

Aus diesen Erfahrungen läßt sich eine erste Schlußfolgerung für die Erstberatung bei Kindern mit genetischen Syndromen ziehen:

Tab. 3.3-T1: Zusammenhang von Bindungsstatus des Kindes, Diagnoseverarbeitung und subjektiver Belastung der Mutter

	sichere Bindung	unsichere Bindung	subjektive Belastung
Trauma aufgelöst	82%	18%	PR 71
Trauma nicht gelöst	19%	81%	PR 84

Um die Folgen einer ungelösten Traumatisierung durch die Diagnose zu verhindern, bedarf es einer stützenden und entlastenden Beratung, die den Eltern das „Erzählen der gemeinsamen Geschichte" und den Ausdruck der affektiven Belastung als Hilfe zur allmählichen Integration der traumatischen Erfahrung erlaubt. Eine Beteiligung des klinischen Psychologen an der Erstberatung durch den Kinderarzt und Humangenetiker ist wünschenswert, bei Zeichen ungelöster Traumatisierung obligatorisch.

3.3.3. Hindernisse für die Entwicklung einer förderlichen Beziehung

Ein weiterer kritischer Einfluß für die Entfaltung einer förderlichen Eltern-Kind-Beziehung entsteht dadurch, daß Eltern oft unmittelbar nach der Diagnosemitteilung einer verwirrenden Vielfalt frühtherapeutischer Programme ausgesetzt sind. Sie klammern sich in ihrem Bedürfnis, dem Schicksal zu trotzen, daran, wollen so viel wie möglich für eine optimale Entwicklung des Kindes tun und nichts unversucht lassen. Gerade krankengymnastische Therapieangebote verlangen den Eltern und Kindern ein hohes Maß an Kraft und Zeit ab, so daß die Gefahr besteht, daß die psychischen Reserven weiter erschöpft werden und im Alltag gar nicht erst Raum für ein entspanntes, spielerisches, unbeschwertes Miteinander entsteht.

Schließlich weisen viele Kinder als Teil ihrer allgemeinen Entwicklungsretardierung oder als syndromspezifische Besonderheit Verhaltensmerkmale auf, welche die Entwicklung einer harmonischen Interaktion im ersten Lebensjahr erschweren können. Zu diesen frühen Entwicklungs- und Verhaltensmerkmalen gehört z. B. eine eher passiv-apathische Temperamentsanlage, geringe Initiative und Reaktionsbereitschaft, wie sie bei kleinen Kindern mit Prader-Willi-Syndrom oder Sotos-Syndrom oft zu beobachten sind. Bei Kindern mit Fragilem-X-Syndrom oder Angelman-Syndrom wird dagegen ab dem Ende des ersten Lebensjahres ein sehr aktives, leicht irritierbares Temperament beschrieben, das die Entwicklung zielgerichteter Tätigkeiten und gemeinsamen Spiels im Alltag erschwert. Kinder mit Down-Syndrom zeigen eine verminderte Aufmerksamkeit, Reaktionsbereitschaft und zielgerichtete Handlungsinitiatve in der Exploration von Gegenständen sowie eine verminderte Ausdauer bei der Bewältigung herausfordernder Aufgaben.

Bei Kindern mit besonderem Aussehen wie craniofazialen Dysmorphien und Fehlbildungen ist die Interpretation der emotionalen Signale des Babys erschwert; mimische Zeichen können für die Eltern viel schwerer zu deuten sein als bei anderen Kindern. Bei den meisten retardierten Säuglingen beobachten wir schließlich besondere Schwierigkeiten, den Blickkontakt zur Regulation der Interaktion einzusetzen. Nicht-behinderte Kinder lernen bald, wie sie ihren Eltern durch ihre Blickrichtung zeigen können, was sie interessiert. Durch das Hin- und Herpendeln des Blicks zwischen Erwachsenem und Spielzeug können sie ein gemeinsames Thema definieren, bei dem sie dann die Anregungen des Erwachsenen zu ausdauerndem Explorieren aufgreifen. Kindern mit beeinträchtigter kognitiver Entwicklung fällt die Abstimmung auf ein gemeinsames Thema viel schwerer, wie wir z. B. aus Einzelbeobachtungen bei Säuglingen mit Prader-Willi- oder Cornelia-de-Lange-Syndrom lernen konnten.

Fehlschläge der Abstimmung aufeinander haben wiederum Auswirkungen auf das elterliche Interaktionsverhalten. Sie können entweder bewirken, daß die Eltern resignieren und sich mehr auf die unmittelbare Pflege des Kindes konzentrieren, oder daß sie die Kinder bei ihren Anregungsversuchen in Tempo und Schwierigkeitsgrad überfordern. Viele Beobachtungen zeigen, daß Eltern behinderter Kinder häufiger die Interaktion lenken, Themen vorgeben und Vorschläge machen als Eltern gleichaltriger nicht-behinderter Kinder, insbesondere dann, wenn die Kinder passiv sind. Wenn die Abstimmung nicht gut gelingt, können sich die Kinder das kommunikative Angebot der Eltern weniger zunutze machen, was die Entwicklung neuer Fähigkeiten, vor allem im Bereich der Sprache, weiter hinauszögert (Sarimski 2000).

Um Fehlschlägen vorzubeugen, ist es wichtig, die charakteristischen Entwicklungs- und Verhaltensmerkmale von Kindern mit definierten genetischen Syndromen zu kennen (Verhaltensphänotyp). Ein Verhaltensphänotyp ist zu verstehen als eine Kombination von bestimmten Entwicklungs- und Verhaltensmerkmalen, die bei Kindern und Erwachsenen mit einem definierten genetischen Syndrom mit einer höheren Wahrscheinlichkeit auftritt als bei Kindern und Erwachsenen mit einer Behinderung anderer Ursache (Dykens 1995).

Das Wissen um diese Entwicklungs- und Verhaltensmerkmale dient zur:

- Formulierung von Entwicklungsperspektiven in der Beratung von Eltern, Pädagoginnen/Pädagogen und Therapeutinnen/Therapeuten,
- Erleichterung des Verständnisses für besondere Verhaltensweisen,
- Formulierung von pädagogisch-therapeutischen Schwerpunkten.

Für die Praxis der Erstberatung bei Kindern mit genetischen Syndromen ergibt sich daraus als zweite Schlußfolgerung:

Es gilt, die intuitive elterliche Kompetenz zu stärken, und zwar durch die Fokussierung der elterlichen Aufmerksamkeit auf die schwer(er) erkennbaren Signale des Kindes und durch die Sensibilisierung für responsive Interaktionsformen. Dazu hat sich die videogestützte Rückspiegelung positiver Interaktionssequenzen der Eltern-Kind-Interaktion, z.B. im Spiel miteinander, bewährt. Sie muß ergänzt werden durch die Beratung zu syndromspezifischen Entwicklungsmerkmalen und -perspektiven, um das Verständnis der Eltern für die besonderen Verhaltensweisen ihrer Kinder zu erleichtern.

3.3.4. Hilfen zur Bewältigung der besonderen Belastung

Befragungen von Eltern, deren Kinder definierte genetische Syndrome mit geistiger Behinderung haben, machen die Belastung deutlich, mit der sie fertigzuwerden versuchen. So benannten z. B. 52 Eltern von Kindern mit seltenen chromosomalen Besonderheiten, die sich überwiegend dem Elternverband LEONA e. V. angeschlossen hatten, als wichtigste gegenwärtige Probleme und Belastungen:

(1) Essen, Pflege und Anziehen des Kindes,
(2) fehlende Zeit für persönliche Interessen der Eltern,
(3) Umgang mit Verhaltensproblemen des Kindes,
(4) Bewältigung von eigener Arbeit, Hausarbeit und Kinderbetreuung (Sarimski 1998).

Die subjektiv erlebte Belastung von Eltern behinderter Kinder hängt allerdings von vielen verschiedenen Faktoren ab.

**Einflußfaktoren auf
die subjektiv erlebte Belastung**

- Selbständigkeit und Kommunikationsfähigkeit des Kindes
- Eß-, Schlaf- und Verhaltensprobleme
- spezifische pflegerische oder therapeutische Anforderungen
- persönlicher Bewältigungsstil der Eltern
- Kontrollüberzeugungen und Wertorientierungen
- Qualität der partnerschaftlichen Unterstützung
- ökonomische und materielle Faktoren
- Einbindung in ein stützendes soziales Netz

Der Grad der subjektiven Alltagsbelastung, die erlebte Unterstützung in der Partnerschaft und im sozialen Umfeld, aber auch die Anerkennung der Realität der Behinderung und die Entwicklung problemorientierter Bewältigungsversuche entscheiden nachweisbar über die Beteiligung der Mütter an der Entwicklungsförderung im familiären Alltag (Gavidia-Payne/Stoneman 1997).

Für die Beratung bei Eltern von Kindern mit genetischem Syndrom ergibt sich daraus als dritte Schlußfolgerung:

Es gilt, den Eltern eine Entwicklungsbegleitung anzubieten, die konkrete Hilfen zur Veränderung belastender Eß-, Schlaf- und Verhaltensprobleme mit einer psychologischen Beratung zur Mobilisierung persönlicher und sozialer Bewältigungskräfte verbindet. Dabei geht es u. a. um die Stärkung der Zuversicht in die eigene Fähigkeit, die schwierige Situation bewältigen zu können, die Stärkung des familiären Zusammenhalts und der Suche nach freundschaftlicher Unterstützung sowie die Unterstützung der Kontaktaufnahme zu anderen betroffenen Eltern in Selbsthilfegruppen.

Literatur

Dykens, E. (1995): Measuring behavioral phenotypes: Provocations from the „New Genetics". In: American Journal on Mental Retardation 99, 522-532

Gavidia-Payne, S., Stoneman, Z. (1997): Family predictors of maternal and paternal involvement in programs for young children with disabilities. In: Child Development 68, 701-717

Marvin, R., Pianta, R. (1996): Mothers' reactions to their child's diagnosis: Relations with security of attachment. In: Journal of Clinical Child Psychology 25, 436-445

Sarimski, K. (1998): Pädagogisch-psychologische Begleitung von Eltern chromosomal geschädigter Kinder. In: Geistige Behinderung 37, 323-334

– (2000): Frühförderung. In: Borchert, J. (Hrsg.): Handbuch der Sonderpädagogischen Psychologie. Göttingen, 304-313

Sheeran, T., Marvin, R., Pianta, R. (1997): Mothers' resolution of their child's diagnosis and self-reported measures of parenting stress, marital relations and social support. In: Journal of Pediatric Psychology 22, 197-212

3.4. Persönlichkeitsentwicklung eines behinderten Kindes in seiner Familie – Ein Erfahrungsbericht aus der Sicht einer Mutter

Von Eva Zobel

Um mein Thema mit Leben zu füllen, möchte ich Ihnen die Geschichte unserer Familie mit unserem Sohn erzählen, der mit einer schweren Mehrfachbehinderung geboren wurde.

Bevor unser Sohn auf die Welt kam, war ich als Ergotherapeutin an einer Schule für Kinder mit Körperbehinderungen tätig. Wir freuten uns auf unser erstes Kind. Da die Vorsorgeuntersuchungen noch nicht so perfekt waren wie heute, schien alles in bester Ordnung. Aber es kam anders. Unser Sohn Martin wurde mit einem Hydrocephalus geboren. Ich wußte sofort, daß unser Kind behindert sein wird. Martin sah sehr süß und zerbrechlich aus, und der Gedanke, daß er jetzt in die Mühlen der Medizin kam, zerriß uns das Herz.

Wir hatten doch sehr klare Ziele für unser „Phantasiekind" vor seiner Geburt:

- Dieses Kind sollte harmonisch aufwachsen,
- als Baby gestillt werden,
- seinen Schlaf- und Wachrhythmus selbst regulieren,
- und keinen Schaden nehmen.

Nun war alles ganz anders. Unser Sohn kam in eine Kinderklinik, die noch nach sehr veralteten Organisationsstrukturen arbeitete. Eltern hatten keinen Zutritt. Dies haben wir nicht akzeptiert. Wir wollten unser Kind im Krankenhaus begleiten, ihm Sicherheit und Trost geben. Wir wollten unser Kind kennenlernen. So setzten wir als erste Eltern in dieser Klinik durch, daß ich 2x täglich zum Stillen kommen durfte und meinen Sohn auch eine Zeitlang auf dem Arm behalten durfte.

Bevor Martin operiert wurde, litt er unter dem sich immer mehr erhöhenden Hirndruck. Er war ganz hypoton, weinte eher kraftlos und war sehr schwach. Wir waren sehr verzweifelt und bangten um das Leben unseres Kindes. Unsere täglichen Besuche schmiedeten uns zusammen.

Wir wollten unserem Kind trotz seiner Behinderung ein glückliches Leben ermöglichen. Drei Monate lang blieb Martin in der Klinik. Er bekam einen Shunt und konnte dann endlich entlassen werden.

Wir wußten, daß jetzt eine schwierige Zeit für uns anbrach. Zusätzlich zu unserem dramatischen Beginn waren wir junge und unerfahrene Eltern. Trotz unser regelmäßigen Besuche in der Klinik war uns Martin zunächst fremd. Er war hoch irritierbar und schrie, mit nur wenigen Unterbrechungen, Tag und Nacht.

Wir waren sehr verzweifelt, weil wir unser hohes Ziel, Harmonie und Lebensfreude für unser Kind, zunächst nicht erreichten. So verbrachte Martin in den ersten Lebensmonaten die meiste Zeit auf unserem Arm. Rückwirkend denke ich manchmal, vielleicht hat unser Kind auch für uns geweint.

Wir suchten einen für uns geeigneten Kinderarzt und fanden außerdem eine sehr engagierte und fachlich versierte Bobath-Therapeutin, so daß Martin sehr schnell krankengymnastisch behandelt wurde. 4x täglich turnte ich mit Martin, ich lagerte ihn reflexhemmend, machte „Handling" und versuchte den Tag für ihn interessant zu gestalten.

Als wir im Laufe der ersten Monate zusätzlich feststellten, daß Martin nicht sehen konnte, brach für uns eine Welt zusammen. Ein Leben im Dunkeln für unser Kind entzog uns den letzten Mut. Vollkommen erschöpft und verzweifelt wurde es still im Haus. Wir konnten nicht mehr sprechen – eigentlich nur noch weinen.

Jetzt kam es für uns zum ersten Meilenstein auf dem Weg seiner Persönlichkeitsentwicklung: Martin reagierte auf unser Verhalten mit extremem Wundsein. Unser großes Glück war es, daß wir dies auf unser Schweigen bezogen und uns klar wurde: Martin weiß nicht, daß er blind ist, er versteht uns nicht. Er braucht uns als stabile und positiv gestimmte Eltern.

Wir versuchten uns zu beherrschen, begannen langsam wieder mit Martin zu sprechen und zu lachen, es wurde gesungen und die Situation entspannte sich.

Manches Schreien ließ sich durch die Blindheit erklären und so stellten wir vieles auf Tasten und Hören für unser Kind um. Die Bewegungsanbahnung wurde noch viel langsamer vollzogen und Martin wurde ruhiger. Er schrie weniger, konnte kürzere Zeit allein in seinem Nest auf dem Boden liegen. Er begann zu lächeln und begann zu greifen.

Trotz unserer großen Trauer um die Behinderung unseres Kindes ermutigten uns diese großen Entwicklungsschritte. Über jeden neuen Fortschritt freuten wir uns und fanden Martin einfach *süß*.

Jetzt faßten wir den Entschluß, daß Martin lernen sollte, zügig einzuschlafen und auch nachts durchzuschlafen. Wir entwickelten für uns eine Methode mit der Uhr, um uns auch seiber zu kontrollieren. Zuerst ließen wir Martin fünf Minuten lang schreien bevor wir zu ihm gingen und ihn trösteten, dann sieben Minuten und später zehn Minuten lang. Wir Eltern mußten uns ganz erheblich beherrschen, nicht sofort beim ersten Schrei zu ihm zu stürzen – aber die Uhr half und unser Sohn fand nach kurzer Zeit den Weg zum Schlaf. Vielleicht hat er dreimal zehn Minuten geschrien, danach war diese Hürde überwunden. Nun schlief er bald die ersten Nächte durch und stabilisierte sich langsam.

Mit durchgeschlafenen Nächten ging es uns allen sehr viel besser. Wir Eltern hatten das gute Gefühl, einen großen Schritt in die Normalität getan zu haben und waren froh.

Langsam löste sich die so extrem enge Symbiose zwischen Martin und uns. Ich beschloß, für zwei Tage zu verreisen, während die Großmutter Martin hütete. Diese Trennung konnte Martin nicht ertragen und er verweigerte das Essen und Trinken. Er mußte ins Krankenhaus gebracht werden und bekam Infusionen, denn auch dort verweigerte er Essen und Trinken.

Als ich bei meiner Rückkehr vor diese Situation gestellt wurde, hatte ich rückblickend eine wichtige Eingebung: Ich wurde wütend und zwar auf Martin! Ich wollte nicht, daß Martin so ein Spielchen mit uns trieb.

Mit Schwarzbrot und vielen Teeflaschen ausgestattet zog ich ins Krankenhaus. Unter der großen Verwunderung der Schwestern und Ärzte aß und trank Martin eine große Portion und konnte nach drei Stunden wieder entlassen werden. Wir hatten ein neues Ziel: Martin muß unabhängiger von mir als „Übermutter" werden. So übernahm mein Mann abends immer das Füttern, Baden und ins Bett bringen. Bisher lag das alles fest in meiner Hand, was ein Fehler war. Regelmäßig besuchte er allein eine befreundete Familie und blieb zunächst nur 30 Minuten ohne mich dort, bis er es auch zwei bis drei Stunden aushalten konnte. Später spielte er in einer Krabbelgruppe. Langsam lernte er, sich in fremder, ihm sehr freundlich gesonnener Umgebung zu orientieren und Kontakt zu neuen Menschen aufzunehmen.

Diese Geschichte war wieder ein wichtiger Meilenstein in seiner Persönlichkeitsentwicklung. Durch seine Reaktion half er uns Eltern, unser Verhalten zu ändern und ihm veränderte Rahmenbedingungen für seine Entwicklung zu geben. Es hätte auch anders ausgehen können, wenn ich vor lauter Schuldgefühlen weiter das Betreuungsmonopol für Martin aufrecht erhalten hätte – es wäre viel schwieriger geworden.

Als Martin etwa zwei Jahre alt geworden war, wurde das Ausmaß seiner Behinderung für uns immer deutlicher. In seinem Verhalten hatte er große Fortschritte gemacht, aber in allen anderen Bereichen zeigte sich trotz unserer intensiven Förderung ein erheblicher Entwicklungsrückstand. Unser Kind hatte eine Tetraspastik, war blind und es war geistig behindert.

Bei aller Trauer und Enttäuschung über die schwere Behinderung unseres Sohnes war es für uns sehr wichtig, uns diese Tatsache deutlich zu machen und auszusprechen. Wir wollten nämlich nicht weiterhin mit höchstem Einsatz diese Behinderung wegtherapieren – was ja ohne Erfolg ausgegangen wäre –, sondern Martins vorhandene Fähigkeiten ausbauen. Auch wollten wir selbst nicht mehr unter Erfolgszwang stehen und Martin als eigenständigen Menschen sehen, der eben besondere Hilfe braucht. So wurden unsere Ziele verändert bzw. konkretisiert:

- Martin soll sich von uns ausnahmslos geliebt fühlen.
- Martin soll sich als vollständige Person und heile Person wahrnehmen.
- Er soll seine Fähigkeiten und Begabungen entwickeln.
- Er soll soziale Kontakte außerhalb seiner Familie aufnehmen.
- Andere Menschen außer uns sollen ihn annehmen.
- Martin soll so eigenständig wie möglich werden.

Damals gab es den Slogan *„ Es ist normal verschieden zu sein"* noch nicht – aber dies war unsere Idee für das Leben mit unserem schwer behinderten Sohn. Es trat eine gewisse Ruhe in unserer Familie ein. Martin entwickelte sich ganz langsam weiter. Er zeigte großes Interesse für Musik, krabbelte durch die Wohnung, hantierte mit den unterschiedlichsten Dingen, ertrug die Spielgruppe und konnte mit drei Jahren an einem Gehwagen laufen.

Das regelmäßige Turnen (4x täglich) wurde erst reduziert, dann zu Hause beendet und der Krankengymnastin überlassen. Wir wollten mit Martin „normaler" zusammenleben, den Alltag und unser Zusammensein nicht immer wieder durch das Turnen unterbrechen. Auch sollte Martin nicht ständig von uns korrigiert und „gerichtet" werden. Er sollte im täglichen Miteinander lernen.

Bald schon konnte Martin sich immer besser im Haus und Garten orientieren. Er gewöhnte sich an unterschiedliche Strukturen, wie z. B. Holz, Stein, Gras, Sand und Teppiche. Er rollte mit uns kleine Grashügel hinunter, spielte im Wasser, saß auf der Schaukel und im Sandkasten. Wir zeigten ihm unseren Garten und den

Weg um unser Haus herum. Nach einiger Zeit schaffte es Martin, allein mit dem Gehwagen um das Haus herumzulaufen. Er war sehr stolz auf sein neues Spiel.

Wir Eltern lernten es zuzulassen, daß er wirklich ganz allein seiner Wege zog, dabei unsere Nachbarn traf und erste ganz eigenständige Kontakte knüpfte. Martin lernte allein mit dem Löffel zu essen, er kaute harte Nahrungsmittel und konnte einen runden Apfel allein aufessen.

Unser zweites Kind wurde geboren, so daß Martins neue Selbständigkeit und Harmonie für unser Familienleben sehr günstig war. Da ich soviel anderes zu tun hatte, bekam Martin mehr Freiraum, um sich die Welt nach seinen Impulsen zu erobern. Er wurde fröhlicher und ging inzwischen in einen heilpädagogischen Kindergarten. Schnell lebte er sich dort ein und erlebte dieses *in den Kindergarten gehen* als Symbol für *viel größer sein* als sein neuer Bruder: Martin war groß – der neue Bruder ein Baby.

Als der kleine Bruder recht schnell laufen, logisch handeln und sprechen konnte, veränderte sich Martin. Zunächst wurde er stiller und begann, seinen Bruder, aber auch die kleinen Kinder im Kindergarten, zu attackieren, indem er sie wegschubste und heftig an den Haaren zog.

Auch beim gemeinsamen Essen war er plötzlich schwierig. Er wollte nichts so haben, wie es auf dem Tisch stand und legte immer mal wieder den Kopf in die Suppe. Wir Eltern waren ratlos. Wir wollten Martin ja eigentlich eine harmonische Kindheit ermöglichen und jetzt macht er so etwas. Mußte der kleine Bruder diese Attacken aushalten, müssen wir den Kopf in der Suppe als unabwendbar hinnehmen? Es war eine schwierige Situation, und zunächst waren wir nicht in der Lage mit dieser Provokation fertig zu werden. Martin tat uns so leid.

Da sich Martin auch im Kindergarten verändert hatte, kam es zu intensiven Gesprächen mit seiner Erzieherin. Sie zerschmolz nicht vor Mitleid mit Martin, sondern empfand sein Verhalten ausgesprochen ungehörig und ermutigte uns, Martin in seine Schranken zu weisen. Dies fiel uns harmoniebedürftigen Eltern schwer. Wir mußten lernen, unser schwieriges behindertes Kind als eigenständige Person wahrzunehmen und auch ihm ein angemessenes Verhalten abzuverlangen.

Trotzdem entwickelten wir in Zusammenarbeit mit dem Kindergarten eine klare Strategie: Wenn Martin anderen Kindern an den Haaren zog oder den Kopf in die Suppe legte, mußte er sofort in sein Zimmer gehen. Dies sollte mit Klarheit und Strenge ablaufen. Zusätzlich wurden ihm im Kindergarten kleine, für ihn gut verständliche Geschwistergeschichten erzählt, die sich mit seinem Bruderproblem, aber auch mit seiner Behinderung beschäftigten. Es wurde hier versucht, Martin unsere Sprache zu leihen, damit er sich besser verstehen und sein Verhalten einordnen konnte

Wir Eltern zeigten Martin sehr deutlich, wie groß er geworden war. Wir brachten ihn abends später ins Bett als seinen kleinen Bruder und freuten uns mit ihm über gute Stunden.

In dieser Phase setzte sich Martin das erste Mal mit seiner Behinderung auseinander. Er erlebte, daß er nur langsam vorwärts kam, und daß er vieles, was sein kleiner Bruder tat, nicht konnte. Martin zeigte uns seine Verzweiflung.

Für uns Eltern war es sehr schwer erträglich zu sehen, wie unser gehegtes und geliebtes Kind begann, unter seiner Behinderung zu leiden und sich zu einem unangenehmen Zeitgenossen zu entwickeln. Wir mußten uns sehr überwinden, um mit viel Konsequenz und auch Härte an unser Problem heranzugehen. Aber wir schafften es. Martin beruhigte sich relativ schnell, konnte die Attacken gegen seinen Bruder lassen und ärgerte uns auch nicht mehr beim Essen.

Wir Eltern lernten aus dieser Geschichte, daß wir unser Kind mit seiner Behinderung wirklich ernst nehmen müssen. Auch Martin mußte lernen, sich in eine Gemeinschaft ein- und auch unterzuordnen. Aber er brauchte auch das gemeinsame Gespräch über sich, über seine Gefühle und Fragen. Wir mußten dafür Sorge tragen, daß er nicht einsam und nur in sich seine Emotionen behielt.

So erzählten wir, wie es wohl ist, wenn er größer wird. Daß er bald zur Schule geht und sein kleiner Bruder noch lange warten muß, bis er so groß ist wie Martin. Wir sprachen darüber, daß er sich manchmal ärgert, wenn er nicht so schnell laufen kann und manches überhaupt nicht versteht, daß wir uns aber über seine schönen Melodien, die er auf dem Klavier spielt, so freuen und, daß es eben verschiedene Menschen gibt.

Martin hatte ein gutes Sprachverständnis, aber er konnte nur sehr begrenzt selber sagen, was mit ihm los war. Deshalb war es so wichtig, daß wir für ihn sprachen und seinen Empfindungen Worte gaben.

Auch diese Geschichte war ein entscheidender Meilenstein für Martins Persönlichkeitsentwicklung. Wir Eltern konnten normaler und selbstverständlicher mit Martin umgehen. Wir bekamen „Mut zum Erziehen". Martin fühlte sich in seiner Person ernst genommen und konnte seinen „fitten" Bruder besser ertragen, weil er gelernt hat, sich von ihm zu unterscheiden.

Sehr viel mehr Eigenständigkeit entwickelte unser Sohn, als er in die Schule kam. Er erlebte sich größer und anders als sein Bruder und fühlte sich angenommen.

Wenn sich sein kleiner Bruder Gedanken über seinen zukünftigen Beruf machte – „...ich will Feuerwehrmann sein..." – oder überlegte, ob er später seine Freundin heiraten sollte, dann bezogen wir Martin mit in diese Überlegungen ein: „...wenn du groß bist, kannst du in einer Werkstatt für Behinderte arbeiten und vielleicht Schrauben für Autos verpacken..." oder „...wenn du groß bist, kannst du in eine Wohnstätte mit deinen Freunden ziehen..."

So konnte Martin schon früh ein Gefühl und auch eine konkrete Vorstellung für das Ziel seines zukünftigen Lebensweges entwickeln. Martin wurde größer und eigenständiger und kam recht früh in die Pubertät. Dies war eine schwierige Zeit für ihn, da er leichte depressive Verstimmungen hatte, die z.T. auch wieder mit einer neuen Bearbeitung seines Andersseins zu erklären war.

Sein Bruder hatte ihn längst überrundet und übernahm manchmal Martins Betreuung. Dies mochte Martin gar nicht. Noch schlimmer war es für ihn, mit mir einkaufen oder spazieren zu gehen. Er fand es schlichtweg doof und setzte sich manchmal aus Protest auf die Straße.

Wir Eltern lernten, daß Martin andere Begleiter braucht und fanden Studenten, die mit Martin zusammen seine freie Zeit gestalteten. Nun war der Spaziergang zur Eisdiele oder der Stadtbummel eine richtige Freude. Martin und sein Begleiter planten gemeinsame Unternehmungen, z.B. in die Disco, ins Konzert zu gehen oder einen Besuch von Freunden.

Bald zeigte Martin uns auch, daß er als Jugendlicher nicht mehr unbedingt mit uns gemeinsam verreisen wollte. Auch hier fanden wir andere schöne Ferienmöglichkeiten. Mit großem Stolz zog er ohne uns los. Wenn er wieder zurückkam und schon beim Aussteigen sagte: „Nächstes Jahr fahre ich wieder mit", dann wußten wir, daß es richtig war, Martin diese Möglichkeit zu geben.

Die Unterstützung durch die Studenten, die Möglichkeit für Martin, allein mit einer Jugendgruppe zu verreisen und unser Stolz auf unseren selbständigen Sohn bewirkten, daß Martin innerlich immer eigenständiger und damit erwachsener wurde. Sein kleiner Bruder wurde sein Freund, der dafür sorgte, daß Martin auch modisch genug gekleidet war.

Kurz bevor Martin mit 19 Jahren seine Schule verließ, wurde in unserer Nähe eine neue Wohnstätte für Menschen mit geistiger Behinderung eröffnet. Nur zur allgemeinen Information besuchten Martin, mein Mann und ich die Wohnstätten-leiterin. Im Laufe des Gespräches merkten wir Eltern, wie ernst Martin diese Situation war. Aufrecht saß er auf seinem Stuhl, erzählte für seine Verhältnisse sehr genau von sich und beantwortete die Fragen zügig. So präsent hatten wir ihn noch nie erlebt.

Auf dem Heimweg sagte er dann: „Ab Juli ziehe ich hier ein. Ich bin erwachsen." Uns Eltern stockte der Atem vor Stolz, aber auch vor Erstaunen, denn nun hatte er, wie es sich für junge erwachsene Menschen gehört, unsere Entscheidung vorweggenommen.

Mit Freunden aus seiner Schule und den Freizeitgruppen lebt Martin nun schon drei Jahre in dieser Wohnstätte. Tagsüber arbeitet er in einer Werkstatt für Behinderte. Er lebt dort sehr gern. Er hat Freunde gefunden und noch viel an Selbständigkeit dazu gewonnen. Alle vierzehn Tage ist er am Wochenende bei uns, aber ab Sonntagmittag zieht es ihn wieder zurück in seine eigene Welt, die er selbst als seine Heimat bezeichnet.

Wir Eltern betrachten unseren Sohn mit großem Staunen und freuen uns mit ihm, daß er sich nach diesem schweren Lebensbeginn zu einem so wunderbaren Menschen entwickelt hat.

Er hat uns an unsere Grenzen geführt.

Er hat uns herausgefordert und er hat uns eine neue Lebensdimension geschenkt. Dafür sind wir dankbar.

4.   „Große Pläne sind nicht einfach" –
       Frühförderung komplex und spezifisch

4.1. Ziellos, planlos und immer in Bewegung. Möglichkeiten und Grenzen bewegungsorientierter Förderung hyperaktiver und aufmerksamkeitsgestörter Kinder im Vorschul- und Grundschulalter

Von Wolfgang Beudels

4.1.1. Hyperaktivität und Aufmerksamkeitsstörung als Problem

Hyperaktivitätsstörungen/Aufmerksamkeitsstörungen sind nachweislich, neben aggressiven Verhaltensstörungen, die häufigsten Verhaltensbeeinträchtigungen im Kindesalter (Döpfner 1995). Die Angaben zur Häufigkeit schwanken dabei, in Abhängigkeit von diagnostischen Kriterien und der Auswahl der Stichproben erheblich. Im allgemeinen finden sich in der internationalen Literatur Prävalenzraten zwischen 3% und 15%. Jungen sind wesentlich häufiger von dieser Entwicklungsstörung betroffen als Mädchen. Das Verhältnis der Jungen gegenüber den Mädchen wird zwischen drei zu eins und neun zu eins angegeben (Lauth/ Schlottke 1994).

Kernsymptome dieses Störungsbildes sind (laut DSM IV) eine starke Beeinträchtigung der Aufmerksamkeit (Aufmerksamkeitsstörung), eine übermäßige motorische Aktivität (Hyperaktivität) und eine gravierende Störung der Impulskontrolle (Impulsivität). Es zeigt sich in fast allen Fällen vor dem 6. Lebensjahr und tritt in mehr als einem Lebensbereich auf. Von Aufmerksamkeits- und Hyperaktivitätsstörung kann nicht gesprochen werden, wenn das Problemverhalten weniger als sechs Monate anhält.

Die Ätiologie ist bislang trotz umfangreicher internationaler Forschungstätigkeit nicht geklärt. Als verursachend wird ein komplexes Geflecht aus neurologischen, neurochemischen, immunologischen sowie genetischen Faktoren angesehen. In neueren Untersuchungen konnte bestätigt werden, daß psychosozialen Bedingungen vermutlich keine primäre verursachende Wirkung zugeschrieben werden kann. Sie sind jedoch stark am Ausprägungsgrad und an der Persistenz der Störungen beteiligt.

Seit ca. 20 Jahren liegt im deutschsprachigen Raum eine Fülle von Literatur auf unterschiedlichem Niveau und mit unterschiedlichen Schwerpunkten vor; bislang fehlt jedoch eine umfassende Darstellung. Dabei herrscht weitgehende Unsicherheit und Uneinigkeit hinsichtlich der Terminologie, der Abgrenzung zwischen Normalität und Auffälligkeit, der Verursachungsfaktoren sowie der jeweiligen Interventionsmöglichkeiten.

Förderprogramme für betroffene Kinder, Jugendliche und deren Familien scheitern häufig daran, daß in den meisten Fällen nicht ein einzelner, sondern mehrere Lebensbereiche beeinträchtigt sind. Hier wird i. d. R. immer noch versucht, mit isolierten Maßnahmen generelle Abhilfe zu schaffen. Hinzu kommt, daß die Abgrenzung dieser Störung zu anderen problematischen Verhaltensweisen (wie z. B. oppositionelles Verhalten, aggressives Verhalten) einer umfangreichen und langwierigen Beobachtung bzw. Diagnose bedarf, die darüber hinaus noch stark von der subjektiven Wahrnehmung (Eltern, Lehrerinnen/Lehrer, Erzieherinnen/Erzieher...) beeinflußt wird. Bislang finden sich kaum Ansätze bzw. Förderkonzepte, die stringent systemische Zusammenhänge berücksichtigen.

Unzweifelhaft besteht im Gegensatz zu anderen – meist vorübergehenden bzw. unerheblichen kindlichen Verhaltensstörungen bei Hyperaktivität/Aufmerksamkeitsstörung die große Gefahr einer dauerhaften Störung bzw. „Entwicklungsgefährdung". Sie ist verbunden mit z.T. weitreichenden negativen individuellen, gesundheitspolitischen und gesellschaftlichen Folgen bzw. Auswirkungen (z.B. hinsichtlich Schulabschlüssen, Sozialkontakten, Selektionsmaßnahmen...). In dieser Hinsicht erfüllt das Störungsbild die Funktion eines sog. „Markers", was nicht zuletzt auch in der im anglo-amerikanischen Sprachgebrauch vorhandenen Redeweise „the boy is the father of the man" zum Ausdruck kommt.

4.1.2.   Das derzeitige Angebot an Hilfen für Kinder, Jugendliche und Eltern

4.1.2.1. Verbreitete Programme und Interventionen

Für Kinder und Jugendliche mit Hyperaktivität und Störung der Aufmerksamkeit sowie deren Familien liegt derzeit ein eher „verwirrendes" Angebot an Hilfs- und Fördermaßnahmen vor. Diese unüberschaubare Vielfalt ist letztlich auch ein Resultat der Unsicherheit und der immer noch weitgehend vorhandenen Unkenntnis hinsichtlich der Verursachungsfaktoren und der Bedingungen, die das Problem aufrechterhalten. Die Förderansätze folgen mehr oder weniger linear dem jeweiligen zugrunde liegenden theoretischen Konzept. Erst allmählich werden Förderprogramme entwickelt, die im Sinne eines multimodalen und multimodulen Aufbaus eine Integration der unterschiedlichen Konzepte versuchen. Voneinander unterscheiden lassen sich im wesentlichen die medikamentöse Behandlung (v.a. Stimulantien-Therapie), psychologisch-pädagogische Hilfs-, Beratungs- und Therapieangebote (wie Familientherapie, Beschäftigungs- und Spieltherapie, Verhaltenstherapie, Selbstinstruktionsprogramme usw.). Daneben existieren Interventionen zur Verbesserung der Wahrnehmung und der Konzentration sowie zur Reduktion der motorischen Unruhe (wie Ergotherapie, Sensorische Integrationsbehandlung, Musiktherapie, Heileurhythmie, Hippotherapie, Kinesiologie, Klang- und Horchtherapie). Auch diätetische Maßnahmen (z.B. Feingold-Diät und Hafer-Diät) sollen zum Abbau bzw. zur Heilung des Störungsbildes beitragen.

4.1.2.2 Bewegung, Spiel und Sport als Erweiterung und Ergänzung
*   vorhandener Hilfsangebote*

Positive Wirkungen von Bewegung, Spiel und Sport bzw. psychomotorischer Fördermaßnahmen auf das Verhalten hyperaktiver und aufmerksamkeitsgestörter Kinder wurden bzw. werden immer wieder beschrieben, konnten aber bislang kaum oder nur unzureichend durch sog. „harte Daten" nachgewiesen werden. Die Effekte entsprechender Programme und Förderansätze werden entweder weitgehend anhand von Einzelfalldarstellungen belegt, oder die Gruppe der hy-

peraktiven/aufmerksamkeitsgestörten Kinder bildet eine Subgruppe innerhalb
größerer Stichproben z. B. allgemein „lernauffälliger" oder „verhaltensauffälliger" Kinder (Passolt 1993/1996).

Dabei ist davon auszugehen, daß bewegungsorientierte bzw. psychomotorische
Fördermaßnahmen als niederschwellige und bedarfsorientierte Angebote gerade
für Kinder im Vorschul- und Grundschulalter sowie deren Familien eine sinnvolle
und effektive Ergänzung darstellen. Dies gilt vor allem dann, wenn diese breitflächig bzw. wohnortnah zur Verfügung stehen. Die „klassischen" Behandlungs-
und Hilfsangebote können hier durch „bewegungsorientierte Module" erweitert
werden.

Bewegung, Spiel und Sport bieten, wie kaum eine andere Förderung, einen
leichten Zugang und einen hohen Anregungsgehalt sowie für das Kind transparente Gütemaßstäbe. Das Kind erlebt einen einsichtigen bzw. nachvollziehbaren
Zusammenhang zwischen eigener Anstrengung und eigenem Leistungsfortschritt
sowie Erfolg und Mißerfolg, wobei in diesem Setting eine direkte sowie perma-

Tab. 4.1-T1: Spezifische und unspezifische Zielaspekte bewegungsorientierter Förderung

	spezifisch	unspezifisch
Motorik/ Wahrnehmung	• Förderung der „Basisfertigkeiten" • Reaktionsverzögerung • Reduktion von Impulsivität • inhibitorische Kontrolle	• Bewegungshunger stillen („erlaubte Bewegung") • Vermittlung von Bewegungsspaß • Tonusregulation • Katharsis
Kognition	• Vermittlung von Planungsfähigkeit • Strategie/strategisches Wissen • Wissensvermittlung („Lösungskatalog")	• allgemeine Verbesserung kognitiver Kompetenzen („Integration der Sinne") • realistisches Selbstbild • Reflexionsfähigkeit • Entwicklung von Zielperspektiven
Sozial- emotionales Verhalten	• Vermittlung von Bewältigungsmechanismen in kritischen Situationen • Reduktion von typischen Sekundärsymptomen	• Vermittlung eines positiven Selbstbewußtseins • Erfahren von Erfolg und und sozialer Zustimmung • Gruppenfähigkeit
Kontext	• Familien-/Elternberatung • Lehrerberatung • Fortbildungsmaßnahmen	• Einflußnahme auf Kontextbedingungen in Familie, Schule, Gesellschaft • allgemeine Stärkung des familiären Subsystems durch politische Einflußnahme für Kinder

nente Leistungsrückmeldung gegeben ist. Es erfährt in hohem Maße Selbständig-
keitserleben und Partizipation. Die folgende Tabelle verdeutlicht, daß dabei neben spezifischen Zielaspekten bewegungsorientierter Hilfen auch unspezifische
Aspekte eine wichtige Rolle in der frühen Förderung von Kindern und ihren Familien spielen (s. Tab. 4.1-T1).

4.1.3. Modellversuch zur bewegungsorientierten Förderung

In einem mehrjährigen Modellversuch der Universität Dortmund (Fachbereich
Sondererziehung und Rehabilitation – Bewegungserziehung und Bewegungsthe-
rapie) wird die Effizienz multimodaler psychomotorischer Fördermaßnahmen im
Hinblick auf die Reduktion hyperaktiven und aufmerksamkeitsgestörten Verhal-
tens von Grundschulkindern erforscht. Die Konzentration auf den Bereich
„Grundschulalter" ergibt sich daraus, daß das Störungsbild meist erst in der
Schule relevant wird, d. h. in Situationen, in denen das Kind unter „allround-Lern-
anforderungen" steht.

Die Grundzüge des Förderprogramms wurden erfolgreich im Rahmen einer
Pilotstudie erprobt, in der v. a. gemeinsame Eltern-Kind-Aktivitäten im Vordergrund standen. Hier konnten erste positive Wirkungen auf den schulischen wie familiären Bereich nachgewiesen werden.

Zunächst wurden in zwei Subprojekten, mit jeweils unterschiedlichen inhaltlichen Schwerpunkten („Zirkusprojekt", „Orientierungslauf"), Dortmunder
Grundschulkinder im 2. Halbjahr des Schuljahres 1998/99 „stadtteilnah" gefördert. Neben den praktischen Fördermaßnahmen lag ein besonderer Schwerpunkt
in der Elternarbeit und der Erforschung des Belastungsgrades der betroffenen
Familien. Parallel zur Förderung wurden Informationsveranstaltungen und
Sprechstunden für Eltern angeboten und das inner- und interfamiliäre Klima mittels entsprechender Beobachtungsverfahren eingeschätzt. Zwar konnten noch
nicht alle erhobenen Daten ausgewertet werden, dennoch läßt sich aus den bisherigen Ergebnissen ablesen, daß es sowohl zu z. T. deutlichen Rückgängen des impulsiven und hyperaktiven Verhaltens wie auch zu positiven Veränderungen im
schulischen und familiären Kontext kam. So berichteten die Lehrerinnen/Lehrer
z. B. von einem verbesserten, d. h. konzentrierterem Arbeitsverhalten der betroffenen Kinder und von einem wesentlich entspannteren Klassenklima, als dies vor
der Intervention der Fall war. Die Eltern machten ähnliche Aussagen. Die Ge-
samteinschätzung der Eltern hinsichtlich der Wirkungen in verschiedenen Bereichen ist der folgenden Abbildung zu entnehmen (s. Abb. 4.1-A1).

Mögliche Langzeiteffekte sollen über eine Katamnese abgebildet werden. Dazu
werden die Kinder und ihre Eltern nach Abschluß des ersten Schulhalbjahres
1999/2000 nochmals mit den bisher eingestzten Verfahren getestet, beobachtet
bzw. befragt.

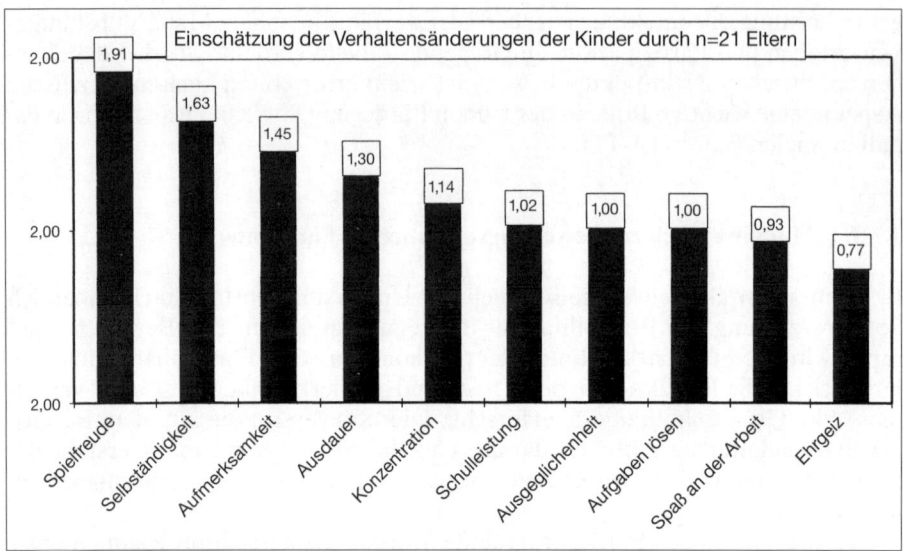

Abb. 4.1-A1: Einschätzung der Wirkungen der bewegungsorientierten Förderung bei den Kindern durch n = 21 Eltern (0 = keine Verbesserung, 1 = Verbesserung, 2 = deutliche Verbesserung)

4.1.4. Ausblick

Eine dauerhafte Sicherung effizienter und professioneller Hilfs- und Therapiemaßnahmen für Kinder mit „hyperkinetischen Syndrom" kann nur durch Bereitstellung kontextorientierter, systemisch strukturierter Förderangebote auf verschiedenen Ebenen (Familie, Schule ...) gelingen. Innerhalb eines vernetzten Angebots kann die psychomotorische Förderung ein wichtiger Bestandteil sein. Notwendig ist aber auch der Ausbau von parallelen Beratungsmöglichkeiten für Eltern. Damit verbundene Zielaspekte sind u. a. die Integration der betroffenen Kinder und Jugendlichen (in Schule und Unterricht), die Sensibilisierung der Lehrerinnen/Lehrer für die Problematik (inkl. der Vermittlung entsprechender pädagogisch-therapeutischer Kompetenzen) sowie die Stärkung des familiären Subsystems insgesamt, zur Lösung der vielfältigen inner- und interfamiliären Probleme.

Literatur

Barkley, R. A. (1990): Attention deficit hyperactivity disorder: A handbook for diagnosis and treatment. New York

Döpfner, M. (1995): Hyperkinetische Störungen. In: Petermann, F. (Hrsg.): Lehrbuch der Klinischen Kinderpsychologie. Bern/Toronto/Seattle, 165-217

Lauth, G., Schlottke, P. F. (1994): Konzentrations- und Aufmerksamkeitsstörungen. In:

Hautzinger, M. (Hrsg.): Kognitive Verhaltenstherapie bei psychischen Erkrankungen. Weinheim, 263-290
– (1994): Training mit aufmerksamkeitsgestörten Kindern. Weinheim
Lehmkuhl, G., Warnke, A. (1996): Diagnose- und Behandlungsstandards für Kinder mit hyperkinetischen Störungen. In: Zeitschrift für Kinder- und Jugendpsychiatrie 24, 143-144
Passolt, M. (Hrsg.) (1993): Hyperaktive Kinder: Psychomotorische Therapie. München
– (Hrsg.) (1996): Mototherapeutische Arbeit mit hyperaktiven Kindern. München
Sundermann, B. (1997): Bewegungsorientierte Interventionen bei Kindern mit Aufmerksamkeitsstörungen und Hyperaktivität. Ein multimodales Förderkonzept. Unveröffentl. Diplomarbeit. Universität Dortmund
Zimmer, R. (1989): Kindliche Hyperaktivität – Ausdruck von Bewegungsfreude oder Folge einer Entwicklungsstörung. In: Schriftenreihe des Bundesinstituts für Sportwissenschaft (Hrsg.): Bewegungswelt von Kindern und Jugendlichen. Bericht über den 8. Sportwissenschaftlichen Hochschultag der Deutschen Vereinigung für Sportwissenschaft, Bd.66, Paderborn

4.2.   Manuelle Medizin bei bewegungsgestörten Kindern

Von Henning Lohse-Busch

4.2.1.   Grundlagen der Manuellen Medizin

Was ist Manuelle Medizin?
Manuelle Medizin besteht aus manualmedizinischer Diagnostik und manueller Therapie. Sie befaßt sich mit den reversiblen Funktionsstörungen des Bewegungssystems. Die grundsätzlich verbesserbare Funktionsstörung von Muskulatur und Gelenken wird im Gegensatz zur unheilbaren Zerstörung von Körpergewebe gesehen.

Die manuelle Therapie existiert in zwei sehr verschiedenen Variationen: Da ist einmal die nur durch den Arzt durchzuführende Manipulation, bei der nach Diagnostik und Befunderhebung eines bewegungsgestörten Gelenkes die beiden Gelenkflächen leicht aber ruckartig voneinander abgehoben werden. Andererseits gibt es die physiotherapeutische Mobilisation, bei der das funktionsgestörte Gelenk durch mehrfache, das Gelenkspiel erweiternde Bewegungen freibewegt wird.

Handelt es sich bei der physiotherapeutischen Manuellen Therapie eher um eine mechanische Dehnung von verkürzten Muskeln ohne Impuls, so wirkt bei der ärztlichen Manuellen Therapie ein Impuls auf das Gelenk ein, der eine ganze Kette von reflektorischen Reaktionen auf der Ebene des Rückenmarkes und des Gehirns zufolge hat. Bei der ärztlichen Manuellen Therapie kommt es meist zu einem harmlosen Knacken im Gelenk. Es ist weder nützlich noch schädlich für das Gelenk; es beeindruckt aber regelmäßig den Patienten sehr.

Wer wendet Manuelle Medizin bei Kindern an?
In den letzten 15 Jahren wurden kindgerechte Techniken der Manuellen Medizin entwickelt. Der seit 1991 bestehende Arbeitskreis Manuelle Medizin bei Kindern der Deutschen Gesellschaft für Manuelle Medizin hat diese Techniken systematisiert. Wenn ein Arzt seit zwei Jahren von seiner zuständigen Landesärztekammer befugt ist, die Zusatzbezeichnung „Chirotherapie" zu führen, kann er sich in speziellen Kursen für die Manuelle Medizin bei Kindern ausbilden lassen.

Welche Strukturen werden mit Manueller Medizin behandelt?
Bei der Manuellen Medizin geht es nicht nur um die Gelenke, sondern auch ganz besonders um die Weichteile, die die Gelenke bewegen. Muskeln und Spalthäute (Faszien) bilden eine Einheit, die wir als myofasziales System bezeichnen. Die Faszien enthalten unwillkürliche, glatte Muskelfasern, die vom vegetativen (sympathischen) Nervensystem versorgt werden. Sowohl das motorische System der Muskulatur als auch das vegetative Nervensystem haben Anteil an der Muskelfunktion.

Welche Aufgaben hat das myofasziale System als Sinnesorgan zur Eigenwahrneh-
mung?
Damit Muskeln die Haltung und Bewegung der Körperteile bewerkstelligen können, muß ständig eine Fülle von Informationen, die aus allen Muskelfasern und
den Faszien kommen, an das zentrale Nervensystem weitergegeben werden. Muskeln sind also Sinnesorgane, die für die Eigenwahrnehmung (Propriozeption) des
Körpers und seiner einzelnen Glieder verantwortlich sind. Für eine zielgerichtete
Bewegung bedarf es einer guten Propriozeption. Andererseits ist eine ordentliche
Bewegung Voraussetzung für eine gute Propriozeption.

Was ist eine Sekundärstörung?
Das myofasziale System erfährt erhebliche Veränderungen, wenn die Muskulatur
selbst erkrankt ist oder das Gehirn eine nur fehlerhafte Steuerung der Bewe-
gungsstrukturen zustande bringt. Dann werden Muskeln und Faszien meist asymmetrisch verspannt, steif, kurz und ledern oder auch schlaff. Diese Qualitäten
werden durch die Begriffe Hypertonie, Rigidität, Kontraktur und erhöhte Visko-
elastizität oder aber Hypotonie charakterisiert. Diese Veränderungen der Biomechanik stören eine normale Propriozeption, zugleich die Bewegung selbst und das
motorische Lernen. Bei den Muskelschwunderkrankungen oder der neurologisch
bedingten Hypotonie finden wir dieselben Veränderungen von Muskeln und Gelenken auf erniedrigtem Spannungsniveau.
    Auf dem Boden eines unbeeinflußbaren Hirnschadens entsteht durch diese
rein biomechanisch bedingten Veränderungen bei Kindern mit Cerebralparese
oder Muskelschwund eine Behinderung in zweiter Linie – die Sekundärstörung –
die unweigerlich zur sensomotorischen Integrationsstörung führt.

Was versteht man unter sensomotorischer Integrationsstörung?
Es handelt sich um die Unfähigkeit, aufgrund mangelhafter Sinneseindrücke aus
dem myofaszialen System ordentlich koordinierte motorischen Leistungen zu erbringen.
    Alle cerebralen oder muskulären Bewegungsstörungen schließen die sensomo-
torische Integrationsstörung ein. Sie kommt aber auch ohne manifeste cerebrale
Bewegungsstörung vor und äußert sich mit den Symptomen „ungeschicktes, kon-
zentrationsgestörtes, aggressives Kind". Die sensomotorische Integrationsstörung
läßt sich durch Atlastherapie besonders gut bessern.

4.2.2.   Behandlungsmethoden und -ziele

Was kann Manuelle Medizin leisten?
Manuelle Medizin wendet sich bei den bewegungsgestörten Kindern an die Sekundärstörungen. Sie ist mit ihren verschiedenen Techniken in der Lage, die gestörten
Muskeln und Gelenke der Normalität ein Stück näherzubringen und damit auf der
einen Seite die Biomechanik und auf der anderen Seite die Propriozeption zu verbessern. Sie kann freilich einen hirnorganischen Defekt oder eine Muskelschwun-
derkrankung selbst nicht verbessern. Klar ist aber auch, daß die Kinder neu hinzuge-
wonnene Fähigkeiten nur dann nicht wieder verlernen, wenn sie sie täglich ausüben.

Das Ergebnis einer manualmedizinischen Behandlung steht und fällt mit einer guten Teamarbeit zwischen Ärztinnen/Ärzten, Physiotherapeutinnen/Physiotherapeuten, Orthopädietechnikerinnen/-technikern und Eltern. Das jeweilige Behandlungsziel ist individuell sehr verschieden. Bei dem einen Kind ist es ein gutes Ergebnis, wenn es lernt, sich erstmals ohne Hilfe in seinem Bett zu drehen oder zu schlucken, bei dem anderen Kind geht es darum, das Gangbild ökonomischer zu machen oder eventuell die Handfunktion zu fördern, damit der Computer besser bedient werden kann. Bei Kindern mit Muskelschwunderkrankungen geht es darum, die vorhandene Muskulatur, so gut es geht, zu trainieren und besser auszunutzen.

Welche Gefahren bestehen für die Kinder, wenn sie mit Manueller Medizin behandelt werden?
Manche im osteuropäischen Ausland angewandten manualmedizinischen Techniken, die für die Kinderbehandlung propagiert werden, entsprechen nicht dem hierzulande geltenden Sicherheitsstandard für medizinische Behandlungen. Besonders die Behandlung der kindlichen Halswirbelsäule mit diesen ungezielten Techniken gilt als lebensgefährlich.
Deshalb wurden in Deutschland kindgerechte Behandlungstechniken erarbeitet, die mit der notwendigen Sicherheit eingesetzt werden können. Bisher sind Schädigungen bei Kindern durch diese Form der Behandlungen nicht bekannt geworden.

Welche manualmedizinischen Behandlungstechniken sind kindgerecht?
Für die Behandlung bewegungsgestörter Kinder hat der Arbeitskreis Manuelle Medizin bei Kindern Leitlinien geschaffen, die festlegen, welche manualmedizinischen Techniken bei den verschiedenen Krankheitsbildern der Kinder angewandt werden sollen. Es handelt sich dabei um die Atlastherapie nach Arlen, die kindgerechte klassische Manipulationen an der Wirbelsäule und den Extremitätengelenken sowie das myofasziale Lösen.

Was ist die Atlastherapie nach Arlen?
Die Atlastherapie nach Arlen wendet sich nicht primär an gestörte Kopfgelenke sondern an die tiefe Nackenmuskulatur in Höhe des 1. und 2. Halswirbels. Diese Muskeln sind ganz besonders feine Sinnesorgane, deren Dehnungszustand an das Rückenmark gemeldet und dort mit nahezu allen aufsteigenden und absteigenden Nervenbahnen vernetzt wird. Von dort wird der Spannungszustand (Tonus) der gesamten Körpermuskulatur aber auch des Vegetativsystems beeinflußt. Die schmerzfrei auszuführende Atlastherapie hat eine tonusregulierende Wirkung und ist der eigentliche Schlüssel für die Behandlung neurologisch bedingter Bewegungsstörungen mit den Mitteln der Manuellen Medizin. Unter den manipulativen Methoden ist sie die sanfteste und damit risikoärmste Methode. Grundlage dieser Behandlung ist eine subtile röntgenologische Diagnostik, die ausschließlich durch einen Arzt erfolgen kann.

Was sind kindgerechte klassische Manipulationen?
Bei den kindgerechten klassischen Manipulationen der Wirbelsäule und Extremitätengelenke handelt es sich um besonders sanfte, meist nur mit einem Finger

ausgeführte Behandlungstechniken, bei denen durch vorherige Diagnostik die einzelnen funktionsgestörten Gelenke identifiziert und wieder frei beweglich gemacht werden. Diese Manipulationen haben vordergründig eine eher lokale Wirkung. Die Behandlung ist schmerzlos und macht vielen Kindern sogar Spaß.

Was ist das myofasziale Lösen?
Das myofasziale Lösen nach Ward ist eine in den USA weit verbreitete Technik aus dem Bereich der sogenannten Osteopathie. Hierbei wird durch sehr fein dosierten Druck und Zug an den Muskeln und Faszien eine Normalisierung der myofaszialen Asymmetrie herbeigeführt. Es tritt aber auch eine den ganzen Körper betreffende Entspannung ein, die von allen Patienten als außerordentlich angenehm empfunden wird.

Wo liegen die Grenzen der Anwendung Manueller Medizin?
Der Rehabilitation sind durch das jeweilig geschädigte Nervensystem oder die kranke Muskulatur naturgemäß Grenzen gesetzt, die verbesserte Biomechanik zu erkennen, sinnvoll zu nutzen, und in dauerhafte Bewegungsmuster zu überführen.

Der untersuchende Arzt muß vor Einleitung einer Therapie mit Manueller Medizin das Ziel dieser Behandlungen schriftlich festlegen. Wenn ihm dies nicht gelingt, weil beispielsweise die Erkrankungen zu weit fortgeschritten sind oder die vorhandenen Sekundärstörungen nur einen geringen Anteil am Krankheitsbild darstellen, muß er die Behandlung ablehnen.

Was ist eine serielle Komplexbehandlung und wann muß sie stattfinden?
Ziel der Behandlung ist jeweils, die Steuerung des myofaszialen Systems zu verbessern. Dazu bedarf es in der Regel einer gewissen Zeit der Umerziehung. Es ist notwendig, dem zentralen Nervensystem immer wieder durch lösende und symmetrisierende manualmedizinische Behandlungen zu zeigen, wie es besser arbeiten könnte. In den letzten 15 Jahren haben sich bei den neurologischen Erkrankungen Komplexbehandlungen von zwei bis drei Wochen Dauer bewährt.

Die Behandlung mit Manueller Medizin verbessert die gestörte Biomechanik der Muskeln, Faszien und Gelenke nur dann nachhaltig, wenn neue Haltungs- und Bewegungsmuster erlernt werden. Die erweiterte Bewegungsmöglichkeit muß deshalb durch geeignete Massagen, Krankengymnastik und/oder Ergotherapie in eine erweiterte Bewegungsfähigkeit überführt werden. Erst das Zusammmenwirken der verschiedenen Behandlungsmethoden bringt gute Ergebnisse. Auch der Orthopäde kann beispielsweise nach einer Wirbelsäulenoperation nicht auf die anschließende, das Operationsergebnis entscheidend beeinflussende Krankengymnastik verzichten.

Es ist nötig, verschiedene therapeutische Zugänge zur Behandlung der Sekundärstörungen zu benutzen. Die Atlastherapie nach Arlen, die klassischen Manipulationen, das myofasziale Lösen und die Physiotherapie benutzen grundverschiedene therapeutische Fenster, um jeweils auf verschiedene Art zur Minderung der Sekundärstörungen beizutragen. Zusammen leisten diese Techniken mehr als sie bei einer Einzelanwendung bewirken könnten.

Zur Komplexbehandlung bewegungsgestörter Kinder gehört auch die Versorgung mit geeigneten Hilfsmitteln. Es hat sich gezeigt, daß z.B. dynamische Sprunggelenk- oder Fußorthesen nach Nancy Hylton ihre reflektorische Wirksamkeit nach einer Behandlung mit Manueller Medizin ganz besonders gut entfalten.

Nach jeder erfolgreich abgeschlossenen seriellen Komplexbehandlung muß der Arzt je nach Ausfall der Ergebnisse das weitere Rehabilitationsziel festlegen. Nach langjähriger Erfahrung brauchen die Kinder eine gewisse Reifezeit von max. sechs Monaten, um die biomechanischen Erweiterungen ihrer Bewegungsmöglichkeit in Bewegungsfähigkeit umzusetzen. Danach ist oft eine weitere zweiwöchige werktägliche Komplexbehandlung sinnvoll und nötig, um zu weiteren Entwicklungsfortschritten zu kommen.

Was ist eine Intervallbehandlung mit Manueller Medizin und welche Erwartungen werden daran geknüpft?
Wenn eine serielle Komplexbehandlung mit Erfolg durchgeführt worden ist, muß in individuell zu bestimmenden Abständen eine Sitzung mit Manueller Medizin durchgeführt werden, um die immer wieder aufkeimenden Sekundärstörungen bei den unheilbaren Erkrankungen niederzuhalten. Die Faustregel für diese Intervallbehandlungen lautet: „Mehr oder weniger einmal pro Monat". Im Einzelfall kann es zu erheblichen Schwankungen im Rahmen dieser Faustregel kommen.

In Deutschland gibt es ein Netz von Ärzten, die in der manualmedizinischen Kinderbehandlung ausgebildet sind und zumindest die Intervallbehandlungen übernehmen können.

Wann sind einzelne Behandlungen mit Manueller Medizin ausreichend?
Bei kindlichen Schmerzsyndromen und bei bestimmten Formen der Tonusasymmetrie der Säuglinge sind in der Regel nur wenige Behandlungen mit Manueller Medizin notwendig. Eine krankengymnastische Behandlung kann meist entfallen.

Was versteht man unter Tonusasymmetrien der Säuglinge?
Die betroffenen Säuglinge halten sich entweder von Geburt an asymmetrisch oder entwickeln diese Störung im Verlauf der ersten Lebenswochen. Die Kinder halten den Kopf meist (ca. 80% der betroffenen Säuglinge) nach rechts gedreht und nach links seitgeneigt. Dabei kann sich der Schädel hinten abplatten und einen asymmetrischen Haarabrieb zeigen. Es bildet sich eine C-förmige Rückgratverbiegung, eine Drehung beider Hüften nach rechts, eine rein muskulär bedingte Abspreizhemmung der rechten Hüfte und eine sogenannte Windschlagdeformität der Füße, wobei es so aussieht, als ob der Wind von links wehend beide Beine und Füße nach rechts dreht. Die Kinder sind meist unleidlich, weinen viel, zeigen Schlafstörungen und wollen nur von einer Seite gestillt werden. Viele dieser Säuglinge erbrechen nach den Mahlzeiten. Wenn man versucht, die Kinder aus ihrer Fehlhaltung (z.B. durch Lagerung) herauszubringen, äußern sie alle Zeichen von Schmerz. Diese Störung betrifft die Steuerung des Bewegungssystems von ca. 5 bis 10% aller Säuglinge. Allein wegen der schmerzhaften Komponente müssen die Kinder behandelt werden, wenn sich auch 90% der Tonusasymmetrien innerhalb des ersten Lebensjahres bessern. Die Folgen unbehandelter Tonusasymmetrie können derzeit wissenschaftlich noch nicht belegt werden. Klar ist,

daß eine eingeschränkte Beweglichkeit während der Lebenszeit, in der die Menschen am meisten lernen, der weiteren Entwicklung nicht förderlich sein kann. Es scheint, daß unter den Kindern, die als Heranwachsende Rückgratverbiegungen entwickeln, auffällig viele ehemalige tonusasymmetrische Säuglinge sind. Ähnliches gilt für Kinder, die in der Schule Teilleistungsstörungen entwickeln.

Das beschriebene Phänomen wird traditionell Schräglagedeformität genannt. In neuerer Zeit wird der Begriff KISS-Syndrom propagiert. Wir ziehen den neutralen und beschreibenden Ausdruck Tonusasymmetrie vor, denn wir wissen nicht, woher die Tonusasymmetrie der Säuglinge kommt. Wissenschaftlich haltbare Erklärungen zu dem Phänomen gibt es nicht. Es gibt lediglich Mutmaßungen mehr oder weniger großer medizinischer Autoritäten zu diesem Thema. Nahezu alle Menschen müssen schräg in der Gebärmutter liegen. Ungefähr 20 Prozent der betroffenen Säuglinge zeigt keine Störung der Kopfgelenke, dafür aber ausgeprägte Funktionsstörungen der Beckengelenke.

Wenn durch eine subtile Untersuchung festgestellt worden ist, daß keine manifeste cerebrale Bewegungsstörung vorliegt, kann davon ausgegangen werden, daß schon wenige Behandlungen mit Manueller Medizin in der Lage sind, den Säugling zu symmetrisieren.

Welche neurologischen Krankheitsbilder kann man bei Kindern mit Manueller Medizin behandeln?
Wenn bei einem neurologischen Krankheitsbild Sekundärstörungen gefunden werden, also eine Störung der Biomechanik und Eigenwahrnehmung des Kindes vorliegt, ist der Einsatz Manueller Medizin grundsätzlich hilfreich.

Bisher liegen Erfahrungen und oft auch wissenschaftlich abgesicherte Ergebnisse zur Behandlung von Muskelschwundkrankheiten, verschiedensten Formen der Cerebralparese, Bewegungsstörungen nach Schädel-Hirn-Trauma, einigen Arten der Spina bifida, Arthrogryposis multiplex congenita, Angelman-Syndrom und einer ganzen Reihe von anderen genetisch bedingten Erkrankungen mit Rückwirkungen auf das motorische System vor.

Welche Schmerzbilder bei Kindern lassen sich mit Manueller Medizin behandeln?
Den unklaren Bauchschmerzen der Säuglinge liegen meist Störungen der myofaszialen Spannungen und der Beweglichkeit der Brustwirbelsäule zugrunde. Spannungskopfschmerzen, sogenannte Wachstumsbeschwerden und Schmerzen an der kindlichen Wirbelsäule lassen sich durch Manuelle Medizin in wenigen Sitzungen meist sehr gut behandeln.

4.2.3. Wissenschaftliche Ergebnisse

Welche wissenschaftlich gesicherten Ergebnisse wurden durch Manuelle Medizin bei Kindern erzielt?
Genauere Angaben zu den im folgenden zitierten wissenschaftlichen Untersuchungen können der am Ende des Beitrages angegebenen Literatur entnommen werden.

1989 stellten wir Ergebnisse bei Kindern und Erwachsenen mit Muskelschwunderkrankungen vor. Es wurde ausschließlich mit Atlastherapie zur unverändert weiter laufenden Physiotherapie behandelt. Es gelang, die vorhandene Muskulatur in eine bessere Ordnung zu bringen und damit die Leistungsfähigkeit und Lebensqualität der Kinder über längere Zeit zu steigern.

Eine 1991 vorgestellte, durch einen zweiten Arzt bewertete Untersuchung von bewegungsgestörten Kindern nach Behandlung mit Atlastherapie zur unverändert weiter laufenden Physiotherapie zeigte, daß rund 90 % der Kinder eine verbesserte sensomotorische Koordination und motorische Entwicklungsfortschritte erzielten.

1993 stellten wir eine ebenfalls durch einen zweiten Arzt bewertete Untersuchung vor, nach der sich durch dreiwöchigen Einsatz nur der Atlastherapie zur unverändert weiter laufenden Physiotherapie der Bewegungsumfang der Kniegelenke bei 22 gehfähigen ICP-Kindern um $14,6°$ statistisch signifikant verbesserte. Auch kognitive und graphomotorische Fähigkeiten verbesserten sich.

Wir haben 1997 bei 150 Kindern, von denen 72 % nicht gehfähig waren, die oben beschriebene zweiwöchige Komplexbehandlung durchgeführt. Es ergab sich ein statistisch signifikanter Zuwachs der Hüftbeweglichkeit von $20,1°$, der Kniebeweglichkeit von $17,4°$ und der oberen Sprunggelenke von $10,6°$.

Im gleichen Jahr wurden positive Ergebnisse zur Behandlung der Tonusasymmetrie der Säuglinge, zur Verbesserung der sensomotorischen Integrationsstörung und zur Behandlung der idiopathischen progressiven juvenilen Skoliose veröffentlicht.

In einer anderen, 1997 veröffentlichten, fremd bewerteten Untersuchung zur zweiwöchigen Komplexbehandlung wurden 132 Kinder beobachtet und deren Eltern befragt. Zehn dieser Kinder wurden einer bewegungsanalytischen Untersuchung im Ganglabor unterzogen.

Die Eltern gaben als positive Effekte folgende Parameter an: freiere, locker durchzuführende Bewegungen, Verbesserung der Kopf und Rumpfkontrolle, schnellere und symmetrischere Schrittfolge, verbesserte Schulleistungen, verbesserte Konzentrationsfähigkeit und mutigeres Verhalten. Die Sprache sei verständlicher und schneller, die visuelle Wahrnehmung sowie die Handfunktion und Augen-Handkontrolle seien verbessert. Insgesamt resultiert daraus eine erhöhte Motivation für die Therapie.

Die Videoanalysen der Körperbewegungen zeigen allgemein eine symmetrischere und aufrechtere Kopfhaltung und eine Symmetrisierung der Schultern, die entspannter gehalten werden. Auffällig war allgemein ein freieres und entspannteres Schwingen der Arme. Insgesamt war bei den untersuchten Patienten die Schrittlänge und Schrittfrequenz erhöht. Die aktive Kniebeweglichkeit war verbessert.

Die Messung der Bodenreaktionskräfte mit zweidimensionalen Kraftmeßplatten ergab besonders bei den sagittalen Schubkräften des Bremsens und des Antriebs regelmäßig deutliche Verbesserungen.

1999 stellten wir eine Untersuchung mit dem Gross Motor Function Measure von 52 cerebralparetischen Kindern vor und nach zweiwöchiger Komplexbehandlung vor. Es handelt sich dabei um den derzeit wichtigsten Test zur Messung von grobmotorischen Fähigkeiten bewegungsgestörter Kinder. Es zeigte sich, daß die schwerstmehrfachbehinderten Kinder mit ausgeprägter Tetraparese von der

Komplexbehandlung am meisten profitieren. Im Durchschnitt betrug der Zuwachs an grobmotorischen Fähigkeiten knapp acht Prozentpunkte im sogenannten Zielbereich. Dieses Ergebnis entspricht einem Entwicklungsfortschritt von ca. neun Monaten, wenn man die Ergebnisse an der Entwicklung eines in seinen Fähigkeiten schnell fortschreitenden zweijährigen Kindes mißt.

Literatur

Lohse-Busch, H., Graf Baumann, T. (Hrsg.) (1997): Manuelle Medizin bei Kindern, Behandlungskonzepte. Berlin-Heidelberg-New York
Lohse-Busch, H., Graf-Baumann, T. (Hrsg.) (2000): Das therapeutische Angebot für bewegungsgestörte Kinder. Berlin-Heidelberg-New York

4.3. Frühförderung und Kindergarten – Qualitätskriterien für die Kooperation

Von Toni Mayr

Wie in vergleichbaren anderen Ländern, wurde in den letzten Jahrzehnten auch in Deutschland ein weit verzweigtes Netz von Hilfsangeboten für Kinder mit besonderen Bedürfnissen aufgebaut. Die Entwicklung der einzelnen Hilfesysteme wurde in erster Linie durch systemimmanente Faktoren gesteuert: Ob es sich um Kindergärten, Schulen und Erziehungsberatungsstellen, um medizinische Dienste oder um die Frühförderung handelt, jeder Bereich entwickelte sich weitgehend autonom. Im Vordergrund standen die spezifischen Binnenperspektiven der einzelnen Angebote – sowohl im organisatorischen Bereich wie auf der inhaltlichen Ebene von Arbeitskonzepten. Die Situation und die Möglichkeiten der jeweils anderen Systeme wurden zwar vielleicht noch am Rande wahrgenommen, spielten aber eine recht untergeordnete Rolle.

In den letzten Jahren ist im pädagogischen Bereich, aber auch in der Medizin und der Jugendhilfe eine gewisse Umorientierung erkennbar. Zum einen sind es wachsende materielle Zwänge, die dazu anregen, den Blick über den Rand der eigenen Einrichtung und des eigenen Dienstes hinaus zu richten, zum anderen gibt es gut begründete sachlich-inhaltliche Überlegungen, die eine Erweiterung der Perspektive nahelegen. In das Zentrum der Aufmerksamkeit rückt damit – neben der wechselseitigen Abstimmung von Angeboten – vor allem die Kooperation verschiedener Institutionen bei der Betreuung von Klienten.

4.3.1. Die Kooperation mit der Regeleinrichtung Kindergarten

Besondere Bedeutung hat in diesem Kontext die Zusammenarbeit zwischen Tageseinrichtungen für Kinder auf der einen und therapeutischen Fachdiensten, wie Frühförderstellen oder Erziehungsberatungsstellen auf der anderen Seite. Dafür gibt es vor allem zwei Gründe:

- In Tageseinrichtungen für Kinder wird eine beträchtliche Anzahl von Kindern betreut, die behindert bzw. von Behinderung bedroht sind oder ganz einfach einen zusätzlichen Förderbedarf haben. Um den besonderen Bedürfnissen dieser Kinder gerecht werden und sie angemessen erziehen zu können, brauchen diese Einrichtungen zusätzliche Hilfsangebote von außen und müssen mit therapeutischen Fachdiensten zusammenzuarbeiten (Mayr 1997a).
- Umgekehrt sind auch therapeutische Fachdienste sehr elementar auf die Kooperation mit Regeleinrichtungen angewiesen: Bildungs- und Betreuungseinrichtungen stellen eine höchst einflussreiche ökologische Kontextbedingung für die Entwicklung von Kindern dar (Bronfenbrenner 1979). Bei vielen Problemlagen ist eine grundlegende Verbesserung ohne Einbeziehung dieses Kontexts und ohne „center based"-Interventionen kaum möglich (Ramey/Ramey 1998).

Mittlerweile wird die Notwendigkeit einer engen Zusammenarbeit von beiden Seiten zunehmend auch akzeptiert. Es gibt viele Belege dafür, daß der Prozeß der Kooperation auf breiter Ebene in Gang kommt.

4.3.2. Kooperationsprobleme

Die Zusammenarbeit scheint freilich – auch dafür gibt es bereits konkrete Erfahrungen – oft kein ganz einfaches Unternehmen. Bei einer repräsentativen Befragung bezeichnete in Bayern und Nordrhein-Westfalen jeweils etwa knapp ein Fünftel der Kindergartenleiterinnen ihre Kooperation mit Frühförderstellen als „unbefriedigend" (Fthenakis et al. 1996). Auch im Modellversuch „Pädagogisch-Psychologischer Dienst im Kindergarten" (PPD) wurden Kooperationsprobleme im strukturellen wie im prozessualen Bereich erkennbar (Mayr 1998b). Die Schwierigkeiten, die hier im einzelnen auftauchen können, sind recht vielfältig.

Aus der Sicht der Frühförderung benennt Koppold (1991) in seinem Erfahrungsbericht z. B.:

- Meinungsunterschiede, welche Kinder eine zusätzliche Förderung brauchen,
- unterschiedliche Ansichten, wie mit Kindern gearbeitet werden soll,
- Konkurrenzsituationen in der Beziehung zu den Eltern,
- fehlendes Wissen des Fachdienstes über die Handlungsmöglichkeiten der Erzieherinnen,
- unangemessene Erwartungen der Erzieherinnen im Hinblick auf eine schnelle „Normalisierung" der Kinder,
- Ängste, die eigene Arbeit würde durch die Kooperationspartner negativ beurteilt,
- Spannungen aufgrund von Statusunterschieden,
- ein Ungleichgewicht in der Kooperation aufgrund fehlenden Wissens und fehlender Erfahrung der Erzieherinnen.

4.3.3. Qualitätsmerkmale für die Kooperation

Die angedeuteten Probleme werfen die Frage auf, wie eine produktive Zusammenarbeit zwischen Tageseinrichtungen und therapeutischen Fachdiensten sichergestellt werden kann. Bezogen auf die aktuelle Diskussion über die Qualität pädagogischer und psychosozialer Dienstleistungen (z. B. Peterander 1996) ist nämlich auch für den Bereich der Zusammenarbeit zu fordern, daß Kooperation professionell und effektiv gestaltet wird, so daß die Klienten daraus einen maximalen Nutzen ziehen können.

Ausgehend von den Ergebnissen des Modellversuchs „Pädagogisch-Psychologischer Dienst im Kindergarten" (Mayr 1996, 1997b, 1997c, 1998a, 1998b) werden im folgenden einige Qualitätsmerkmale für die Zusammenarbeit zwischen Kindertageseinrichtungen und therapeutischen Fachdiensten herausgearbeitet.

4.3.3.1 Strukturqualität

Auf einer ersten Ebene gibt es zunächst objektiv-strukturelle Bedingungen für eine funktionierende Kooperation. Wesentlich sind hier natürlich die personelle Ausstattung und die administrative Anbindung der Fachdienste, Finanzierungsmodelle, die der Breite dieses Tätigkeitsfeldes, d. h. auch präventiven Aufgaben, gerecht werden, und ausreichende räumliche Voraussetzungen in den Einrichtungen. Aber auch die Frage der notwendigen fachlichen Qualifikationen spielt eine wichtige Rolle. Darüber hinaus gibt es andere strukturelle Rahmenbedingungen, die zwar weniger offensichtlich sind, nach unserer Erfahrung allerdings gleichwohl beträchtlichen Einfluß auf die Qualität der Kooperation haben.

Präsenz des Fachdienstes in der Einrichtung
Ein wesentliches Qualitätsmerkmal ist die Präsenz des Fachdienstes in der Einrichtung. Für die Frühförderung zeigt die Umfrage von Peterander und Speck (1994), daß zwar 80 % der Befragten angeben, mit dem Kindergarten zusammenzuarbeiten, aber nur 46 % gehen dazu direkt in die Einrichtung. Ein zentrales Qualitätsmerkmal ist die Präsenz vor Ort deshalb, weil sie einen Ansatz kennzeichnet, der sich an der Lebenswelt von Kindern und Eltern orientiert: Die Intervention erfolgt nicht zentral in einer Institution mit „Kommstruktur", sondern dezentral und gemeindenah. Aufsuchendes Vorgehen und leichte Erreichbarkeit für Klienten sichern ein Angebot mit niedrigen Zugangsschwellen und kurzen Wegen. Besonders wichtig ist die Anwesenheit im Kindergarten in ländlichen Bereichen, weil

(a) diese generell schlechter mit entsprechenden Hilfsangeboten versorgt sind,
(b) die Entfernungen zu zentralen Einrichtungen wesentlich größer sind und
(c) es hier auch mehr psychologische Vorbehalte gegen psychosoziale Hilfsangebote gibt.

Regelmäßige Kontakte
Kooperation zwischen Kindergärten und therapeutischen Diensten wird zum Teil so interpretiert, daß man „aus gegebenem Anlaß" Kontakt aufnimmt oder sich „gelegentlich" austauscht. Im Extremfall wird dem Fachdienst nur mehr eine reine „Feuerwehrfunktion" zugewiesen oder, umgekehrt, der Fachdienst stellt nur noch zeitliche und personelle Restkontingente für Kindergärten zur Verfügung. Dieser fall- oder anlassbezogenen Kooperation läßt sich ein alternatives Modell gegenüberstellen, in dem über einen längeren Zeitraum hinweg ein regelmäßiger Kontakt zwischen Fachdienst und Regeleinrichtung besteht. Es ist vor allem der regelmäßige Kontakt, der den Fachdienst im Bewußtsein von Erzieherinnen, Eltern und Kindern, aber auch im alltäglichen Ablauf der Institution zu einem Bestandteil der *Lebenswelt Kindergarten* macht und so eine Voraussetzung für wechselseitige Akzeptanz schafft.

Kontinuität von Personen und Arbeitskonzepten
Eine der eindrücklichsten Erfahrungen aus dem Modellversuch „PPD" war, wie sehr die Wirksamkeit eines therapeutischen Fachdienstes im Kindergarten abhängt von einer gewissen Kontinuität (1) auf der Ebene von Personen und – hier

besteht i. d. R. ein enger Zusammenhang – (2) auf der Ebene von Arbeitskonzepten. Wie bei der Arbeit mit Familien (z. B. Seitz/Provence 1998), lebt eine gute Zusammenarbeit auch hier von gemeinsamen Entwicklungsprozessen: Es erfordert Zeit, die Arbeitsweise eines Kooperationspartners kennenzulernen, und eine gemeinsame inhaltliche Arbeitskonzeption aufzubauen. Die Bereitschaft, sich in schwierigen Situationen zu öffnen, muß sich entwickeln können. Die Erfahrungen aus dem Modellversuch zeigen: Es kann bis zu einem Jahr dauern, bis gut funktionierende Arbeitskontakte aufgebaut sind. Ein häufiger personeller Wechsel wirft sicher in jedem therapeutischen Setting Probleme auf. Die Komplikationen, die daraus jedoch speziell in diesem Kontext entstehen, sind viel schwerwiegender, da man in und mit Systemen arbeiten muß, die wesentlich komplexer und unübersichtlicher sind.

Das Prinzip der „lead agency"
Grundsätzlich kann eine Kindertageseinrichtung natürlich mit verschiedenen Fachdiensten simultan zusammenarbeiten. Die vorliegenden Erfahrungen lassen es aber als sinnvoll erscheinen, daß es in jedem Kindergarten möglichst *nur eine primäre Anlaufstelle* gibt. Unter dem Gesichtspunkt klarer Zuständigkeiten sollten auf der Ebene des *ersten* Ansprechpartners nicht verschiedene Fachdienste parallel agieren. Vielmehr sollte ein Dienst als zentrale Ansprechstation im Sinn einer „lead agency" (Gallagher 1989) die Verantwortung dafür übernehmen, daß alle weiteren notwendigen Hilfen kooperativ und in koordinierter Weise bereitgestellt werden.

4.3.3.2 Prozeßqualität

Um die gewünschten positiven Effekte von Zusammenarbeit zu realisieren, reicht es nicht aus, auf der strukturellen Ebene die notwendigen Voraussetzungen zu schaffen. Die Zusammenarbeit erfordert vielmehr ihrerseits ein spezifisches „know how". Interessant werden damit vor allem die inhaltlichen und die funktionalen Merkmale der Kooperation.

Im Rahmen der wissenschaftlichen Begleitung des Modellversuchs „PPD" wurden die Gruppenleiterinnen über ihre Erfahrungen in der Zusammenarbeit mit dem Fachdienst befragt (Mayr 1997c). Allen 94 Modellversuchskindergärten ging ein standardisierter Fragebogen zu. Aus den Kindergärten kamen insgesamt 255 von Gruppenleiterinnen bearbeitete Fragebögen zurück (Rücklaufquote ca. 98 %). Die Items wurden überwiegend einem Pool entnommen, der von Peterander und Speck (1993) für die Beschreibung der kollegialen Zusammenarbeit innerhalb der Frühförderstellen zusammengestellt wurde.

Dimensionen der Zusammenarbeit
Eine erste Forschungsfrage war, ob sich übergreifende Bereiche von Kooperation identifizieren lassen, denen die einzelnen Feststellungen konsistent zugeordnet werden können. Zur Klärung der Dimensionalität wurde der Itemsatz einer Hauptkomponentenanalyse unterzogen. Insgesamt schien eine Lösung mit vier Faktoren am angemessensten: Die beiden ersten breiten Dimensionen sind rela-

---

In der Zusammenarbeit ....

(1)   werden Termine und Absprachen eingehalten (Absprachen einhalten)
(2)   bin ich informiert, wie im PPD mit den Kindern gearbeitet wird (informiert über Arbeit des Dienstes)
(3)   ist der PPD informiert über das Verhalten der betreuten Kinder in der Gruppe (informiert über Verhalten in der Gruppe)
(4)   finden gemeinsame Fallgespräche statt (gemeinsame Fallgespräche)
(5)   stimmen wir im Konzept der Förderung überein (Übereinstimmung im Förderkonzept)
(6)   wird besprochen, wie ich mit den Kindern in der Gruppe weiterarbeiten kann (Weiterarbeit in der Gruppe)
(7)   werden unterschiedliche Ansichten akzeptiert (akzeptieren unterschiedlicher Ansichten)
(8)   sind die Verantwortungsbereiche klar (klare Verantwortungsbereiche)
(9)   gibt es Spannungen (Spannungen)
(10) können wir Kritik gegenseitig offen aussprechen (Kritik offen aussprechen)
(11) fühle ich mich verstanden (sich verstanden fühlen)
(12) werden Fehler offen zugegeben (Fehler offen zugeben)
(13) fühle ich mich anerkannt (sich anerkannt fühlen)
(14) schieben wir uns ungeliebte Aufgaben zu (zuschieben ungeliebter Aufgaben)
(15) ist nichts so recht geplant (mangelnde Planung)
(16) machen wir gerne zusammen einen Spaß (Spaß zusammen)
(17) fühlen wir uns alle überlastet (Überlastung)
(18) „wurstelt" jeder so vor sich hin (Wursteln)
(19) behalte ich meine Meinung eher für mich (Meinung für sich behalten)
(20) kann ich auch persönliche Fragen besprechen (persönliche Fragen besprechen)
(21) sind mein Wissen und meine Erfahrungen gefragt (Wissen und Erfahrung gefragt)

(Feststellungen über die Kooperation; Kurzbezeichnungen in Klammern)

---

tiv gut, die Faktoren drei und vier weniger gut gesichert (sie bezeichnen möglicherweise spezifischere Aspekte der Kooperation):

Faktor eins: „Persönliche Beziehung"
Leitend für die Charakterisierung des ersten Faktors sind die Items „persönliche Fragen besprechen", „Spaß zusammen", „Fehler offen zugeben" und „Wissen und Erfahrung gefragt". Der Faktor steht demnach für die Aspekte Offenheit, Vertrauen und Anerkennung in der Zusammenarbeit, d. h. für eine persönliche, gefühlsbezogen-klimatische Komponente der Kooperation.

Faktor zwei: „Sachorientierte Zusammenarbeit"
Faktor zwei beschreibt insgesamt eher inhaltlich-fachliche Aspekte der Kooperation. Er bezieht sich u. a. darauf, ob die Gruppenleiterin über die Arbeit des Fachdienstes informiert wird, ob besprochen wird, wie mit den Kindern in der Gruppe weitergearbeitet werden kann, ob gemeinsame Fallgespräche stattfinden und ob Übereinstimmung im Förderkonzept besteht.

Faktor drei: „Umgang mit Meinungsunterschieden"
Die dritte Dimension hat offensichtlich damit zu tun, wie in der Zusammenarbeit mit diskrepanten Ansichten und Einschätzungen umgegangen wird: Ist man gezwungen, seine Meinung für sich zu behalten oder kann man sich darüber austauschen? Kann Kritik offen ausgesprochen werden?

Faktor vier: „Übernahme von Aufgaben"
Bezugspunkt sind hier Probleme bei der Aufteilung, Übernahme und Koordination von Aufgaben und deren Folgen (z. B. „zuschieben ungeliebter Aufgaben" und „mangelnde Planung").

Den Ergebnissen der Analyse kann in diesem explorativen Stadium sicher nur vorläufige Bedeutung zugemessen werden. Weitergehende Untersuchungen zeigen aber, daß sich für die beiden am besten gesicherten Dimensionen schon heute praxisrelevante Skalen bilden lassen: Sowohl die Skala „Persönliche Beziehung" als auch die Skala „Sachorientierte Zusammenarbeit" zeichnen sich durch eine relativ hohe innere Konsistenz aus (s. Tab. 4.3-T1). Damit sind erste Fundamente für die Selbstevaluation kooperativer Angebote gelegt.

Unterschiede in der Qualität der Kooperation
Im therapeutischen Fachdienst waren zum Zeitpunkt der Erhebung – mit unterschiedlichem Stundenmaß – insgesamt zehn Mitarbeiterinnen und Mitarbeiter beschäftigt. Jede Mitarbeiterin/jeder Mitarbeiter betreute schwerpunktmäßig einen Kreis von Kindergärten in einer bestimmten Region.
   Um zu untersuchen, ob sich die Kooperation in den verschiedenen Regionen unterscheidet, wurden die Angaben der Gruppenleiterinnen systematisch kontrastiert. Die Analysen ergaben, daß nur für zwei Merkmale keine bedeutsamen Unterschiede zwischen den Regionen nachweisbar waren. Dies belegt: Bei identischen Rahmenbedingungen verlief die Kooperation in den verschieden regionalen Sektoren höchst unterschiedlich. Die Art der Kooperation mit dem Kindergarten wird also stark dadurch geprägt, wie die einzelnen Mitarbeiterinnen und Mitarbeiter des Fachdienstes die Zusammenarbeit persönlich und inhaltlich gestalten. Abb. 4.3-A1 veranschaulicht diese Unterschiede exemplarisch durch die Gegenüberstellung zweier Regionen, die sich besonders deutlich unterscheiden. In dem einen Fall wurde offensichtlich ein Konzept der „ambulanten Förderung" (im Sinn von Bach 1992) realisiert, bei dem der Kindergarten quasi nur den

Tab. 4.3-T1: Die Skalen „Persönliche Beziehung" und „Sachorientierte Zusammenarbeit"

Skala „Persönliche Beziehung" (Alpha = .80)	Skala „Sachorientierte Zusammenarbeit" (Alpha = .84)
akzeptieren unterschiedlicher Ansichten (7)	informiert über die Arbeit des Dienstes (2)
Fehler offen zugeben (12)	informiert über das Verhalten in der Gruppe (3)
Spaß zusammen (16)	gemeinsame Fallgespräche (4)
persönliche Fragen besprechen (20)	Übereinstimmung im Förderkonzept (5)
Wissen und Erfahrung gefragt (21)	Weiterarbeit in der Gruppe (6)

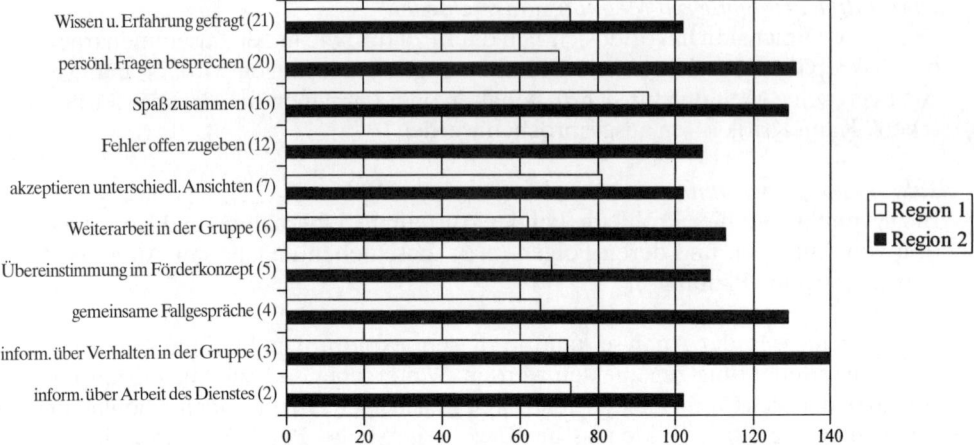

Abb. 4.3-A1: Kooperationsprofil – Mittlere Rangwerte einzelner Kooperationsmerkmale für 2 ausgewählte Regionen –

äußeren Rahmen und die Räumlichkeiten für eine „klassische" Einzelförderung zur Verfügung stellt; in dem zweiten Fall wurde der Versuch gemacht, die besondere Förderung mit dem allgemeinen pädagogischen Prozeß zu verschränken („integrierte Förderung").

Qualität der Kooperation und Zufriedenheit mit dem Fachdienst
Wie der Fachdienst mit den Kindergärten kooperiert, hat starken Einfluß auf die Zufriedenheit der Fachkräfte des Kindergartens mit dem Fachdienst. Die Gruppenleiterinnen wurden in der erwähnten Umfrage auch nach ihrer „Insgesamt-Zufriedenheit" mit dem Fachdienst gefragt; die Antworten wurden zu den eingangs beschriebenen Merkmalen der Kooperation in Beziehung gesetzt. Das Ergebnis: Alle Kooperationsmerkmale waren substantiell und statistisch signifikant mit der Zufriedenheit der Gruppenleiterinnen assoziiert. Am engsten waren die Zusammenhänge zwischen „Zufriedenheit mit dem Fachdienst" und „sich verstanden fühlen" (r = .50), „Übereinstimmung im Förderkonzept" (r = .47), „persönliche Fragen besprechen" (r = .46) und „Absprachen einhalten" (r = .42).

Es wurden zwei Gruppen von Gruppenleiterinnen zusammengestellt: eine Gruppe G 1 (N = 141) mit hohen Zufriedenheitswerten und eine Gruppe G 2 (N = 57) mit niedrigen Zufriedenheitswerten. Beide Gruppen unterscheiden sich signifikant auf den Skalen „Persönliche Beziehung" und „Sachorientierte Zusammenarbeit". Die Erzieherinnen sind umso zufriedener mit dem Fachdienst, je vertrauensvoller die Beziehung auf der persönlichen Ebene ist und je besser die Zusammenarbeit auf der sachlichen Ebene organisiert und aufeinander abgestimmt wird. Abb. 4.3-A2 veranschaulicht die Unterschiede zwischen zufriedenen und

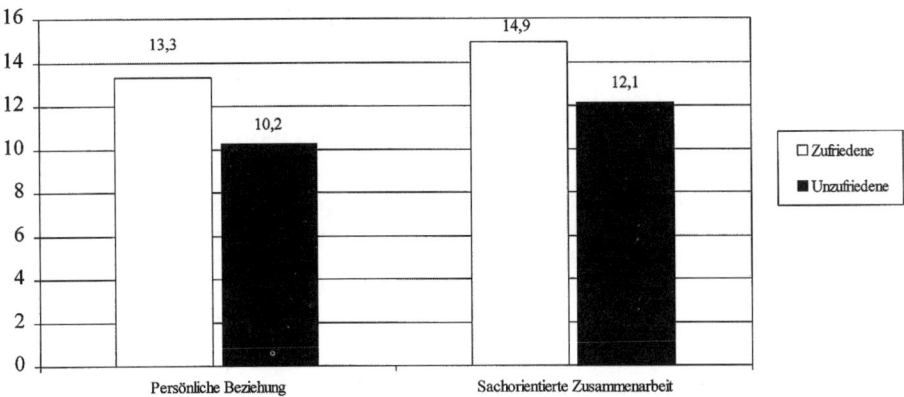

*Abb. 4.3-A2: Vergleich von zufriedenen und unzufriedenen Erzieherinnen –
Mittelwerte auf 2 Kooperationsskalen*

unzufriedenen Gruppenleiterinnen auf den beiden Kooperationsskalen. Diskri-
minanzanalytische Untersuchungen zeigen, daß die Kenntnis der Werte auf den
beiden Kooperationsskalen in rd. 70 % der Fälle eine richtige Vorhersage der Zu-
gehörigkeit einer Gruppenleiterin zur Gruppe der „Zufriedenen" oder der „Unzufriedenen" erlaubt.

Wenn Gruppenleiterinnen mit einem Fachdienst zufrieden sind, heißt dies sicher noch nicht, daß die Kooperation zwischen Fachdienst und Regeleinrichtung
auch effizient verläuft. Umgekehrt gilt aber: Wenn diese Zufriedenheit nicht gegeben ist, ist das ein eindeutiger Indikator dafür, daß die für eine Verschränkung
von Regelpädagogik und therapeutischer Hilfe erforderliche Einbindung des Re-
gelpersonals nicht stattfindet. In diesem Sinne ist die Zufriedenheit der Gruppenleiterin mit dem Fachdienst zwar keine hinreichende, wohl aber eine notwendige
Bedingung für das Gelingen von Kooperation.

4.3.4. Ausblick

Die Intensivierung der Zusammenarbeit zwischen Regelpädagogik und therapeutischen Fachdiensten macht es notwendig, den Prozeß der Kooperation und
seine Voraussetzungen verstärkt auch fachlich zu reflektieren. Auf der wissenschaftlichen Ebene ist die Kooperation zwischen Regeleinrichtungen und therapeutischen Fachdiensten in vielerlei Hinsicht ein recht neues Arbeitsfeld, das
künftig intensiver erforscht werden sollte. Auf der Praxisebene gilt es sicherzu-
stellen, daß sich die Kooperation bei der Betreuung von Klienten nicht auf äußere
Rituale der Zusammenarbeit beschränkt; es geht vielmehr um eine „echte", d. h.
auch inhaltliche Kooperation. Erforderlich sind hierfür zunächst bestimmte

strukturelle Rahmenbedingungen. Es muß aber darüber hinaus gelingen, therapeutische und regelpädagogische Ansätze, die sich in ihren theoretischen und philosophischen Grundlagen zum Teil ganz beträchtlich unterscheiden, fruchtbar zu einer einheitlichen, in sich plausiblen Handlungsstrategie zu verschmelzen. Schließlich wird es auch in der Aus- und Fortbildung künftig darauf ankommen, bei den Fachkräften verstärkt die Fähigkeit zur Kooperation zu entwickeln. Sie ist als Basisqualifikation für die Arbeit in diesem Tätigkeitsfeld mindestens so wichtig wie die Entwicklung fachspezifischer Kenntnisse und Fertigkeiten (Bruder 1993, 1994; Klein/Campbell 1998).

Literatur

Bach, H. (1992): Von der ambulanten zur integrierten Förderarbeit für beeinträchtigte Kinder in Regelschulen. In: Zeitschrift für Heilpädagogik 43, 524-548

Bronfenbrenner, U. (1979): The ecology of human development: Experiments by nature and design. Cambridge

Bruder, M. B. (1993): The provision of early intervention and early childhood education within early childhood programs: Characteristics of effective service delivery. In: Topics in Early Childhood Special Education 13, 19-37

– (1994): Working with members of other disciplines: Collaboration for success. In: Wolery, M., Wilbers, J. S (Hrsg.): Including children with special needs in early childhood programs. National Association for the Education of Young Children. Washington DC, 45-70

Fthenakis, W. E. et al. (1996): Neue Konzepte für Kindertageseinrichtungen. Eine empirische Studie zur Situations- und Problemdefinition der beteiligten Interessengruppen. Endbericht, Bd. 2, Staatsinstitut für Frühpädagogik, München

Gallagher, J. J. (1989): A new policy initiative. Infants and toddlers with handicapping conditions. In: American Psychologist 44, 387-391

Klein, N., Campbell, Ph. (1998): Preparing personnel to serve at-risk and disabled infants, toddlers, and preschoolers. In: Meisels, S. J., Shonkoff, J. P. (Hrsg.): Handbook of early childhood intervention. Cambridge, 679-699

Koppold, G. (1991): Die Zusammenarbeit von Frühförderung und Kindergarten. In: Frühförderung interdisziplinär 10, 58-66

Mayr, T. (1996): Die Nutzung externer Ressourcen – Der Einsatz von Heilpädagogen und Psychologen in Kindertageseinrichtungen. In: Textor, M. R. (Hrsg.): Problemkinder? Auffällige Kinder in Kindertageseinrichtungen. Weinheim, 88-96

– (1997a): Problemkinder im Kindergarten – ein neues Aufgabenfeld für die Frühförderung. Epidemiologische Grundlagen. In: Frühförderung interdisziplinär 4, 145-159

– (1997b): Zusammenarbeit mit therapeutischen Fachdiensten. In: Rieder-Aigner, H. (Hrsg.): Handbuch Kindertagesstätten. Regensburg

– (1997c): Heilpädagogischer Fachdienst und Kindergarten – Dimensionen der Zusammenarbeit. In: Heilpädagogische Forschung 23, 162-171

– (1998a): Problemkinder im Kindergarten – ein neues Aufgabengebiet für die Frühförderung. Ansatzpunkte und Perspektiven für die Kooperation. In: Frühförderung interdisziplinär 17, 97-115

– (1998b): Pädagogisch-Psychologischer Dienst im Kindergarten. Abschlußbericht. Staatsinstitut für Frühpädagogik, München

Peterander, F. (1996): Neue Fragen zu einem alten Thema: Qualitätssicherung und -entwicklung in der Frühförderung. In: Opp, G., Freytag, A., Budnik, I. (Hrsg.): Heilpädagogik in der Wendezeit. Luzern, 90-103

– Speck, O. (1993): Abschlußbericht zum Forschungsprojekt Strukturelle und inhaltliche Bedingungen der Frühförderung. Ludwig-Maximilians-Universität, München

Ramey, C. T., Ramey, S. L.(1998): Early intervention and early experience. In: American Psychologist 53, 109-120

Seitz, V., Provence, S. (1998): Caregiver-focused models of early intervention. In: Meisels, S. J., Shonkoff, J. P. (Hrsg.): Handbook of early childhood intervention. Cambridge, 400-427

4.4. Die Förderung von Kindern im Kindergartenalter – ein Konzept zur Verbesserung der psychosozialen Versorgung

Von Martina Abel und Ursula Schneider

Im Zentrum des Workshops stand die Frage, wie im Regelkindergarten praktikable alltagstaugliche Modelle zur Förderung benachteiligter Kinder eingesetzt werden können. Für die Beteiligten ging es darum, aufbauend auf den vorgestellten Erfahrungen eines Kölner Modells, eigene Ideen und Konzepte für ihre jeweiligen Arbeitsbereiche zu entwerfen.

Bei der Frage, welche Kinder im Workshop in den Blick genommen werden sollen, war Abb. 4.4-A1 hilfreich.

Es ist davon auszugehen, daß die Gruppe der Kinder, die Entwicklungsunterstützung im Kindergarten oder darüber hinausgehende Förderung braucht, in Gebieten mit einem hohen Anteil an Familien mit niedrigem sozio-ökonomischen Status größer ist als in sozial weniger belasteten Gebieten. Kindergärten in sozialen Brennpunkten berichten über einen Anteil von bis zu 50% von Kindern mit Entwicklungsdefiziten und/oder Verhaltensauffälligkeiten. Einigkeit besteht da-

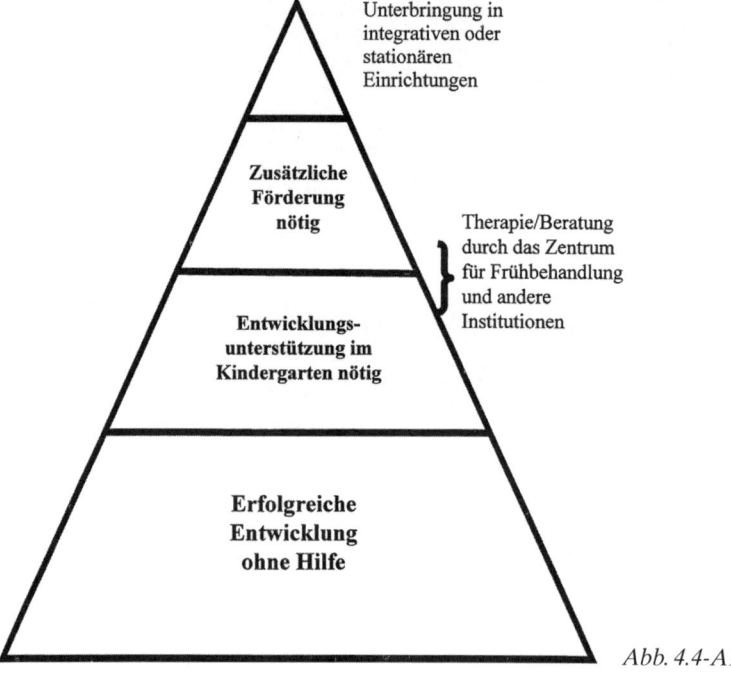

Abb. 4.4-A1

rüber, daß ein dringender Handlungsbedarf besteht, um diesen Kindern adäquate Hilfen anbieten zu können.

Allerdings ist unter den gegenwärtigen Rahmenbedingungen davon auszugehen, daß die bestehenden Förderangebote zum einen quantitativ nicht ausreichen und zum anderen nicht auf die Bedürfnisse und Möglichkeiten sozial benachteiligter Familien zugeschnitten sind. Der Zugang ist zum Beispiel durch weite Wege, die vorherrschende Komm-Struktur und die Unüberschaubarkeit der Versorgungslandschaft erschwert.

Gerade der Kindergarten ist als niedrigschwelliger Zugang, der für alle Familien einen vertrauten und in der Regel gut erreichbaren Ort darstellt, anzusehen. Deshalb stößt die Konzeption, im Kindergarten durch externe Fachleute Therapie- und Fördermöglichkeiten anzubieten, auf großes Interesse. Dies sowohl bei Kindergärten, die darin eine Chance für einen erleichterten und qualifizierteren Umgang mit Problemkindern sehen, wie auch bei heilpädagogischen und therapeutischen Fachkräften, die erwarten, daß diese frühzeitige und niedrigschwellige Hilfe dazu beiträgt, Chronifizierungen zu vermeiden und Kindern positive Entwicklungschancen zu eröffnen, die sonst durch die Maschen des sozialen und gesundheitlichen Netzes fielen.

In Form eines Erfahrungsaustauschs wurden folgende Schwerpunkte angesprochen:

- Wie kann man Eltern frühzeitig für die Förderbedürftigkeit und -fähigkeit ihrer Kinder sensibilisieren und aktivieren?
- Wie kann vermittelt werden, daß die Förderung der Beginn eines positiven Weges und nicht der Anfang eines behinderten Lebens ist?
- Wie können interdisziplinäre Therapie, pädagogische Förderung und Sozialarbeit Hand in Hand gehen?
- Was muß in Bezug auf Arbeitsinhalte und -methoden verändert werden, damit diese auf sozial benachteiligte Kinder zugeschnitten sind?
- Wie gestaltet sich der Kontakt mit betroffenen Familien auf der Basis von bestehenden Vertrauensbeziehungen?
- In welcher Weise wird der Kindergartenalltag durch die Präsenz externer Fachkräfte verändert?
- Welche Finanzierungsformen stehen für den Einsatz therapeutischer und fördernder Maßnahmen zur Verfügung?
- Wie läßt sich eine professioneller Zusammenarbeit in Netzwerken organisieren?
- Wie läßt sich die Abstimmung der Angebote auf die örtlichen Verhältnisse durch vorliegende Daten, Informationen und Kontakte zu Fachpersonen herstellen?

Die Arbeitsgruppe diskutierte diese Punkte in konstruktiver und handlungsorientierter Weise, wobei die Teilnehmerinnen/Teilnehmer die Möglichkeit hatten, bestehende Vorstellungen zu konkretisieren und neue Handlungsmuster anzudenken.

Als Anregung und funktionsfähiges Modell wurde ein Kölner Projekt, bei dem in sozial benachteiligten Stadtteilen Fördergruppen in Kindergärten eingerichtet wurden, vorgestellt. Tab. 4.4-T1 gibt einen Überblick über den aktuellen Stand der seit Ende 1996 in ausgewählten Kindertagesstätten durchgeführten Maßnahmen.

Tab. 4.4-T1: Ergänzende Hilfen für auffällige Kinder in Höhenberg, Vingst und Kalk –
Projekt unter Federführung des Gesundheitsamtes der Stadt Köln:
Maßnahmen zur Verbesserung der psychosozialen Situation von Kindergartenkindern
durch das Zentrum für Frühbehandlung und Frühförderung

	Interdisziplinäre Therapie	Heilpädagogische Förderung
Zielgruppe	80 Kinder im Alter von 3–6 Jahren bisher aus 17 Regelkindergärten und einem Schulkindergarten	60 Kinder im Alter von 3–6 Jahren bisher aus 17 Regelkindergärten und einem Schulkindergarten
Auswahl der Kinder	Auffälligkeiten in allen Entwicklungsbereichen festgestellt durch Beobachtungen der Erzieherinnen Beobachtungen der Eltern Befund des Jugendärztlichen Dienstes Befund des Kinderarztes	Auffälligkeiten in allen Entwicklungsbereichen festgestellt durch Beobachtungen der Erzieherinnen Beobachtungen der Eltern Befund des Jugendärztlichen Dienstes
Schwerpunkte	Diagnostik und Befunderhebung psychologische Befunde Motorik Perzeption/Feinmotorik sozial-emotionale Auffälligkeiten Hospitation in der Kindergartengruppe Anamnese Therapieplanerstellung interdisziplinäre Therapie: Psychomotorik Ergotherapie Logotherapie heilpädagogische Förderung psychologische Beratung Beratungsgespräche im Team Beratungsgespräche mit den Eltern	Kurzdiagnostik Hospitation in der Kindergartengruppe Beratungen mit den Erzieherinnen Heilpädagogische Förderung in folgenden Bereichen Handlungskompetenz Lernbereitschaft Ich-Stabilität Gruppenfähigkeit Sensibilisierung der Eltern durch individuell gestaltete Informationsgespräche über die besondere Situation ihrer Kinder und deren Förderpotentiale
Form der Förderung	Einzel- und Kleinstgruppe im Kindergarten: interdisziplinäre Therapie, Beratung der Eltern Teamgespräche mit Erzieherinnen zur Anpassung des pädagogischen Umfeldes an das betroffene Kind	Kleinstgruppe im Kindergarten: heilpädagogische Förderung, Beratung der Eltern Teamgespräche mit Erzieherinnen zur Anpassung des pädagogischen Umfeldes an das betroffene Kind
Finanzierung	Gesetzliche Krankenversicherung und Sozialamt (BSHG §§ 39, 40ff.)	Sozialamt (BSHG §§ 39, 40ff.)
Team	Ergotherapeutin Heilpädagogin Motopädin Krankengymnastin Sprachtherapeutin Psychologin	Ergotherapeutin Heilpädagogin Motopädin Krankengymnastin Sprachtherapeutin

Die an den Maßnahmen teilnehmenden Kinder werden vom Kinder- und Jugendgesundheitsdienst des Gesundheitsamtes benannt, nachdem in den Kindertagesstätten eine entsprechende Reihenuntersuchung stattgefunden hat.

Das Screening ist der erste praktische Schritt, zu dem zuvor die Eltern ihre Zustimmung geben, ebenso wie zu ggf. darauf folgenden Fördermaßnahmen. Die angesprochenen Eltern stimmen in der Regel der Reihenuntersuchung und der evtl. Förderung zu. Allerdings gelingt es nicht immer im ersten Schritt, die Eltern auch zum Besuch beim Kinderarzt zu motivieren, was die Voraussetzung für eine interdisziplinäre Einzeltherapie ist.

In einem zweiten Schritt nimmt das Zentrum für Frühbehandlung und Frühförderung (ZFF) mit den jeweiligen Kindertagesstätten Kontakt auf. Im weiteren kommt über die Erzieherinnen/Erzieher auch der Kontakt zu den ausgewählten Kindern und zu den Eltern der Kinder zustande. Auf die Kontaktaufnahme folgt eine Phase der Förderdiagnostik und Beratung in den Kindertagesstätten. Sinnvolle Förderansätze werden weitgehend gemeinsam mit Erzieherinnen/Erziehern und Eltern entwickelt.

Daraufhin führt das ZFF in kleinen Gruppen themenzentrierte Förderangebote durch. Je nach Schweregrad der Auffälligkeiten hat diese Gruppenförderung stärker therapeutischen oder heilpädagogischen Charakter. Die Kinder, deren Entwicklungsdefizite größer sind und die mit einem Gruppenangebot überfordert sind, erhalten Einzeltherapien. Voraussetzung dafür ist eine entsprechende Verordnung durch einen Kinderarzt. Die Einzeltherapien werden dann entweder in einer therapeutischen Praxis oder vom ZFF durchgeführt.

Information und Beratung der Erzieherinnen/Erzieher und Eltern im direkten

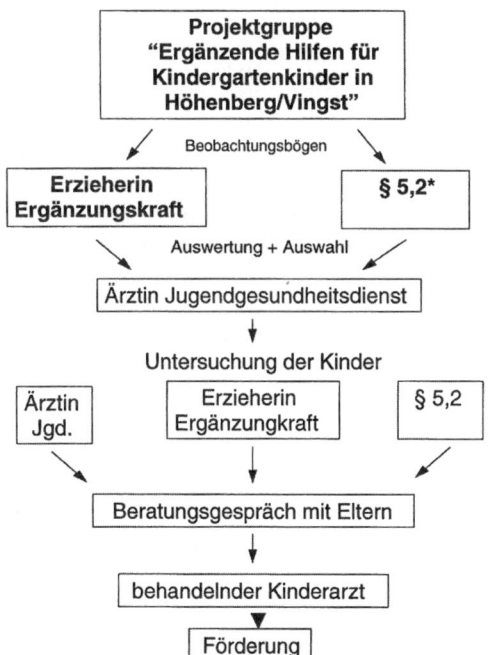

Abb. 4.4-A2

Bezug zu den laufenden Fördermaßnahmen werden durchgehend engmaschig angeboten.

Der erste Eindruck, daß viele Eltern nicht an Informationen und Beratung interessiert seien, verändert sich mit der Zeit. Die Eltern werden ansprechbarer, wenn die Therapeutinnen/Therapeuten und Erzieherinnen/Erzieher den Eltern über ihre Beobachtungen berichten und dabei bewußt vermeiden, als professionelle Expertinnen/Experten aufzutreten, die unwissenden Laien Ratschläge erteilen. Vielmehr werden die Beobachtungen miteinander ausgetauscht, wobei sich Eltern und Professionelle als Gleichberechtigte begegnen.

Für das Team des ZFF veränderte sich im Rahmen der Elternarbeit die zunächst wichtige Frage: „Was bieten wir den Eltern an?" in: „Was brauchen bestimmte Elterngruppen von uns?" Daraus ergab sich die weitere Frage: „Was müssen oder wollen wir verändern, um diese Gruppen zu erreichen?" Damit verknüpft war ein intensiver und manchmal schwieriger Lernprozeß für das Team des ZFF, der sich jedoch gelohnt hat.

Der Ablauf in den Kindertageseinrichtungen läßt sich, wie in Abb. 4.4-A2 (S. 119) zu sehen, skizzieren.

Neben der Prüfung der Übertragbarkeit dieses Modells auf andere Einrichtungen bzw. auf die eigene Arbeit war den Workshop-Teilnehmerinnen/Teilnehmern die anschauliche Darstellung, wie Förderung praktisch stattfindet, besonders wichtig. Hierzu wurden Beispiele aus dem Förderalltag vorgestellt. Zusammenfassend läßt sich dazu sagen, daß oft auf sehr niedrigem Anspruchsniveau gearbeitet wird. Manche Kinder haben Grundfähigkeiten wie z. B. einen Stift halten, schneiden, sich anziehen etc. noch nicht erworben. Praktische alltägliche Verrichtungen der Kinder bilden deshalb einen Einstieg in weitergehende Förderung. Zudem arbeiten die Mitarbeiterinnen/Mitarbeiter des ZFF oft jenseits von Sprache. Nonverbale Kommunikation, Ermutigung, Akzeptanz der Kinder in ihrem So-Sein und Stärkung der bestehenden Entwicklungspotentiale werden großgeschrieben.

In der abschließenden Feed-back-Runde beschrieben die Teilnehmerinnen/Teilnehmer, wie für sie durch den Workshop neue Ideen für die eigene Arbeit entstanden sind. Dabei wurde der Prozeßcharakter der Arbeit sowie die Notwendigkeit, daß sich verschiedene Akteure aktiv beteiligen müssen, hervorgehoben. Eine besondere Herausforderung wird darin gesehen, die Transparenz der eigenen und der Arbeit der Kooperationspartner herzustellen, Netzwerke zu bilden und Finanzierungsformen für neue Fördermodelle zu finden.

5. „Erst erkennen, dann große Pläne machen" –
    Spezielle Diagnostik und Therapie

5.1. Optimierung der postnatalen Umgebung extrem unreifer Frühgeborener: Beginnt Frühförderung bereits auf der Intensivstation?

Von Peter Groneck

Bei Frühgeborenen liegt eine Unreife aller Organe vor, was mit einer Beeinträchtigung der Funktion dieser Systeme verbunden ist. Aufgrund der Unreife der Lunge müssen die Kinder häufig maschinell beatmet werden. Nach der Beatmung führt die Immaturität der Atemregulation zu häufigen Atempausen und Abfällen der Herzfrequenz. Die Unreife des Immunsystems bedingt ein häufiges Auftreten von Infektionen, in deren Verlauf es zu einem Abfall des Blutdruckes kommen kann. Wegen der Unreife des Magendarmtraktes ist über längere Zeit eine Ernährung durch einen Venentropf notwendig. Wenn Nahrung vertragen wird, muß sie über lange Zeit mittels eine Sonde in den Magen gegeben werden, da die Kinder noch nicht ausreichend saugen und schlucken können. Diese wenigen Beispiele zeigen, daß insbesondere für sehr kleine Frühgeborene mit einem Geburtsgewicht < 1500 Gramm über längere Zeit nach der Geburt eine intensivmedizinische Behandlung und Überwachung notwendig ist. Die Umgebung einer Intensivstation mit Beatmungsgeräten, Infusionspumpen und Monitoren unterscheidet sich natürlich völlig von der intrauterinen Situation des Kindes. Häufiges Handling bei den Versorgungsmaßnahmen sowie zur Diagnostik, Störungen der Schlafperioden, eine laute Umgebung sowie eine langanhaltende Exposition gegenüber hellem Licht sind für einen Fetus prinzipiell unphysiologisch und können mögliche Streßfaktoren darstellen. In der pädiatrischen Literatur lassen sich etliche Beispiele für einen negativen Effekt dieser Faktoren auf die vegetative Stabilität nachweisen. Es kommt zu einer Begünstigung von Atempausen und Herzfrequenzabfällen, zu instabilem Blutdruckverhalten, Verminderung der Hautdurchblutung sowie einer Verminderung der Magendarmmotorik. Neben den vegetativen Effekten könnten diese Streßfaktoren ebenfalls eine unphysiologische sensorische Stimulation der Kinder darstellen, welches zu einer Beeinträchtigung der späteren Hirnfunktionen führen kann. Wir haben auf der Intensivstation also einerseits eine Überladung mit sensorischer Information, die vom Frühgeborenen nicht adäquat verarbeitet werden kann – somit besteht eine spezifische Überstimulationssituation. Andererseits haben wir einen Mangel an sensorischer Stimulation, die im Uterus vorherrscht – somit besteht die Möglichkeit einer spezifischen Mangelsituation.

Gibt es nun spezielle entwicklungsbegünstigende Maßnahmen bei Frühgeborenen auf der Intensivstation?
Es ist klar, daß allgemein als Streß identifizierte Faktoren unbedingt vermieden werden müssen. Dieses ist in der Neonatologie allgemein akzeptiert und hat zu dem Pflegekonzept des „minimal handlings" geführt. Dieses bedingt eine Reduktion und zeitliche Zusammenlegung von Pflegemaßnahmen und Eingriffen, ausreichende Ruhezeiten der Kinder, sowie eine Reduktion von Geräuschen und hel-

lem Licht. Schmerzhafte Eingriffe, wie Blutabnahmen sind auf ein Minimum zu reduzieren. Unklar ist jedoch, ob spezifische Interventionen zur Optimierung der sensorischen Umgebung sinnvoll sind oder nicht. Eine Reduktion jeglicher äußerer Stimuli wird von einigen Autoren befürwortet, da die „protektive Apathie" die Verhaltensorganisation des Frühgeborenen bei physiologischer Instabilität darstellen könnte. Auf der anderen Seite gibt es eine Fülle von Berichten über positive Effekte spezifischer Interventionen, wobei die Natur dieser Stimulationen teilweise recht unterschiedlich ist. Sollten sie primär stimulierend oder primär beruhigend sein? Sollte eine Stimulation einzelner sensorischer Systeme oder multipler Systeme durchgeführt werden?

5.1.1 Intrauterine Entwicklung der sensorischen Systeme und mögliche Interventionen

Prinzipiell ist klar, daß sich eine sensorische Stimulation an der Reifung der Sinnesorgane orientieren muß. Die sensorischen Systeme reifen intrauterin mit unterschiedlichen Geschwindigkeiten. Während das taktile System, der Geruchs- und Geschmackssinn sowie das vestibuläre System zwischen der 17. und 20. Woche ausgereift sind, ist die Entwicklung des auditiven Systems erst mit der 25. Woche und des visuellen Systems mit der 36. Woche abgeschlossen.

Eine Stimulation sensorischer Systeme ist nur nach Abschluß der Entwicklung sinnvoll. Die Art der Stimulation sollte sich an Reizen orientieren, die ein Fetus auch im Uterus erfährt. Die Wirkungsweise sensorischer Interventionen erfolgt offenbar über eine Stabilisierung der Organisationen des Verhaltenszustandes („state"). Beim Frühgeborenen unterscheidet man den Zustand des ruhigen Schlafes, des aktiven Schlafes mit schnellen Augenbewegungen (REM), den wachen inaktiven Zustand, den wachen aktiven Zustand sowie eine Unruhe mit Schreien. Primär stimulierende Interventionen führen zu einer Zunahme der Wachphasen, primär beruhigende oder rhythmische Interventionen führen zu einer Zunahme des ruhigen Schlafes.

5.1.1.1 Taktiles System

Intrauterin zeigt das Kind bereits ab der 8. Schwangerschaftswoche eine Antwort auf taktile Reize. Die kortikalen Wege sind mit der 20. Schwangerschaftswoche funktionsfähig. Intrauterin ist die thermoneutrale, flüssigkeitsgefüllte Umgebung in der Fruchthöhle eine Quelle für kutane Stimulation des Feten durch Eigenbewegung. Mögliche taktile Stimulationen bestehen in einem Haut-zu-Haut-Kontakt, z.B. durch Auflegen der Hände oder Streicheln des Kindes. Es ist beschrieben worden, daß diese Intervention zu einem verminderten Sauerstoffbedarf und zu einer verbesserten Gewichtszunahme führt. Die Auflage des Kindes auf einer Wollunterlage, scheint mit einer verbesserten Gewichtszunahme einherzugehen. Taktile Stimulationen des Mundbereiches durch nicht-nutrives Saugen verbessert die gastrointestinale Transitzeit und führt zur früheren Entwicklung eines koordinierten Saugaktes.

5.1.1.2 Geruchs- und Geschmackssinn

Die Geschmacksrezeptoren der Zunge sind ab der 17. Schwangerschaftswoche reif. Es ist beschrieben worden, daß intraamniale Geschmacksstoffe das Schluckverhalten des Feten verändern. Die Applikation einer Glucoselösung in die Fruchthöhle führt zu einer Zunahme des Schluckverhaltens, die Applikation einer bitter schmeckenden Lösung zu einer Abnahme der Schluckfrequenz. Extrauterin nehmen Neugeborene Gerüche wahr und wenden den Kopf von einer unangenehmen Quelle ab. Eine mögliche Stimulation des Geschmackssinns des Frühgeborenen kann darin bestehen, vor der Nahrungssondierung etwas Milch auf die Zunge zu geben. Ein solches Verfahren führt zu einer Verbesserung der Darmmotilität des Frühgeborenen.

5.1.1.3 Vestibuläres System

Die Entwicklung des Systems ist mit der 20. Schwangerschaftswoche abgeschlossen. Fetale Bewegungen nehmen ab der 16. Schwangerschaftswoche zu und werden nach der 28. Schwangerschaftswoche etwas seltener. Die Schädeleinstellung des Kindes vor der Geburt scheint eine aktive Reaktion auf äußere vestibuläre Reize zu sein. Eine mögliche vestibuläre Stimulation kann durch Lagerung des Frühgeborenen auf ein Wasserbett oder eine Atemschaukel erfolgen. Bei der Beobachtung dieser Maßnahme ist eine Reduktion von Apnoen bzw. periodischer Atmung beschrieben worden.

5.1.1.4 Auditives System

Die Strukturen des Gehörsystems entwickeln sich etwas später und sind mit der 25. Schwangerschaftswoche ausgereift. Ab dieser Zeit sind akustisch evozierte Potentiale ableitbar, die Latenzzeit der Potenzialübertragung ist direkt abhängig von der Reife. Während der intrauterinen Entwicklung findet eine Zunahme des Frequenzspektrums sowie eine Abnahme der Hörschwelle statt. In der 28. Schwangerschaftswoche beträgt das Spektrum der hörbaren Frequenzen 500 bis 1000 HZ, die Hörschwelle 65 Dezibel. In der 40. Schwangerschaftswoche, d. h. am Geburtstermin, beträgt das Frequenzspektrum 500 bis 4000 HZ sowie die Hörschwelle 25 Dezibel. Intrauterin nimmt das Kind eine Fülle von Geräuschen wahr: maternale Atmung, maternaler Herzschlag, Strömungsgeräusche der Blutgefäße und Darmgeräusche. Das Frequenzspektrum ist vorwiegend niederfrequent bis 1000 HZ. Hohe Frequenzen werden durch die Flüssigkeiten abgedämpft, die Lautstärke kann intrauterin bis 85 Dezibel betragen. Eine mögliche Maßnahme besteht zunächst einmal darin, den Geräuschpegel auf der Intensivstation durch das Angebot von Ruhezeiten und das Ausschalten akustischer Überwachungssignale (nicht Alarmsignale!), zu vermindern. Nicht geklärt ist bislang der positive Effekt der Vermittlung strukturierter Geräuschmuster wie Herztöne, Musik und Stimme der Eltern (Vorlesen). Da jedoch bekannt ist, daß das Neugeborene intrauterin die Stimme der Mutter wahrnehmen kann und diese nach der Geburt auch wiedererkennt, scheint die Stimme der Eltern besonders geeignet für eine mögliche auditive Stimulation des Frühgeborenen. Zur Verbesserung des Eltern-Kind-Kontaktes kann auch dem im Inkubator liegenden Kind vorgelesen werden. Eltern, die wegen anderer Geschwisterkinder weniger Zeit beim Kind verbringen können, können Tonbandkassetten besprechen. Die über akustische Signale bereits intrauterin im Aufbau befindliche Mutter-Kind-Beziehung kann auf diese Weise auch extrauterin begonnen werden.

5.1.1.5 Visuelles System

Die visuellen Leitungsbahnen sind mit der 24. Schwangerschaftswoche anatomisch entwickelt, die Netzhautentwicklung jedoch erfolgt bis zur 36. Schwangerschaftswoche. Somit zeigt das visuelle System die langsamste Entwicklung der Sinnesorgane. Das Neugeborene zeigt eine physiologische Photophobie, d. h. daß die visuelle Aufmerksamkeit bei geringem Licht deutlich verbessert wird. Intrauterin besteht eine geringe Lichttransmission zum Feten, nach der Geburt kommt es zu einer massiven Exposition gegenüber Licht. Eine visuelle Stimulation von Frühgeborenen vor der 36. Schwangerschaftswoche scheint somit nicht sinnvoll. Vielmehr sollten bei den Kindern Maßnahmen zur Einschränkung der Lichtexposition getroffen werden. Dies kann durch die Anwendung von Platzleuchten an Stelle von Zimmerleuchten sowie durch das Abdecken des Inkubators mit einem Tuch erfolgen. Die früher notwendige ständige Beobachtung des Kindes durch Pflegepersonal ist durch die nicht invasive Überwachung der Vitalpararmeter (Sauerstoff-Versorgung, Kohlensäureabatmung, Herztätigkeit, Blutdruck) nur noch bei sehr kranken Kindern notwendig.

5.1.2.   Praktische Konzepte zur Verbesserung der sensorischen Umgebung bei Frühgeborenen

Die geschilderten Möglichkeiten der sensorischen Stimulation können dem Kind in Form strukturierter Interventionskonzepte angeboten werden. Im Vordergrund der Bemühungen sollte jedoch stehen, den Kontakt der Mutter sowie des Vaters zum Kind auf der Intensivstation zu optimieren. Ein Haut-zu-Haut-Kontakt durch die Eltern im Rahmen der „Känguruhpflege" hat sich dabei während der letzten Jahre sehr bewährt. Frühgeborene werden, sobald es die respiratorische und zirkulatorische Stabilität erlaubt, nur mit einer Windel bekleidet, den Eltern auf die Haut im Brustbereich gelegt und anschließend zugedeckt. Hierdurch werden taktile, vestibuläre, olfaktorische und rhythmische sensorische Signale der Eltern an das Kind weitergegeben. Weiterhin stellt diese Methode eine Abschirmung von ungünstigen Umgebungsfaktoren dar und entspricht somit am ehesten intrauterinen Verhältnissen. Die Auswirkungen der Känguruhpflege auf das Kind sind innerhalb der letzten Jahre gut untersucht worden. Es kommt zu keiner Beeinträchtigung der Temperaturregulation, der Sauerstoffverbrauch ist unverändert, und Atempausen sowie Sauerstoffabfälle treten seltener auf. Infektionen werden nicht vermehrt beobachtet, die Mütter beobachten eine verbesserte Milchproduktion. Insgesamt tritt eine erhebliche Verbesserung des elterlichen Kompetenzgefühls auf. Zusätzlich sollte eine frühzeitige Übertragung von Versorgungskompetenz an die Eltern erfolgen. Auch kleinste Frühgeborene können von den Eltern bereits gewickelt, gebadet und gefüttert werden. Dies trägt dazu bei, sehr frühzeitig ein Sicherheitsgefühl im Umgang mit dem noch sehr fragilen Frühgeborenen zu entwickeln und dadurch eigene Ängste abzubauen. Das Pflegefachpersonal stellt in einem solchen Konzept keine Konkurrenz zu den Eltern dar, sondern sie lernen als Fachleute die Eltern im Umgang mit ihren Kindern an.

Innerhalb der letzten Jahre ist ein enormes Umdenken über die Bedürfnisse von Frühgeborenen innerhalb der ersten Lebenswochen nach der Geburt eingetreten. Während früher ausschließlich Diagnostik und Therapie der somatischen Situation im Vordergrund stand, werden heute zunehmend auch psychobiologische Bedürfnisse berücksichtigt. Optimal für das Frühgeborene wäre sicher die intrauterine Umgebung. Eine postnatale Stimulation sensorischer Systeme kann Reize aufnehmen, die das Kind ebenfalls in utero erfährt. Diese können am besten über die Eltern an das Kind weitergegeben werden.

Ziel einer frühen Förderung des Frühgeborenen sollte ein früher Aufbau des Eltern-Kind-Kontaktes durch Übertragung von Versorgungskompetenz an die Eltern, sowie durch entwicklungsadaptierte sensorische Stimulation durch die Eltern (Känguruhpflege, Vorlesen) sein.

Literatur

Als, H. (1998): Developmental care in the newborn intensive care unit. In: Current Option in Pediatrics 10, 138
– (1996): Effectiveness of individualized neurodevelopmental care in the newborn infant care unit. In: Acta Pediatrica Supplement 16, 21
– et al. (1994): Individualized developmental care for the very low birth with preterm infant: medical and new functional effects. In: JAMA 272, 853
Avery, G. B., Glass, P. (1989): The gentle nursery: developmenal interventions in the NICU. In: Journal of Perinatology 9, 204
Comer, A. (1986): The use of waterbeds in the care of preterm infants. In: Journal of Perinatology 6, 142
Field, T. M. et al. (1986): Tactile/kinestic simulation effects of preterm neonates. Pediatrics 77, 654
Fifer, W., Moon, C. (1989): Psychobiology of newborn auditory preferences. In: Seminars in Perinatoloy 13, 430
Glass, P. (1999): The vulnerable neonate and the neonatal intensive care enviromnent. In: Avery, G. B. (Hrsg): Neonatology. Lippincott-Philadelphia
Tronick, E. Z. et al. (1990): Protective apathy, a hypothesis about the behavioural organisation and its relation to clinical and physiological status of the preterm infant during the newborn period. Clinics. In: Perinatology 17, 123

5.2. Nachsorge für Hochrisiko-Frühgeborene und ihre Familien

Von Elke Büchter und Claudia Götz

5.2.1. Beschreibung des Projektes

Seit Januar 1997 wird in Kooperation des Zentrums für Frühbehandlung und Frühförderung mit der städtischen Kinderklinik in Köln eine heilpädagogisch psychologische Nachsorge für Familien mit extrem frühgeborenen Kindern angeboten.

Diese Kinder tragen ein hohes Risiko hinsichtlich der Herausbildung von Entwicklungsstörungen.

Das Interventionsprogramm wurde auf der Grundlage von Untersuchungsergebnissen aus Längsschnittstudien zur Entwicklung frühgeborener Kinder und der Interaktionsforschung erstellt. In Anlehnung an das Ulmer Modell (Brisch et al. 1996) wird ein Konzept möglicher Risikoentwicklung zugrundegelegt, das die auf Seiten der Eltern und Kinder aktivierten externalen und internalen Risikofaktoren, welche die Entwicklung der Kinder beeinflussen, analysiert. Somit kann die Betreuung auf die individuellen Bedürfnisse der Familien abgestimmt werden.

Die Schwerpunkte dieser eltern- und kindzentrierten Maßnahme bestehen in der Beratung der Eltern:

- zur Unterstützung von Bewältigungsprozessen,
- bei der Gestaltung der Eltern-Kind-Interaktion,
- bei speziellen Entwicklungsproblemen (z. B. Schlaf- und Eßstörungen)
- sowie in Anregungen zur Entwicklungsförderung der Kinder.

Die Zielvorstellungen sind demnach sowohl auf die Prävention als auch auf die Rehabilitation von Entwicklungsstörungen ausgerichtet.

Die aufsuchende und demnach niederschwellige interdisziplinäre Betreuung wird bezüglich Inhalt und Häufigkeit individuell mit den Familien abgestimmt und kann bis Ende des 2. Lebensjahres angeboten werden.

Klinik- und Hausbesuche werden zu Beginn der Nachsorge üblicherweise wöchentlich durchgeführt, die Frequenz dann je nach Bedarf im Verlauf verringert.

Aufgenommen werden Kinder, die mit einem Geburtsgewicht < 1000 Gramm bzw. vor Ende der 30. Schwangerschaftswoche geboren wurden und somit als extrem untergewichtige Frühgeborene zu bezeichnen sind.

Weiteres Aufnahmekriterium ist aus pragmatischen Gründen der Wohnort der Familien, der bis zu 25 km von der Klinik entfernt sein kann.

Die Kontaktaufnahme zu den Familien erfolgt im Perinatalzentrum oder auf der Intensivstation für Frühgeborene. Im Erstgespräch mit den Eltern wird gemeinsam von Psychologin und Heilpädagogin über die Nachsorge informiert und die Inanspruchnahme angeboten. Bei einer Zusage wird die Anamnese erhoben und die emotionale Befindlichkeit der Eltern exploriert.

Anschließend wird im interdisziplinären Arbeitsteam die fallspezifische Vorgehensweise abgestimmt. Hier steht auch medizinische Supervision zur Verfügung. Heilpädagoginnen und Psychologin verfügen außerdem, neben dem Hochschulabschluß, über eine Berufsausbildung als Kinderkrankenschwester oder Krankengymnastin.

Regelmäßige Fallbesprechungen mit dem zuständigen Oberarzt der Kinderklinik, der Austausch von Untersuchungsbefunden und Verlaufsberichten mit dem Sozialpädiatrischen Zentrum der Klinik, mit Spezialambulanzen, mit dem Kinderarzt und mit den behandelnden Therapeuten sollen die Koordination der fallbezogenen Maßnahmen unterstützen.

Bisher werden 54 Kinder betreut. Davon sind 26 Mädchen und 28 Jungen, davon 17 ausländische und 37 deutsche Familien.

85% der Kinder wurden im 1. Lebensjahr neben der Nachsorge zusätzlich krankengymnastisch behandelt.

Bei 15% der Familien wurde nach der Entlassung außerdem ein ambulanter Pflegedienst eingesetzt.

Allen Familien wird während des Klinikaufenthaltes der Kinder wöchentlich eine psychologisch-heilpädagogische Beratung angeboten. In dieser Zeit dient sie in den meisten Fällen zur emotionalen Stabilisierung der Eltern, die oft eine langandauernde Sorge um das Überleben des Kindes sowie die Belastungen durch die Umstände des monatelangen Krankenhausaufenthaltes aushalten müssen.

Nach der Entlassung der Kinder nahmen bisher 17% der Mütter zusätzlich zur heilpädagogischen Hausbetreuung psychologische Einzelgespräche in Anspruch. Hier wurden Probleme im Zusammenhang mit der traumatischen Geburtssituation, vorhergehenden Verlusterfahrungen, Ängsten und Schuldgefühlen sowie Befürchtungen bezüglich der Entwicklungsprognose der Kinder besprochen.

5.2.2. Empirische Untersuchung

In Ergänzung zu der Klinik- und Hausbetreuung wird eine längsschnittliche Entwicklungsbeobachtung durchgeführt. Dazu dienen:

– Videoaufnahmen der Mutter-Kind-Interaktion im korrigierten 3. Lebensmonat,
– Entwicklungstests im korrigierten 6. und 12. Lebensmonat sowie im Alter von 2 $\frac{1}{2}$, 4 und 6 Jahren,
– eine Elternbefragung zur Belastungsbewältigung im Alter von 2 $\frac{1}{2}$ Jahren.

Die Untersuchungsergebnisse werden in die praktische Arbeit einbezogen. Darüber hinaus sollen die Entwicklungsverläufe der Kinder hinsichtlich möglicher Unterschiede bei multipler Risikobelastung beobachtet werden.

Neben dem Ausgangsrisikofaktor der extremen Frühgeburtlichkeit werden anhand ärztlicher Befundberichte folgende Untergruppen gebildet:

(1) Bei derzeit 15 Kindern liegt eine extreme Unreife, d. h. ein Gestationsalter < 25. Schwangerschaftswoche vor.

(2) Bei 12 Kindern wurden Hirnblutungen Grad 1 oder 2 diagnostiziert.

(3) Bei zehn Kindern lag eine Grad 3 oder 4 Hirnblutung oder andere darstellbare cerebrale Morbidität vor.

(4) Bronchopulmonale Dysplasie wurde bei 39 Kindern diagnostiziert.

(5) Eine erhöhte soziofamiliäre Belastung wird mittels eines Index eingestuft und liegt derzeit bei neun Familien vor.

Die Auswirkungen dieser Entwicklungsrisiken sind erst im längsschnittlichen Verlauf ersichtlich. Zur Zeit konnten aufgrund noch geringer Stichprobengrößen noch keine Hypothesenprüfungen vorgenommen werden.

5.2.3. Diskussion der vorläufigen Ergebnisse

Im Fall der Frühgeburtlichkeit hat sich in Längsschnittstudien gezeigt, daß das hohe biologische Ausgangsrisiko über Jahre hoch wirksam bleibt. Gleichzeitig entfalten psychosoziale Belastungen ihren dekompensatorischen Einfluß zunehmend im Entwicklungsverlauf.

Dieser Zusammenhang wurde z. B. in der Südbayrischen Längsschnittstudie sowie in der Bonner Längsschnittstudie für Frühgeborene aufgezeigt (Riegel et al. 1995, Brandt et al. 1997).

Als Schlußfolgerung wurde darauf verwiesen, daß in den derart belasteten Familien mit extrem frühgeborenen Kindern Schutzfaktoren aktiviert werden müssen, um kompensatorisch begünstigende Bedingungen zu schaffen.

Der Aufbau einer harmonischen Eltern-Kind-Beziehung ist demnach von besonderer Bedeutung, welche wir in unserer Nachsorge berücksichtigen wollen.

Die frühe Eltern-Kind-Interaktion entwickelt sich in den ersten Monaten nach der Geburt zu einem Eltern und Kind befriedigenden Dialog.

Eine Frühgeburt kann die Entwicklung des harmonischen Dialogs beeinträchtigen oder blockieren (Brazelton/Cramer 1994, Papoušek 1985, Sarimski 1992). Auf Seiten des Kindes kann hohe Irritabilität, veränderter Muskeltonus, seltener Blickkontakt und seltenes Lächeln es den Eltern erschweren, günstige Momente zum Dialog zu erkennen und auszugestalten. Unter- oder überstimulierende Dialogstrukturen sind weitere mögliche Folgen der belastenden Ausgangssituation.

Im Rahmen unserer Nachsorge bieten wir allen Eltern eine videografische Interaktionsaufnahme mit ihrem Kind im korrigierten dritten Lebensmonat an. Zum einen wird dieses Alter als besonders blickkontaktintensiv im Dialog beschrieben. Zum anderen geschieht in dieser Zeit ein deutlicher Reifungsschub (Papoušek 1996, 145).

Bei Zustimmung der Eltern erfolgt eine ca. achtminütige Videoaufnahme einer alltäglichen Spielsituation zu Hause mit einer einfachen Videokamera. Die Kamera wird aus seitlicher Position auf Mutter und Kind ausgerichtet und ist für beide sichtbar. Das Kind befindet sich meist auf einer Krabbeldecke auf dem Boden oder auf einem Wickeltisch.

Die Videoaufnahme wird von der betreuenden Mitarbeiterin und vom ganzen Team in der Einrichtung gesehen und ausgewertet. Die Eltern erhalten eine Ko-

pie des Videos und ein Feedback. Die Praxisnähe bedingt eine qualitative Global-
beurteilung an einfachen Geräten ohne mikroanalytische Möglichkeiten. Im
Sinne kommunikativer Validierung wird die videografierte Mutter im Anschluß
gefragt, ob sie sich in der Interpretation wiederfindet.

Zur Auswertung der Videosequenz erfassen wir zunächst Voraussetzungen auf
Seiten des Kindes, beispielsweise Verhaltenszustand, Muskeltonus und Aspekte
der Motorik. Hinzu kommen Interaktionsvariablen wie Blickkontakt oder Blickabwendung, Lächeln und Vokalisation. Diese Kriterien werden von Brazelton,
Papoušek, Keller und Stern hervorgehoben.

Auf Seiten der Eltern beschreiben wir die Aufmerksamkeit auf das Kind und
verschiedene Kriterien des Elternverhaltens wie Körperabstand, Stimmlage,
Tempo und Nachahmung (in Anlehnung an Papoušek, 1985, 1996; Crawley/Spi-
ker/Mahoney in der deutschen Übersetzung von Sarimski 1993). Die Beschreibung der Art der Reaktion bezieht sich auf Blickzuwendung, Lächeln, Vokalisation und Körperkontakt (in Anlehnung an Papoušek 1985, 1996).

Um dem Wechselspiel der Interaktion Rechnung zu tragen, erfolgt zudem eine
Beschreibung der Dialogstruktur (in Anlehnung an Crawley/Spiker/Mahoney in
der deutschen Übersetzung von Sarimski 1993, Keller et al. 1980).

5.2.4. Fazit

Abschließend werden ein Fazit und mögliche Maßnahmen formuliert.

Insgesamt konnten von 51 Kindern Interaktionsaufnahmen gemacht werden.
In einem Fall sowohl mit der Mutter als auch mit dem Vater.

Aufgrund theoretischer Vorannahmen gingen wir davon aus, daß in der Interaktion von Mutter und Kind dem Blickkontakt und dem Lächeln des Kindes eine
besondere Bedeutung zukommt. In der Tat besteht auch in unseren Aufnahmen
ein tendenzieller Zusammenhang zwischen dem Blickkontakt und dem Lächeln
des Kindes und dem Gesamt der Interaktionsvariablen der Bezugsperson. D. h.
die Blickzuwendung und das Lächeln des Kindes stehen in einem positiven Zusammenhang mit den Reaktionen der Mutter, im Sinne emotional verstärkender
Interaktionsvariablen.

Auf Seiten der Bezugsperson spielt der optimale Körperabstand bzw. die adäquate Stimulation eine wichtige Rolle im Dialog. Es besteht ein deutlicher Zusammenhang zum Gesamt der Interaktionsvariablen des Kindes.

Abschließend sei erwähnt, daß es einen tendenziellen Zusammenhang zwischen cerebraler Morbidität und verschiedenen Interaktionsvariablen des Kindes
und der Mutter gibt, der aber aufgrund der bisher kleinen Stichprobe noch nicht
aussagekräftig erscheint.

Literatur

Brandt, I., Sticker, E., Höcky, M. (1997): Lebensqualität von Frühgeborenen und Reifgebo-
renen bis ins Erwachsenenalter. Baden-Baden
Brisch, K. H. et al. (1996): Präventives psychotherapeutisches Interventionsprogramm für

Eltern nach der Geburt eines sehr kleinen Frühgeborenen – Ulmer Modell. In: Monatsschrift für Kinderheilkunde 144, 2-7

Brazelton, T. B., Cramer, B. G. (1994): Die frühe Bindung. 2. Aufl., Stuttgart

Grossmann, K. E. (1977): Skalen zur Erfassung mütterlichen Verhaltens von Mary D.S. Ainsworth. In: Grossmann, K. E. (Hrsg.): Entwicklung der Lernfähigkeit in der sozialen Umwelt. München, 96-107

Keller, H. et al. (1980): Beobachtung, Beschreibung und Interpretation von Eltern-Kind-Interaktionen im ersten Lebensjahr. Institut für Psychologie der Technischen Hochschule Darmstadt

Papoušek, M. (1985): Umgang mit dem schreienden Säugling und sozialpädiatrische Beratung. In: Sozialpädiatrie 7, 352-357

– (1996): Kommunikations- und Beziehungsdiagnostik im Säuglingsalter – Einführung in den Themenschwerpunkt. In: Kindheit und Entwicklung 5, 136-139

Riegel, K., Orth, B., Wolke, D. (1995): Die Entwicklung gefährdet geborener Kinder bis zum fünften Lebensjahr. Stuttgart

Sarimski, K. (1986): Interaktion mit behinderten Kindern: Entwicklung und Störung früher Interaktionsprozesse. München-Basel

– (1992): Risiken und protektive Faktoren für die Entwicklung frühgeborener Säuglinge. In: Sozialpädiatrie 12, 916-924

– (1993): Interaktive Frühförderung behinderter Kinder: Diagnostik und Beratung. Weinheim

Stern, D. (1994): Mutter und Kind: Die erste Beziehung. 2. Aufl., Stuttgart

5.3. Wie gut können Kinder planen?
Neue diagnostische Ansätze

Von Annemarie Fritz und Monika Boedecker

„Große Pläne *für* kleine Leute" stehen im Mittelpunkt der Auseinandersetzung mit neuen Konzepten, welche von uns Erwachsenen für Kinder mit dem Ziel der Frühförderung entwickelt werden. Wie sieht es aber mit den großen Plänen *von* kleinen Leuten aus, d. h. den Plänen, welche Kinder selbst schmieden?

5.3.1. Kleine Leute machen Pläne

In der psychologischen Forschung wurde das Thema „Planen" lange Zeit ausschließlich auf der Erwachsenenebene behandelt und die *Entwicklung* der Planungskompetenz bei Kindern ausgeklammert. Dementsprechend findet man in der Literatur selten Antworten auf Fragen wie: Ab wann können Kinder überhaupt planen? Beginnen sie damit schon vor dem Schulalter? Hat Planen für Kinder eine wichtige Funktion und können sie es in ihrem Alltag nutzbringend anwenden?

Um die letzte Frage zuerst zu beantworten: Die Fähigkeit, eine Handlung planen zu können, wird in der Literatur übereinstimmend als positive kognitive Kompetenz betrachtet, die wesentlich an der Qualität von Leistungen beteiligt ist. Durch den Einsatz von Planungsprozessen soll die Effektivität einer Handlung gesteigert werden. Die Fähigkeit eines Kindes, das, was es tun will, vorher zu planen, erweitert seinen Handlungsspielraum und unterstützt durch den Erfolg bei der Handlungsausführung seine Motivation zu weiterer Aktivität.

Planung ist immer dann nötig, wenn es um Situationen geht, die neu und unbekannt sind oder solche, die eine besondere Ordnung und Abfolge benötigen. Das bedeutet: Planungsprozesse sind von der Bewältigung alltäglicher Routineaufgaben (einkaufen, Zimmer aufräumen) bis hin zur Lösung komplexer Probleme an allen Aktivitäten beteiligt, die absichtsvoll und zielgerichtet sind.

Das läßt die Schlußfolgerung zu, daß Planungsleistungen auch schon früh von Kindern gefordert werden. Als Beispiel für erstes planerisches Handeln kann der Versuch angesehen werden, an ein begehrenswertes Objekt heranzukommen, welches erkundet werden soll.

Komplexere Planungsprozesse müssen ältere Kinder bewältigen, wenn es um die praktische Organisation ihres Tagesablaufs und die Anforderungen ihres Schulalltags geht. Dazu gehört beispielsweise die Bestimmung aufeinanderfolgender Handlungsschritte, die Festlegung von Handlungsprioritäten und das Abwägen konkurrierender Handlungsschritte.

Planen ist also ein Prozeß, zu dem ein Blick in die Zukunft gehört: die *gedankliche Vorausschau eines Ziels*, das erreicht werden soll. Auch der Weg, der dahin führt, muß in einer sinnvollen *Handlungsabfolge* entworfen werden. Dabei sind *spezifische Aufgabenbedingungen* zu berücksichtigen. Schließlich gehört zu dem Planungsprozeß noch die *Überwachung der Planausführung*, d. h. die Kontrolle der Handlung und – falls nötig – eine *Korrektur des Handlungsablaufs.*

Definition des Planungsprozesses

(1) Zielantizipation: die gedankliche Vorausschau eines Ziels, das erreicht werden soll
(2) Auseinandersetzung mit dem Problemraum (Repräsentation)
(3) Festlegung einer Handlungssequenz mit ihren unterschiedlichen Handlungsschritten
(4) Berücksichtigung der spezifischen Aufgabenbedingungen/individuellen Fertigkeiten
(5) Überwachung der Planausführung mit Handlungskontrolle und ggf. die Korrektur des Handlungsablaufs

Insbesondere dem letztgenannten Planungsaspekt – den metakognitiven Kompetenzen Planung, Überwachung, Koordination und Steuerung der Informationsverarbeitung – kommt eine große Bedeutung in der kognitiven Entwicklung zu. Mit einem Fehlen dieser Prozesse sind Leistungsbeeinträchtigungen verbunden, weil den Kindern nicht nur Lernstrategien fehlen, sondern auch verfügbare Strategien nicht genutzt werden. Darauf weisen auch Untersuchungen zur Einordnung kognitiver Probleme von Lernbehinderten hin (z. B. Hasselhorn 1987).

Darüber hinaus ließ sich der Nachweis führen, daß metakognitive Kompetenzen mit Schulleistungen einhergehen. Befunde belegen einen Zusammenhang zwischen der Lösung von Planungsaufgaben und den Leistungen der Kinder im Rechnen und Aufsatzschreiben (Leong et al. 1985, Naglieri/Das 1987).

Somit läßt sich festhalten, daß die Fähigkeit, Handlungen zu planen und ihre Ausführungen zu kontrollieren, ein bedeutsamer Entwicklungsfaktor ist. Das Fehlen derartiger metakognitiver Prozesse stellt einen Risikofaktor für die kognitive Entwicklung dar (Lauth 1996) und deckt einen Förderbedarf auf.

5.3.2. Altersspezifische Ausprägung planerischer Kompetenzen

Bei der Betrachtung der Sichtweise von Planen als einem übergeordneten Prozeß des hypothetischen Umgangs mit Ereignissen und ihren Folgen schließt sich die Frage der Übertragbarkeit eines solchen Konzeptes auf die frühkindliche Handlungsebene an. Ab wann kann bei Kindern überhaupt von planvollem Verhalten gesprochen werden und welche Kriterien werden zugrunde gelegt?

Zur Beantwortung von Fragen nach den Merkmalen von Planungsprozessen bei Kindern und den Veränderungen des Planens im Entwicklungsverlauf liegen nur wenige standardisierte diagnostische Verfahren vor (z. B. Untertest Bilderordnen, Kaufman/Kaufman 1983). Da diese Verfahren nur einzelne Aspekte des Konstrukts Planung abbilden, wurden für die Durchführung empirischer Untersuchungen als Paradigmen Aufgaben entwickelt, deren Bewältigung sich in einer Handlungsabfolge vollzieht.

Ein quantitatives Kriterium ist dabei die *Planungstiefe*, d. h. die Fähigkeit gedanklicher Vorausschau gemessen an der Anzahl der ausgeführten Handlungsschritte. Sie wird als ein Indikator für Entwicklungsveränderungen betrachtet (May et al. 1992). Typische Planungsaufgaben, die u. a. jüngeren Kindern im Alter von drei bis sieben Jahren vorgegeben wurden, erfordern z. B. das Abfahren von Wegenetzen (konkret-handelnd zu bewältigende Aufgabe von Kluwe/Modrow 1988) oder das Verfolgen von Wegen auf einer Spielvorlage mit einer Spielfigur (May et al. 1992).

Diesen Aufgaben ist gemeinsam: Der Ausgangszustand ist klar definiert, ebenso der Endzustand; die Anforderung besteht darin, die Abfolge der Schritte auf dem Weg zum Ziel festzulegen. Dabei gibt es nur einen korrekten Weg. Die Auseinandersetzung mit der Aufgabe findet im konkreten Handeln statt; die Analyse des Problemraumes und die Planerstellung fallen zusammen.

Die Forschungsergebnisse zeigen, daß bereits drei- bis vierjährige Kinder in der Lage sind, Planungsanforderungen zu bewältigen, wenn sie diese Schritt für Schritt abarbeiten können (z. B. Klahr 1981). Hierbei handelt es sich um ein funktionales Vorgehen: Eine mentale Repräsentation des gesamten Problemraumes und eines umfangreichen Handlungsplans ist in diesem Alter noch nicht möglich. Angaben zur Planungstiefe schwanken je nach Aufgabenanforderung und werden im Altersbereich der Drei- bis Siebenjährigen mit zwei bis sechs Schritten angegeben (May et al. 1992). Ab dem Grundschulalter sind erste mentale Auseinandersetzungen mit dem gesamten Problemraum und mit komplexeren Handlungsplänen möglich. Damit einher geht auch die verbesserte Fähigkeit, restringierende Randbedingungen zu beachten und den Plan bei seiner Ausführung zu kontrollieren (Kluwe/Modrow 1988).

5.3.3.   Beschreibung des „Zoo-Spiels"

Mit dem „Zoo-Spiel", dem Test zur Planungsfähigkeit bei Grundschulkindern (Fritz/Hussy in Druck) wurde ein standardisiertes Testverfahren zur Planungskompetenz entwickelt, welches am kindlichen Spiel orientiert ist und das konkrete Handeln des Kindes bei einer Planungsaufgabe beobachtbar macht.

Im Unterschied zu den eingangs vorgestellten Verfahren gibt es hier nicht nur einen korrekten Lösungsweg, der aus einer Folge vollständig bedingungsabhängiger Handlungsschritte besteht. Unter Beachtung bestimmter Randbedingungen sollen mehrere Lösungswege zum Ziel führen. Durch eine solche Spielvorgabe wird nicht nur die Planungstiefe der Kinder sichtbar, sondern auch der Lösungsweg auf die zugrundeliegende *Strategie* hin analysierbar. Außerdem wird es möglich sein, die Ausführung von Kontrollprozessen zu beobachten (s. Abb. 5.3-A1).

Die Planungsaufgabe besteht darin, als Fahrerin oder Fahrer des Zoos die sechs Holztiere, die zu Beginn noch in ihren Gehegen sitzen, mit dem Wagen zum Futterplatz zu bringen. Dabei müssen einige Regeln beachtet werden: Da die Tiere großen Hunger haben, sollen die kürzesten Wege und keine Umwege gefahren werden *(Kurzstreckenregel)*, damit sie schnell etwas zu fressen bekommen. Deshalb sollen außerdem, sooft es geht, zwei Tiere auf einmal auf den Wagen geladen werden, aber auch nicht mehr als zwei *(Mengenregel)*. Für die Kombination der

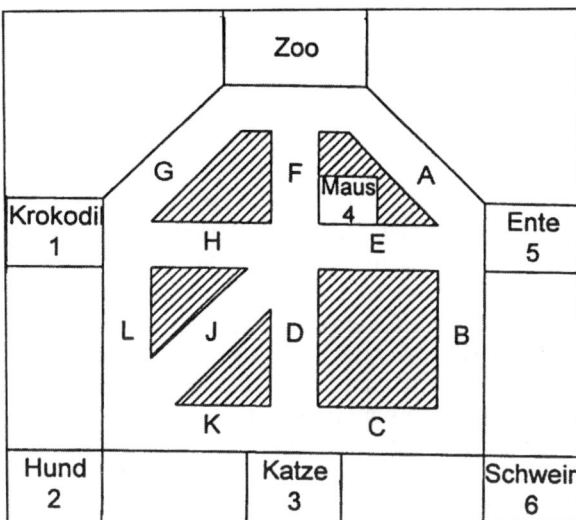

Abb. 5.3-A1: Das Zoo-Spiel

Tiere bei den Paarfahrten müssen noch drei weitere Regeln beachtet werden *(Transportregeln)*: Die Maus fährt nicht mit der Katze, weil sie sonst unterwegs von dieser gefressen würde; Hund und Katze fahren nicht zusammen, es gibt sonst Streit; und mit dem gefährlichen Krokodil möchte kein anderes Tier zusammen auf dem Wagen fahren!

Das Zoospiel erfaßt auf diese Weise die oben definierten zentralen Aspekte des Planungsprozesses: Zielantizipation, Repräsentation des Problemraums, Festlegung und Sequenzierung von Handlungsschritten und Handlungskontrolle unter spezifischen Aufgabenbedingungen.

Bei der *qualitativen* Auswertung des Zoo-Spiels wird die Strategiewahl des Kindes analysiert. Da die erste Fahrt darüber entscheidet, wie viele Kombinationsmöglichkeiten der Tiere für korrekte restliche Fahrten noch übrigbleiben, gibt die bei der Startfahrt gewählte Strategie einen Aufschluß darüber, inwieweit das Kind an dieser Stelle den gesamten Problemraum überschaut.

Vom Zoo-Spiel erfaßte Planungsaspekte

(1) Zielantizipation/ Repräsentation:	Inwieweit setzt sich das Kind vor der Aufgabenbearbeitung gedanklich mit dem Problemraum auseinander und wählt eine bestimmte Strategie?
(2) Planungstiefe:	Wie viele Schrittfolgen kann das Kind im Sinne eines antizipatorischen Probehandelns fehlerfrei durchführen?
(3) Regel-/Umwegkontrolle:	Kann das Kind eine Reihe von Aufgabenbedingungen in Form von Regeln beachten?
(4) Plankorrektur:	Findet während der Durchführung eine Handlungskontrolle in Verbindung mit einer Fehlerkorrektur statt?

In einer *quantitativen* Auswertung werden die anderen Aspekte der Planungskompetenz erfaßt: *Planungstiefe* (Wieviele Schritte/Fahrten macht das Kind bis zum ersten Fehler?), *Regelkontrolle* (Wieviel Verstöße werden gegen die Transport- und Mengenregelkontrolle gemacht?), *Umwegkontrolle* (Wie oft wird gegen die Kurzstreckenregel verstoßen?) und *Plankorrektur* (Wieviele fehlerfreie Fahrten werden insgesamt geschafft?).

Das Zoo-Spiel wird in der vorgestellten Form seit einigen Jahren zur Diagnostik der Planungsfähigkeit bei Grundschulkindern (sechs bis neun Jahre) eingesetzt. Für die Normierung des Verfahrens wurden die Befunde von 1092 Schülerinnen und Schülern, die aus einem unterschiedlichem sozialen Umfeld sowie aus verschiedenen Klassen- und Schultypen kommen, gesammelt.

Die Ergebnisse zeigen signifikante Unterschiede in bezug auf das Alter und den sozialen Hintergrund der Kinder. Die qualitative Analyse der Strategiewahl, welche einen Hinweis auf Problemorientierung des Kindes bei der Startfahrt gibt, zeigt eine vermehrte Anwendung effektiver Strategien mit ansteigender Klassenstufe und bei einem günstigeren sozialen Umfeld, in dem die Kinder leben. Diese Tendenz setzt sich in der Planungsleistung, wie sie in der quantitativen Analyse der vier Planungsindizes deutlich wird, fort.

Als diagnostisches Instrument ist das Zoo-Spiel wohl dazu geeignet, Risikofaktoren in der Entwicklung, nämlich das Fehlen metakognitiver Kompetenzen, aufzudecken und auf einen möglichen Förderbedarf hinzuweisen.

5.3.4.   Untersuchung der Planungsfähigkeit im Vorschulalter

Wie sieht es mit dem Planen bei Vorschul- und Kindergartenkindern aus? Gerade für diesen Bereich, wo es um die Planungskompetenzen bei jüngeren Kindern geht, ist das Wissen über Entwicklungsbedingungen und -voraussetzungen noch begrenzt und es fehlen diagnostische Instrumente zu deren Erfassung. Insbesondere im Hinblick auf die Aufdeckung von Risikofaktoren für die kognitive Entwicklung vor der Einschulung ist die Erweiterung der Forschung auf diesen Altersbereich wichtig.

Im Zusammenhang der bisherigen Erfahrungen mit dem Zoo-Spiel in der Grundschule ist es von Interesse, ob dieses Verfahren auch für die Anwendung bei Vorschulkindern einsetzbar ist. Es ist aufgrund seiner spielerischen Form und seiner kurzen Zeitdauer bei Grundschulkindern sehr beliebt. Dies läßt den Schluß zu, daß es auch für die jüngere Altersgruppe geeignet sein könnte.

Ein Aspekt der Untersuchung beschäftigt sich mit der Frage, in welcher Form und in welchem Ausmaß Kindergartenkinder überhaupt schon planen können: Ist bei ihnen schon eine Strategie erkennbar? Arbeiten sie eine Aufgabe nach dem Prinzip des Versuchs und Irrtums (Planen ist gleich Handeln) ab? Begleiten Kontrollprozesse die Handlungsausführung, d. h. kommen trotz fehlerhafter Anfangszüge noch korrekte Fahrten vor?

Ein zweiter Gesichtspunkt der Untersuchung geht der Frage nach, inwieweit sich die Planungsleistungen der Kindergartenkinder durch eine größere Vertrautheit mit der Aufgabe und durch die Gelegenheit, sich mit der Anforderung praktisch-handelnd auseinanderzusetzen, verbessern würden. Um die eigene Erfahrungsauswertung der Kinder und deren Anwendung beobachten zu können, wurde das Zoo-Spiel von den Kindern ein zweites Mal durchgeführt, ohne daß sie vorher weitere Instruktionen bekommen hatten.

51 Kinder (29 Fünf- und 22 Sechsjährige; 19 Mädchen und 32 Jungen) aus zwei Kindergärten nahmen an unserer Untersuchung teil. 23 Kinder kommen aus einer Einrichtung im Innenstadtbereich einer Großstadt, in dem Familien mit mittlerem bis niedrigen sozioökonomischen Status leben; 28 Kinder besuchen eine Kindertagesstätte in einer ländlichen Kleinstadt. Hier herrscht ein gehobener sozioökonomischer Status vor.

5.3.5. Ergebnisse

Die Ergebnisse des Zoo-Spiels weisen keine deutlichen Unterschiede zwischen den fünf- und sechs Jahre alten Kindergartenkindern auf, so daß diese beiden Altersstufen als Gesamtgruppe betrachtet werden können. Die Planungsleistungen der Mädchen und Jungen sind nahezu identisch.

Es zeigte sich, daß sich fünf- und sechsjährige Kindergartenkinder bei einer solchen Planungsaufgabe aktiv mit dem Problemraum auseinandersetzen können. Bereits bei der 1. Testung verfügen fast alle über Strategien (d. h. sie kombinieren die Tiere korrekt bzw. starten mit einer Einzelfahrt). Nur eine Minderheit von sechs Kindern kann bei der Startfahrt noch keine Strategie entwickeln und transportiert die Tiere in fehlerhafter Kombination oder gemeinsam in einer Fahrt.

Etwa 50% der Kinder wählen eine erfolgversprechende Strategie, die ihnen eine günstige Ausgangsposition für die weitere Durchführung verschafft. Bei diesen Startfahrten wird zunächst mindestens ein regelbehaftetes Tier transportiert, z. B. das Krokodil, die Katze, die Maus oder der Hund.

Bei der 1. Testung sind es noch viele Kinder, die das Spiel mit einer Strategie beginnen, welche einen Problemaufschub bewirkt: Zuerst werden die „verträglichen" Tiere Ente und Schwein transportiert. Ab hier sind die Kombinationsmöglichkeiten der Kinder äußerst eingeengt. Bei der 2. Testung zeigte es sich nun, daß bei einem Teil dieser Kinder die metakognitive Auseinandersetzung mit dem Problemraum während des Handelns einen deutlichen Lerneffekt bewirkt hatte: Nun wird für die Startfahrt eine problemorientierte Strategie gewählt. Dies zeigt sich in dem Anstieg der günstigen Strategien wie die Wahl des Krokodils, das sich mit keinem, oder der Katze, die sich mit *zwei* anderen Tieren nicht versteht. Gleichzeitig wählen weniger Kinder ungünstige (z. B. Ente-Schwein, Ente allein), keine oder weniger günstige Strategien (Hund oder Maus allein) (s. Abb. 5.3-A2).

Wie sieht es nun mit der Planungsfähigkeit der Kindergartenkinder aus, wie sie in den quantitativen Indizes erfaßt wird? Vergleicht man ihre Leistungen mit den Befunden sechsjähriger Grundschulkinder aus vorhergehenden Testreihen, so zeigt sich bei den Planungsindizes aus der 1. Testung (s. Tab. 5.3-T1) eine Überlegenheit der Erstklässler vor allem bei der Planungstiefe: Während diese mehr als einen Handlungsschritt fehlerfrei antizipieren, erreichen die Vorschüler durch-

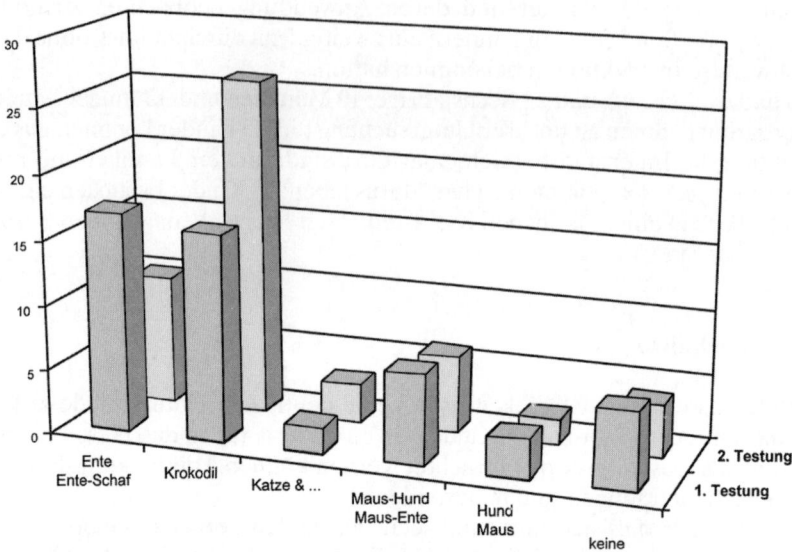

Abb. 5.3-A2: Veränderung der Strategiewahl bei der 2. Testung

schnittlich nur eine Planungstiefe von 0,75. Dagegen stehen sie bei der Plankorrektur den Schulkindern nur wenig nach, d. h. sie versuchen, anfängliche Fehler durch verstärkte Kontrolle des weiteren Handlungsverlaufs zu kompensieren. Hier setzen die Kindergartenkinder also Kontrollprozesse ein, um ihr geplantes Ziel zu erreichen. Allerdings sind diese noch nicht umfassend: Es fällt ihnen offenbar schwerer, beide Bedingungen, die Transportregeln und die Umwegregeln zu berücksichtigen. So gelingt die Regelkontrolle weniger gut. Der Umwegkontrolle schenken sie dagegen viel Aufmerksamkeit und erreichen sogar mit den Erstklässlern vergleichbare Werte.

Wie bei der Strategiewahl bildet sich auch in den Planungsindizes der 1. und 2. Testung eine Verbesserung der Planungskompetenzen der Kindergartenkinder

Tab. 5.3-T1: T-Wert-Vergleich (Signifikanzprüfung) zwischen der 1. und der 2. Testung der Kindergartenkinder (5 und 6 Jahre alt) für die Planungsindizes;
Mittelwert (μ) und Standardabweichung (σ) der Erstklässler (6 Jahre alt) zum Vergleich

		Planungstiefe (+)			Plan-Korrektur (+)			Regel-Kontrolle (−)			Umweg-kontrolle (−)		
		μ	σ	T	μ	σ	T	μ	σ	T	μ	σ	T
Kinder-	**1. Test**	0,75	0,91	−3,299	1,55	1,32	−3,061	1,06	0,99	1,016	3,52	2,74	0,82
garten	**2. Test**	1,29	1,32	**	2,07	1,15	**	0,90	0,85		3,16	2,82	4
Erstklässler		1,05	1,31		1,69	1,31		0,60	1,69		3,63	3,11	

durch die Möglichkeit ab, sich mit der Aufgabe auseinanderzusetzen und sie danach noch einmal, unter Einbeziehung der erworbenen Erfahrungen, verbessert durchführen zu können. Eine hochsignifikante Leistungsveränderung zeigen die Bereiche der Planungstiefe und der Plankorrektur. In allen Bereichen erreichen die Kindergartenkinder nicht nur den Stand der Fähigkeiten der Grundschüler, sondern übertreffen diesen sogar.

Zusammenfassend läßt sich bei der Deutung der Befunde feststellen, daß das Zoo-Spiel als Planungsaufgabe durchaus auch für den Altersbereich der Vorschule, d. h. für fünf- und sechsjährige Kinder, geeignet ist. Die Kinder konnten zwar noch nicht durchschnittlich einen Handlungsschritt fehlerfrei durchführen, wie dies bei den sechsjährigen Grundschulkindern der Fall ist, sie setzen aber Kontrollprozesse ein, um den Plan auf Fehler zu überprüfen und können dabei auch Randbedingungen in Form von Regeln beachten. Dabei gelingt die Kontrolle der Umwege besser als die der Transportregeln bei der Kombination der Tiere auf dem Zoo-Wagen.

Die 2. Durchführung des Zoo-Spiels zeigte weiterhin, daß das Spiel auch als Übungsaufgabe dazu dienen kann, strategisches Denken anzuregen und die Qualität vorhandener Strategien bei den Kindern deutlich zu verbessern. Dies gilt auch schon für die Fünfjährigen.

Insgesamt bestätigen diese Untersuchungsergebnisse die auch für die älteren Kinder gefundenen Belege (Fritz/Hussy 2000), daß die Entwicklung metakognitiver Kompetenzen parallel auf zwei Ebenen verläuft: auf der ersten Ebene entwickeln die Kinder zusehends höherwertige Strategien und auf der zweiten Ebene verbessern sich die Kontrollprozesse.

Auch kleine Leute können also schon effektiv planen! Im Hinblick auf die bedeutende Rolle, die Planungskompetenzen für den Schulerfolg bzw. ihr Mangel für die Entstehung von Lernbeeinträchtigungen spielen, sollten Aspekte des Planens durchaus bereits im Vorschulbereich mitbetrachtet werden und in schulischen Untersuchungen weitere Berücksichtigung finden. Daraufhin könnten dann gezielt hinreichende Fördermaßnahmen eingesetzt werden.

Literatur

Fritz, A., Hussy, W. (2000): Das Zoo-Spiel. Ein Test zur Planungsfähigkeit bei Grundschulkindern. Göttingen

Hasselhorn, M. (1987): Kognitive Bedingungen der Leistungsdefizite lernschwacher Schüler bei Gedächtnisanforderungen. In: Zeitschrift für Pädagogische Psychologie 1, 91-98

Kaufman, A. S., Kaufman, N.(1983): Kaufman-Assessment-Battery for Children. Amsterdam

Klahr, D. (1981): Untersuchungen zum Problemlösen bei Kindern. In: Kluwe, R. H., Spada, H. (Hrsg.): Studien zur Denkentwicklung. Stuttgart, 231-289

Kluwe, R. H., Modrow, K. (1988): Planen und Reflexion im Problemlöseverhalten 4–7jähriger Kinder. In: Schweizerische Zeitschrift für Psychologie 47, 171-181

Lauth, G. W. (1996): Effizienz eines metakognitiv-strategischen Trainings bei lern- und aufmerksamkeitsbeeinträchtigten Grundschülern. Zeitschrift für Klinische Psychologie 25, 21-32

Leong, C. K., Cheng, S. C., Das, J. P. (1985): Simultaneous-sucessive sytheses and planning in Chinese readers. In: International Journal of Psychology 20, 19-31

May, U., Schulz, A., Sydow, H. (1992): Zur Planungsfähigkeit im Alter von drei bis fünf Jahren. In: Zeitschrift für Psychologie 3, 226-236

Naglieri, J. A., Das, J. P. (1987): Construct and criterion related validity of planning. In: Journal of Psychoeducational Assessment 4, 353-363

5.4. Zeitliche Informationsverarbeitung (Ordnungsschwelle), Sprachverarbeitung und Lese- Rechtschreibleistungen – Möglichkeiten der Früherkennung und Prävention von Lese-Rechtschreibstörungen im Vorschulalter

Von Karlheinz Barth

5.4.1. Theoretischer Hintergrund

Vor dem Hintergrund kognitiver Informationsverarbeitungsmodelle sind in jüngerer Zeit verschiedene Phasen- bzw. Stufenmodelle des Schriftspracherwerbs entwickelt worden (u. a. Frith 1986, Günther 1986, Scheerer-Neumann 1987), die Prozeßabläufe beim Lesen- und Schreibenlernen aufzeigen. Die Phasenmodelle der Rechtschreibentwicklung legen nahe, daß sich Kinder zu Schulbeginn über längere Zeit in erster Linie an der Analyse der Phonemfolge orientieren und den Phonemen – entsprechend ihrem Wissen um Phonem-Graphem-Korresponden-zen – Buchstaben zuordnen.

Darüber hinaus besteht in der wissenschaftlichen Forschung derzeit ein breiter Konsens darüber, daß sich als bedeutsamste Vorhersagekriterien für die spätere Lese-Rechtschreibkompetenz metalinguistische Fähigkeiten erweisen (Wagner/ Torgesen 1987; Schneider/Näslund 1992). Dabei erweisen sich insbesondere drei Bereiche von Bedeutung:

(1) Die phonologische Bewußtheit, d. h. die Bewußtheit um und den Zugang zur phonologischen Struktur der Sprache. Skowronek und Mitarbeiter (1989) unterscheiden dabei:
   a) phonologische Bewußtheit im engeren Sinn (z. B. Anlaute erkennen, Lautsynthese) und
   b) phonologische Bewußtheit im weiteren Sinne (z. B. Silbensegmentierung, Reimpaare erkennen).
(2) Phonologisches Recodieren beim Zugriff auf das semantische Lexikon,
(3) Phonetisches Recodieren im Arbeitsgedächtnis (Arbeitsgedächtnis für verbale Informationen).

Basierend auf diesen Erkenntnissen hat die Bielefelder Forschergruppe ein Screening-Verfahren (Jansen et al. 1999) entwickelt, das es ermöglicht, bereits im Vorschulalter (zehn Monate und vier Monate vor der Einschulung) diejenigen Kinder zu identifizieren, für die ein Risiko bei der Entwicklung des Lesen- und Schreibenlernens besteht. Diese Risikokinder können wiederum bereits im Vorschulalter in einem von Schneider und Mitarbeitern konzipierten und evaluierten Trainingsprogramm zur phonologischen Bewußtheit (Küspert/Schneider 1999) erfolgreich gefördert werden. Die Ergebnisse verschiedener Trainingsstudien belegen inzwischen sehr eindrucksvoll, daß ein Training der phonologischen Bewußtheit bei Kindergartenkindern sich auch langfristig in einer Verbesserung von Lese- und Rechtschreibleistungen in der Grundschule niederschlägt, und die trainierten Risikokinder in der Regel nicht zu Problemkindern in der Grundschule werden.

Darüber hinaus zeigen neurowissenschaftliche Untersuchungen (Tallal et al. 1993, von Steinbüchel/Pöppel 1991), daß insbesondere auch zeitliche Verarbeitungsmechanismen im Zehntel-Millisekundenbereich von erheblicher Bedeutung für die Verarbeitung kleinster, sprachlich bedeutungsunterscheidender Einheiten (Phoneme) sind. Es wird angenommen, daß Beeinträchtigungen dieser zeitlichen Verarbeitungsmechanismen (der auditiven Ordnungsschwelle) zu Defiziten in der Verarbeitung rasch wechselnder akustischer Reize und damit zu Schwierigkeiten in der Phonemdiskriminationsfähigkeit führt. Dies wiederum hat Auswirkungen auf die Sprachentwicklung sowie auf die Lese-Rechtschreibleistungen der Kinder. Tallal postuliert, daß Sprachentwicklungsauffälligkeiten und Lese-Rechtschreibstörungen auf eine gemeinsame, basale Ursache zurückzuführen sind. Diese Ursache sieht sie in der mangelnden zeitlichen Verarbeitungsfähigkeit des Gehirns.

5.4.2. Untersuchungsbeschreibung

In einer neueren empirischen Untersuchung, an der insgesamt 147 Schulanfänger teilnahmen und die aus drei Gruppen (Frühleser, „normale" Grundschüler, sprachbehinderte Kinder) bestand, ging der Verfasser der Frage nach, welche Zusammenhänge zwischen zeitlicher Verarbeitungsfähigkeit (auditive Ordnungsschwelle), phonologischer Bewußtheit, phonetischem Recodieren im Arbeitsgedächtnis, nonverbaler Intelligenz, Rhythmuserfassen und früher Lesefertigkeit/Buchstabenkenntnis bestehen. Darüber hinaus wurden in einer längsschnittlichen Betrachtung diese Variablen im Hinblick auf ihre Bedeutung für die Lese-Rechtschreibleistungen von Kindern am Ende des 1. Schuljahres analysiert.

5.4.3. Ergebnisse

Zusammengefaßt zeigten sich folgende Ergebnisse.

(1) Frühleser waren sowohl den „normalen" Grundschulkindern als auch den sprachbehinderten Kindern im Hinblick auf ihre zeitliche Verarbeitungsfähigkeit, ihre phonologische Bewußtheit, ihrem Arbeitsgedächtnis sowie im Rhythmuserfassen und in ihrer nonverbalen Intelligenz signifikant überlegen. Am Ende des ersten Schuljahres waren sie auch in ihren Lese- und Rechtschreibleistungen den „normalen" Grundschulkindern überlegen. Daraus läßt sich schließen, daß Frühleser möglicherweise ein höheres kognitives Verarbeitungsniveau aufweisen.

(2) Die Grundschulkinder waren den sprachbehinderten Kindern zwar in der phonologischen Bewußtheit, im Arbeitsgedächtnis sowie in der frühen Kenntnis über Buchstaben- und Laut-Korrespondenzen signifikant überlegen, nicht jedoch in der zeitlichen Verarbeitung, im Rhythmuserfassen und der nonverbalen Intelligenz.

(3) Es ließen sich keine geschlechtsspezifischen Unterschiede in der zeitlichen

Verarbeitung, der phonologischen Bewußtheit, im Arbeitsgedächtnis, im Rhythmuserfassen und der nonverbalen Intelligenz zwischen Jungen und Mädchen finden.

(4) Korrelationsstatistische Ergebnisse: In der Gruppe der Grundschulkinder (N = 99) zeigte sich keine signifikante Korrelation zwischen nonverbaler Intelligenz und zeitlicher Verarbeitungsfähigkeit. Dagegen korrelierten die zeitliche Verarbeitungsfähigkeit und die phonologische Bewußtheit auf dem 1 % Signifikanzniveau (r = -.27). Kein statistisch bedeutsamer Zusammenhang konnte hingegen zwischen zeitlicher Verarbeitung und Lese- Rechtschreibleistungen gefunden werden. Lediglich 28 % der rechtschreibschwachen Kinder hatten auch hohe Ordnungsschwellen (über 300 ms). Dies weist auf die Existenz von Subgruppen hin. Dagegen korrelierten phonologische Bewußtheit und Lese-Rechtschreibleistungen sehr signifikant (r = .29 bzw. r = .54) miteinander. Daraus folgt, daß sich die phonologische Bewußtheit als bedeutsamster Prädiktor in bezug auf Lese-Rechtschreibleistungen erwiesen hat.

(5) Die Verteilung der Ordnungsschwellenwerte bei den Grundschulkindern zeigte ein bimodales Verteilungsmuster. 15 Grundschulkinder hatten Ordnungsschwellenwerte von über 300 ms. Die Ordnungsschwellenwerte der anderen Kinder variierten im Bereich zwischen 20 und 230 ms. Beide Gruppen unterschieden sich in der phonologischen Bewußtheit im engeren Sinne, nicht jedoch in der phonologischen Bewußtheit im weiteren Sinne. Auch im Hinblick auf nonverbale Intelligenz, Arbeitsgedächtnis, Rhythmuserfassen und Lesefähigkeit unterschieden sich die Gruppen mit hohen und normalen Ordnungsschwellenwerten nicht. Für die Rechtschreibleistungen dagegen ließ sich ein Wechselwirkungseffekt der Faktoren Gruppe und Geschlecht nachweisen. Mädchen mit hohen Ordnungsschwellenwerten hatten schlechtere Rechtschreibleistungen als Jungen mit hohen Ordnungsschwellenwerten.

Die vorliegende Studie belegt einen Zusammenhang zwischen zeitlicher Verarbeitung und phonologischer Bewußtheit, wobei von einer streng monokausalen Beziehung aber nicht auszugehen ist.

Literatur

Frith, U. (1986): Psychologische Aspekte des orthographischen Wissens: Entwicklung und Entwicklungsstörung. In: Aust, G. (Hrsg.): New trends in graphemics and orthography. Berlin, 218-233

Günther, K. B. (1986): Ein Stufenmodell der Entwicklung kindlicher Lese- und Schreibstrategien. In: Brügelmann, H. (Hrsg.): ABC und Schriftsprache – Rätsel für Kinder, Lehrer und Forscher. Konstanz, 32-54

Jansen, H. et al. (1999): Bielefelder Screening zur Früherkennung von Lese- Rechtschreibschwierigkeiten (BISC). Göttingen

Küspert, P., Schneider, W. (1999): Hören, lauschen, lernen. Sprachspiele für Kinder im Vorschulalter. Göttingen

Scheerer-Neumann, G. (1987): Ein Entwicklungsmodell zur Analyse der Rechtschreibschwäche. In: Dummer-Smoch, L. (Hrsg.): Legasthenie – Berichte über den Fachkongreß 1986. Bundesverband Legasthenie, Hannover

Schneider, W., Näslund J. C. (1992): Cognitive prerequisites of reading and spelling: A longitudinal approach. In: Demetrio, A., Shayer, M., Efklides, A. (Hrsg.): Neo-Piagetian theories of cognitive development. Implications and applications for education. London, 256-274

Skowronek, H., Marx, H. (1989): Die Bielefelder Längsschnittstudie zur Früherkennung von Risiken der Lese-Rechtschreibschwäche: Theoretischer Hintergrund und erste Befunde. In: Heilpädagogische Forschung 15, 38-49

Tallal, P. et al. (1993): Temporal Information Processing in the Nervous System. Special Reference to Dyslexia and Dysphasia. Annals of the New York Academy of Science, Vol. 682

Von Steinbüchel, N., Pöppel, E. (1991): Temporal order thresholds and language perception. In: Bhatkar, V. P., Rege, K. M. (Hrsg): Frontiers in knowledge-based computing. New Delhi, 81-90

Wagner, R. K., Torgesen, J. K. (1987): The Nature of Phonological Processing and its Causal Role in the Acquisition of Reading Skills. In: Psychological Bulletin 101, 192-212

5.5. Gestörtes Binokularsehen und mögliche Auswirkungen auf das Lese- und Schreibverhalten bei Kindern

Von Fritz Gorzny

5.5.1. Ursachen und Behandlungsmöglichkeiten von Lese- und Rechtschreibschwäche (LRS)

Lese- und Rechtschreibschwäche (LRS), und in ihrer schwersten Form Legasthenie, sind gekennzeichnet durch ein isoliertes Leistungsversagen im Bereich der geschriebenen Sprache. Es besteht ein Mißverhältnis zwischen der erwarteten und der tatsächlichen Lese- und/oder Rechtschreibefähigkeit. Dieses Mißverhältnis ist schwer und unbehandelt das ganze Leben andauernd und hat verschiedene Faktoren zur Ursache.

Frühzeitige Vorankündigungen für Augenprobleme sind bei Kindern und Jugendlichen Augenreiben, Blinzeln, Lichtempfindlichkeit, Kopfschmerzen, brennende und tränende Augen, Ermüdung bei anspruchsvollen Sehaufgaben, z. B. beim Basteln, Puzzeln, Ungeschicklichkeit beim Umgang mit Scheren und beim Ausmalen, häufiges Anrempeln oder Stolpern. Im *Lesealter* fällt auf:

– daß freiwillig kein Buch berührt wird – außer Comics
– auffällige Kopfhaltung beim Lesen, das Heft dicht vor der Nase halten, mit dem Finger lesen
– Probleme beim Blickwechsel von Ferne auf Nähe
– schlechte und unruhige Schrift
– verminderte Erkennung von Buchstabengruppen
– beim *Schreiben* können Linien nicht gehalten werden, unregelmäßige Zwischenräume von Wörtern, Fehler beim Abschreiben einer Vorlage oder vom Diktat. Die Schrift wird bei längerem *Schreiben* zunehmend schlechter.
– Im normalen Leben fällt eine verminderte Tiefenwahrnehmung und falsch gesteuerte Feinmotorik, z. B. Probleme beim Bällefangen, mit Federball, Tennis etc. auf.

Häufig sind LRS und Legasthenie auch vergesellschaftet im Aufmerksamkeitsdefizit-Syndrom (ADS) oder hyperkinetischen Syndrom.

Die möglichen ophthalmologischen Ursachen und Behandlungsmöglichkeiten sollen im folgenden dargelegt werden:

Beim kognitiven Blicken in die Ferne und Nähe (Lesen) werden ständig kleine Blicksprünge (Sakaden) vom Augenpaar ausgeführt. Sie werden gesteuert von zwei Untersystemen:

(1) Nach jedem Blicksprung muß ein tonisches System unter Fusionszwang die Vergenzstellung solange erhalten, bis der Gegenstand oder das Wort erkannt ist. Hierfür stehen ca. 50 ms zur Verfügung.

(2) Nach dieser Phase, also zwischen den Blicksprüngen, muß die Fusion kurzzeitig unterbrochen werden (phasisches System), um eine Überlagerung der Eindrücke zu verhindern.

Fischer und Mitarbeiter haben in Freiburg ein Gerät entwickelt, mit dem sie das Blickverhalten und seine Fehlsteuerung bei LRS exakt beobachten und messen können. Pathologische Abweichungen konnten diagnostiziert und mit einem Fix-Train genannten Übungsgerät gebessert werden. Fischers Forderung: In jede Schule gehöre ein Blicklabor zur Therapie pathologischen Blickverhaltens.

Helene Irlen beobachtete, daß Farbfolien die beiden Phasen des Blickverhaltens beeinflussen können. Sie entwickelte ein Schema, mit dem sich das Leseverhalten durch Farbtafeln signifikant verbessern läßt.

Wie oben angedeutet, muß während der tonischen Erkennungsphase unter Einsatz von Muskelkraft durch Akkommodation und Konvergenz unter hohem Energieaufwand das Objekt (Wort) fixiert und fusioniert werden. Die sensorische Steuerung geschieht ebenfalls unter hohem Energieaufwand in höheren Zentren im Gehirn. Wie alle biophysikalischen Systeme unterliegt dieses System dem Gesetz des geringsten Energieaufwandes, der jedoch nur bei Emmetropie und Orthophorie gegeben ist. Jede Abweichung davon erfordert mehr Energie und wird mit Entlastungsmechanismen, z. B. Heterophorie (Winkelfehlsichtigkeit), Strabismus und Amblyopie beantwortet. So wird jede Fixationsdisparation (FD) (Heterophorie, geprüft unter erhaltener Fusion) zunächst motorisch ausgeglichen, bei Dauerbelastung wird sensorisch kompensiert. Solange die Kompensation im Panumbereich geschieht, besteht sensorische FD. Weicht die Bildlage über den Panumbereich hinaus, entsteht Strabismus auf Basis anomaler Korrespondenz, später möglicherweise Amblyopie.

Es ist nachvollziehbar, daß sich unter pathologischer Dauerbelastung der Fusion eine unausgeglichene cerebrale Energiebilanz einstellt, die z. B. das betroffene LRS-Kind zwingt, Situationen zu meiden, die zu okulomotorischem Streß führen, z. B. Malen, Lesen und Schreiben. Umgekehrt führt eine Dauerüberlastung bei Naharbeit zu einer Überforderung, möglicherweise zum totalen Zusammenbruch des Systems (Legasthenie).

Wenn wir dieser Fehlentwicklung auf die Spur kommen wollen, müssen wir den motorischen und sensorischen Fusionsaufwand messen können. Wir müssen diese Abweichung aus der Orthophorie bei erhaltener Fusion prüfen. Hierfür eignet sich besonders das Polatestgerät (Zeiss) nach H. J. Haase, der in jahrzehntelangen Versuchsserien, z. T. als Selbstbetroffener, ein gestaffeltes System zur Messung der Fixationsdisparität entwickelt hat, das heute als MKH (Meß- und Korrekturmethode nach Haase) in hohem Maße standardisiert und reproduzierbar ist. In sechs Stufen zunehmender zentraler Verriegelung werden die Bildlagefehler (Winkelfehlsichtigkeit) analysiert und mittels Prismen ausgeglichen. Die Ergebnisse der Analysen sind, verglichen mit den normalen strabologischen Ergebnissen, überraschend und die therapeutischen Erfolge, bei entsprechendem Ausgleich der Abweichungen durch Prismengläser oder Operation, ermutigend.

5.5.2. Eigene Ergebnisse

Bei den in unserer Praxis untersuchten 53 Kindern mit LRS unterschiedlichen Ausmaßes wurden in allen Fällen pathologische Abweichungen gefunden. Die Abweichungen korrelierten nicht eindeutig mit der Schwere der LRS, d.h. bei schweren Verlaufsformen der Legasthenie wurden manchmal nur sehr geringe Abweichungen gemessen. Alle 53 Kinder erhielten zunächst, nach objektiver Brillenbestimmung unter Atropin, eine optimale Korrektur, später Prismengläser mit z.T. steigender Stärke. In sieben Fällen mußte operiert werden, da die Abweichung über die tolerierbare Prismenstärke von 20 Prismen, Basis außen, hinausging.

Die therapeutischen Ergebnisse waren insgesamt ermutigend. Immer trat eine Besserung der allgemeinen Situation, wie die Steigerung der Konzentrationsfähigkeit, ein sicheres Ballgefühl oder das Nachlassen motorischer Unruhe etc. ein. In einigen Fällen verbesserten sich das Schriftbild und die Lesefähigkeit. Teilweise trat erst nach Augenmuskeloperation und nachträglicher Prismenbrille eine vollständige Heilung der LRS ein.

Nach dieser ersten Untersuchungsreihe, die ständig fortgesetzt wird, kann die derzeitig offizielle Auffassung, daß LRS und Legasthenie nicht auf Störungen im ophthalmolgischen Bereich beruhen, zumindest in Frage gestellt werden.

Literatur

Breitmeyer, B. G. (1993):The Roles of Sustained (P) and Transient (M) Chanels in Reading and Reading Disability, Facts of Dislexia and its Remediation. In: Wright, S. F., Groner, R. (Hrsg.): Elsevier Science Publishers, ohne Ortsangabe

Fischer, B. (1999): Blickpunkte. Bern/Göttingen/Toronto/Seattle

Goersch, H. (1994):Was das mit der „Winkelfehlsichtigkeit" soll? In: Neues Optikerjournal 3

Haase, H.-J. (1995): Zur Fixationsdisparation. Heidelberg

Irlen, H. (1991): Reading by the Colors. New York

5.6. Diagnostik und Therapie bei Aufmerksamkeitsdefizit-Hyperaktivitätsstörungen

Von Friedrich Linderkamp

5.6.1. Erscheinungsbild

Die Aufmerksamkeitsdefizit-/Hyperaktivitätsstörung (ADHD) manifestiert sich vor allem in Schulleistungs- oder sozialen Anforderungssituationen, die bedachtes, planvoll-reflexives Vorgehen verlangen.

Eben dies gelingt den betreffenden Kindern nur unzureichend. Sie sind sehr unaufmerksam, wenig konzentriert und sehr leicht ablenkbar. Sie haben weder Geduld noch Ausdauer. Motorische Kontrolle und geordnetes, planvolles Vorgehen bei Aufgabenlösungen gelingen ihnen nur unzureichend. Stattdessen machen die Kinder viele Fehler, brechen Aufgabenlösungen ab und wechseln sprunghaft von einer Aufgabe zur nächsten, so daß auch ihre Schulleistungen zumeist schwach ausfallen. Im sozialen Bereich führt das unaufmerksame und unruhige Verhalten der Kinder zu häufigem Streit und wird von Eltern und anderen Erwachsenen sowie von Gleichaltrigen als sehr störend erlebt, so daß die betreffenden Kinder oftmals ausgegrenzt werden.

5.6.2. Prävalenz

Aufmerksamkeitsstörungen sind eine der häufigsten Verhaltensstörungen im Kindesalter. Gemäß der American Psychiatry Association (1994) tritt die Störung bei 3-6% der Schulkinder auf. Jungen sind sechs bis neun mal häufiger betroffen als Mädchen. Zudem stellen sich bei ADHD vielfach komorbide Problematiken ein. So belegen Metaanalysen von Subgruppenstudien, daß 30-90% aufmerksamkeitsgestörter Kinder differentialdiagnostisch gleichzeitig als dissozial klassifiziert werden können. Wahrscheinlich leiden bis zu 85% aufmerksamkeits- und hyperaktivitätsstörter Kinder unter zusätzlichen affektiven Störungen. Dabei weisen 1/3 der ADHD-Kinder depressive Neigungen auf. Sehr häufig, nämlich bei über einem Viertel der Kinder, sind auch zusätzliche Angststörungen festzustellen. Des weiteren haben 80% bis über 90% aller aufmerksamkeitsgestörten Kinder Lernschwierigkeiten in Form einer fächerübergreifenden Schulleistungsproblematik. 23-35% aufmerksamkeitsgestörter hyperaktiver Kinder sind Klassenwiederholer (Linderkamp 1996). Prognostik:

> Längsschnittuntersuchungen dokumentieren, daß ca. 60 Prozent der betroffenen Kinder auch noch als Erwachsene Symptome einer Aufmerksamkeitsstörung (ADHD) aufweisen. Zudem wurden in erhöhtem Ausmaß antisoziale bzw. delinquente Verhaltensweisen, wenige bzw. konfliktreiche Sozialbeziehungen sowie Drogenmißbrauch bei heranwachsenden aufmerksamkeitsgestörten Kindern festgestellt. (Naumann 1996).

5.6.3. Ätiologie

Ergebnisse psychobiologischer Forschung führen die mangelnde Selbststeuerungsfähigkeit aufmerksamkeitsgestörter Kinder auf eine defizitäre Regulation im noradrenergenen System des ZNS zurück. Ursächlich hierfür sind zum einen unspezifische prä- (z. B. hohe Arbeitsbelastung, Krämpfe), peri- (z. B. Sauerstoffmangel) und postnatale (z. B. entzündliche cerebrale Erkrankungen; Szatmari et al. 1989) und zum anderen in nicht unerheblichem Ausmaß genetische Faktoren, wie eine ganze Reihe methodisch sorgfältig angelegter Hereditätsstudien belegen, die ein fünffach erhöhtes ADHD-Risiko für Kinder aufmerksamkeitsgestörter Eltern ausweisen (Samudra/Cantwell 1999).

Doch nicht alle Kinder mit vorliegender Vulnerabilität für ADHD entwickeln diese Problematik. Entscheidend sind in diesem Kontext *psychosoziale Schutz- bzw. Risikofaktoren*. Schutzfaktoren sind hier sowohl *kindbezogene Merkmale* (wie positives Temperament und ein differenziertes Spektrum sozialer und kognitiver Fertigkeiten) als auch *umweltbezogene Faktoren* (wie soziale Unterstützung, familiäre Kohäsion und angemessenes Erziehungsverhalten der Eltern). Was die Risikofaktoren betrifft, so liegt neben unspezifischen Faktoren (beengte Wohnverhältnisse, geringes Einkommen/Sozialhilfeempfänger, unvollständige Familien etc.; Szatmari et al. 1989) häufig eine beeinträchtigte Eltern-Kind-Beziehung vor, die durch eine verstärkte Anwendung bestrafungsorientierter Erziehungspraktiken, vermehrte Unsicherheit und Selbstkritik sowie weniger Gelassenheit und Souveränität in der Erziehung gekennzeichnet ist (Saile/Gsottschneider 1995).

5.6.4. Diagnostik

Die Diagnostik orientiert sich an international gültigen Klassifikationskriterien. Gemäß ICD-10 (*Hyperkinetische Störungen*, Code-Nr. F90) wird ADHD durch mehrere Zuweisungsmerkmale erfaßt:

(1) Durch charakteristische Verhaltensmerkmale für Unaufmerksamkeit (mangelnde Ausdauer, geringe Vorausplanung, mangelnde Sorgfalt, Abgelenktheit), Impulsivität (mit Antworten herausplatzen, andere stören und unterbrechen) und Hyperaktivität (extensiver Bewegungsdrang).
(2) Die Verhaltensmerkmale müssen seit mindestens sechs Monaten vorliegen sowie
(3) vor dem siebten Lebensjahr begonnen haben.
(4) Die Verhaltensäußerungen müssen im Vergleich zu Kindern mit gleichem Entwicklungsstand in deutlich stärkerer Ausprägung sowie
(5) situationsübergreifend (z. B. zu Hause und in der Schule) vorliegen und dabei
(6) einen deutlichen Leidensdruck in den sozialen, schulischen oder beruflichen Lebenszusammenhängen des betroffenen Kindes oder Jugendlichen verursachen.
(7) Die Störung ist auszuschließen, wenn anderweitige tiefgreifende Entwicklungsstörungen vorliegen und wenn das Störungsverhalten eher als reaktiv bedingt zu sehen ist.

Für die Durchführung der Diagnostik sind folgende Schritte notwendig:

(1) Im Rahmen einer orientierenden Verhaltensanalyse mit Eltern und ggf. Lehrerinnen/Lehrern wird geklärt, ob die o. g. Verhaltenskriterien vorliegen. In diesem Rahmen sollte ein strukturiertes klinisches Interview zum Einsatz kommen, das auch kovariierende Störungen erfaßt. Hierzu bietet sich das am DSM-IV und an der ICD-10 orientierte Diagnostische Interview bei psychischen Störungen im Kindes- und Jugendalter (DIPS) an (Unnewehr et al. 1998).
(2) Es werden Hypothesen über individuelle Störungsschwerpunkte erarbeitet, indem eruiert wird, wie sich das problematische Verhalten in den verschiedenen situativen Kontexten äußert und welche Umstände dieses Verhalten auslösen. Zudem wird der Frage nach einer möglichen reaktiven Verursachung der Verhaltensauffälligkeiten nachgegangen. Von Interesse sind desweiteren die Konsequenzen des problematischen Verhaltens des Kindes für die Bezugspersonen bzw. die Familie. Zudem ist von Belang, ob es Bereiche unproblematischen Verhaltens gibt und welche Vorlieben und Stärken das Kind hat.
(3) Zur Absicherung des diagnostischen Urteils sollten strukturierte Verhaltensbeobachtungen vor Ort (im Unterricht, auf dem Pausenhof, in der Familie beim gemeinsamen Essen oder bei den Hausaufgaben) erfolgen.
(4) Zur Überprüfung des Entwicklungsstatus und der funktionellen Leistungsfähigkeit des Kindes sollten psychometrische Untersuchungen ergänzt werden. Empfehlenswert sind ein Intelligenztest (z. B. CFT 1/20) sowie ein Verfahren zur Untersuchung der Aufmerksamkeitsleistung (z. B. Continuous Performance Tests/CPT von Knye et al. 1996).
(5) Schließlich ist die Erfassung des kognitiv-funktionalen Leistungsvermögens (z. B. visuelle Diskriminationsfähigkeit, Verhaltenssteuerung, Planungsfertigkeiten) unerlässlich. Arbeitsproben (Suchbilder analysieren, Zuordnungs- und Denkaufgaben) geben hier weiteren Aufschluß.
(6) Die Überprüfung des (schulischen) Wissens und die Feststellung möglicher Kenntnisdefizite erfolgt durch die Leistungsbeurteilung der zuständigen Klassenlehrerin/des zuständigen Klassenlehrers bzw. der Fachlehrerinnen/Fachlehrer.

5.6.5. Therapie

Unter Berücksichtigung der Behandlungsstandards der American Academy of Child and Adolescent Psychiatry (1991) ist bei Kindern und Jugendlichen mit ADHD eine multimodale Therapiekonzeption angezeigt. Bei diesem Vorgehen

Tab. 5.6-T1: Behandlungsmethoden für Kinder und Jugendliche mit Aufmerksamkeitsdefizit-/Hyperaktivitätsstörung

Kindzentrierte Verfahren	Familienzentrierte Verfahren	Schul- bzw. Kindergartenzentrierte Verfahren
• Stimulantientherapie • Selbstinstruktionstraining • Soziales Kompetenztraining	• Familienberatung • Eltern-Kind-Training • strukturelle Familientherapie	• Aufklärung • Beratung

werden per „Bausteinprinzip" verschiedene therapeutische Methoden miteinander kombiniert, die kind-, familien- sowie schul- bzw. kindergartenzentriert zur Anwendung kommen (s. Tab. 5.6-T1).

Im Bereich kindzentrierter Verfahren stellt die pharmakotherapeutische Behandlung mit Stimulantien eine Maßnahme dar, die bei starker hyperaktiv-impulsiver Symptomausprägung indiziert ist, da sie sehr zur Entlastung des Kindes und der Familie führt. Auf Seiten des Kindes kann somit etwa eine drohende Sonderbeschulung abgewendet werden, innerfamiliär wird eine Eskalation bzw. Chronifizierung der Beziehungskonflikte abgewendet. Die Stimulantientherapie ist bei 60 % – 90 % der betreffenden Kinder wirksam, die Effekte sind umfassend und führen zur signifikanten Verbesserung sowohl der motorisch-impulsiven Symptomatik als auch des Aufmerksamkeitsverhaltens. Entsprechend werden Psychostimulantien immer häufiger verschrieben. So hat sich in den USA die Zahl der mit Psychostimulantien behandelten Kinder im Zeitraum 1980 (541.000) bis 1995 (> 2.000.000) fast vervierfacht (Prosser/Reid 1999). Jedoch sind die Therapieeffekte begrenzt, denn es fehlen Generalisierungen auf die sozialen und Schulleistungsdefizite und auch Langzeiteffekte bleiben aus. Insofern handelt es sich bei der Stimulantienverabreichung nicht um eine symptombezogene Heilbehandlung, sondern sie verschafft den Kindern einen neurophysiologischen Status, der es ihnen erlaubt, vorhandene Kompetenzen zur Anwendung zu bringen (Fisher/Beckley 1999).

Demgegenüber haben *Selbstinstruktionstrainings* (Lauth/Schlottke 1999) den Aufbau bzw. die Automatisierung handlungsorganisierender und -regulierender Fertigkeiten zum Ziel, die das Kind dabei unterstützen, sein Verhalten kognitiv und affektiv besser zu steuern. Dies geschieht in Verbindung mit Problemlösetrainings, die auf dem Einüben strategischer Fertigkeiten durch Selbstverbalisierung basieren (*Was ist das Problem? Was ist zu tun? Welche Lösungsmöglichkeiten habe ich bei welchen Konsequenzen? Ich führe eine Lösungsmöglichkeit aus und bewerte das Ergebnis!*) und somit der unzureichenden Daueraufmerksamkeit sowie der mangelnden inhibitorischen Kontrolle durch den Aufbau eines planvollreflexiven Vorgehens begegnen. Ergänzend kommen hierzu Methoden der operanten Verstärkung (soziale Verstärker, Token-Systeme) sowie des Modellernens zum Einsatz.

Wenn ergänzend zur ADHD Störungen des Sozialverhaltens vorliegen, kommen *soziale Kompetenztrainings* (Linderkamp im Druck) zum Einsatz. In diesem Rahmen werden Verhaltensübungen und Rollenspiele eingesetzt, die den Kindern und Jugendlichen dazu verhelfen, ihr eigenes Verhalten differenzierter wahrzunehmen sowie ergänzendes bzw. alternatives, sozial angemessenen Verhalten (social skills) aufzubauen.

Familienzentrierte Verfahren berücksichtigen den Umstand, daß ADHD zumeist mit weitreichenden Erziehungs- bzw. innerfamiliären Interaktionsproblemen einhergeht. Entsprechend erfolgt im Rahmen einer *Familienberatung* eine Reflexion des familiären Interaktionsverhaltens, aus der sich alternatives Erziehungsverhalten ableiten und schließlich unter Anleitung bzw. regelmäßiger Reflexion erproben läßt.

Elterntrainings und *Eltern-Kind-Trainings* (Döpfner et al. 1997) zielen darauf ab,

Veränderungen hinsichtlich (häufig automatisierter) negativer Interaktionsmuster zu erzielen, indem die Erziehungskompetenz der Eltern gestärkt wird, um so das Verhalten des Kindes besser steuern zu können. Dabei werden mit den Eltern vor allem Verhaltensmuster positiver sozialer Verstärkung (z. B. Zuwendung bei ausdauerndem Spiel) aber auch spezielle operante Methoden (z. B. Token-System) eingeübt.

Die *strukturelle Familientherapie* fokussiert die Funktion innerfamiliärer Interaktionsstile und zielt auf die Veränderung der familiären Beziehungs- und Kommunikationsstrukturen ab. Hintergrund ist eine häufig geringere emotionale Verbundenheit in Familien mit einem ADHD-Kind sowie eine gestörte Kommunikation, die sich etwa im Phänomen der Triangulation ausdrückt, wenn beispielsweise die Eltern ihre Partnerkonflikte in der Weise zu regeln versuchen, indem sie wechselnde Allianzen mit dem Kind herstellen, das somit in Beziehungskonflikte gerät. Ein weiteres Phänomen in Familien mit einem aufmerksamkeitsgestörten Kind ist eine „Hierarchieumkehrung", wenn das Kind das „Zepter" in der Familie übernommen hat und somit die natürlichen Rollen der Familienmitglieder durcheinander geraten sind, so daß sich beispielsweise Überforderungssituationen einstellen. Die strukturelle Familientherapie begegnet also dem Umstand, daß ADHD ein Phänomen ist, welches sich nicht nur kindbezogen, sondern vor allem auch familiär manifestiert. Im therapeutischen Prozeß mit der gesamten Familie wird daher auf vorhandenen Ressourcen und Kompetenzen aufgebaut, um die Funktionsfähigkeit der gesamten Familie (z. B. bessere gegenseitige Unterstützung der Eltern, Verbesserung der Vater-Sohn-Beziehung) zu erreichen (Saile 1997).

Sofern sich die vorliegende Problematik (auch) im Schul- bzw. Kindergartenkontext manifestiert, sollten schul- bzw. kindergartenzentrierte Verfahren ergänzend zum Einsatz kommen, welche die *Aufklärung* und *Beratung* von Lehrerinnen/Lehrern und Erzieherinnen/Erziehern zum Ziel haben. Dabei sollte ihnen zunächst praktisches Wissen über das Störungsbild vermittelt werden (Aufmerksamkeitsstörung als Handlungsbeeinträchtigung). Sie sollten lernen, positive Interaktionen mit dem aufmerksamkeitsgestörten Kind anzubahnen sowie angemessenes Verhalten des Kindes gezielt zu verstärken. Bei der Unterstützung der Therapie durch die Lehrerin/den Lehrer ist die Verbesserung der Lernfähigkeit des Kindes durch „prozeßorientierte Hilfen" von besonderer Bedeutung. Hierzu gehören im wesentlichen das Strukturieren der Lernsituation, Modelldemonstrationen, Erkenntnisdialoge sowie das Vermitteln von Lernstrategien inklusive Verbalisierungs- bzw. Selbstinstruktionstechniken, so daß zielgerichtete Verhaltensweisen beim Kind ausgebildet und aufmersamkeitsorientiertes Verhalten unterstützt sowie expansive Verhaltensstörungen reduziert werden. Über das kooperative Engagement von Lehrerinnen/Lehrern und Erzieherinnen/Erziehern werden somit therapieförderliche Synergieeffekte genutzt, die vor allem dem Therapietransfer dienlich sind.

Literatur

American Academy of Child and Adolescent Psychiatry (1991): Practic parameters for the assessment and treatment of attention-deficit hyperactivity disorder. In: Journal of the American Academy of Child and Adolescent Psychiatry 30, I-III

American Psychiatry Association (1994): Diagnostic and statistical manual of mental disorders (4th ed.). Washington DC

Döpfner, M., Schürmann, S., Frölich, J. (1997): Therapieprogramm für Kinder mit hyperkinetischem und oppositionellem Problemverhalten THOP. Weinheim

Fisher, B. C., Beckley, R. A. (1999): Attention Deficit Disorder, Practical Coping Methods. Boca Raton, 275-290

Knye, M. et al. (1996): Continuous Performance Test. In: Lauth, G. W., Hänsgen, K. D. (Hrsg.): Kinderdiagnostisches System. Göttingen

Lauth, G. W., Schlottke, P. F. (1999): Training mit aufmerksamkeitsgestörten Kindern. 4. Aufl., Weinheim

Linderkamp, F. (1996): Aufmerksamkeitsdefizit/Hyperaktivitätsstörung: Zur Homogenität des Störungsbildes und die Notwendigkeit zur Subgruppendiskussion. Themenheft Aufmerksamkeitsdefizit-/Hyperaktivitätsstörung. In: Kindheit und Entwicklung, Zeitschrift für klinische Kinderpsychologie 5, 89-92

– (im Druck): Soziale Kompetenz. In: Lauth, G. W., Brack, U., Linderkamp, F. (Hrsg.): Praxishandbuch: Verhaltenstherapie bei Kindern und Jugendlichen. Weinheim

Naumann, K. (1996): Verlaufsuntersuchung und kovariierende Störungsbilder. In: Kindheit und Entwicklung 5, 93-99

Prosser, B., Reid, R. (1999): Psychostimulant Use for Children with ADHD in Australia. In: Journal of Emotional and Behavioral Disorders, 2, 110-117

Saile, H. (1997): Aufmerksamkeits- und Hyperaktivitätsstörungen bei Kindern: Ursachen und neue Akzente in der Behandlung. In: Report Psychologie 22, 872-883

– Gsottschneider, A. (1995): Hyperaktives Verhalten von Kindern im familiären Kontext. In: Psychologie in Erziehung und Unterricht 42, 206-220

Samudra, Cantwell (1999): Risk Factors for Attention-Deficit/Hyperactivity Disorder. In: Quay, H. C., Hogan, A. E. (Hrsg.): Handboook of Disruptive Behavior Disorders. New York, 199-220.

Szatmari, P., Offord, D. R., Boyle, M. H. (1989): Ontario Child Health Study: Prevalence of attention deficit disorder with hyperactivity. In: Journal of Child Psychologie and Psychiatry 30, 219-230

Unnewehr, S., Schneider, S., Margraf, J. (1998): Kinder-Dips. Diagnostisches Interview bei psychischen Störungen im Kindes- und Jugendalter. Berlin

6. „Große Pläne gelingen nur zusammen" –
Kombination und Integration von
Psychotherapieansätzen in der Frühförderung

6.1. Elternarbeit in der Frühförderung

Von Andreas Warnke

6.1.1. Begriff, Ziele und Aufgaben der Elternarbeit

Elternarbeit im Rahmen der Frühförderung umfaßt die vielfältigen Formen des Zusammenwirkens von Eltern und Fachleuten in Pflege, Erziehung und Behandlung sowie sozialer Integration des in seiner Entwicklung bedrohten oder beeinträchtigten Kindes im vorschulischen Alter.

Die Ziele der Zusammenarbeit mit Eltern beinhalten:

(1) Herstellung des Kontaktes, und zwar ambulant (in der Frühförderstelle) oder mobil (in der Außenstelle oder in der Familie),
(2) Informationsaustausch,
(3) wechselseitige Unterstützung und Beratung in der Förderung des Kindes: Zusammenarbeit in Diagnostik, Planung, Organisation und Durchführung von Frühfördermaßnahmen.

Die Kooperation bezweckt eine Verstärkung der Wirksamkeit fachlicher Hilfe, die Unterstützung der familiären Kräfte und Ressourcen sowie bei dem Kind selbst die Verhinderung von Krankheit und Behinderung und die Entwicklungsförderung.

Allgemeine Aufgabe der Zusammenarbeit mit den Eltern ist es:

(1) das Wohl des entwicklungsgefährdeten Kindes zu sichern und dafür die bestmöglichen Entwicklungs- und Integrationsbedingungen herzustellen,
(2) die familiären und gesellschaftlichen Ressourcen zur präventiven Hilfe, Behandlung und Integration des Kindes und zur Stützung seiner Familie verfügbar zu machen und
(3) familiäre und außerfamiliäre Erschwernisse, die der Entwicklung des Kindes entgegenstehen und die Tragfähigkeit der Familie belasten, abzubauen.

Die Elternarbeit beinhaltet fünf Gesichtspunkte:

- *Das Wohl des Kindes:* seine körperliche, geistige und psychische Befindlichkeit, sein Entwicklungsstand, seine Erkrankung oder Beeinträchtigung, seine Wünsche und Ziele.
- *Das Wohl der Familie:* die Befindlichkeit der Eltern und Geschwister, Möglichkeiten und Grenzen ihrer Kompetenz in Pflege, Erziehung, therapeutischer Kooperation, familiäre Wünsche und Ziele.
- *Die fachliche Kompetenz:* die Möglichkeiten der Diagnostik, fachlichen Förderung und Behandlung durch Fachleute im Rahmen der Frühförderung.
- *Die institutionellen Ressourcen:* Ausmaß der personellen Interdisziplinarität, die Wohnortnähe und die qualitative technisch-räumliche Ausstattung der in die Frühförderung einbezogenen Institutionen.
- *Die sozialrechtlichen Bedingungen.*

Die Ziele und Aufgaben sind bei jedem einzelnen Kind in seinem Lebenszusammenhang jeweils unterschiedlich, und sie wandeln sich während der längerfristigen Zusammenarbeit mit den Eltern in der entwicklungsbegleitenden Betreuung des Kindes. Elternarbeit bedarf daher ständiger Reflexion, diagnostischer Bemühungen und neuer Gestaltung. Leitlinie sind die Entwicklungsschritte des Kindes und die dem Kind zuwachsenden Entwicklungsaufgaben, die zur Bewältigung anstehen. Zugleich geht es um eine Anpassung der fachlichen Seite an die Entwicklungsaufgaben der Familie: Die Kompetenzen für die Zusammenarbeit mit den Eltern ändern sich z. B. mit der Entlassung des Kindes mit Cerebralparese aus der Intensivstation und mit der Hineinnahme des Neugeborenen in das Zuhause der Familie – wenn also die fachliche Kompetenz auf den Hausarzt und die Fachkräfte der Frühförderung vor Ort überwechselt. Wird das Kind mit Behinderung geboren, so ist es zunächst die Entwicklungsaufgabe der Familie, die Diagnose zu verstehen und die familiären organisatorischen Voraussetzungen zu schaffen, um die angeratenen Termine für Diagnostik und Behandlung möglich zu machen und wahrzunehmen. Diese frühen Ziele und Aufgaben unterscheiden sich von den späteren, wenn etwa der Eintritt des Kindes in den Kindergarten ansteht und die außerfamiliäre soziale Integration alltäglich werden soll. Sie ändern sich wiederum, wenn das Kind aus der Frühförderung hinauswächst und die Einschulung zu vollziehen ist. Frühförderung begleitet also den Entwicklungsprozeß des Kindes. Mit Entwicklungsrückschritt, -fortschritt und veränderter Entwicklungsaufgabe verändern sich Ziele und Aufgaben der Zusammenarbeit zwischen Eltern und Fachkräften in der Frühförderung.

6.1.2. Die Begründung der Elternarbeit, Einstellungen und Erwartungen

Die Kompetenz der Familien für die Entwicklung zum Wohl des Kindes begründet die Zusammenarbeit. Ambulante und mobile Frühförderung setzt Eltern (sorgeberechtigte Bezugspersonen) voraus. Ohne elterliche Kooperation könnte fachliche Frühförderung nicht beginnen und nicht wirksam werden. Die emotionale Bindung zwischen Eltern und Kind, die pflegerischen, erzieherischen und durch Anleitung von den Eltern erworbenen therapeutischen und speziellen pädagogischen Fertigkeiten sind tragende Säulen einer Frühförderung zum Wohl des Kindes. Auch da, wo Eltern ihrer Sorgerechtsaufgabe nicht gewachsen sind, das Kind mißhandelt wurde oder es verwahrlost heranwuchs, hat die Zusammenarbeit mit den Eltern eine Chance, wenn sie aufhilft und die Eltern in den Belangen, womit sie dem Wohle des Kindes noch dienen können, stärkt. Die Prinzipien des Jugendhilfegesetzes – Prävention, Partizipation, Regionalisierung, Alltagsorientierung und Integration – kennzeichnen auch die grundsätzliche Ausrichtung von Frühförderung und zielen auf die aktive Einbindung eigenverantwortlicher Familien.

Die Einstellung zur Elternarbeit, die eine Problembewältigung als Intention hat, ist lösungsorientiert: Konflikte und Hilfsbedürftigkeit werden verstanden als eine Chance, überholte und damit unzweckmäßig gewordene Werte sowie Lebensweisen aufzugeben und durch eigene Begabungen wie auch Möglichkeiten, neue Werte zu gewinnen sowie neue Handlungsspielräume zu mobilisieren (Warnke 1990).

Zusammenhänge, die Inhalt, Methode und Zielsetzung des Gesprächs zwischen Eltern und Fachleuten beeinflussen (nach Warnke 1989 b):

Zusammenhänge auf Seiten der Eltern, die für das Gespräch mit Fachleuten eine Rolle spielen:

1. Das behinderte Kind und seine Entwicklung (Fragen der Diagnostik, Therapie, Erziehung; Fragen der Kindergarten- und Schulreife)
2. Die Familienmitglieder und ihre Beziehungen zueinander (Fragen der Ehe- und Geschwisterbeziehungen, die Zukunft von Kind und Familie, Entlastung der Eltern)
3. Persönliche Eigenschaften und Erwartungen der Eltern (psychische und physische Verfassung, Hoffnungen, Befürchtungen, Einstellung zum behinderten Kind, Suche nach Ursachen, Schuldgefühle)
4. Sozio-ökonomische Familienverhältnisse (Fragen der beruflichen Belastung, der Wohnverhältnisse und Familienplanung, finanziellen Verhältnisse)
5. Verwandtschafts- und Nachbarschaftsbeziehungen (Fragen der Eingliederung und Diskriminierung)
6. Bürokratische Angelegenheiten von Verbänden, Behörden, Krankenkassen (Freizeiten, Heimunterbringung, Bescheinigungen, Gutachten)
7. Erfahrungen mit Beratungsstellen, Ambulanzen, Kliniken, Heim- und Tageseinrichtungen, Frühförderstellen (Verschiedenheit diagnostischer und therapeutischer Urteile)
8. Medieninformationen (populärwissenschaftliche Artikel, Rundfunk- und Fernsehsendungen, Tagungen)

Zusammenhänge auf Seiten der Fachkräfte, die für das Gespräch mit den Eltern eine Rolle spielen:

1. Arbeitsverhältnisse (angestellt, freiberuflich, freier Mitarbeiter)
2. Arbeitsbedingung (mobil, stationär; in Familie, Ambulanz, Klinik, Heim, Tageseinrichtung; Arbeit alleine oder im Team; Zeitdruck; materielle Ausstattung)
3. Berufliche Bildung und Berufsverständnis (Therapiemethode, Behandlungsziele, Stellung im Team, Konkurrenzdruck, Engagement)
4. Persönliche Eigenschaften und Verhältnisse (psychische und physische Verfassung, eigene Familienerfahrung)
5. Bürokratische Angelegenheiten, Berufsverbände, Kassen, Behörden (Zahl der möglichen Therapieeinheiten, Vergütung der Elternarbeit, Bescheinigungen)
6. Wissenschaftliche und populärwissenschaftliche Medieninformationen und Angebote der Industrie (Hilfsmittel, neue Methoden, Medikamente)
7. Erfahrungen mit Eltern (elterliche Erwartungen, Bestärkung oder Kritik)

Die Erwartungen bezüglich der Kooperation zwischen Eltern und Fachkraft sind geprägt von den jeweils unterschiedlichen familiären Voraussetzungen und dem sich unterscheidenden Arbeitsfeld der verschiedenen Fachkräfte. Unterschiedlich sind persönliche Betroffenheit, die Aufgabenteilung, die zeitliche Verfügbarkeit, die Kooperationsmotive. Faktoren, die das Erwartungsgefüge bestimmen, sind in der tabellarischen Übersicht zusammengefaßt.

6.1.3. Voraussetzungen der Zusammenarbeit:
Der Begriff von Behinderung und drohender Behinderung

Der Begriff der *(drohenden) Behinderung* bezeichnet zum einen die Gefährdung oder Beeinträchtigung des kindlichen Wohls aufgrund einer Erkrankung oder durch Umweltinteraktionen, so daß die soziale Eingliederung gefährdet ist *(Aspekt der Eingliederungsgefährdung)*. Zum anderen beinhaltet der Begriff, daß für das Kind mit (drohender) Behinderung ein sozialrechtlicher Rahmen geschaffen ist, auf die das Kind und seine Sorgeberechtigten Anspruch haben, dem sie aber auch verpflichtet sind *(sozialrechtlicher Aspekt)*.

Unter sozialrechtlichem Aspekt sind zunächst Maßnahmen der Frühförderung durch Krankenkassenleistungen nach RVO, Leistungen der Sozialhilfe- und Leistungen der Jugendhilfeträger gesichert. Zudem bestehen im Fall der Behinderung des Kindes für die Eltern gesetzliche Regelungen, die der familiären Entlastung zugute kommen. Dies sind im Einzelfall beispielsweise steuerliche Ermäßigungen, Pflegegeldregelungen und Ermäßigungen bei der Nutzung von öffentlichen Verkehrsmitteln. Die Eltern als Sorgeberechtigte sind in der Verantwortung, in Kooperation mit den Behörden und mit den in die Frühförderung einbezogenen Fachkräften, die dem Kind und der Familie zustehenden sozialrechtlichen Hilfen zu erkunden und wahrzunehmen. Die durch das Jugendhilfegesetz gestärkte Partizipation der Eltern stärkt die Familie und damit auch das Kind. Wenn jedoch Eltern nicht in der Lage sind, ihrer erzieherischen Verantwortung nachzukommen, kann die rechtliche Stärkung der elterlichen Position auch zum Nachteil für das Kind werden. Dabei können rechtliche Eingriffe – wie z. B. Entzug des Aufenthaltesbestimmungsrechtes, Entzug des Sorgerechtes oder außerfamiliäre Unterbringung – Komponenten der Elternarbeit sein, so daß elterliche Kompetenzen nicht erweitert, sondern eingeschränkt werden. In diesen relativ seltenen Fällen ist die sogenannte *„stellvertretende Einwilligung"*, also die Entscheidungskompetenz der Eltern für ihr Kind, problematisch. Dies trifft besonders dann zu, wenn die Entwicklungsgefährdung des Kindes bei den Eltern die Befürchtung auslösen muß, daß im Rahmen der familiendiagnostischen Maßnahmen strafrelevante elterliche Handlungen (z. B. sexueller Mißbrauch, Kindesmißhandlung) aufgedeckt werden. Oder wenn die Fachkräfte diagnostische Erkenntnisse gewinnen, die die Eltern z. B. als „Bloßstellung" verstehen (z. B. bei Suchterkrankung eines Elternteils).

Unter dem Aspekt der Gefährdung der Eingliederung beinhaltet der Begriff „*(drohende) Behinderung"* zum einen, daß Lebensverhältnisse vorherrschen, die das primär gesunde Kind in seiner Entwicklung behindern. Diese milieugenerierte Problematik macht zur Voraussetzung, daß fachliche Frühförderung Kompetenzen haben muß, im Zusammenwirken mit den Eltern Lebensverhältnisse zugunsten der Entwicklung des Kindes und der Familie zu verändern. Mobiler Dienst, familienentlastende Dienste, heilpädagogisch orientierte (integrative) Kindergärten oder Tagesstätten sind Beispiele möglicher Frühfördermaßnahmen, die in Zusammenarbeit mit der Familie bewerkstelligt werden können. Elternarbeit zielt auf familiäre Interaktionsänderungen oder situative Änderungen durch außerfamiliäre Betreuung des Kindes.

Die *(drohende) Behinderung* des Kindes kann zum anderen eine Erkrankung oder Behinderung des Kindes sein (Cerebralparese, Blindheit, geistige Behinderung ...). Elternarbeit ist auch hier auf das Lebensumfeld des Kindes bezogen; dennoch konzentriert sich in diesen Fällen primärer Behinderung des Kindes die Zusammenarbeit mit den Eltern sehr viel mehr unmittelbar auf das Kind, seine sehr individuellen Entwicklungsbeeinträchtigungen und -möglichkeiten. Die Behinderung des schwer geistig behinderten Kindes z. B., welches das Sprachverständnis nicht erwirbt und Sprache nicht zu gebrauchen lernt, ist nicht nur „geistige Behinderung" und „Sprachentwicklungsstörung" des Kindes, sondern zugleich eine besondere pflegerische und erzieherische Aufgabe für die Eltern. Zusätzlich bedeutet das Unvermögen des Kindes, sich zu verständigen, auch eine Kommunikationsstörung für die Eltern. Behinderung ist also von Anfang an sowohl eine „Eigenschaft" des Kindes, zugleich aber auch Begriff für besondere Anforderungen an Eltern und Geschwister hinsichtlich Erziehung, familiärer und außerfamiliärer Integration. Daher ist die Frühförderung des Kindes mit einer Behinderung – so gravierend und isoliert die Behinderung auch eine „Eigenschaft" des Kindes sein mag – immer entschiedene Hinwendung an das Kind, immer aber auch eine Hinwendung zu den Eltern, an die Familie (Warnke 1989a, 1989b).

6.1.4.   Formen der Elternarbeit

Das Zusammenwirken mit den Eltern ist ein tragendes Element in der Frühförderung. Es richtet sich nach den unterschiedlichen Entwicklungsphasen des Kindes (Säuglingsalter, Kleinkindalter, Vorschulalter) und den verschiedenen Lebensorten und Lebensanforderungen (Zusammenleben in der Familie, Integration in den Kindergarten, Nutzung von Fördermöglichkeiten und Therapien). Die Veränderungen, die mit der Entwicklung des Kindes einhergehen, entscheiden über die Aufgaben und Formen der Elternarbeit. Die Zusammenarbeit muß den Be-

Tabelle 6.1-T1: Aufgabenfelder und Formen der Elternarbeit

Aufgabenfelder						
	Information	Beratung	Weiterbildung	Intervention	Freizeit-gestaltung	Öffentlich-keitsarbeit
Formen	Elternkontakt, Elternabend, Hospitation, Elternbrief, Informations-schriften	Sprechstunde, Gesprächs-gruppe, Eltern-Kind-Gruppe, Hausbesuch, Literatur	Seminare, Eltern- und Familienfrei-zeit, Bildungsurlaub, Tagungen, Exkursionen, Literatur	Entlastende Dienste, Eltern-anleitung, Eltern-training, Eltern-therapie, Familien-therapie, Eltern-Kind-Gruppe	Feste, Ausflüge, Basar, Gottesdienst	Mitwirkung in Elternver-bänden und Trägervereinen, Elternvertre-tung in den Institutionen, Mitwirkung bei Tagungen, Beiträge in den öffentlichen Medien

dürfnissen und Handlungsspielräumen der individuellen Familie angepasst sein, und sie hat die besonderen Erfordernisse, personellen und strukturellen Möglichkeiten der in die Frühförderung einbezogenen Institutionen zu beachten. Elternarbeit ist daher keine umschriebene und standardisierte Methode. Sie gestaltet sich vielfältig, wie dies in Tab. 6.1-T1 zusammenfassend skizziert ist.

6.1.4.1 Elternkontakt

Elternkontakt ist die „sparsamste" Form der Elternarbeit. Sie beschränkt sich auf briefliche, fernmündliche oder Gesprächskontakte, die für den Austausch notwendigster Informationen wie z. B. Terminabsprachen dienen. Dies reicht nur aus, solange für die Entwicklungsförderung des Kindes keine weitergehende Kooperation zwischen Elternhaus und Fachkräften notwendig ist.

Das „Gespräch zwischen Tür und Angel" ist ein durchaus wirksames Mittel der Elternarbeit. Es hat oft eine Schlüsselfunktion in der Beratung. Wichtig sind die Begrüßung, die Kenntnis des Namens, die Verabschiedung und das Achthaben auf angesprochene Ereignisse, die Anlaß für eine Beratung im Rahmen eines vereinbarten Sprechstundentermins sein müssen (weiterführend Warnke 1989b).

6.1.4.2 Elterngespräch und Elternberatung

Die Sprechstunde ist der klassische Rahmen der Beratung. Das Anamnesegespräch erschließt die Lebensgeschichte des Kindes und die Familiengeschichte. Die Exploration liefert Erkenntnisse zur Genese des Problems bzw. der Behinderung und zu den Umständen, die ursächlich, aufrechterhaltend oder lösend wirken. Anamnese und Exploration sind stets mehr als ein standardisiertes Anhäufen von Daten. Sie geben Einblick in das Lebensgefüge, die Dynamik sowie die Wert- und Glaubenshaltung der Familie. Sie erschließen Erwartungen und Befürchtungen der Eltern. Sie dienen einem Verstehen, das die Familie vor Schuldvorwürfen schützt.

Beratung beinhaltet zuhörendes, verstehendes, mitteilendes, beschreibendes und beurteilendes Gespräch (Gordon 1972; Warnke 1989b). Beratung zielt einerseits darauf, Eltern zuzuhören, sie zu verstehen, um als Fachkraft selbst Einsichten, Handlungshinweise und Entscheidungsgrundlagen für die individuelle Förderung des Kindes zu erlangen. Andererseits dient Beratung dazu, daß Eltern Einsichten gewinnen, Kenntnisse erwerben, Umstimmungen in der Gefühlslage erleben, sich neue Ziele oder eine andere Gewichtung von Zielen vornehmen und alternative Handlungsmöglichkeiten, die dem Wohle des Kindes zugute kommen, umsetzen können.

6.1.4.3 Elternanleitung und Elterntraining

Die Elternanleitung unterstützt Eltern in der Aneignung von speziellen pflegerischen, erzieherischen und auch therapiespezifischen Fertigkeiten, so daß sie die fachliche Förderung und auch Therapie des Kindes in seinem Alltag nicht unbedingt im fachlichen Sinne weiterführen, so doch unterstützen. Eltern als „Co-Therapeuten" war zu Beginn der Geschichte von Frühförderung ein notwendiger Arbeitsbegriff. Er führte dazu, daß sich von fachlicher Seite eine systematische Zuwendung zu den Eltern entwickelte. Inzwischen dürften Ansätze eines Verständnisses von Co-Therapie überwunden sein, die Eltern gleichsam zu „Angestellten" und „Befehlsempfängern" der Fachleute machte, deren Anweisungen sie Folge zu leisten hatten, wenn sie sich nicht für das Schicksal ihres Kindes und letztendlich für eine bleibende Behinderung des Kindes verantwortlich fühlen sollten.

Elterntraining ist eine intensive Form der Anleitung, die praktische Übungen mit einschließt, womit Eltern Einsichten über das Kind und problemlösungsrelevante Fertigkeiten und Ressourcen gewinnen, indem sie eigene Möglichkeiten zur Hilfe entwickeln, erproben und einüben können. Ein in der Frühförderung sehr bewährtes Vorgehen ist das Münchner Trainingsmodell (Innerhofer 1978; Warnke 1999).

6.1.4.4 Elterntherapie und Familientherapie

Elterntherapie zielt auf eine Änderung und Bestärkung elterlicher Erlebens- und Handlungsweisen zur Überwindung persönlicher Beeinträchtigungen. Gegenüber dem bloßen Gespräch werden in der Therapie auch unbewußte Erlebens- und Verhaltensweisen zur Sprache gebracht sowie nichtsprachliche Techniken (Rollenspiel, Videobeobachtung, Psychodrama) eingesetzt. Familientherapeutische Ansätze zielen auf die systematische Stärkung familiärer Kräfte mit dem Ziel, psychische Schwierigkeiten der Familie durch ihr kooperatives Zusammenwirken zu beheben.

6.1.4.5 Elterngruppen

Elterngruppen finden im Rahmen von Elternabenden, Elternseminaren zur Familienbildung, als Eltern-Kind-Gruppen oder als Gesprächskreise statt. Mehr und mehr gewinnen Selbsthilfegruppen an Bedeutung, dies in hervorragender Weise in den bestehenden Elternverbänden, deren größte die Bundesvereinigung Lebenshilfe ist. Im Rahmen dieser Elternverbände sind Einrichtungs- und regionalübergreifende Rechtsberatung, Fortbildung, Erholungsaufenthalte und auch Fachtagungen sowie eine Fülle von schriftlichen Informationsmaterialen zu erhalten (Bundesvereinigung Lebenshilfe 1984).

6.1.4.6 Hausbesuch – mobile Frühförderung

Der Hausbesuch ist in der mobilen Frühförderung und Hausfrüherziehung Voraussetzung dafür, daß fachliche Betreuung das entwicklungsgefährdete Kind erreicht. Vorbehalte gegen einen Hausbesuch sind dann angebracht, wenn die Motive in der Kontrolle, der Belehrung und des Auskundschaftens negativer Familieneinflüsse wurzeln. Elterliches Mißtrauen weicht, wenn der Hausbesuch auf ein besseres Verständnis des Kindes und seiner Familie zielt, um Hilfen rascher wirksam werden zu lassen. Der Hausbesuch sollte immer angemeldet sein.

6.1.4.7 Andere Formen der Elternarbeit

Hospitation ist die Umkehrung des Hausbesuches, indem die Eltern in die zentrale Frühfördereinrichtung kommen, um Förderung und Leben des Kindes außerhalb der Familie kennenzulernen. Entlastende Dienste zielen auf praktische Familienhilfe. Freizeitangebote machen Familien mit behinderten Kindern einander bekannt, ermöglichen Planung und Durchführung von Festen, Ausflügen, gemeinsamen Gottesdiensten und Freizeiten. Die aktive Mitgliedschaft in Elternverbänden kann den Selbstwert von Eltern wesentlich bestärken. Vorstandsaufgaben in Trägervereinen und Mitarbeit im Elternbeirat sind notwendige Aufgaben (Warnke 1990).

6.1.5. Erschwernisse für eine Zusammenarbeit zwischen Fachleuten und Familie

Mißlingt die Zusammenarbeit mit der Familie, so ist die Neigung auf fachlicher Seite groß, die Schuld in einer unkooperativen Eigenschaft der Eltern zu sehen. Tatsächlich ist es aber angemessen, die Analyse der Kooperation selbst zu einer Aufgabenstellung von Elternarbeit zu machen. Folgende Verhältnisse erschweren diese Kooperation:

(1) Die starke sozio-ökonomische Belastung der Familie:
- wenn Eltern mit niedriger Schulbildung erwerbstätig sind und beruflich wenig Entscheidungsbefugnisse haben,
- wenn ein alleinerziehender Elternteil in konfliktbelasteten Familienverhältnissen steht und eine große haushälterische und erzieherische Belastung in kinderreicher Familie ihm keinen Raum läßt für eine ausreichend verläßliche Zusammenarbeit mit Fachkräften,
- wenn schlechte wirtschaftliche und wohnlich beengte Verhältnisse bestehen und die nachbarschaftlichen Beziehungen schlecht sind.

(2) Kooperation ist erschwert bei mangelnder elterlicher Fürsorge:
- wenn Eltern sich bislang nur wenig um das Kind kümmern konnten, sie in der Fürsorge für das Kind keine Befriedigung erleben und die Überzeugung äußern, daß sich bei guter professioneller Therapie eine elterliche Mitarbeit erübrige.

(3) Kooperation ist erschwert bei einer therapiewidersprechenden Einstellung der Eltern:
- wenn die Eltern die Behinderung des Kindes leugnen, jeglichen Behandlungsfortschritt aberkennen, die Behinderung des Kindes als schicksalhaft gedeutet wird und Therapie als sinnlos angesehen wird.

(4) Kooperation ist gefährdet bei inadäquater fachmännischer Hilfe:
- Therapieabbrüche werden wahrscheinlicher, wenn sich die Eltern in eine überfordernde therapeutische Funktion gezwungen sehen, wenn ihr Tagesablauf fremdbestimmten therapeutischen Anforderungen unterworfen wird, sie ein Behandlungskonzept übernehmen müssen, das sich nicht in den familiären Alltag einfügen lässt – also alles therapeutische Belastungen, die die ehelichen und geschwisterlichen Beziehungen zu kurz kommen lassen.

Fühlen sich die Eltern bestraft und führen Beratungen zu Schuldgefühlen, so wird Unkooperativität wahrscheinlich (Innerhofer/Warnke 1978, Strothmann/Zeschitz 1989).

Literatur

Bundesvereinigung Lebenshilfe (Hrsg.) (1984): Ergänzbares Handbuch Eltern und Familie. Marburg

Gordon, T. (1972): Familienkonferenz. Hamburg

Innerhofer, P. (1978): Das Münchner Trainingsmodell. Beobachtung, Interaktionsanalyse, Verhaltensänderung. Göttingen

Innerhofer, P., Warnke, A. (1978): Eltern als Cotherapeuten. Berlin/Heidelberg/New York

Strothmann, M., Zeschitz, M. (1989): Grenzen elterlicher Kooperation in der Frühförderung. In: Speck, O., Warnke, A. (Hrsg.): Frühförderung mit den Eltern. München

Warnke, A. (1989a): Kritische Nebenwirkungen der Zusammenarbeit mit den Eltern. In: Speck, O., Warnke, A. (Hrsg.): Frühförderung mit den Eltern. München

– (1989b): Das Gespräch zwischen Therapeut und Eltern in der Frühförderung des behinderten Kindes. In: Speck, O., Warnke, A. (Hrsg.): Frühförderung mit den Eltern. München

– (1990): Elternarbeit. In: Speck, O., Martin, K.-R. (Hrsg.): Sonderpädagogik und Sozialarbeit. Berlin, 410-426

– (1999): Frühförderung und Zusammenarbeit mit der Familie. In: Neuhäuser, G., Steinhausen, H.-Ch. (Hrsg.): Geistige Behinderung. Stuttgart, 297-309

6.2. Oppositionelle Verhaltensauffälligkeiten – Symptomatik, Diagnostik und Behandlungsansätze

Von Manfred Döpfner und Gerd Lehmkuhl

6.2.1. Symptomatik

Kinder mit oppositionellen Verhaltensauffälligkeiten werden schnell wütend, streiten sich sehr häufig mit Erwachsenen, widersetzen sich aktiv den Anweisungen oder Regeln von Erwachsenen und weigern sich, diese zu befolgen. Sie verärgern andere vorsätzlich und schieben die Schuld für eigene Fehler oder eigenes Fehlverhalten auf andere. Sie sind reizbar oder lassen sich von anderen leicht verärgern, reagieren schnell zornig und ärgern sich oft. Diese Verhaltensweisen treten deutlich häufiger auf als dies typischerweise bei Kindern gleichen Alters und gleichen Entwicklungsstandes der Fall ist. Hauptmerkmal von oppositionellem Trotzverhalten ist also ein Muster von wiederkehrenden negativistischen, trotzigen, ungehorsamen und feindseligen Verhaltensweisen gegenüber Autoritätspersonen (Döpfner 2000).

Die Definition der einzelnen Symptome, die nach DSM-IV als *Störung mit oppositionellem Trotzverhalten* und nach ICD-10 als *Störung des Sozialverhaltens mit oppositionellem, aufsässigem Verhalten* bezeichnet wird, sind weitgehend identisch. Tab. Die Übersicht stellt diese Kriterien dar, wobei deutliche inhaltliche Abweichungen bei der Definition einzelner Kriterien markiert sind. Da in beiden deutschen Übersetzungen einige Übersetzungsprobleme auftreten, wurden bei der Formulierung der Kriterien in Tab. 6.2-T1 auch die englischsprachigen Originale herangezogen. Wenn sich die Kriterien inhaltlich nicht unterschieden, wurden überwiegend die Formulierungen des DSM-IV übernommen.

Symptom-Kriterien der Störung des Sozialverhaltens mit oppositionellem, aufsässigem Verhalten nach ICD-10 (Forschungskriterien) und der Störung mit oppositionellem Trotzverhalten nach DSM-IV. { } = nur DSM-IV; [ ] = nur ICD-10

1. [Hat für das Entwicklungsalter ungewöhnlich häufige oder schwere Wutausbrüche.] {Wird schnell wütend.}
2. Streitet sich häufig mit Erwachsenen.
3. Widersetzt sich häufig aktiv den Anweisungen oder Regeln von Erwachsenen oder weigert sich, diese zu befolgen.
4. Ärgert andere häufig absichtlich.
5. Schiebt häufig die Schuld für eigene Fehler oder eigenes Fehlverhalten auf andere.
6. Ist häufig reizbar oder läßt sich von anderen leicht ärgern.
7. Ist häufig zornig und ärgert sich schnell.
8. Ist häufig boshaft oder rachsüchtig.

Beide Diagnose-Systeme legen zudem weitgehend übereinstimmend fest, daß die Symptome mindestens sechs Monate lang auftreten müssen. Sie müssen nach ICD-10 für das Entwicklungsalter unangemessen sein und nach DSM-IV müssen durch die Störung klinisch bedeutsame Beeinträchtigungen in sozialen, schulischen oder beruflichen Funktionsbereichen verursacht werden. Außerdem dürfen die Kriterien einer anderen Störung des Sozialverhaltens nicht erfüllt sein, d.h. es dürfen keine ausgeprägten aggressiv-dissozialen Auffälligkeiten vorliegen.

Die Verhaltensprobleme treten fast immer im häuslichen Bereich auf, während dies in der Schule oder in der Öffentlichkeit nicht der Fall sein muß. Typischerweise zeigen sich die Symptome dieser Störung deutlicher im Umgang mit vertrauten Erwachsenen oder Gleichaltrigen. Gewöhnlich schätzen sich die Kinder selbst nicht als oppositionell oder trotzig ein, sondern rechtfertigen ihr Verhalten als Reaktion auf unsinnige Forderungen oder als zufällige unglückliche Umstände (Döpfner et al. 1998).

Oppositionelle Verhaltensstörungen sind weit verbreitet. Je nach Art der Stichprobe und der Erhebungsmethoden sind Prävalenzraten von 2-16% berichtet worden. Die Häufigkeit von oppositionellem Trotzverhalten läßt sich jedoch vor allem deshalb nicht exakt angeben, weil es sich bei diesem Verhalten um ein kontinuierliches Merkmal handelt. Es kommt daher darauf an, wo man den Trennungsstrich zwischen Auffälligkeit und Unauffälligkeit zieht. Zumindest vor der Pubertät tritt die Störung bei Jungen deutlich häufiger auf als bei Mädchen.

Neben diesen Kernsymptomen zeigen sich bei vielen Kindern oft *zusätzlich andere Auffälligkeiten*. Ein großer Anteil ist erheblich aggressiv auch gegenüber Gleichaltrigen, ohne jedoch die Kriterien einer aggressiv-dissozialen Störung des Sozialverhaltens zu erfüllen. Häufig sind oppositionelle Verhaltensstörungen aber auch Vorläufer von umfassenden aggressiv-dissozialen Störungen des Sozialverhaltens. Viele – jedoch nicht alle – Kinder mit oppositionellen Verhaltensstörungen entwickeln beim Übergang zum Jugendalter oder im Jugendalter aggressiv-dissoziale Verhaltensstörungen. Kinder und Jugendliche mit umfassenden aggressiv-dissozialen Verhaltensstörungen weisen typischerweise auch die Merkmale oppositioneller Verhaltensstörungen auf.

Eine hohe Überschneidung läßt sich zwischen hyperkinetischen Störungen und oppositionellen Verhaltensstörungen feststellen, wobei die hyperkinetische Problematik sich meist früher entwickelt und als Grundlage für die oppositionellen Verhaltensprobleme betrachtet wird. Kinder mit oppositionellen Verhaltensstörungen weisen darüber hinaus gehäuft Schulleistungsdefizite auf. Vermutlich läßt sich der Zusammenhang durch die Tendenz oppositionell auffälliger Kinder erklären, schulische Anforderungen aktiv zu verweigern. Mehrere Studien belegen aber auch eine deutlich erhöhte Rate emotionaler Auffälligkeiten, vor allem von Insuffizienzgefühlen und depressiven Störungen, die häufig aufgrund der stark auffallenden oppositionellen Verhaltensstörungen weniger beachtet werden (Döpfner/Lehmkuhl 1995).

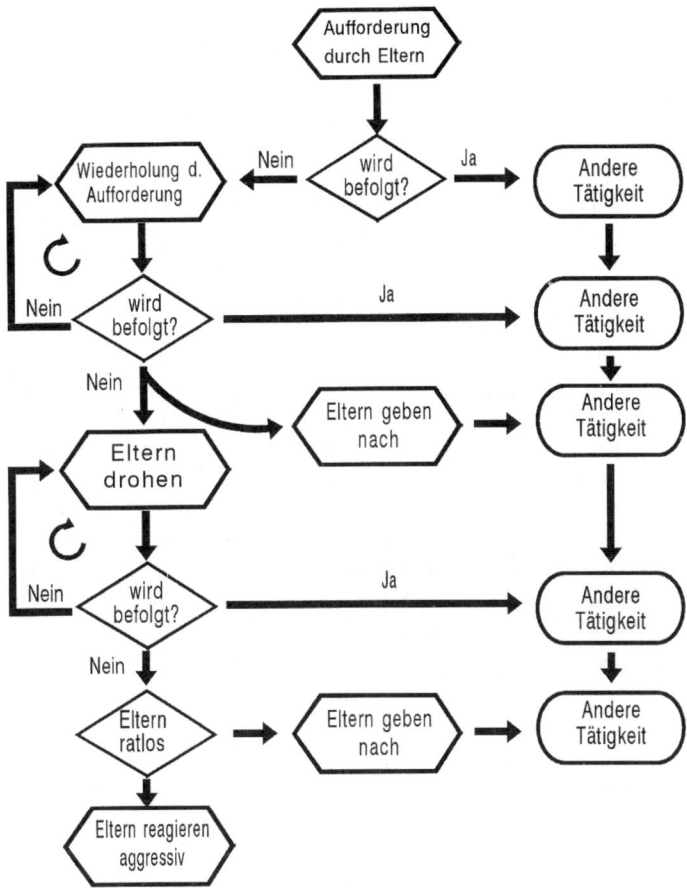

*Abb. 6.2-A1: Interaktionsmuster in Familien mit oppositionell-aggressiv auffälligen Kindern
(aus Döpfner et al. 1998)*

6.2.2.   Ursachen und Verlauf

Hauptursache für die Entwicklung oppositioneller und aggressiver Verhaltensweisen in der frühen Kindheit sind, wie eine Vielzahl von Studien zeigt, inkonsistente Erziehung und mangelnde Kontrolle, verbunden mit mangelnder Wärme
und verminderter Aufmerksamkeit für angemessene prosoziale Verhaltensansätze der Kinder. Patterson und Mitarbeiter sprechen von einem regelrech-
ten Training zur Aggressivität, das in den Familien stattfindet und sich durch ganz
besondere Interaktionsprozesse auszeichnet, die täglich mehrere dutzend Mal
auftreten (s. Abb. 6.2-A1).

Aufforderungen und Grenzsetzungen der Eltern, aber auch von anderen erwachsenen Bezugspersonen (Erzieherin/Erzieher, Lehrerin/Lehrer), werden von den

meisten Kindern und vermehrt von Kindern mit oppositionellen Verhaltenstendenzen nicht beachtet. Meist wiederholen Eltern ihre Aufforderungen dann mehrfach. Die Wahrscheinlichkeit, daß diese Kinder die Aufforderung wiederum nicht befolgen, ist erhöht. Kommt es aber einmal dazu, daß das Kind eine Aufforderung befolgt, dann beachten die Eltern dies nicht, entweder weil sie meinen, das folgsame Verhalten ihres Kindes sei schließlich mehr als selbstverständlich oder weil sie endlich das tun wollen, was durch die Beschäftigung und Auseinandersetzung mit dem Kind liegengeblieben ist. Auffälliges, nämlich nicht folgsames Verhalten des Kindes hat jedenfalls vermehrte, wenn auch negativ getönte, Aufmerksamkeit zur Folge. Angemessenere Handlungen dagegen werden kaum beachtet. Die Spirale des familiären Konfliktes kann sich natürlich noch weiter drehe und dies wird auch zunehmend häufiger geschehen: Eltern beginnen (meist sehr impulsiv) zu drohen, das Kind reagiert wieder nicht, sie werden schließlich ratlos und geben entweder nach oder sie werden ungezielt aggressiv. Beides hat zur Folge, daß mangelnde Regelbefolgung, oppositionelles und aggressives Verhalten des Kindes eher noch zunehmen. Das Kind wird durch das Nachgeben der Eltern letztendlich für sein oppositionelles Verhalten belohnt (negativ verstärkt) oder es bekommt durch das Vorbild der Eltern am eigenen Leibe zu spüren, daß Aggressivität sich lohnt, zumindest dann, wenn der andere schwächer ist. Vielleicht wird es zu Hause in besonders kritischen Situationen eher zum Nachgeben neigen; außerhalb der Familie, auf der Straße, wird es jedoch das in der Familie gelernte aggressive Verhalten gegenüber Schwächeren häufiger einsetzen. In der Bilanz überwiegen die negativen Eltern-Kind-Interaktionen gegenüber positiven Interaktionen.

Allerdings machen es manche Kinder den Eltern nicht leicht, sich in der Erziehung konsequent und zugewandt zu verhalten. Dazu gehören erstens die hyperkinetischen, die unruhigen Kinder und zweitens die Kinder mit generell eher ungünstigen Temperamentsmerkmalen, die meist schon in den ersten Lebensmonaten durch Probleme bei der Nahrungsaufnahme, der Verdauung und beim Schlaf-Wach-Rhythmus und durch häufiges Schreien auffallen. Diese Kinder haben ein erhöhtes Risiko, sowohl hyperkinetische als auch aggressive Verhaltensweisen zu entwickeln, und zwar vor allem dann, wenn es der Hauptbezugsperson nicht gelingt, sich diesen Problemen anzupassen.

Die Kinder lernen in der weiteren Entwicklung aufgrund der beschriebenen Erziehungsprozesse, andere Familienmitglieder durch oppositionell-aggressives Verhalten zu kontrollieren und sie lernen nicht, wie man in sozial kompetenter Weise mit Konflikten und Frustrationen umgeht. Sie zeigen solche Verhaltensweisen schließlich auch im Kindergarten und in der Schule.

Bei oppositionell auffälligen Kindern und Jugendlichen lassen sich häufiger soziale Problemlösedefizite feststellen – das Kind hat Schwierigkeiten, für soziale Situationen, vor allem Konfliktsituationen, angemessene Problemlösungen zu finden. Darüber hinaus fällt es dem Kind schwer, seine Impulse in solchen kritischen Situationen zu kontrollieren. Es läßt seinen intensiven Affekten freien Lauf und gerät dadurch gehäuft in Konflikte mit Gleichaltrigen und Erwachsenen. Manche Kinder fallen außerdem durch mangelnde soziale Kompetenzen auf, sie können sich nicht selbst in angemessener Weise behaupten, sich nicht in Gruppen integrieren und es fällt ihnen schwer, Kontakte zu knüpfen.

6.2.3. Diagnostik

Die Diagnostik von oppositionellem Trotzverhalten ist in eine umfassende multimodale Verhaltens- und Psychodiagnostik eingebettet, die sowohl die klinische
Exploration des Patienten, der Eltern und der Kindergartenerzieherin/des Kin-
dergartenerziehers oder der Lehrerin/des Lehrers (Döpfner et al. 2000) als auch
das direkte Eltern- und Lehrerurteil sowie die Einschätzung des Kindes/Jugend-
lichen umfaßt. Wegen der hohen Komorbidität sollen zunächst Instrumente eingesetzt werden, die ein breites Spektrum psychischer Störungen abdecken.
Grundlage der Diagnostik ist die Anamnese und Exploration der Eltern und des
Kindes/Jugendlichen, wobei neben den oppositionellen Verhaltensweisen und anderen psychischen Auffälligkeiten auch familiäre Bedingungen und Hinweise auf
Beeinträchtigungen der intellektuellen Leistungsfähigkeit erhoben werden.

Zur generellen klinischen Beurteilung psychischer Auffälligkeiten kann das
Psychopathologische Befund-System (CASCAP-D) (Döpfner et al. 1998b) sowie
das Diagnostik-System für psychische Störungen im Kindes- und Jugendalter
(DISYPS-KJ) (Döpfner/Lehmkuhl 1998) herangezogen werden. Der Elternfragebogen über das Verhalten von Kindern und Jugendlichen (CBCL 4-18, Arbeitsgruppe Deutsche Child Behavior Checklist 1998a) und der davon abgeleitete
Lehrerfragebogen über das Verhalten von Kindern und Jugendlichen (TRF, Arbeitsgruppe Deutsche Child Behavior Checklist 1993) sowie ab dem Alter von 11
Jahren auch der Fragebogen für Jugendliche (YSR, Arbeitsgruppe Deutsche
Child Behavior Checklist 1998b) können bei der Erfassung von Verhaltensauffälligkeiten des Kindes/Jugendlichen hilfreich sein (Döpfner et al. 1994). Diese Verfahren sind mittlerweile international weit verbreitet. Im Kindergartenalter bietet
sich der Verhaltensbeurteilungsbogen für Vorschulkinder (VBV 3-6) an (Döpfner
et al. 1993), der eine breites Spektrum von Verhaltensauffälligkeiten sowohl im
Urteil der Eltern als auch im Urteil der Kindergartenerzieherin/-erzieher erhebt.
Darüber hinaus können andere Fragebogenverfahren eingesetzt werden, die ein
breites Spektrum psychischer Störungen abdecken.

Zur diagnostischen Einordnung der oppositionellen Symptomatik kann die
Diagnose-Checkliste für Störungen des Sozialverhaltens (DCL-SSV) herangezogen werden, die Bestandteil des Diagnostik-Systems für psychische Störungen im
Kindes- und Jugendalter (DISYPS-KJ) ist. Anhand der Checkliste kann der klinische Beurteiler das Vorliegen der einzelnen oppositionellen Symptome überprüfen und Diagnosen sowohl nach ICD-10 als auch nach DSM-IV stellen (s. Abb.
6.2-A2). Ergänzend kann anhand des Fremdbeurteilungsbogens – Störungen des
Sozialverhaltens (FBB-SSV), der ebenfalls Bestandteil des Diagnostik-Systems
ist, direkt die Beurteilung von Eltern, Erzieherinnen/Erzieher oder Lehrerin-
nen/Lehrern eingeholt werden.

6.2.4. Therapie

In der Behandlung oppositioneller Verhaltensstörungen haben sich vor allem verhaltenstherapeutische Konzepte bewährt. Die Schwerpunkte der verhaltenstherapeutischen Interventionen variieren vor allem in Abhängigkeit vom Alter des

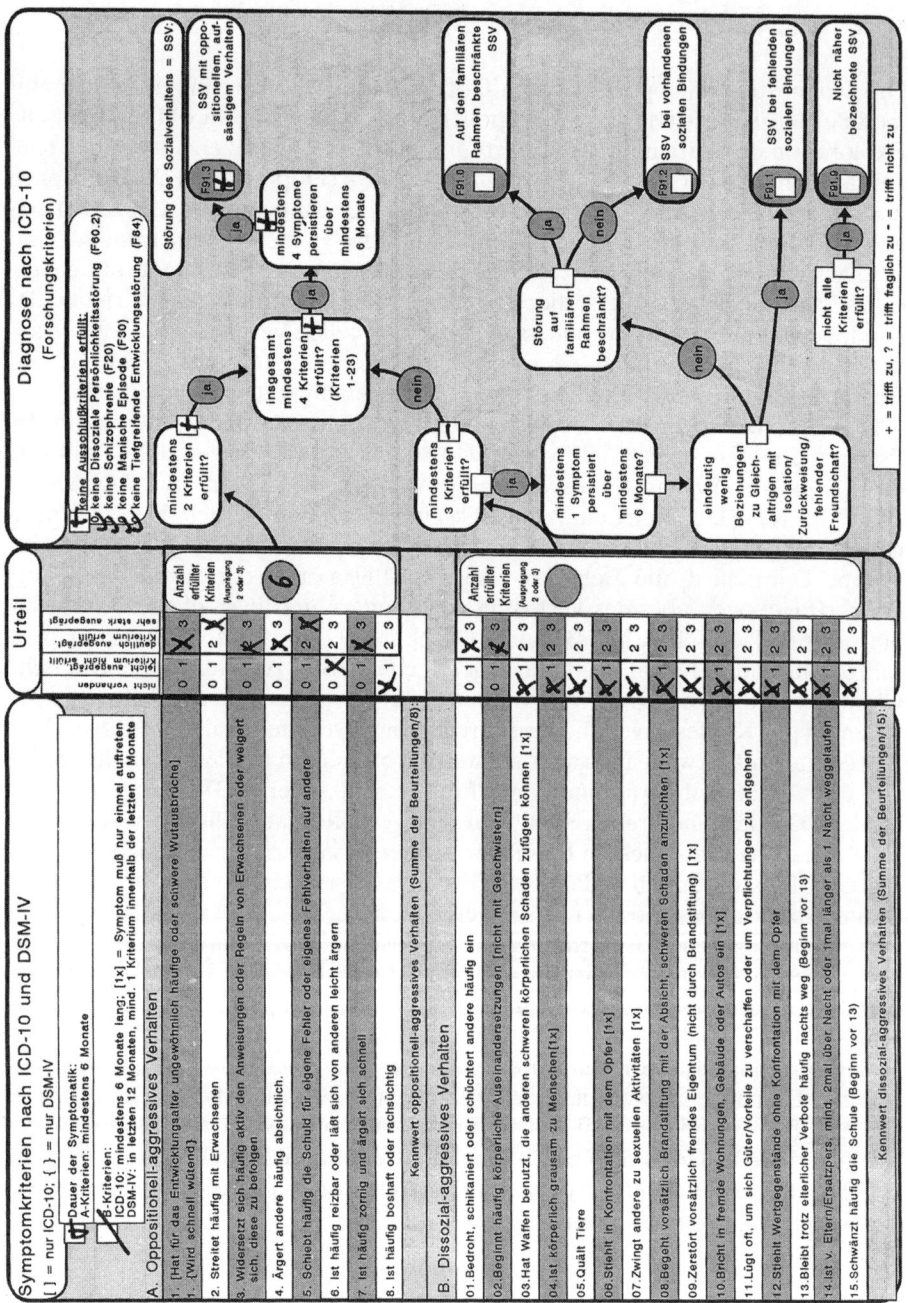

Abb. 6.2-A2: Diagnose-Checkliste für Störungen des Sozialverhaltens aus dem Diagnostik-System für psychische Störungen im Kindes- und Jugendalter nach ICD-10 und DSM-IV (DISYPS-KJ); Beispiel

Kindes oder Jugendlichen. Abb. 6.2-A3 beschreibt einen Entscheidungsbaum, der die Indikationen für einzelne Interventionsformen wiedergibt (Döpfner 1998).

Liegen komorbide hyperkinetische Störungen vor, dann sind zunächst Interventionen zur Behandlung dieser hyperkinetischen Symptomatik indiziert, weil die hyperkinetische Störung als die basale Störung betrachtet wird, die zur Aufrechterhaltung aggressiver Auffälligkeiten beiträgt. In diesem Zusammenhang können auch pharmakologische Interventionen indiziert sein.

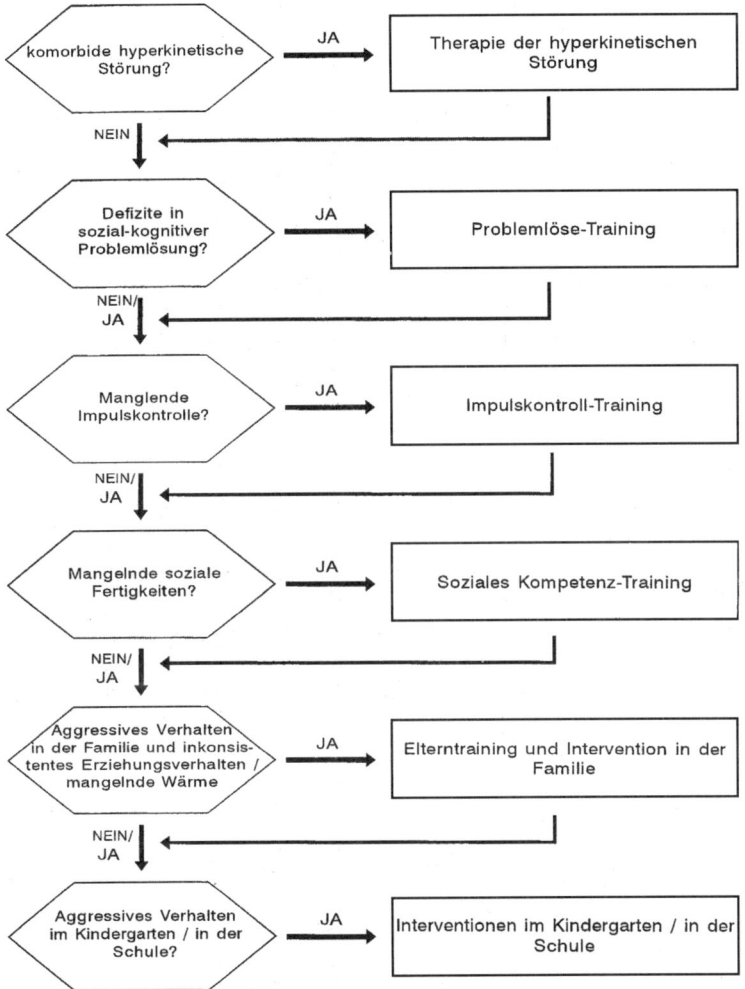

Abb. 6.2-A3: Differentialtherapeutischer Entscheidungsbaum für Störungen des Sozialverhaltens im Kindes- und Jugendalter (Döpfner 1998)

Wie bereits dargestellt, lassen sich bei manchen Kindern mit aggressiven Verhaltensauffälligkeiten Defizite in der sozial-kognitiven Problemlösefähigkeit feststellen, die auf verschiedenen Ebenen auftreten können (Dodge 1986; Döpfner 1989). Aggressiv auffällige Kinder nehmen gehäuft soziale Situationen falsch wahr und machen fehlerhafte Interpretationen *(Fehlwahrnehmung)*. Ihnen fallen fast nur aggressive Lösungsmöglichkeiten ein *(Entwicklung aggressiver Lösungen)* und sie beachten mögliche Handlungskonsequenzen nicht, vor allem nicht die langfristigen. Sie schreiben aggressiven Lösungen hohe Erfolgschancen zu *(Erfolgserwartung für aggressive Lösung)* und sie schätzen sozial kompetente Lösungen als nicht erfolgversprechend ein. Schließlich trauen sich aggressiv auffällige Kinder auch zu, die aggressive Handlung auszuführen, was bei sozial kompetenten Lösungen nicht der Fall ist *(Kompetenzvertrauen für aggressive Handlung)*. Letztlich kommt es zur aggressiven Handlung und der Kreislauf beginnt von neuem.

Liegen solche Problemlösedefizite vor, dann ist ein *Problemlösetraining* indiziert, bei dem vor allem *fünf Problemlöseschritte* eingeübt und auf den Alltag übertragen werden sollen. Zunächst müssen erste Handlungsimpulse gestoppt werden und das Kind wird angehalten, erst einmal über die Situation nachzudenken *(„Stop, Was ist mein Problem?")*, indem es verschiedene Handlungsmöglichkeiten bedenkt *(„Was kann ich tun?")* und dabei die Konsequenzen der einzelnen Alternativen berücksichtigt *(„Was wird passieren?")*, um sich schließlich für eine Alternative zu entscheiden *(„Was mache ich?")* und nach der Handlungsausführung sich selbst zu bewerten *(„Gut gemacht?")* (Shure 1992).

Viele aggressiv auffällige Kinder sind allerdings hervorragende Problemlöser, wenn sie in der Therapiesituation danach befragt werden. In der Realsituation werden sie aber von Ärger überschwemmt und können nicht mehr „klar denken". Deshalb ist im nächsten Schritt zu überprüfen, ob das Kind in diesen Situationen sehr viel Wut und Ärger entwickelt. Ist dies der Fall, dann können *Selbstkontrolltrainings (Ärger-Kontroll-Trainings)* hilfreich sein, in denen dem Kind Möglichkeiten an die Hand gegeben werden, den eigenen Ärger unter Kontrolle zu bringen. Beim Ärger-Kontroll-Training soll das Kind/der Jugendliche zunächst in der konkreten Situation die eigene Anspannung und den aufkommenden Ärger erkennen; dann den Auslöser *(das Grinsen des Mitschülers über ein Ungeschick)* feststellen, den negativen, den Ärger schürenden Gedanken erkennen *(„Der Idiot hält mich für unendlich dämlich!")*, diesen Gedanken prüfen und ihn schließlich ändern *(„Vielleicht lacht er nur, weil es so komisch aussieht!")*. Dazu werden *Entspannungstechniken*, z. B. einfache Atemtechniken und Selbstinstruktionen (z. B.: *„Ruhig bleiben ist stark!")* kombiniert (Döpfner/Lehmkuhl 1995; Lochman 1992).

Schließlich können Kinder daran scheitern, daß es ihnen an sozial kompetentem Interaktionsverhalten im engeren Sinne mangelt, daß sie nicht in der Lage sind, sich selbst zu behaupten, ohne aggressiv zu werden, Freundschaften anzuknüpfen usw. Dann sind *soziale Kompetenztrainings* indiziert, in denen anhand von Rollenspielen und anderer Techniken sozial kompetentes Verhalten, vor allem in Konfliktsituationen, eingeübt wird.

Defizite in der Problemlösefähigkeit, in der Ärgerkontrolle oder im sozial kompetenten Verhalten können aggressive Verhaltensweisen verursachen, sie sind jedoch auch bei vielen aggressiv auffälligen Kindern nicht nachweisbar, und sie können auch nur eine von mehreren Ursachen darstellen. Die Wirksamkeit solcher Trainings ist zwar in mehreren kontrollierten Studien bewiesen worden, doch scheint ihre isolierte Anwendung häufig nicht ausreichend zu sein. Deshalb sollten diese patientenzentrierten Interventionen in der Regel nicht alleine, sondern in Kombination mit familien- und schulzentrierten Interventionen durchgeführt werden. Bei jüngeren Kindern scheinen kindzentrierte Maßnahmen weniger erfolgreich zu sein, während Elterntrainings sich als besonders wirkungsvoll erwiesen haben (Kazdin 1997).

Außerdem sind auch bei einem erheblichen Anteil der älteren Kinder und Jugendlichen entsprechende Defizite nicht oder nur begrenzt erkennbar. In diesen Fällen sind Interventionen im unmittelbaren familiären oder schulischen Umfeld von besonderer Bedeutung. Tritt das aggressive Verhalten in der Familie auf und ist ein inkonsistentes Erziehungsverhalten und eine mangelnde Wärme in der Eltern-Kind-Beziehung festzustellen, dann sind bei aggressiv auffälligen Kindern Elterntrainings indiziert. Bei Jugendlichen sind spezifische auf das Alter und die besondere Problematik im Jugendalter zugeschnittene Interventionen angezeigt. Dazu gehören beispielsweise das bereits kurz vorgestellte Eltern-Jugendlichen-Konfliktlöseprogramm von Robin und Foster (1989) oder die funktionelle Familientherapie von Alexander und Parsons (1982).

Treten aggressive oder dissoziale Auffälligkeiten im Kontext der Schule auf, dann sind entsprechende Interventionen auf dieser Ebene angezeigt. Ein Beispiel für eine recht einfache und überaus wirkungsvolle Intervention in der Schule geben Murphy und Mitarbeiter (1983). In einem Schulhof mit 344 Grundschülerinnen/-schülern wurden strukturierte Bewegungsspiele angeboten, die Kinder wurden für prosoziale Handlungen gelobt und mußten bei einer aggressiven Handlung für zwei Minuten auf eine Bank (Auszeit). Durch diese einfache Intervention sank die Rate aggressiver Handlungen um mehr als die Hälfte. Sie stieg wieder an, als die Maßnahme unterbrochen wurde, und reduzierte sich bei einem zweiten Versuch erneut. Die Studie zeigt nicht nur den Effekt solcher Interventionen, sie weist auch darauf hin, daß durch kurzfristige Maßnahmen meist auch nur kurzfristige Effekte zu erzielen sind.

Sowohl für die kindzentrierten als auch die eltern- und die schulzentrierten Maßnahmen liegen auch im deutschen Sprachraum entsprechende Programme vor. Die genannten kindzentrierten Einzeltechniken (Problemlösetraining, Ärger-Kontroll-Training, soziales Kompetenztraining) werden meist in Programmpaketen zusammengefaßt. Im deutschen Sprachraum ist das von Petermann/Petermann (1997) entwickelte Training mit aggressiven Kindern weit verbreitet.

Das Therapieprogramm für Kinder mit hyperkinetischem und oppositionellem Problemverhalten (THOP) (Döpfner et al. 1998, 1999, siehe auch Kapitel 6.3.) beinhaltet sowohl familienzentrierte als auch schulzentrierte Interventionen zur Verminderung oppositioneller Verhaltensstörungen.

Aktuelle Übersichten über die Wirksamkeit der Interventionen geben Petermann/Warschburger (1998), Döpfner/Lehmkuhl (1995) und Kazdin (1997). Insgesamt gelten Störungen des Sozialverhaltens als relativ änderungsresistent. Unimodale und kurzfristige Interventionen werden bei ausgeprägten Störungen meist als wenig erfolgversprechend eingeschätzt (American Academy of Child and Adolescent Psychiatry 1997). Die Wirksamkeit von Elterntrainings bei jüngeren Kindern mit oppositionellen Verhaltensstörungen und deren Langzeitstabilität ist von genannten Interventionen am besten belegt. Allerdings haben auch Studien an klinischen Stichproben die Wirksamkeit kindzentrierter Verfahren belegen können.

Literatur

Alexander, J. F., Parsons, B. V. (1982): Functional family therapy. Monterey

American Academy of Child and Adolescent Psychiatry (1997): Practice Parameters. In: Journal of the American Academy of Child and Adolescent Psychiatry 36, supplement (whole issue)

Arbeitsgruppe Deutsche Child Behavior Checklist (1993): Lehrerfragebogen über das Verhalten von Kindern und Jugendlichen. Deutsche Bearbeitung der Teacher's Report Form der Child Behavior Checklist (TRF). Einführung und Anleitung zur Handauswertung, bearbeitet von Döpfner, M., Melchers, P., Köln

– (1998a): Elternfragebogen über das Verhalten von Kindern und Jugendlichen. Deutsche Bearbeitung der Child Behavior Checklist (CBCL/4-18). Einführung und Anleitung zur Handauswertung. 2. Aufl. mit deutschen Normen, bearbeitet von Döpfner M. et al., Köln

– (1998b): Fragebogen für Jugendliche. Deutsche Bearbeitung der Youth Self-Report Form der Child Behavior Checklist (YSR). Einführung und Anleitung zur Handauswertung. 2. Aufl. mit deutschen Normen, bearbeitet von Döpfner, M. et al., Köln

Dodge, K. A. (1986): A social information processing model of social competence in children. In: Perlmutter, N. (Hrsg.): Minnesota symposium on child psychology. Vol. 18, Hillsdale, 77-125

Döpfner, M. (1989): Soziale Informationsverarbeitung – ein Beitrag zur Differenzierung sozialer Inkompetenzen. In: Zeitschrift für Pädagogische Psychologie 3, 1-8

– (1998): Verhaltenstherapie bei Verhaltensstörungen im Kindes- und Jugendalter. In: Verhaltenstherapie und Verhaltensmedizin 19, 171-206

– (2000): Hyperkinetische Störungen. In: Petermann, F. (Hrsg.): Lehrbuch der Klinischen Kinderpsychologie und -psychotherapie. 4. Aufl., Göttingen, 151-186

– et al. (1998b): Psychopathologisches Befund-System für Kinder und Jugendliche (CAS-CAP-D): Befundbogen, Glossar und Explorationsleitfaden. Göttingen

– et al. (1993): Verhaltensbeurteilungsbogen für Vorschulkinder (VBV). Weinheim

– Lehmkuhl, G. (1995): Unterschiedliche Interventionsansätze bei aggressivem Verhalten. In: Schmidt, M. H., Holländer, A., Hölzl, H. (Hrsg.): Psychisch gestörte Jungen und Mädchen in der Jugendhilfe. Freiburg, 75-97

– (1998): Diagnostik-System für psychische Störungen im Kindes- und Jugendalter nach ICD-10 und DSM-IV (DISYPS-KJ). Bern

– et al. (1994): Deutschsprachige Konsensus-Versionen der Child Behavior Checklist (CBCL 4-18), der Teacher Report Form (TRF) und der Youth Self Report Form (YSR). In: Kindheit und Entwicklung 3, 54-59

– Schürmann. S., Frölich, J. (1998): Das Therapieprogramm für Kinder mit hyperkinetischem und oppositionellem Problemverhalten (THOP). 2. Aufl., Weinheim

– Schürmann. S., Lehmkuhl, G. (1999): Wackelpeter und Trotzkopf. Hilfen bei hyperkinetischem und oppositionellem Verhalten. Weinheim

Kazdin, A. E. (1997): Practioner Review: Psychosocial treatments for conduct disorder in children. In: Journal of Child Psychology and Psychiatry 38, 161-178

Lochman, J. E. (1992): Cognitive-behavioral intervention with aggressive boys. Three year follow up and preventive effects. In: Journal of Consulting and Clinical Psychology 60, 426-432

Murphy, H. A., Hutchinson, J. M., Bailey, J. S. (1983): Behavioral school psychology goes outdoors: The effects of organized games on playground aggression. In: Journal of Applied Behavior Analysis 16, 29-36

Petermann, F., Petermann, U. (1997): Training mit aggressiven Kindern. 8. Aufl., Weinheim

– Warschburger, P. (1998): Aggression. In: Petermann, F. (Hrsg.): Lehrbuch der klinischen Kinderpsychologie. 3. Aufl., Göttingen, 127-164

Robin, A. L., Foster, S. L. (1989): Negotiating parent-adolescent conflict: A behavioral family systems approach. New York

Shure, M. B. (1992): I can problem solve (ICPS): an interpersonal cognitive problem solving program. Champaign

6.3. Behandlung hyperkinetischer Störungen im Kindesalter – ein Fallbeispiel

Manfred Döpfner, Jan Frölich, Christiane Quast und Stephanie Schürmann

6.3.1. Symptomatik

Hyperkinetische Störungen oder Aufmerksamkeitsdefizit-/Hyperaktivitätsstörungen stellen neben den aggressiven Verhaltensstörungen (Störungen des Sozialverhaltens) die häufigsten Auffälligkeiten im Kindesalter dar. Sie sind durch eine Beeinträchtigung der Aufmerksamkeit (Aufmerksamkeitsstörung, Ablenkbarkeit), der Impulskontrolle (Impulsivität) und der Aktivität (Hyperaktivität) gekennzeichnet. Sie gehören zu jenen Störungsbildern, bei denen in der Regel nicht ein einzelner, sondern mehrere Funktions- und Lebensbereiche beeinträchtigt sind. Neben den Kernsymptomen (Aufmerksamkeitsstörung, Impulsivität und Hyperaktivität), die in unterschiedlicher Intensität in verschiedenen Lebensbereichen (Familie, Schule, Gleichaltrigengruppe) auftreten können, liegen häufig aggressive Verhaltensauffälligkeiten, emotionale Auffälligkeiten, Entwicklungs- und Schulleistungsstörungen sowie Störungen der Familieninteraktionen und der Familienbeziehungen vor (Döpfner 2000, siehe auch 6.2.).

Bei der Erkennung und Behandlung hyperkinetischer Störungen im Kindes- und Jugendalter sind die altersspezifischen Ausprägungen zu beachten. Im Kindergartenalter besteht meist bereits eine deutliche Hyperaktivität bei geringer Aufmerksamkeitsspanne und häufig auch oppositionelles Verhalten. Allerdings sind im Alter von drei Jahren hyperkinetische Kinder noch schwer von besonders aktiven Kindern mit noch altersgemäßem Bewegungsdrang zu unterscheiden. Die Kinder weisen eine ziellose Aktivität auf, können schlecht spielen und sich kaum alleine beschäftigen. In mehreren Studien konnte die hohe Stabilität der Symptomatik vom Vorschul- bis in das Grundschulalter hinein nachgewiesen werden (Döpfner 1993), wobei mit dem Schuleintritt relative Leistungsschwächen und Probleme in Gruppensituationen deutlicher hervortreten. Die Eltern berichten vermehrt über aggressiv-oppositionelle Verhaltensweisen in der Familie. Alltägliche Routineaufgaben und Pflichten gelingen nur ungenügend, und die Eltern fühlen sich zunehmend psychisch belastet.

Im Jugendalter kommt es zwar zu einem deutlichen Rückgang der motorischen Unruhe, die Aufmerksamkeitsprobleme bestehen jedoch häufig weiter und die dissozialen Tendenzen nehmen zu, hauptsächlich bei jenen Kindern, die zuvor bereits aggressive Verhaltensauffälligkeiten entwickelt hatten. Jugendliche, die als Kinder hyperkinetisch waren, besitzen ein erhöhtes Risiko zum Alkoholmißbrauch, werden häufiger in Autounfälle verwickelt und verlassen die Schule öfter ohne einen Abschluß. Die nicht selten begleitend vorhandenen emotionalen Probleme, verbunden mit einem verminderten Selbstwertgefühl, dürfen nicht übersehen werden. Insgesamt stellen hyperkinetische Störungen häufig eine erhebliche Beeinträchtigung der Entwicklung von Kindern und Jugendlichen in mehreren Lebens- und Funktionsbereichen dar; sie sind mit einem erheblichen Chronifizierungsrisiko bis ins Erwachsenenalter hinein verknüpft (Döpfner et al. 2000).

6.3.2. Beschreibung des Störungsbildes

Die neunjährige Britta wird von ihrer Mutter vorgestellt, weil sie in der Schule wie in der Familie sehr motorisch unruhig, ablenkbar und unkonzentriert sei. Ihr Unvermögen, bei der Sache zu bleiben, bringe es mit sich, daß Britta in der Schule weit unter ihrem Leistungsniveau bleibe. Zuhause falle es ihr neben Zappeligkeit und Impulsivität schwer, Regeln und Anweisungen zu akzeptieren, die sie mit Verhaltensweisen wie Nörgeln, Trödeln und tränenreichen Wutausbrüchen zu umgehen versuche. Darüber hinaus könne Britta keine freundschaftlichen Kontakte zu anderen Kindern herstellen bzw. aufrechterhalten. In Gleichaltrigengruppen befinde sie sich stets in einer Außenseiterposition.

Britta lebt als einziges Kind mit ihrer 39jährigen Mutter und seit einigen Monaten mit deren neuem Lebensgefährten zusammen. Schwangerschaft und Geburt werden als unauffällig beschrieben: Laufen mit neun Monaten, altersgerechte Sprachentwicklung, keine ernsthaften Krankheiten. Britta besuchte mit dreieinhalb Jahren den Kindergarten und wurde mit sechs Jahren eingeschult. Befragt zu der Entwicklung der aktuellen Schwierigkeiten erklärt die Mutter, daß die Tochter bereits im Kleinkindalter extreme Unruhe, Aktivität und Trotzverhalten aufwies. Die Mutter trennte sich von Brittas leiblichen Vater, als die Tochter zwei Jahre alt war. Im Abstand von zwei bis drei Wochen besucht Britta ihren leiblichen Vater. Mutter und Lebensgefährte befinden sich zum Zeitpunkt der Vorstellung in einer ganztägigen beruflichen Umschulungsmaßnahme. Deshalb besucht Britta nach Schulschluß (3. Klasse Grundschule) nachmittags einen Kinderhort.

6.3.3. Klassifikation und Diagnose

Die Kriterien für die Diagnose dieser Störung, wie sie in den beiden derzeit gültigen internationalen Klassifikationssystemen für psychische Störungen ICD-10 (Dilling et al. 1991, 1994) und DSM-IV (Saß et al. 1996) definiert werden, sind in Abb. 6.3-A1 wiedergegeben. Störungen der Aufmerksamkeit sowie der Hyperaktivität und der Impulsivität müssen über einen Zeitraum von mindestens sechs Monaten in einem Ausmaß vorhanden sein, das zu einer Fehlanpassung führt und dem Entwicklungsstand des Kindes nicht angemessenen ist (siehe 6.2.).

Das ICD-10 fordert, daß sowohl Störungen der Aufmerksamkeit, der Impulskontrolle und der Aktivität für die Diagnose einer hyperkinetischen Störung vorhanden sein müssen. Demgegenüber unterscheidet das DSM-IV zwischen dem gemischten Subtypus, bei dem vergleichbar zum ICD-10 alle Kernsymptome auftreten, dem vorherrschend unaufmerksamen Subtypus und dem vorherrschend hyperaktiv-impulsiven Subtypus.

In einer ausführlichen klinischen Exploration von Brittas Mutter konnte anhand von Diagnose-Checklisten aus dem Diagnostik-System für psychische

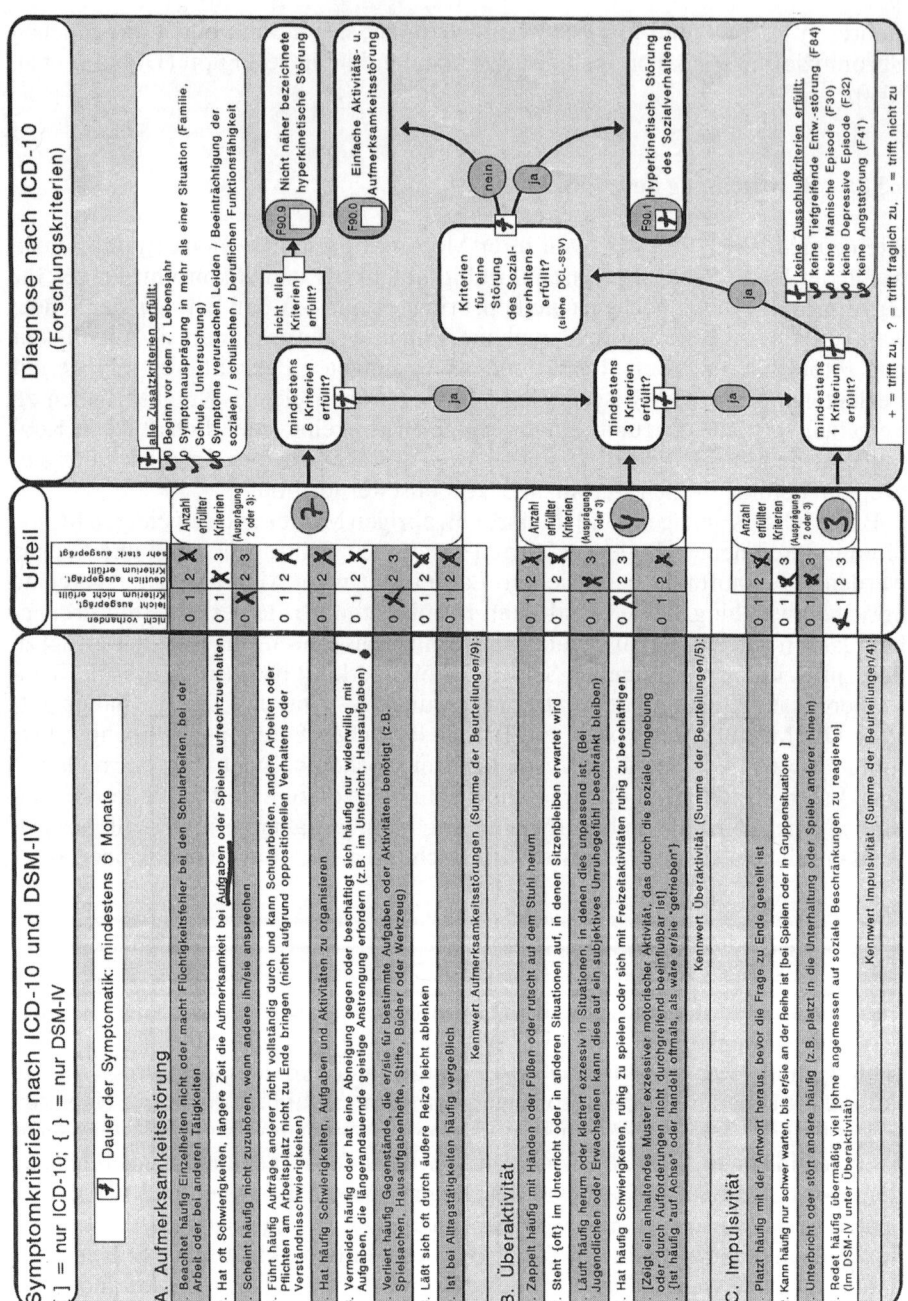

Abb. 6.3-A1: Diagnose-Checkliste für Hyperkinetische Störungen aus dem Diagnostik-System für psychische Störungen im Kindes- und Jugendalter nach ICD-10 und DSM-IV (DISYPS-KJ); Beispiel (vgl. S. 170)

Störungen im Kindes- und Jugendalter nach ICD-10 und DSM-IV (DISYPS-KJ) (Döpfner/Lehmkuhl 1998) festgestellt werden, daß bei Britta die Kriterien für eine hyperkinetische Störung und für eine Störung des Sozialverhaltens mit oppositionellem Verhalten erfüllt waren. Abb. 6.3-A1 zeigt die Diagnose-Checkliste für Hyperkinetisches Störungen (DCL-HKS) mit dem Entscheidungsbaum für die Diagnose nach ICD-10.

Mit der Klassenlehrerin wurde telefonisch ein klinisches Interview durchgeführt. Auf der Basis dieser Exploration ließ sich anhand der Diagnose-Checklisten die Diagnose einer hyperkinetischen Störung bestätigen; das oppositionelle Verhalten war in der Schule jedoch deutlich geringer ausgeprägt. Damit muß die hyperkinetische Symptomatik als eine situationsübergreifende Störung eingeschätzt werden, die sowohl in der Familie als auch in der Schule auftritt. Auch in der Untersuchungssituation ließ sich motorische Unruhe, impulsives Verhalten sowie eine leicht gestörte Aufmerksamkeit feststellen. Darüber hinaus beobachtete die Mutter bei Britta Stimmungsschwankungen zwischen gereizt-dysphorischer und depressiv-trauriger Verstimmung. Ansonsten werden keine weiteren Auffälligkeiten festgestellt.

Zur differenzierten Diagnostik und zur weiteren Überprüfung komorbider Auffälligkeiten wurden zusätzlich zur klinischen Exploration mehrere Fragebogenverfahren durchgeführt. Im Elternfragebogen über das Verhalten von Kindern und Jugendlichen (CBCL 4-18, Arbeitsgruppe Deutsche Child Behavior Checklist 1998) beschreibt die Mutter auf den Skalen „Soziale Probleme", „Aufmerksamkeitsstörungen" und „Aggressives Verhalten" überdurchschnittliche Auffälligkeiten. Im analog aufgebauten Lehrerfragebogen über das Verhalten von Kindern und Jugendlichen (TRF; Arbeitsgruppe Deutsche Child Behavior Checklist 1993, Döpfner/Lehmkuhl 1994) beschreibt die Lehrerin eine hohe Ablenkbarkeit und eine ausgeprägte motorische Unruhe sowie ausgeprägte Probleme, von Klassenkameradinnen akzeptiert zu werden (Skala „Soziale Probleme").

Brittas Probleme, Aufforderungen, Anweisungen oder Regeln im familiären Rahmen zu befolgen, werden im Elternfragebogen zu Problemsituationen in der Familie (HSQ-D, Döpfner et al. 1998) überdeutlich. Brittas Mutter erlebt nur eine von 16 erfragten Situationen als nicht problematisch. Folgende Situationen werden als maximal belastend eingeschätzt: Hausaufgaben machen, zu Bett gehen, fernsehen, Aufforderungen befolgen und Spiel mit anderen Kindern. In der Checkliste für Eltern über Verhaltensprobleme bei den Hausaufgaben (HPC-D/E, Döpfner et al. 1998) werden in fast allen Bereichen extreme Schwierigkeiten bei den Hausaufgaben deutlich.

Im Family-Relations-Test für Kinder (FRT-K, Bene/Anthony 1957) kommt das überdurchschnittlich negative Selbstbild von Britta zum Ausdruck. Auffallend ist weiterhin ihr stark idealisiertes Erleben des leiblichen Vaters, obwohl Britta von diesem seit dem zweiten Lebensjahr getrennt lebt. Im Family-Relations-Test für Erwachsene (Bene 1976) verdeutlicht die Mutter eine ambivalente Beziehung zur Tochter sowie ein eher negativ geprägtes Selbstbild mit Inkompetenzzuschreibungen gegenüber dem Umgang mit problematischen Situationen.

Im Rahmen der psychologischen Leistungsdiagnostik erreichte Britta im

Grundintelligenztest (CFT 1, Weiß/Osterland 1977) und in der Kaufman Assessment Battery (K-ABC, Kaufman/Kaufman 1991) eine durchschnittliche Intelligenzleistung. Als unterdurchschnittlich kennzeichneten sich ihre Leistungen im Diagnostischen Rechtschreibtest (DRT 3). Während die neurologische Untersuchung ohne Befund blieb, zeigte das Hirnstrombild (EEG) Auffälligkeiten.

6.3.4.   Erklärungsansätze

Als Ursachen hyperkinetischer Störungen wird generell eine multifaktorielle Genese angenommen, wobei biologischen und konstitutionellen Merkmalen vermutlich eine entscheidende ursächliche Rolle zukommt, während psychosoziale Faktoren die Ausprägung und den Verlauf der Störung wesentlich beeinflussen können (Döpfner 2000). Barkley (1989) entwickelte ein Modell der Störung des regelgeleiteten Verhaltens, in dem er ebenfalls eine neuropsychologische Disposition als Grundlage der Störung annimmt. Das Modell geht davon aus, daß hyperkinetische Verhaltensstörungen unter einer starken Kontrolle von Umweltkontingenzen stehen müssen, weil sie sich in wechselnden Situationen dramatisch ändern können. Als grundlegende psychologische Defekte werden nicht Verhaltens- oder kognitive Defizite, sondern Störungen in der Beziehung von Umweltereignissen (Stimuli, Regeln, Konsequenzen) und dem Verhalten postuliert (siehe Döpfner 2000).

Dieses Modell stellt eine wesentliche theoretische Grundlage für die Entwicklung von Elterntrainings und von Interventionen im Kindergarten und in der Schule dar. Das Ziel dieser Interventionen muß es sein, Stimuli und Kontingenzen innerhalb der Familie so zu setzen, daß die Störungen regelgeleiteten Verhaltens vermindert werden können. Welche Auswirkungen diese Störungen auf die Eltern-Kind-Interaktion haben, zeigt das von Barkley (1981) entwickelte Interaktionsmodell (Döpfner et al. 1998). Danach beachten hyperkinetisch auffällige Kinder Aufforderungen und Grenzsetzungen der Eltern gehäuft nicht. Es kommt zu einem Teufelskreis aus Wiederholung von Aufforderungen durch die Eltern und Nichtbeachtung durch das Kind, was schließlich meist dazu führt, daß die Eltern dem Kind seinen Willen lassen. Dieses inkonsistente Erziehungsverhalten führt zu einer negativen Verstärkung und damit zur einer Zunahme des Problemverhaltens (siehe 6.2.).

Im Falle von Britta ist bei der Mutter ein solches inkonsistentes Erziehungsverhalten festzustellen. Schließlich führten diese Interaktionsformen dazu, daß in der Interaktionsbilanz negative Eltern-Kind-Interaktionen gegenüber positiven Erfahrungen überwiegen. Das Interaktionsmodell läßt sich auch auf Lehrer-Kind-Interaktionen anwenden. Hier zeigt sich bei Britta, daß negative Lehrer-Kind-Interaktionen, trotz der intensiven Bemühungen der Klassenlehrerin, erheblich zugenommen haben.

6.3.5.   Interventionsprinzipien

Aufgrund der vielfältigen Lebens- und Funktionsbereiche, die bei Kindern mit hyperkinetischen Störungen beeinträchtigt sind, verwundert es nicht, daß mit einem isolierten Behandlungsansatz häufig nicht die gewünschten Effekte erzielt werden, sondern eine multimodale Therapie notwendig ist. Daher fordern die Behandlungsleitlinien der deutschen und amerikanischen Fachverbände (Döpfner et al. 2000) ein multimodales Vorgehen unter Einbeziehung von Psychotherapie, von psychosozialen Interventionen und Pharmakotherapie. Bei der Planung einer multimodalen Behandlung und der Auswahl der Interventionsformen sollte ein Grundprinzip berücksichtigt werden: Die Situationsspezifität der Symptomatik und ihre vielfältigen Ausprägungsformen gebieten, daß die Therapie dort anzusetzen hat, wo die Probleme auftreten – beim Kind, in der Familie, in der Schule, bei den Aufmerksamkeitsschwächen, der Impulsivität, der Hyperaktivität oder der Aggressivität. Dieses Prinzip ist deshalb von außerordentlicher Bedeutung, weil eine Generalisierung von Therapieeffekten von einem Lebensbereich auf den anderen oder von einer Störungsform auf die andere bestenfalls unvollständig, häufig aber gar nicht gelingt (Döpfner 2000).

Das Therapieprogramm für Kinder mit hyperkinetischem und oppositionellem Problemverhalten (THOP, Döpfner et al. 1998) ist ein multimodales Interventionsprogramm, in dem verhaltenstherapeutische Interventionen in der Familie, im Kindergarten bzw. in der Schule und beim Kind selbst mit medikamentösen Interventionen entsprechend der individuellen Problemkonstellation miteinander kombiniert werden können. Anhand eines *Entscheidungsbaumes* können die Indikationen für die einzelnen Interventionen bestimmt werden (Döpfner 2000, Döpfner/Lehmkuhl 1998).

Danach ist eine *primäre Stimulanzientherapie* (Behandlung mit zentralnervös anregenden Medikamenten) dann indiziert, wenn eine sehr stark ausgeprägte und situationsübergreifende hyperkinetische Symptomatik diagnostiziert wurde, unter der sich eine krisenhafte Zuspitzung in der Schule und/oder der Familie entwickelt hat (z. B. wenn die weitere Beschulung des Kindes bedroht ist). Bei Britta ist eine solche stark ausgeprägte Symptomatik mit einer krisenhaften Zuspitzung nicht zu beobachten. Eine primäre medikamentöse Therapie ist daher nicht indiziert.

Liegt eine solche krisenhafte Zuspitzung nicht (mehr) vor, dann sind zur Verminderung hyperkinetischer oder oppositioneller/aggressiver Verhaltensstörungen im Unterricht verhaltenstherapeutische Interventionen in der Schule indiziert. Liegen außerdem hyperkinetische oder oppositionelle/aggressive Auffälligkeiten des Kindes in der Familie vor, dann sind zusätzlich Interventionen in der Familie indiziert. Unter besonderen Bedingungen kann auch ein Selbstinstruktionstraining indiziert sein (Döpfner 2000).

Bei Britta sind deutliche Auffälligkeiten im Unterricht beobachtbar und die Klassenlehrerin zeigt sich ausgesprochen kooperativ. Deshalb soll die Klassenlehrerin angeleitet werden, verhaltenstherapeutische Interventionen im Unterricht durchzuführen. Falls diese Interventionen nicht hinreichend erfolgreich sind, dann kann eine ergänzende Stimulanzientherapie mit den Eltern erwogen werden. Ausserdem zeigt Britta erhebliche Verhaltensauffälligkeiten in der Familie. Deshalb sollen entsprechende Interventionen in der Familie durchgeführt werden. Die Interventionen werden in der Familie und in der Schule parallel durchgeführt, da Generalisierungen von einem Lebensbereich auf den anderen nicht von vornherein erwartet werden können. Falls die Lese- und Rechtschreibprobleme nach Beendigung dieser Interventionen weiterbestehen, soll eine entsprechende Übungsbehandlung durchgeführt werden.

Das Therapieprogramm für Kinder mit hyperkinetischem und oppositionellem Problemverhalten (THOP) kann zur Behandlung von Kindern im Alter von drei bis etwa zwölf Jahren eingesetzt werden. Es wurde im Rahmen der Kölner Multimodalen Therapiestudie bei Kindern mit hyperkinetischen Störungen entwickelt (Döpfner/Lehmkuhl 1995). Das Programm ist allerdings auch bei Kindern mit ausschließlich oppositionellen Verhaltensstörungen einsetzbar. THOP besteht aus zwei Teilprogrammen:

- dem *Eltern-Kind-Programm,* das auf die Verminderung von hyperkinetischen und oppositionellen Verhaltensstörungen in der Familie abzielt und das Eltern und Kind anleitet, Problemsituationen in der Familie zu bewältigen;
- den *Interventionen im Kindergarten bzw. in der Schule,* die hyperkinetische und oppositionelle Verhaltensstörungen in diesen Lebensbereichen vermindern sollen.

Das Eltern-Kind-Programm besteht aus 20 Behandlungsbausteinen, in denen zwei Interventionsformen miteinander verknüpft sind: die familienzentrierten und die kindzentrierten Interventionen. Tab. 6.3-T1 gibt eine Übersicht über die Bausteine des Eltern-Kind-Programmes und die beiden Interventionsformen. Die kind- und die familienzentrierten Interventionen eines jeden Therapiebausteins sind aufeinander bezogen und werden miteinander kombiniert.

Bei den familienzentrierten Interventionen des Eltern-Kind-Programmes, die mit dem Buchstaben F gekennzeichnet sind, steht die Arbeit mit den Eltern im Mittelpunkt, und das Kind wird je nach Behandlungsbaustein, Problematik und Alter unterschiedlich stark integriert. Je älter das Kind ist, um so stärker wird es generell in die familienzentrierten Interventionen einbezogen. Wenige Behandlungsbausteine werden in der Regel ausschließlich mit den Eltern durchgeführt. Die familienzentrierten Interventionen stellen das Kernstück des Eltern-Kind-Programmes dar. Sie können mit Ausnahme der Behandlungsbausteine 16a (Spieltraining), 16b (Selbstinstruktionstraining) und 16c (Selbstmanagement) auch unabhängig von den kindzentrierten Interventionen durchgeführt werden.

Bei den kindzentrierten Interventionen des Eltern-Kind-Programmes, die mit dem Buchstaben K gekennzeichnet sind, steht die therapeutische Arbeit mit dem Kind im Mittelpunkt, die Eltern werden jedoch auch hier integriert. Die kindzentrierten Interventionen werden nicht unabhängig von den familienzentrierten Interventionen durchgeführt.

Ziel des Eltern-Kind-Programmes sind Veränderungen der alltäglichen Eltern-Kind-Interaktionen auf der Mikroebene (Microteaching), die notwendig sind, um die Verhaltensprobleme des Kindes in der Familie zu vermindern. Das familiäre und psychosoziale Bedingungsgefüge (Makroebene), in dem diese Interaktionen stattfinden, darf jedoch dabei nicht übersehen werden. Ausgangspunkt der Therapie ist deshalb das familiäre Bedingungsgefüge, das gemeinsam mit den Eltern erarbeitet wird. Dabei werden neben den Eigenschaften, Temperamentsmerkmalen und Bedürfnissen des Kindes auch Eigenschaften, Temperamentsmerkmale, psychische Auffälligkeiten und Bedürfnisse der Eltern sowie familiäre Belastungen (z. B. durch Partnerschaftsprobleme, durch berufliche oder finanzielle Probleme) berücksichtigt.

Tab. 6.3-T1: Überblick über die Therapiebausteine und Interventionsformen des Eltern-Kind-Programmes (siehe Döpfner et al. 1998)

familienzentrierte Interventionen	kindzentrierte Interventionen
Problemdefinition, Entwicklung eines Störungskonzeptes und Behandlungsplanung	
F01 Definition der Verhaltensprobleme des Kindes.	K01 Wackelpeter, das bin ich!
F02 Erarbeitung der Elemente eines gemeinsamen Störungskonzeptes.	K02/ Hurra, ich bin kein K03 Scheusal!
F03 Entwicklung eines gemeinsamen Störungskonzeptes.	
F04 Behandlungsziele und Behandlungsplanung	K04 Wackelpeters Wunschliste.
Förderung positiver Eltern-Kind-Interaktionen und Eltern-Kind-Beziehungen	
F05 Betrachten Sie Ihr Kind von der positiven Seite.	K05 Unser „Was-war-schön-Tagebuch".
F06 Die Spaß- & Spiel-Zeit: Schenken Sie Ihrem Kind Aufmerksamkeit, wenn es spielt.	K06 Ich darf spielen, wie ICH will!
Pädagogisch-therapeutische Interventionen zur Verminderung von impulsivem und oppositionellem Verhalten	
F07 Wie man wirkungsvolle Aufforderungen gibt.	
F08 Schenken Sie Ihrem Kind Aufmerksamkeit, wenn es Aufforderungen befolgt.	K07/ Peter mach' dies, Peter 08 laß das.
F09 Schenken Sie Ihrem Kind Aufmerksamkeit, wenn es Sie bei einer Beschäftigung nicht gestört hat.	K09 Meine Zeit – Deine Zeit.
F10 Wo ist Ihr Kind und was macht Ihr Kind? Bewahren Sie den Überblick!	
F11 Setzen Sie natürliche Konsequenzen, wenn Ihr Kind Aufforderungen und Regeln nicht befolgt.	K11 Ich löffle meine Suppe selbst aus!
Tokensysteme, Response-Cost und Auszeit	
F12 Wenn Lob alleine nicht ausreicht: Der Punkteplan.	K12 Punkte statt Ärger.
F13 Wie man Punkte-Pläne verändert und beendet.	
F14 Der Wettkampf um lachende Gesichter.	K14 Mama, ich und die lachenden Gesichter.
F15 Auszeit.	K15 Dicke Luft.
Interventionen bei spezifischen Verhaltensproblemen	
F16a Helfen Sie Ihrem Kind, intensiv und ausdauernd zu spielen.	K16a Spieltraining.
F16b Helfen Sie Ihrem Kind, Aufgaben Schritt für Schritt zu lösen.	K16b Selbstinstruktionstraining.
	K16c Selbstmanagementtraining.
F17 Wie Sie Probleme bei den Hausaufgaben lösen können.	K17 Setz dem Hausaufgaben-krieg ein Ende!
F18 Problematisches Verhalten in der Öffentlichkeit.	
Stabilisierung der Effekte	
F19 Wenn neue Probleme auftauchen.	

Die 20 Therapiebausteine des Eltern-Kind-Programmes sind in sechs Themen-komplexen gruppiert (s. Tab. 6.3-T1). Die ersten vier Einheiten werden immer durchgeführt. Sie dienen der *Problemdefinition, der Entwicklung eines Störungs-konzeptes und der Behandlungsplanung.* Die beiden folgenden Bausteine (F/K05 und F/K06) zur *Förderung positiver Eltern-Kind-Interaktionen* sind indiziert, wenn in der Interaktion zwischen Eltern und Kind negativ-kontrollierende Elemente dominieren und die Eltern-Kind-Beziehung beeinträchtigt ist. Die Therapiebau-steine F/K07 bis F/K11 sollen den Eltern helfen, impulsives und oppositionelles Verhalten durch *pädagogisch-therapeutische Interventionen* besser zu bewältigen. Die Eltern werden angeleitet, ihrem Kind wirkungsvolle Aufforderungen zu geben, sich bei angemessenem Verhalten dem Kind positiv zuzuwenden, eine hinreichende Kontrolle über das Kind aufzubauen und bei problematischem Verhalten angemes-sene negative Konsequenzen zu setzen.

In den Einheiten F/K12 bis F/K15 werden *spezielle verhaltenstherapeutische Tech-niken* eingeführt, insbesondere Tokensysteme (Münzverstärkungsprogramme), Response-Cost-Systeme (Verstärker-Entzug) und Time-out (Auszeit). Durch diese Methoden sollen umschriebene Verhaltensprobleme vermindert und angemessene Verhaltensalternativen aufgebaut werden. Sie finden hauptsächlich bei Problemen Anwendung, die sich durch die pädagogisch-therapeutischen Interventionen nicht hinreichend vermindern ließen. *Interventionen zur Verminderung von spezifischen Verhaltensproblemen* werden im fünften Block zusammengefaßt. Die Einheit F16a dient der Verbesserung von Spielintensität und Spielproduktivität hauptsächlich bei hyperkinetisch auffälligen Kindern im Kindergartenalter, während die Einheiten F16b und F17 für Kinder im Schulalter konzipiert sind und deren Arbeitsverhalten verbessern sowie Probleme während der Hausaufgabenzeit vermindern sollen. In der Einheit F18 werden die Interventionen auf außerfamiliäre Situationen (Verhal-ten in der Öffentlichkeit, z. B. in Geschäften und Restaurants) übertragen. In der Einheit F19 wird schließlich mit den Eltern erarbeitet, wie sie künftig Probleme eigenständig bewältigen können.

In der Regel werden nicht alle Einheiten in dieser Abfolge bearbeitet, sondern können entsprechend der individuellen Problemkonstellation zusammengestellt werden. Das Eltern-Kind-Programm findet in der Regel gemeinsam mit den El-tern und dem Kind statt. Die Mitarbeit beider Elternteile ist wünschenswert, aber nicht zwingend notwendig. Interventionen im Kindergarten bzw. in der Schule sind analog zum Eltern-Kind-Programm aufgebaut.

Ergänzend zu dem Therapieprogramm für Kinder mit hyperkinetischem und oppositionellem Problemverhalten (THOP) wurde ein Elternbuch vorgelegt (Döpfner et al. 1999), das auf verschiedene Weise genutzt werden kann:

(1) *Zur Information* der Eltern und anderer Bezugspersonen über die wichtig-sten Erkenntnisse zu hyperkinetischen und oppositionellen Verhaltenspro-blemen und über die Möglichkeiten zur Verminderung dieser Probleme.
(2) *Als ein Selbsthilfeprogramm* für Eltern und andere Bezugspersonen. Hierzu dient vor allem ein Leitfaden, der sich aus 14 aufeinander aufbauenden Stu-fen zusammensetzt.
(3) *Im Rahmen einer Behandlung des Kindes:* Wenn die Therapeutin/der Thera-peut nach dem Therapieprogramm für Kinder mit hyperkinetischem und

oppositionellem Problemverhalten (THOP) arbeitet, dann kann es sehr hilfreich sein, wenn die Therapeutin/der Therapeut mit den Eltern gemeinsam die Kapitel aus dem Elternleitfaden und aus den Anwendungsbeispielen durcharbeitet und die konkrete Umsetzung bespricht.

6.3.6. Interventionsverlauf

Die Behandlung von Britta wurde im Rahmen der Kölner Multimodalen Therapiestudie durchgeführt, bei der die Behandlungen in Therapiephasen mit je sechs wöchentlichen Sitzungen unterteilt sind. Mit Britta wurden insgesamt vier Behandlungsphasen durchgeführt, eine Beratungsphase und drei Phasen mit spezifischen verhaltenstherapeutischen Interventionen. Zu Beginn der sechswöchigen Beratungsphase wurden die Therapiebausteine F1 bis F4 bearbeitet. Die Eltern und die Lehrerin wurden über die Diagnosestellung, die Genese von hyperkinetischen Störungen und die Untersuchungsbefunde aufgeklärt. Im Rahmen dieser Phase wurde auch mit den Eltern und der Lehrerin jeweils eine Problemliste mit den wichtigsten problematischen Verhaltensweisen des Kindes erarbeitet, die durch die Behandlung vermindert werden sollten und die regelmäßig einmal wöchentlich eingeschätzt wurden (s. die folgende Übersicht). Außerdem wurde gemeinsam mit den Eltern ein Störungskonzept erarbeitet. Daneben stand der Beziehungsaufbau zu den Eltern und zum Kind im Mittelpunkt dieser Behandlungsphase.

Therapierelevante Verhaltensprobleme von Britta

Verhaltensprobleme in der Familie:
1. Britta trödelt morgens nach dem Aufstehen bis zum Verlassen des Hauses.
2. Britta beendet ihre Hausaufgaben nicht in angemessener Zeit.
3. Britta kommt zu spät zu Malzeiten, ist bei Tisch sehr unruhig, nörgelt über das Essen.
4. Britta will stets über die Schlafenszeit verhandeln, trödelt abends, geht zu spät ins Bett.

Verhaltensprobleme in der Schule:
1. Britta erscheint zu spät zum Unterricht (bis zu 30 Min.); trödelt bis zum Arbeitsbeginn.
2. Britta rutscht und zappelt bei Arbeitsanforderungen auf dem Stuhl.
3. Britta ist während des Unterrichts sehr verträumt und abgelenkt.
4. Britta vergißt Materialien, Termine und übertragene Aufgaben.

In der ersten verhaltenstherapeutischen Phase sollte eine positive Eltern-Kind-Interaktion gefördert werden. Dieses Vorgehen wurde gewählt, weil während Diagnostik und Beratung immer deutlicher wurde, daß die Familienmitglieder kaum noch angenehme Erlebnisse/Situationen miteinander teilen. Da Brittas Mutter wie auch deren Lebensgefährte durch eine ganztägige berufliche Weiterbildung stark beansprucht wurden, blieb nur wenig Zeit für Britta, wobei die geringe gemeinsam verbrachte Zeit beidseitig durch ständiges Verhandeln und

Diskutieren von Regeln und Ansprüchen belastet war. Die Persistenz dieser negativen Interaktionen hatte so weitreichende Folgen, daß Britta wie ihre erwachsenen Bezugspersonen mittlerweile die Planung und Umsetzung von gemeinsamen Unternehmungen, wie z. B. Familienausflügen, mieden, so daß keine schönen, verbindenden Momente im Zusammensein mehr übrig blieben. Da Britta teilweise noch eifersüchtig auf den neuen Partner der Mutter reagierte, wurde eine Spaß- und Spielzeit (Baustein F06) ausschließlich zwischen Mutter und Tochter vereinbart. Die Spaß- und Spielzeit beinhaltete Spiele, auf die sich Mutter und Tochter zuvor geeinigt hatten. Sie wurde an drei Wochentagen jeweils 20 Minuten lang durchgeführt und auf einem Wochenplan eingetragen. Die Durchführung der Spielzeit brachte es mit sich, daß einerseits Brittas Motivation bezüglich der Veränderung problematischer Verhaltensweisen in der Familie stieg. Andererseits zeigte sich auch die Mutter durch die Intervention entlastet, da sie sich bisher immer vorgeworfen hatte, sich nicht genug um ihre Tochter zu kümmern.

Im zweiten Schritt wurde vor allem mit der Mutter und deren Partner erarbeitet, wie wirkungsvolle Aufforderungen (Baustein F07 und F08) gestellt werden können. In Gesprächen wurden die unterschiedlichen Erziehungsstile der erwachsenen Bezugspersonen herausgestellt und auf konkrete Situationen bezogen. Immer wieder konnten in diesem Zusammenhang die starken Schuldgefühle der Mutter (*„Ich habe zu wenig Zeit für mein Kind, kümmere mich nicht ausreichend"*) thematisiert werden, die zu einer inkonsequenten Haltung gegenüber Britta und teils zu einer unzureichenden Abgrenzung ihrer eigenen Bedürfnisse führten. Die Eltern wurden angeleitet, Aufforderungen so zu stellen, daß die Wahrscheinlichkeit einer Befolgung durch Britta ansteigt. Dazu war es notwendig, sich vorab auf solche Aufforderungen zu beschränken, die für das familiäre Zusammenleben wirklich relevant waren. Danach wurde empfohlen, sich beim Aussprechen einer Aufforderung der Aufmerksamkeit des Kindes zu vergewissern und Britta genug Zeit zu lassen, diese zu befolgen. Indem Britta zudem noch explizit gelobt wurde, wenn sie einer Aufforderung spontan nachkam, reduzierte sich in der Eltern-Kind-Interaktion das belastende Erleben von ständigen Ermahnungen und Frustrationen, auch wenn die Problematik sich nicht vollständig auflöste.

Im nächsten Schritt konnten systematische positive Konsequenzen für angemessenes Verhalten und negative Konsequenzen für problematisches Verhalten entwickelt werden. Vorab wurden die definierten problematischen Situationen nacheinander mit der Mutter, dem Partner und Britta besprochen sowie ein gemeinsames Bild von angemessenen Verhaltensweisen entworfen. Hilfreich war hier der Einsatz von Rollenspielen, in denen die problematischen Situationen auch im Rollentausch sehr konkret nachempfunden werden konnten. So stellte sich heraus, daß sich der neue Partner der Mutter in den Augen aller Beteiligten besser dazu eignete, Britta morgens zu wecken, da er dies ruhiger, aber bestimmter tat, während sich die Mutter als ein „gereizter Morgenmuffel" definierte. Bezüglich der Ins-Bett-geh-Situation wurden für Schultage wie Wochenenden feste Zeiten definiert. Es konnte ausgehandelt werden, daß die Mutter an Wochentagen abends noch zehn Minuten an Brittas Bett verbringt, wo nach Wunsch des Kindes noch gekuschelt oder eine Geschichte vorgelesen werden sollte. Für das verspätete Erscheinen bei Mahlzeiten wurde eine natürliche Konsequenz (entsprechend Baustein F11) erdacht. Sollte Britta nach drei Aufforderungen nicht erscheinen, räumen die Eltern ihr Essen ab.

Da sich durch diese pädagogisch-therapeutischen Interventionen die Verhaltensprobleme von Britta in der Familie zwar verminderten, aber nicht völlig abbauen ließen, wurde ein Token-System (entsprechend Baustein F12) entwickelt. Britta erhielt täglich für angemessenes Verhalten in den definierten Situationen eine vorher festgelegte Punktzahl. Diese Punkte sollen gegen wiederum vorher definierte Belohnungen, in diesem Fall gemeinsame Freizeitaktivitäten, eingetauscht werden.

Interventionen in der Schule
Die verhaltenstherapeutischen Interventionen in der Schule wurden zeitlich etwas verschoben aufgegriffen. Da Britta bereits in der Familie Erfahrungen mit einem Belohnungssystem gesammelt hatte und hochmotiviert war, Punkte zu bekommen, wurde dasselbe Vorgehen auch für die Schule gewählt. Im Sinne einer Sensibilisierung des Kindes für die zu bearbeitenden Bereiche hatte Britta zuerst zwei Wochen lang Gelegenheit, ihre Verhaltensprobleme, wie sie von der Lehrerin definiert wurden, selbst zu beobachten und einzuschätzen (Baustein K16c). Danach konnte die Punktevergabe an die Einschätzung der Lehrerin gekoppelt werden. Die Problematik des verspäteten Erscheinens zum Unterricht hatte sich durch die Interventionen in der Familie bereits aufgelöst, weil es Britta mittlerweile gelang, morgens rechtzeitig das Haus zu verlassen. Zur Stabilisierung dieses Verhaltens wurde dieser Punkt aber noch im „Punkteplan für besondere Anstrengungen in der Schule" beibehalten. In Folge erhielt das Mädchen verschieden gewichtete Punkte, wenn sie alle erforderlichen Materialien für den jeweiligen Unterricht rechtzeitig auf dem Tisch hatte und wenn es ihr gelang, in zunehmend erweiterter Stundenzahl aktiv am Unterricht teilzunehmen.

In Einzelstunden wurde mit Britta ein sogenanntes Selbstmanagement (entsprechend Baustein K16 c) erarbeitet, was „besser aufpassen" im Einzelnen bedeutet. Britta erklärte sich selbst bereit, zunehmend auf unnötige Materialien zu verzichten, mit denen sie zuvor während des Unterrichts spielte. Da sie zu Stundenbeginn alles Nötige auf dem Tisch hatte, mußte sie nicht mehr während des Unterrichts in der Tasche kramen. Da sie positiv für eine aktive Teilnahme am Unterricht verstärkt wurde, bemühte sie sich, bei der Sache zu bleiben und konnte ihre geistige Abwesenheit und Verträumtheit erheblich vermindern. Bedingt durch eine gesteigerte Aufmerksamkeit während des Unterrichts verminderten sich gleichzeitig ihre Hausaufgabenprobleme, so daß Britta ihre Schularbeiten tatsächlich nachmittags im Hort vollständig bearbeitete und der Punkt in der Familie nicht mehr aufgegriffen werden mußte. Da die Rechtschreibprobleme persistierten, wurde eine Nachhilfe empfohlen.

In Gesprächen mit der Lehrerin stellte sich als begleitender positiver Effekt heraus, daß Britta zunehmend mehr Anschluß in der Klassengemeinschaft fand. Da sie nicht mehr dadurch auffiel, daß sie zu spät kam oder ständig ermahnt werden mußte, was von den Mitschülerinnen/Mitschülern als „Extravaganz" oder „Behinderung" erlebt wurde, konnten diese sie besser akzeptieren und zeigten sich zunehmend bereit, Britta auch in gemeinsame Spiele einzubinden. Dieser

Nebeneffekt der verhaltenstherapeutischen Interventionen in der Schule war für Britta einer der Hauptmotivationspunkte, an ihren Schwierigkeiten weiter zu arbeiten bzw. neu erlernte Verhaltensweisen später auch ohne Punktesystem aufrechtzuerhalten.

6.3.7.   Interventionserfolg und Nachsorge

Abb. 6.3-A2 zeigt die Veränderungen auf jenen Skalen des Elternfragebogens über das Verhalten von Kindern und Jugendlichen, auf denen Britta bei Behandlungsbeginn noch von der Mutter als auffällig beurteilt wurde. Auf den drei Skalen Soziale Probleme, Aufmerksamkeitsstörungen und aggressives Verhalten liegen die Beurteilungen der Mutter bei einem T-Wert von 77 oder darüber, was einem Prozentrang von 99,6 entspricht; d.h. höchstens 0,4 % der gleichaltrigen Mädchen werden von ihren Eltern auf diesem Fragebogen als auffälliger beurteilt. Anhand der nach jeder sechswöchigen Behandlungsphase erhobenen Einschätzungen läßt sich im Verlauf der Behandlung eine deutliche Verminderung der Verhaltensprobleme nachweisen. Bei Behandlungsende liegen die Einschätzungen der Mutter im Durchschnittsbereich. Die Beurteilungen auf der Skala

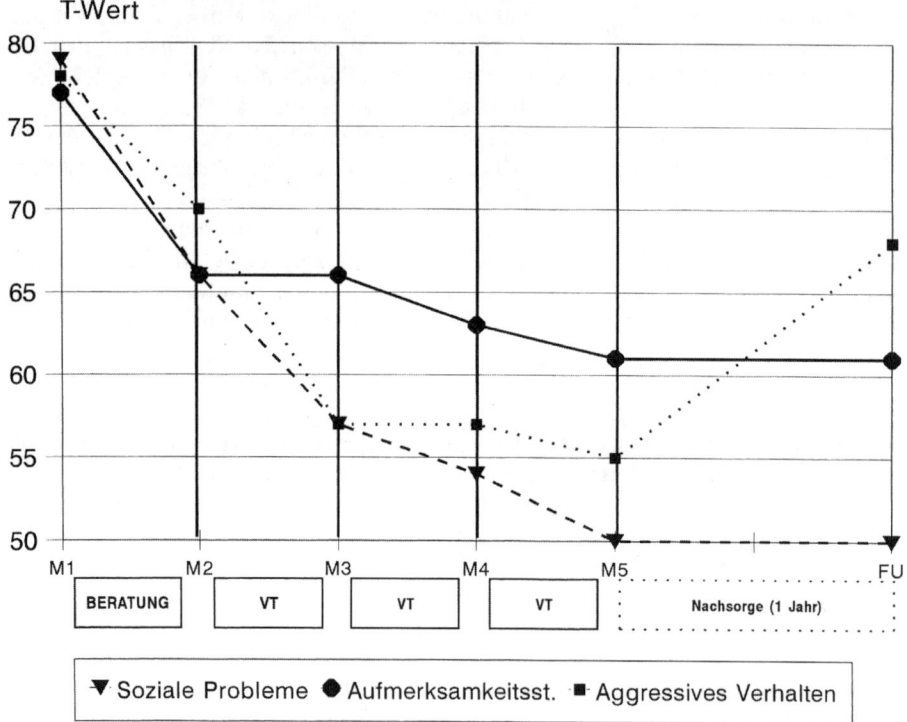

Abb. 6.3-A2: Veränderungen in den bei Behandlungsbeginn auffälligen Skalen des Elternfragebogens über das Verhalten von Kindern und Jugendlichen (CBCL 4-18)

Aufmerksamkeitsstörung sind mit einem T-Wert von 61 (Prozentrang 86) noch am auffälligsten; doch auch auf dieser Skala werden immerhin 14% der gleichaltrigen Mädchen als auffälliger eingeschätzt. In der Nachuntersuchung, ein Jahr nach Beendigung der Intensivbehandlung, läßt sich eine leichte Zunahme des aggressiven Verhaltens feststellen, während die anderen Verhaltensbereiche sich stabilisierten.

Der Elternfragebogen zu Problemsituationen in der Familie (HSQ-D), der bei Behandlungsende erneut vorgelegt wurde, zeigt, daß die Eltern nur noch fünf Situationen als problematisch erleben, wobei das Erfüllen von Erledigungen an erster Stelle rangiert. Eine Verminderung der Problematik verdeutlicht sich auch in der Checkliste für Eltern über Verhaltensprobleme bei den Hausaufgaben (HPC-D/E). Hier beklagen die Eltern nur noch zwei von 20 Punkten als für sie belastend.

Abb. 6.3-A3 zeigt die Veränderungen auf den Skalen des Lehrerfragebogens über das Verhalten von Kindern und Jugendlichen, auf denen Britta bei Behandlungsbeginn von der Klassenlehrerin als auffällig beurteilt wurde. Am stärksten

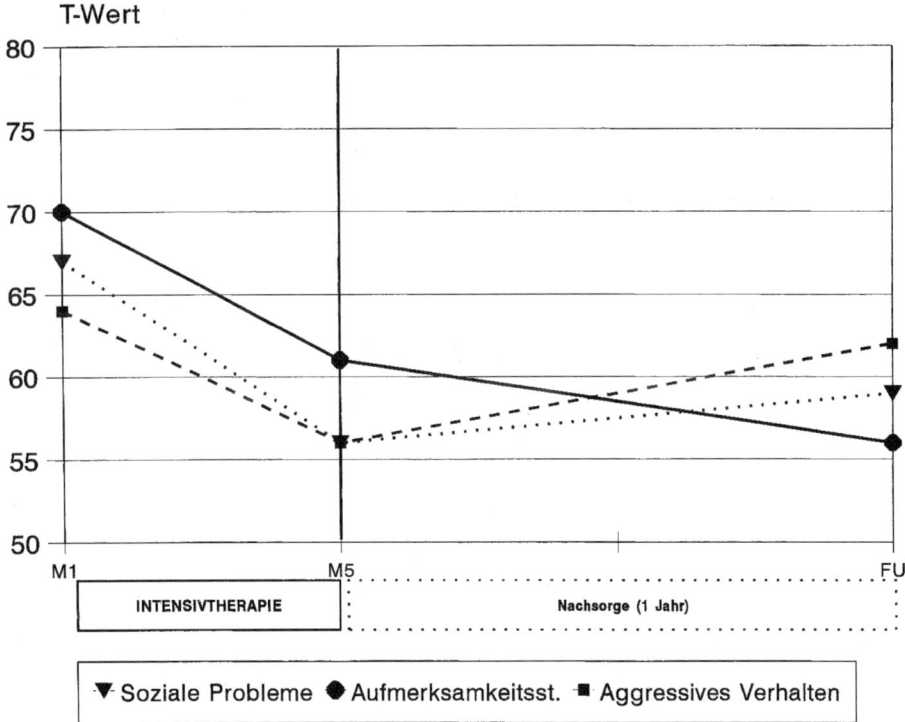

Abb. 6.3-A3: Veränderungen in den bei Behandlungsbeginn auffälligen Skalen des Lehrerfragebogens über das Verhalten von Kindern und Jugendlichen (TRF)

waren bei Behandlungsbeginn die Aufmerksamkeitsstörungen mit einem T-Wert von 70 (Prozentrang 98) ausgeprägt – lediglich zwei Prozent der gleichaltrigen Mädchen werden von ihren Lehrerinnen/Lehrern als auffälliger beurteilt. Bei Behandlungsende läßt sich eine deutliche Verminderung der Auffälligkeiten feststellen, die sich ein Jahr nach Beendigung der Intensivtherapie weitgehend stabilisiert haben. Laut Aussage der Lehrerin gelang es Britta, sich in fast allen Fächern zu verbessern.

Nach Beendigung der Intensivphase wurde die Therapie in einem zunächst 14tägigen, später monatlichen Rhythmus weitergeführt. Beim zweiten Nachuntersuchungszeitpunkt, ein Jahr nach Beendigung der Intensivphase, wird Britta von ihrem Lehrer auf der mittlerweile weiterführenden Realschule als gänzlich unauffällig beurteilt. Als persistierend zeigt sich im Elternurteil das oppositionelle Trotzverhalten des Kindes, das mit Eintritt Brittas in die Pubertät in großen zeitlichen Abständen noch Beratungstermine notwendig macht.

Literatur

Arbeitsgruppe Deutsche Child Behavior Checklist (1993): Lehrerfragebogen über das Verhalten von Kindern und Jugendlichen. Deutsche Bearbeitung der Teacher's Report Form der Child Behavior Checklist (TRF). Einführung und Anleitung zur Handauswertung, bearbeitet von Döpfner, M., Melchers, P., Köln
– (1998): Elternfragebogen über das Verhalten von Kindern und Jugendlichen. Deutsche Bearbeitung der Child Behavior Checklist (CBCL/4-18). Einführung und Anleitung zur Handauswertung. 2. Aufl. mit deutschen Normen, bearbeitet von Döpfner, M. et al., Köln
Barkley, R. A. (1981): Hyperactive children: A handbook for diagnosis and treatment. New York
– (1989): The problem of stimulus control and rulegoverned behavior in attention deficit disorder with hyperactivity. In: Bloomingdale, L. M., Swanson, J. M. (Hrsg.): Attention deficit disorder. Vol. IV, Oxford, 203-234
Bene, E. (1976): Manual for the Family Relations Test married couples version. London
– Anthony, J. (1957): Manual for the Family Relations Test. London
Dilling, H., Mombour, W., Schmidt, M. H. (Hrsg.) (1991): Internationale Klassifikation psychischer Störungen – ICD 10, Kapitel V (F). Klinisch-diagnostische Leitlinien. Bern
Dilling, H. et al. (Hrsg.) (1994): Internationale Klassifikation psychischer Störungen – ICD 10, Kapitel V (F). Forschungskriterien. Bern
Döpfner, M. (1993): Interventionen bei extraversiven Auffälligkeiten. In: Döpfner, M., Schmidt, M. (Hrsg.): Kinderpsychiatrie – Vorschulalter. München, 104-119
– (2000): Hyperkinetische Störungen. In: Petermann, F. (Hrsg.): Lehrbuch der klinischen Kinderpsychologie und –psychotherapie. 4. Aufl., Göttingen, 151-186
– Frölich, J., Lehmkuhl, G. (2000): Hyperkinetische Störungen. Leitfaden Kinder- und Jugendpsychotherapie. Bd. 1, Göttingen
– Lehmkuhl, G. (1994): Der Lehrerfragebogen über das Verhalten von Kindern und Jugendlichen im Rahmen der multiplen Verhaltens- und Psychodiagnostik verhaltensauffälliger Kinder und Jugendlicher. In: Kindheit und Entwicklung 3, 244-252
– Lehmkuhl, G. (1995): Elterntraining bei hyperkinetischen Störungen. In: Steinhausen, H. C. (Hrsg.): Hyperkinetische Störungen im Kindes- und Jugendalter. Stuttgart, 178-208

– Lehmkuhl, G. (1998): Diagnostik-System für psychische Störungen im Kindes- und Jugendalter nach ICD-10 und DSM-IV (DISYPS-KJ). Bern
– Schürmann. S., Frölich, J. (1998): Therapieprogramm für Kinder mit hyperkinetischem und oppositionellem Problemverhalten (THOP). 2. Aufl.. Weinheim
– Schürmann. S., Lehmkuhl, G. (1999): Wackelpeter und Trotzkopf. Hilfen bei hyperkinetischem und oppositionellem Verhalten. Weinheim
Kaufman, A. S., Kaufman, N. L. (1991): Kaufman-Assessment Battery for Children K-ABC. Deutschsprachige Fassung von Melchers, P., Preuß, U., Lisse
Saß, H., Wittchen, H. U., Zaudig, M. (Hrsg.) (1996): Diagnostisches und Statistisches Manual Psychischer Störungen, DSM-IV. Göttingen
Taylor, E. et al. (1998): Clinical guidelines for hyperkinetic disorder. In: European Child & Adolescent Psychiatry 7, 184-200.
Weiß, R. H., Osterland, J. (1977): Grundintelligenztest CFT 1, Skala 1. Braunschweig

6.4. „Wenn die Großen weg-üben sollen, was den Kleinen nicht weg-therapiert wurde" – Pädagogischer Aktionismus als mögliche Spätfolge bei ehemals frühbehandelten Schulkindern

Von Wolfgang Oelsner

Eltern von frühbehandlungsbedürftigen Kindern bringen vielfache Anstrengungen auf. Sie investieren Energie und Zeit, oft unter Verzicht auf eigene Lebenspläne. Meist werden sie belohnt: Status und Entwicklung ihres Kindes verbessern sich spürbar. Erleichterung tritt ein. Die Überzeugung ist hoch von dem, was therapeutisch machbar ist.

Die Einschulung und später der Wechsel zur weiterführenden Schule sind Schwellensituationen, bei denen sich aber zeigen kann, daß nicht immer alles „wegtherapiert" wurde. Teilleistungsschwächen, dezente Ausfälle, Integrationsstörungen machen das Leben schwer. Verständlich, daß Eltern nun auf das Lösungsmodell des früheren Therapieerfolgs zurückgreifen: hoher Einsatz, gute Therapeutinnen/Therapeuten finden und üben, üben, üben... Die Ansprüche an die Lehrkräfte und an sich selbst werden hoch und der Druck im System wächst: *„Dafür haben wir nicht gekämpft, daß mein Kind nun nicht aufs Gymnasium soll"* oder *„... zur Sonderschule muß!"*

Plädiert wird für eine frühe Sensibilisierung, daß nicht alles therapierbar ist. Die Anerkenntnis von Grenzen statt einer „therapeutischen Allmacht" gehört zur Elternarbeit. Schwierig wird es, wenn Enttäuschungen und Überkompensationen erst über den Umweg von psychischen Symptomen im Jugendalter aufgegriffen werden können.

6.4.1. Eine persönliche Vorbemerkung

Wir Schulpädagogen sind mitunter „Leute von gestern" – jedenfalls auf einem Frühförderkongress. Wir unterrichten die, die gestern, vor- und vorvorgestern Patienten in den Frühbehandlungspraxen waren. Und da muß es zuweilen anders zugegangen sein als in der Gegenwart, wie sie in vielen Beiträgen dieses Bandes beschrieben wird. Da ist vom Dialog zwischen Behandlern und Behandelten die Rede. Nicht die Mechanik der Therapie, sondern die therapeutische Beziehung steht im Vordergrund. Unsere Kleinen sollen *handeln statt be-handelt* werden (siehe 2.2.). Bei solcher Auffassung von Frühbehandlung dürften sich die Probleme, auf die meine Ausführungen zielen, irgendwann erledigt haben. Noch aber gibt es sie. In der täglichen Arbeit als Pädagoge an einer Spezialschule für psychisch auffällige Kinder und Jugendliche werden sie überdeutlich.

Wenn einige der folgenden Ausführungen vielleicht sehr scharf dargestellt erscheinen, dann gilt dies nicht als Abrechnung mit denen „von gestern", sondern als Bestätigung für die Wichtigkeit eines *dialogischen Ansatzes*. Es ist ein Plädoyer für ein ganzheitliches Begleiten, in welches das notwendig Technisch-Mechanische eingebettet werden möge.

6.4.2.   Kampf als Lebensstrategie

Vielleicht wirkt folgender Vergleich mit einem Phänomen aus den frühen Nachkriegsjahren zu herb angesichts der zarten Frühbehandlungsklientel. Damals war die Rede von „Menschen, die kamen mit dem Frieden nicht zurecht". Je geordneter die Verhältnisse nach 1948 wurden, desto weniger griffen bewährte Strategien aus der Kriegszeit, ja sie machten plötzlich Probleme. Was gestern noch als Kühnheit und Raffinesse gepriesen wurde, war heute unbrauchbar, galt als gesellschaftsschädigend. Statt des Ordens winkte die Gefängnisstrafe. Für diese Menschen war die Kriegs- und Schwarzmarktzeit wahrhaft nicht schön. Aber Gefahr und Kompensation war ihnen vertraut. Der Kampf war nicht erstrebenswert, doch in seinen Gesetzmäßigkeiten war man zu Hause. Haltungen und Techniken wurden entwickelt. Man überlebte, manche lebten sogar nicht schlecht.

Der martialisch klingende Vergleich soll die Dynamik der folgenden Fallvignette beleuchten.

6.4.2.1 Fallbeispiel Christian

Der 17jährige Gymnasiast wird wegen Affektdurchbrüchen, Impulslabilität und einer Tendenz zum Fanatismus zur Psychotherapie vorgestellt. Die Eltern berichten von einer problematischen Geburt ihres Erstgeborenen (2 Geschwister). Nach zehntägiger Übertragung sei er „wie ein Geschoß" herausgekommen, was zu einem Hämatom am Hinterkopf führte. Die rechte Körperhälfte war gelähmt, mehrere Atemstillstände führten zur intensivmedizinischen Versorgung. Nach operativer Straffung des Zwerchfells (5. Lebenswoche) legte sich die Körperstarre der rechten Seite. Es blieb die Prognose einer Spastik. Nun begannen intensivste krankengymnastische Maßnahmen. Die zunächst indizierte Therapie nach Vojta brachte die bewährten motorischen Erfolge, aber auch die bekannten psycho-sozialen Belastungen. Die Mutter konnte die Babyschreie nicht aushalten, so daß der – sonst eigentlich als „weicher" geltende – Vater die schmerzhafte Behandlung übernahm. *(„Wir haben uns nichts geschenkt".)* Die Tortur wurde mit einer erfolgreichen, nahezu normgerechten motorischen Entwicklung ab dem 1. Lebensjahr belohnt. Nun wurde auf die Bobath-Methode umgestellt.

Es verblieben eine Schlaffheit des Zwerchfells und eine leichte Schwäche im Muskelaufbau des rechten Arms sowie dezente feinmotorische Störungen. Das grobmotorische Erscheinungsbild ist heute jedoch das eines altersgerecht entwickelten jungen Mannes.

Der psychische Befund weist einen eloquent und kontaktfreudig wirkenden Oberstufenschüler aus. Jedoch sind aggressive Triebimpulse nicht hinreichend integriert. Dies entspricht seinem Abwehrverhalten: Ungeschehenmachen, Reaktionsbildung und Affektisolierung dominieren.

Stets zeigte er Vorlieben für Kampfsportarten. Spielte er früher Catcher-Szenen mit Figuren nach, verbeißt er sich heute in Computer-Kampfspiele. Die Familie, gut situiert, engagiert, sonst eher musisch, hat ihm zuliebe auf Sportaktivitäten umgestellt.

Christian wirkt sozial gut integriert und durchschnittlich intelligent. Er zeigt allerdings wenig Reife und Tiefe in der Dimension von Beziehungen. Seine Hobbies sind (außer Sport und Computerspiele) historische Themen, wobei Diktatoren, Kriege und Revolutionen ihn mit besonderer Ambivalenz und einer Tendenz zum Fanatismus faszinieren. Er versteigt sich in verbal kämpferischer Weise immer wieder bei

Lehrerinnen und Lehrern – bei Gleichaltrigen schlägt er auch schnell zu. Dement-sprechend ist seine Schulakte voll von disziplinarischen Abmahnungen und Schul-wechseln.

Von Kindergartentagen an durchzieht ein roter Faden die Berichte: Christians ina-däquate Impulsivität und sein gemindertes Distanzverhalten. Das kommt nicht im-mer nur negativ weg. Es hat durchaus Züge von Charme und Lebendigkeit. In der Be-liebtheitsskala der Gleichaltrigen ist er zeitweise hoch angesiedelt. Neben der labilen Affektsteuerung wird ein weiterer, allerdings schwächer gezeichneter roter Faden er-kennbar: Christians Aufmerksamkeitsdefizit und Konzentrationsschwäche – Ursache für manche Leistungseinbrüche und soziale Fehlwahrnehmung.

6.4.2.2 Frühe Trainingserfahrungen prägen

Christians Fall ist exemplarisch. Jugendliche mit solchen Lebensgeschichten ins-zenieren die Dramaturgie ihres Lebensstarts immer wieder neu. Der Überlebens-kampf wird zum Lebensthema. Sie greifen dabei auf das zurück, was einst Erfolg brachte: Härte gegen sich selbst und der Appell nach schonungslosem Üben. Das tut weh, aber es hat mal funktioniert. *„Christian wurde schließlich kein Krüppel"* (Zitat Vater). Auch die Eltern sind erleichtert und dankbar über den Erfolg solch harter Anfangsphase *(„Wir haben uns nichts geschenkt.")* Der Kampf lohnte sich! Üben, trainieren, nicht aufgeben, kämpfen, kompensieren – aus diesen Selbstap-pellen stricken sich dann die Lebenskonzepte.

Fährt die Strategie mal nicht den Erfolg ein, wird die Dosis erhöht. Es wird mehr geübt – bis der Disziplinfaden reißt und die Strukturen sich auflösen. Um das dann nicht als Niederlage zu empfinden, weichen Schüler wie Christian auf einen Nebenschauplatz aus und spielen den Kasper, legen sich in witzigen Unver-schämtheiten mit den Lehrerinnen/Lehrern an und halten ihr narzißtisches Gleichgewicht mit dem Applaus der Klassenkameraden aufrecht. Damit lenken sie von der Akzeptanz und vom Schmerz der Grenzerfahrung ab, leugnen sie. Mit ihrer „Flucht nach vorn" schaffen sie jedoch Situationen, deren Opfer sie werden.

Die Kinder finden diese Kämpfe nicht schön, wählen sie jedoch immer wieder, schließlich sind ihnen deren Abläufe, deren Strategien vertraut. So „gewinnen sie" – und damit soll der martialische Vergleich aufhören – „zwar manche Schlacht, verlieren aber den Krieg", nämlich das Ziel, ein friedliches, verträgli-ches, kreatives Leben zu führen. Das hieße nämlich, Grenzen anzuerkennen, sich im Rahmen seiner Möglichkeiten einzurichten. Bei Christian hieße das, die im-mer noch schlaffere Muskelausprägung eines Arms nicht mit Überstunden im Bodybuilder Center zu bekämpfen. Es hieße auch anzuerkennen, daß er mit sei-ner Aufmerksamkeitsstörung kein 1,1 Abitur schaffen wird.

6.4.3. Aktionismus der Eltern

Auch die Eltern frühbehandelter Kinder weichen oft der Akzeptanz von Grenzen aus und betreiben Aktionismus auf Nebenschauplätzen. Eine verzögerte, inadä-quate Frühentwicklung löst bei ihnen Fragen aus, die oftmals in selbstbezichtigen-den Spekulationen münden:

„Übersehen wir etwas? War die Schwangerschaftszeit nicht genügend vor Streß geschützt, war unsere Vorsorge o.k., sind wir als Eltern vielleicht zu alt, haben wir die richtige Klinik und Hebamme gewählt, haben wir womöglich schädigende Mittel eingenommen?"

Der Eintritt in die Frühbehandlungsmaßnahmen bringt dann nicht nur für die kleinen Patienten eine entscheidende Wende, sondern auch für die Eltern. Sie kommen damit aus der erlebten Ohnmacht heraus, können endlich etwas tun, aktiv werden, statt quälenden Fragen gegenüberzustehen. Sie beginnen im Kampf gegen die diffusen Schuldgefühle zu punkten. Bereitwillig fahren sie die Kinder zur Therapie, nehmen Mühe und Anstrengungen dafür in Kauf, mitunter schränken sie ihre eigenen Lebenspläne dafür ein. Meist werden sie belohnt: Status und Entwicklung ihres Kindes verbessern sich spürbar. Erleichterung tritt ein. Die Überzeugung ist hoch von dem, was therapeutisch machbar ist. Nicht der (Lebens-)Kampf – wie im Beispiel von Christian – wird ihr Motto. Eher wird der hellwache, aktive und engagierte Einsatz fürs Kind zum Schlüssel ihrer Elternrolle.

Gemessen an den ursprünglichen Befürchtungen verläuft die frühbehandelte Weiterentwicklung des Kindes so erfreulich, daß Optimusmus und Erleichterung den Blick auf eventuelle Restprobleme ausblenden oder verstellen können. Schwellensituationen im weiteren Lebenslauf können neue Erschütterungen auslösen. Spätestens mit der Einschulung tut sich eine solche Klippe auf.

6.4.4.   Teilleistungsschwächen als tückische Restsymptomatik

Teilleistungsschwächen – z. B. in der Feinmotorik, in den visumotorischen Leistungen, in der Aufmerksamkeit oder der Abstraktionsfähigkeit – können als Restsymptomatik auftreten. Für die bisherige emotionale und soziale Entwickung waren sie nicht so wichtig. Nun aber, beim Wettkampf in den Bildungseinrichtungen, äußern sie sich als störend und hemmend. Die alten Ängste kommen wieder hoch. Wird unser Kind lebenstüchtig sein?

Es ist naheliegend, daß Eltern in dieser Notlage auf die Lösungsmodelle zurückgreifen, die schon mal erfolgreich waren: *es wird geübt und therapiert*. Gute Therapeutinnen/Therapeuten und Schulen müssen gefunden werden. Das sind gute Absichten – solange die Dosierung stimmt. Legitime Fördererwartungen an die Lehrerinnen/Lehrer können nämlich rasch in Ansprüchlichkeit, in Maßlosigkeit umschlagen. Eltern-Lehrer-Dialoge können hier entgleisen, Positionen verhärten. Manche reagieren mit Sturheit, andere agieren mit Schulwechseln, wieder andere kämpfen als Funktionäre in der Elternschaft. Jedenfalls wächst der Druck im System Schule: Erfolg oder Mißerfolg eines Kindes wird dann als Plädoyer für die jeweilige Seite herangezogen.

Die – an sich ja segensreichen – integrativen Schulsysteme erscheinen gegenüber solchen Mißverständnissen und Verhärtungen besonders gefährdet. Das geht bis zur Verleugnung von Defiziten und Teilschwächen. Manche Kinder wehren sich unbewußt mit der Produktion eines psychischen Symptoms. Über den Umweg Psychotherapie muß dann der eigentlich pädagogische Dialog wieder aufgenommen werden.

Entscheidend ist die Akzeptanz, daß auch bei guter Frühförderung Restdefizite nicht auszuschließen sind. Wenn ein gesundes Kind beispielsweise über neun variable motorische Funktionen verfügt, um aufzustehen, ein behindertes nur über 1 – 2, dann kann das trainiert werden. Doch wie ist das mit den Variablen für schlußfolgerndes Denken, für Reizfilterung oder für soziales Mitschwingen in Gruppen? Es kann nicht alles an- bzw. wegtherapiert werden. Frühbehandler erheben i. d. R. auch gar nicht diesen Anspruch, doch sie sollten wissen, daß sie zuweilen dementsprechend fehlinterpretiert werden. Vor allem später, wenn sie das Kind gar nicht mehr sehen.

6.4.5. Grenzanerkenntnis statt therapeutische Allmacht

Wichtig ist die Sensibilisierung dafür, daß nicht alles therapierbar ist. Die Anerkenntnis von Grenzen statt des Traums von einer *therapeutischen Allmacht* gehört mit zur Elternarbeit. Mitunter kann das Eltern in der Phase erster Erfolgserleichterung so noch nicht vermittelt werden. Bei manchem ist es wohl auch taktisch unklug, weil es nur resignierenden Haltungen Vorschub leisten würde.

Hilfreich wäre es, wenn die Fachleute der Frühbehandlung in späteren Jahren noch mal beratend einbezogen werden könnten. Etwa, wenn sich ein Kind ab dem 6. Schuljahr mit Abstraktionsbegriffen in der Mathematik herumquält oder wenn der Stand sprachentwicklungs- und schreibtechnischer Leistungen im 3. Schuljahr auffällig zurück ist. Im Verbund mit den Kollegen aus dem Fachzentrum ist es, Lehrerinnen/Lehrern eher möglich zu vermitteln, daß nicht automatisch auf überkompensierendem Schultraining bestanden wird. Generalisierte Über-Effekte treten nämlich längst nicht immer im erhofften Maße auf. Es muß in den neuen Lebensphasen stets neu hingeguckt werden, evtl. nachgetestet werden. Für Eltern ist das eher annehmbar, als wenn eine Lehrperson nur Defizite und Grenzen aufzeigen soll. *Dafür haben wir nicht gekämpft, daß mein Kind nun nicht aufs Gymnasium soll,* oder ... zur Sonderschule muß! So bekommen Lehrerinnen/ Lehrer es mitunter zu hören, die zur differenzierenden Leistungseinschätzung, zum Aufzeigen von Grenzen den Mut finden.

Beispiele später Defizit-Leugnungen
Einige Beispiele mögen verdeutlichen, wie das im Schulalltag oder in der Beratungsstelle aussehen kann.

– Ein gut rehabilitierter 16jähriger Junge mit Hemiparese wird wegen Zwängen und unberechenbaren Leistungsblockaden psychotherapeutisch vorgestellt. Dabei steht er unmittelbar vor dem Abschluß auf einer Nichtbehinderten-Realschule und soll anschließend zur Höheren Handelsschule. Mit jahrelanger Nachhilfe sei man so weit gekommen, *nun so etwas!* Während des Beratungsgesprächs kommt alle fünf Minuten folgende Aufforderung der Eltern an ihren Sohn: *Halt die Hand runter*, gemeint ist das im spitzen Winkel geknickte, hochgehaltene *Spastikerärmchen*.
– Ein zehnjähriges ehemaliges Krampfkind, grobmotorisch gut rehabilitiert, wird Ende der Grundschulzeit wegen massiver Affektdurchbrüche vorgestellt. Auch drohe es das Ziel der Klasse vier nicht zu erreichen. Täglich pauke der Vater mit ihm die Einmaleinsreihen – ohne bleibenden Erfolg. Die Testdiagnostik ordnet den Jungen dem Lernbehindertenbereich zu, mit eklatanten Ausfällen im *Einzelheitlichen Denken*. Darauf

angesprochen, ruft die Mutter in einer Mischung von Entsetzen und Erleichterung aus: *„Jetzt ist es raus! Nun sind wir da gelandet"*, während der Vater gekränkt das Gespräch abbrechen möchte und am liebsten einen anderen Berater aufsuchen möchte.
– Die Mutter eines anderen Krampfkindes mit großen Defiziten im ganzheitlichen Denken hatte einst ihren Beruf aufgegeben, um es zur Logotherapie, Krankengymnastik, Ergotherapie und Wahrnehmungsschulung zu fahren. Sie wurde Funktionärin in einer Elternselbsthilfe, organisierte Förderkurse und Nachhilfe und wirbelte in den Schulämtern herum, als man ihr Kind nicht für die Realschule empfahl. Bis zur Klasse acht wurde es dann doch durch den Realschul-Stoff gequält, ehe eine psychotherapeutische Intervention (es drohte Alkoholmißbrauch bei dem Jugendlichen) die Vermittlung auf eine Hauptschule einsichtig machen konnte.

Für solche pädagogischen Sollbruchstellen gibt es bestimmte Marken. Neben der Einschulung ist das noch die Orientierungsstufe Klasse 5/6, wo die Forderungen an komplexe Denk- und Sozialleistungen größer werden. Stolpern können – aus übermäßigem Elternehrgeiz – hier natürlich genau so die nicht behinderten, nichtbehandelten Kinder.

6.4.6.   Trauerarbeit statt therapeutischer Allmachtshoffnung

Gerade weil Frühbehandlung so erfolgreich ist, muß stets darauf hingewiesen werden, daß Therapie nicht allmächtig ist. Es ist auch nicht alles wegtherapierbar. Statt pädagogischem Aktionismus ist bei mancher Grenzerfahrung eher eine Trauerarbeit angebracht. Es geht um ein behutsames Heranführen an das Eingestehen von Grenzen. Es gilt auch, Abschied von Idealen zu nehmen, Lebenskonzepte umzuschreiben.

Eine Frühbehandlung, die – zumindest als Phantasie – spätere Begrenzungen nicht thematisiert, kann eine pädagogische *Hochstapelei* fördern. Natürlich ist die unbeabsichtigt. Doch der Mechanismus ist wie bei einer Hochstapelei: Man glaubt, mithalten zu sollen in einer Kategorie, für die man grundsätzlich schlechter als viele andere ausgestattet ist. Mithalten kann derjenige dann nur, wenn er sich ständig an der Obergrenze seines Vermögens bewegt, d. h., wenn er über seine Verhältnisse lebt. Die Verleugnung bzw. Überkompensation der Defizite verschlingt dann alle Kraft, vor allem die, die gebraucht würde, um die anderen, die positiven, vielleicht versteckten Talente vorzubringen.

Mitunter produzieren Kinder, die solcherart *über ihre Verhältnisse* gelebt haben, ein psychisches Symptom (etwa Schulphobie, Affektdurchbrüche, Resignation, somatische Beschwerden). Das nimmt dann die Funktion eines Offenbarungseids ein – immerhin die Basis für eine *Sanierung*.

6.4.7.   Nicht am Defizit orientieren

Es sei betont, daß es längst nicht immer zu den hier aufgeführten Problemen kommen muß. Aber es gibt sie. Ihre Lösung liegt nicht primär in Techniken. Die Lösung beginnt im Kopf, sie ist eine Frage der Haltung. Es ist die alte Frage, ob man ein Glas als halb voll oder halb leer zu sehen gewillt ist.

Die Erfolge der Frühbehandlung können in der späteren Entwicklung den Ehrgeiz fördern, die fehlende Menge im Glas unbedingt zu ergänzen. Das ist auch legitim, a) wenn noch Substanz da ist und b) wenn dabei nicht nur das Defizit und seine Beseitigung ins Auge gefaßt wird. Eine am Defizit orientierte Förderung kaschiert oft eine fehlende Trauerarbeit und eine unterlassene Behinderungsverarbeitung.

Die letztgenannten Begriffe verdeutlichen, daß es diesbezüglich unterschiedliche Phasen geben kann. Es ist ja richtig, daß im Anfang, nach der Geburt eines Kindes mit Behinderung, alle Energie den Fördermaßnahmen gilt. Eine *Behinderungsverarbeitung* im engeren Sinne ist hier noch fehl am Platz. Wer will jetzt schon wissen, auf welchen Behinderungsgrad man sich mal wird einlassen müssen? Dafür ist es zu früh, dafür ist noch zu viel an Beeinflussung möglich. Diese Hoffnung braucht man auch, um nicht flügellahm zu werden, und um nicht in Resignation zu verfallen, auch um die Anstrengungen durchzuhalten.

Doch später werden Entwicklungs- und Therapieplateaus erreicht, die sich hartnäckig etablieren. Die Erfolge gehen nicht im Anfangstempo und den früheren Dimensionen weiter. Da gibt es auch langfristige Pausen bis hin zum Stillstand. Hier mit dosiertem Abschiednehmen zu beginnen, ist hilfreich. Das Defizit wird betrauert, um es zu überwinden. Dann ist der Blick frei, um das Positive zu focussieren.

Wenn Therapie *begleiten* heißt, dann brauchen entwicklungsbehinderte Kinder eine Begleitung über die motorischen Anfänge hinaus. Auch über die Institutionen und über die Jahrgänge hinaus. Es ist hilfreich – und die Frage nach der Finanzierung soll hier außen vor bleiben – wenn auch die Großen noch mal auf die zurückkommen dürfen, die ihnen halfen, als sie klein waren.

7. „Kleine Leute vor schwersten Aufgaben" –
   Konzepte der Förderung
   schwerstbehinderter Kinder

7.1.   Einführung und Übersicht

Von Andreas Fröhlich

Schwerstbehinderte Kinder begegnen uns in unterschiedlichen Situationen und in einer großen Vielfalt der Ausprägung ihrer Behinderung. Es sind sehr kleine Kinder, ehemals Frühgeborene, die bereits nach ihrer Entlassung aus der Geburtsklinik deutlich machen, daß sie einen sehr schweren Weg vor sich haben. Es sind aber auch größere Kinder, ja sogar Jugendliche, die durch einen Unfall oder eine plötzliche Krankheit aus ihrem bisherigen Leben und aus ihren Lebensplänen herausgeschleudert worden sind.

Frühförderung beschäftigt sich traditionell mit der möglichst frühen Förderung von behinderten oder von Behinderung bedrohten Kindern. In ihrem Selbstverständnis hat sie sich von einer ausgesprochen kindorientierten zu einer mehr familienorientierten Unterstützung und Begleitung entwickelt, sie versteht sich als interdisziplinär, als kompetenz- und resourcenorientiert.

Frühförderung umfaßt nach dem allgemeinen Verständnis in der Regel den Zeitraum von der Geburt bis etwa zum sechsten Lebensjahr. Eine engere zeitliche Zuordnung beschränkt sich auf die Zeit von der Geburt bis zur Dreijährigkeit. Angesichts der Vielfalt von möglichen Entstehungsursachen für eine Behinderung muß natürlich auch frühe Rehabilitation als Frühförderung betrachtet werden. Die Maßnahmen, die sich unmittelbar an die Akutversorgung eines verletzten, verunfallten oder akut sehr schwer erkrankten Kindes anschließen, haben wesentliche Merkmale mit der Frühförderung gemeinsam: die Notwendigkeit, sich auf die verbleibenden Kompetenzen eines Kindes zu stützen, sie zu unterstützen und eine Weiterentwicklung zu fördern, ebenso wie den Einbezug der Familie, die besondere Berücksichtigung der psychischen Traumatisierung der Eltern, das Zusammenbrechen von Lebensperspektiven und die Suche nach einem gemeinsamen Neubeginn.

Allerdings zeigt es sich, daß noch relativ wenig über die grundsätzlichen Gemeinsamkeiten, aber auch die spezifischen Verschiedenheiten von Frühförderung und Frührehabilitation nachgedacht wurde. Pädagogik hält sich bislang aus diesen Bereichen noch heraus. Erst vereinzelt sind Konzepte zu finden, die sich auf pädagogischem Hintergrund im Bereich der Frührehabilitation hineinbewegen. Ein traditionelles Distanzbedürfnis von Pädagogik zu Medizin mag hierfür ausschlaggebend sein.

In den sich anschließenden Beiträgen kommt jedoch zum Ausdruck, daß Medizin, Therapie, Pflege und Pädagogik gemeinsam sowohl in der frühen Förderung ganz kleiner Kinder als auch in der frühen Förderung von Kindern, die bisher ein unbehindertes Leben geführt haben, tätig werden müssen. Die noch sehr unterschiedlichen Sichtweisen werden deutlich hervorgehoben, aber gerade in den sich an die Referate der Tagung anschließenden Diskussionen wurde deutlich, daß ein großes Interesse daran besteht, den Tätigkeitsbereich, die Handlungsstrategien und die dahinterliegenden theoretischen Annahmen der jeweils anderen Partner in der Förderung ernsthaft kennen zu lernen.

Zum eigentlichen Thema der Einführung:

Die Entwicklung eines Menschen findet immer in Beziehung zu anderen Menschen statt. Dies gilt für das neugeborene Kind ebenso wie für einen Jugendlichen. Es gilt in gleicher Weise für gesunde und kranke, für behinderte und nichtbehinderte Menschen. Solche Beziehungen können gelingen, oft empfinden wir die Beziehung zu anderen Menschen als mehr oder als weniger gelungen, manchmal scheitern sie auch endgültig und schmerzhaft. Beziehungen zwischen Menschen könnte man auch als Austauschprozesse zwischen diesen Menschen beschreiben. Im Supermarkt besteht die Beziehung darin, daß man Waren und Geld austauscht, vielleicht ein paar Worte, ein freundliches Lächeln. Die Beziehung bleibt beschränkt, mehr wird in der Regel aber auch von den Partnern nicht erwartet. In der Universität, auf Fortbildungsveranstaltungen erwartet man von Beziehungen, daß sie insbesondere dem Austausch von Wissen dienlich sein sollen. Lehrende, Referierende geben von ihrem Wissen etwas an Teilnehmerinnen/Teilnehmer und Studentinnen/Studenten, diese wiederum beteiligen im Gespräch und in der Diskussion die Lehrenden an ihrer Entwicklung, an der Entwicklung der aufgenommenen Gedanken und Informationen. Solche auf Austauschprozessen beruhende Beziehungen ließen sich in noch vielen anderen gesellschaftlichen Bereichen beschreiben. Auch in der Frühförderung handelt es sich um Formen von Austausch: Ein komplexer Informationsaustausch findet statt, ein körperlicher Austausch von Berührung und Bewegung kennzeichnet die Aktivitäten und ein psychoemotionaler Austausch zwischen den Beteiligten charakterisiert die Situation. Diese Austauschprozesse finden aber nicht nur zwischen dem zu fördernden Kind und seinem Frühförderer statt, sondern wir müssen uns vorstellen, daß diese Austauschprozesse in einer gelingenden Frühfördersituation immer in einem Dreieck von Kind, Eltern und Professionellen stattfinden.

Dieses „Sich-Austauschen" hat auch schon rein sprachlich eine doppelte Bedeutung. Einer tritt an die Stelle des anderen, versucht sich in seine Position hineinzudenken, hineinzuversetzen, sich einzufühlen. Dies betrifft insbesondere die Professionellen, von denen die Fähigkeit erwartet wird, die Welt nicht nur mit den eigenen Augen zu sehen, sondern zu versuchen, sie aus der Sicht des Kindes und aus der Sicht der Eltern einzuschätzen. Elternsicht und Kindessicht sind hier keineswegs identisch, sie haben unterschiedliche Erwartungen und unterschiedliche Ansprüche. Natürlich bedeutet dieses „Sich-Austauschen" auch den oben beschriebenen Austausch zwischen Menschen bzgl. der Informationen, der Körperlichkeit und Nähe sowie der psychoemotionalen Dynamik zwischen den Beteiligten, die gerade im Bereich früher Förderung sehr hoch sein kann, da alles noch frisch und heftig erlebt wird.

(Während des tatsächlich gehaltenen Referates wurde an dieser Stelle ein Video gezeigt, das solche elementaren Austauschprozesse deutlich machen sollte.)

Lamberto ist 18 Monate alt, er kam in der 27. Woche mit 1100 Gramm zur Welt, verbrachte die ersten vier Lebensmonate im Inkubator. Eine Retinopathie wurde bei ihm festgestellt, er hat einen deutlichen Nystagmus und seine statumotorische Retardation ist ausgeprägt. Er bekommt dreimal in der Woche Krankengymnastik und muß ein antikonvulsives Medikament einnehmen. Lamberto ist in Italien geboren, er lebt in Italien und dort habe ich ihn auch kennengelernt.

Er wirkt wie ein schwer mehrfachbehindertes Kind, ist außerordentlich zierlich und scheint ganz auf sich selbst bezogen. Erkundungs- und Spielaktivitäten nach außen werden zunächst nicht beschrieben. Die Mutter sorgt sich allerdings darum, daß Lamberto seit kurzem begonnen habe, sich ins Gesicht zu schlagen. Mehr weiß ich nicht, mehr kann ich auch in der kurzen Situation von 14 Tagen nicht in Erfahrung bringen. Ich versuche mit Lamberto zu spielen, während seine Mama unmittelbar neben uns sitzt. Lamberto schlägt sich. Dies kann vieles bedeuten: Unzufriedenheit, eine beginnende Stereotypie, Aggressivität, Erkunden des eigenen Körpers, eine uns unverständliche Kommunikation... (Fröhlich 1996).

Wie bewerkstelligen wir nun den Austausch?

Wir suchen gemeinsam nach einer körpernahen Position, in der Lamberto bequem liegt oder sitzt, ich ihn gut halten kann, und er dabei auch noch Aktivitätsmöglichkeiten hat. Nach längerem Ausprobieren entscheiden wir uns für eine Seitlage auf meinem Schoß. Ich sitze im Schneidersitz und Lamberto liegt im Dreieck meiner Beine. Den Kopf auf meinem Oberschenkel liegend, in einer angenehmen Beugung des gesamten Rumpfes, kann er seine Arme und Hände nach vorne bringen. Ich spüre, daß er ruhig liegt, daß er gleichmäßig atmet, daß er keine einschießenden Bewegungen hat, die darauf hinweisen, daß er sich in dieser Position unsicher, unwohl oder eingeengt fühlt. Die Mutter bestätigt mir, daß Lamberto zufriedener aussieht.

Bei einer nachmittäglichen Spazierfahrt am Ufer des großen Sees fielen uns Erwachsenen die schönen Kieselsteine auf. Bestimmt hätte Lamberto mit ihnen gespielt, wenn er sie denn gesehen hätte, wenn er überhaupt hätte spielen können. Also versuchen wir es mit einer gewissen Art „Normalisierung", d. h. wir benutzen Gegenstände, die ein Kind seines Alters an diesem Ort auch benutzt hätte. Ich nehme einen größeren dunklen Kieselstein und einen kleineren sehr hellen, die einen deutlichen Kontrast bieten – Lamberto hat ein Sehproblem. Der kleinere Stein könnte von ihm gerade so mit der Hand umfaßt und gehalten werden. Lamberto kann dies aber nicht, also führe ich ihn, umschließe mit seiner Hand den Stein, halte mit seiner Hand den Stein. In der Seitlage fangen wir an gleichmäßig rhythmisch mit dem kleinen Stein auf den großen Stein zu klopfen. Wir nehmen sein Thema „schlagen" auf. Ich biete ihm aber Objekte und als Rückmeldung das Spüren in der eigenen Hand und im Arm sowie das Geräusch an. Das ist etwas anderes, als sich ins Gesicht zu schlagen. Aber es ist schlagen. Ich habe seine Aktivität interpretiert, habe versucht in einen Austausch einzutreten, biete ihm etwas und warte dafür auf seine Signale. Sein Signal ist ein „*Lauschegesicht*". Er zeigt Aufmerksamkeit und, wenn ich mit dem rhythmischen Klopfen des Steins auf den anderen aufhöre, eine gewisse Unruhe, ein paar kleine Bewegungen, ein kurzes Innehalten des Atmens. Ich glaube wahrzunehmen, daß Lamberto gerne weitermachen möchte, denn wenn wir weiterklopfen, geht der Atem gleichmäßig, das Gesicht bekommt seinen aufmerksamen aber ruhigen Ausdruck. Lamberto mag das Klopfen der Steine. Wir tun das lange miteinander, wir tun das jeden Tag, es wird sozusagen unser Erkennungsspiel. Lamberto, Steine, Mama und ich bilden für eine gewisse Zeit am Tag eine Erfahrungseinheit. Ich merke, wie ich von Lamberto immer mehr und immer Feineres spüre. Wenn ich mit dem Klopfen langsamer werde und immer leiser, d. h. wenn die Schläge immer feiner werden, kommt ein Moment, an dem Lamberto nach immer intensiverem Hinlauschen auf einmal unzufrieden wird, offensichtlich genügt es ihm dann nicht mehr, ist ihm zu leise, zu leicht. Und da spüre ich auch eine winzig kleine, kaum wirklich nachweisliche Aktivität seiner Hand, ähnlich wie ich sie aus der Bewegungsförderung als Mikrobewegung kenne (Fröhlich 1998, 220ff). Lamberto teilt mir etwas mit, Lamberto ruft mir in seiner Sprache wie Theodor Storms kleiner Hävelmann zu: *„Blase, alter Mond blase!"*

Im Laufe weniger Tage beginnt Lamberto, sich, zunächst über den Klang gesteuert, zunehmend visuell zu orientieren. Wir stellen fest, daß der Nystagmus zurückgeht, daß er Momente des Fixierens zeigt. Der helle Stein auf dem dunklen Untergrund wird für ihn immer bedeutungsvoller und vor allem beginnt er eine Beziehung zwischen mir, dem Stein und sich herzustellen. Er wendet sich zu mir, wendet sich zum Stein, fordert mich auf, auf diese Art und Weise aktiv zu werden. Diese frühen Formen des Deutens oder Aktivierens des erwachsenen Partners werden aus der frühen Kommunikationspsychologie immer wieder berichtet (Kane 1992).

Von außen her ist dies fast langweilig, es passiert kaum etwas, keine Aktionen, es ist eben *Mikropädagogik*.

Voraussetzungen eines jeden Austausches zwischen Menschen ist die Fähigkeit, aufeinander zu lauschen. Wir könnten von einer „Kunst" sprechen, in sich selbst und in den anderen hineinzulauschen, d. h. alle Sinne darauf zu richten, etwas zu vernehmen, was bedeutungsvoll sein könnte. Wir müssen Zeichen als Zeichen verstehen, wir müssen sie deuten, was letztlich heißt, wir müssen sie mit Bedeutung versehen. Dies scheint aufs Erste ein willkürlicher Akt, denn weiß ich, was Lamberto oder jedes andere Kind tatsächlich mit diesem Zeichen meint? Meint es überhaupt etwas, oder sind es einfache Bewegungen, die in einen neurophysiologischen Zusammenhang stehen, aber keinen Zeichencharakter haben? Hinsichtlich dessen, was wir unter Kommunikation verstehen, gibt es unterschiedliche Sichtweisen (siehe 7.5., 7.6.). Im Zentrum steht jedenfalls die gemeinsame Aktivität aller Beteiligten, insbesondere die Aktivität des Kindes mit den ihn umgebenden, ihm nahestehenden Menschen Bedeutungen zu vereinbaren. Es geht also darum, eine gemeinsame Wirklichkeit zu konstruieren, in der sich gemeinsame Bedeutung von Handlungen, von Objekten, von Zeichen und anderem einstellt.

Die Aufgaben der professionellen Pädagoginnen und Pädagogen, Psychologinnen/Psychologen und Therapeutinnen/Therapeuten etc. besteht darin, die Wegsucher zu sein, die alle Möglichkeiten abtasten, die auf dieser Suche einen Halt bieten könnten, wo die Verständigung im Austausch sich realisieren kann. Bedeutungen müssen gemeinsam gefunden werden, sie können nur in gemeinsamen Aktivitäten des Kommunizierens, des Spielens, des Pflegens etc. entdeckt und festgemacht werden. Für die professionellen Helfer stellt sich dabei die Aufgabe, über die elterliche intuitive Didaktik (Papoušek 1994) hinaus, über ein möglichst umfangreiches Repertoire an Wissen zu verfügen, auf das sie jeweils zurückgreifen können. Kenntnisse aus der Entwicklungspsychologie, aus der Wahrnehmungsentwicklung, aus der Neurophysiologie der Bewegung können Hilfen bieten, um kindliches Verhalten, kindliche Aktivitäten für das Kind selbst nutzbar zu machen. Wir müssen also Kindern bei der Entdeckung des für sie selbst Bedeutsamen helfen. Dies kann zunächst und elementar die Entdeckung des eigenen Körpers sein, der zu mir gehört, der meine Existenzform in dieser Welt ist. Der Schlag ins eigene Gesicht wird vielleicht dann für Lamberto nicht mehr notwendig sein, wenn er seine Hand und sein Gesicht als zu sich selbst gehörig bedeutungsvoll erlebt und erfährt, daß man mit Hand und Gesicht auch anderes tun kann und sich trotzdem intensiv spürt. Bedeutsam sind Personen, die körperlich nahe sind, die Wärme und Zugewandtheit ausstrahlen und dem Kind Sicherheit vermitteln können. Bedeutsam kann aber auch der Geschmack im Mund sein, der durch Speisen und Getränke entsteht, der erleben läßt, wie die eigene orale Aktivität in einer Beziehung zu jemandem, der diese Speisen gibt, ein Wohlbehagen, ein interessantes Erleben schafft. Es geht aber auch zentral um die Bedeutung all der elementaren Aktivitäten, durch die man Effekte bei anderen Menschen und in der Umwelt bewirken kann. Sich selbst als handelnd zu erleben, gerade im Bezug auf andere Menschen, ist ein wesentliches Merkmal gelingender Beziehung.

Wie entstehen nun Beziehungen, was sind die notwendigen Voraussetzungen?
Beziehungen, insbesondere tragfähige Beziehungen, entstehen dann, wenn gemeinsame Bedeutsamkeiten erlebt und gemeinsam bestimmt sind. Dies können Spielsituationen sein, z. B. mein Steinespiel mit Lamberto, das kann das Schmusen mit einem Kind sein, das kann der Windwechsel sein, das kann das einfache Dasein sein oder aber auch das gemeinsame Fortgehen zum Einkaufen. Situationen, in denen Austausch geschieht, Situationen, die wiederkehrend sind und in denen das Kind sich als handelnde Person erleben kann, sind geeignet, Beziehung zu stiften.

Sicherheit als eine emotionale und kognitive Größe kann nur in solchen bedeutungsvollen Beziehungen entstehen. Das Gefühl von Sicherheit ist gleichzusetzen mit einem tiefen Vertrauen in die Bezugspersonen, aber auch mit einem Vertrauen in die Welt. Dinge verhalten sich gleich, bestimmte Effekte lassen sich immer wieder hervorrufen, die Welt führt kein Eigenleben, sondern ist durch mich beeinflußbar (siehe 7.5., 7.6.).

Lebenszutrauen kann nur aus dieser Beziehungssicherheit heraus entstehen. Wenn ein schwer beeinträchtigtes Kind trotz aller Einschränkungen, trotz Krankheit und Behinderung am Leben bleiben will, dann zeigt es uns damit sein Lebenszutrauen. Das Leben lohnt sich für dieses Kind, es möchte teilhaben am Leben der Anderen, am Lebendigen. Wir sehen immer wieder auch Kinder, die diese Entscheidung so nicht treffen, die sich vom Leben abwenden und ein Leben auf dieser Welt unter den ihnen möglichen Bedingungen offenbar nicht mehr wollen. Für Frühförderung wie Frührehabilitation ist gerade diese Beziehungssicherheit ein zentrales Moment des Gelingens oder Mißlingens. Förderung und Rehabilitation sind nicht technisch machbar. Sie können technisch professionell unterstützt werden, sind letztlich aber zwischenmenschliche Fragen.

Zeit, Beständigkeit, Offenheit, vor allem auch Zieloffenheit, sind wichtigste Voraussetzungen einer solchen Beziehungsarbeit. Professionelle im Bereich der Frühförderung, Frührehabilitation, die sich mit sehr schwer beeinträchtigten Menschen befassen, müssen die Möglichkeit bekommen, ohne vorgefaßte oder gar von außen bestimmte Zielstellungen in die Beziehung einzutreten. Sie müssen offen sein für alle Kommunikationsangebote des behinderten Kindes, sie müssen beständig da sein können. Ihre Anwesenheit muß auch mit minimal verbleibenden Wahrnehmungsmöglichkeiten erfahrbar werden – und dazu ist Zeit nötig. Förderung und Rehabilitation lassen sich nicht gerade mal schnell, sachlich, effizient durchführen. Sie gehorchen nicht einem sich modern gebenden Beziehungsmanagement. Um es ganz hart und eindeutig zu formulieren: Medizinisch technische Interventionen auf höchstem Niveau unter Berücksichtigung modernster Standards „lohnen" nur, wenn sich an die technische Überlebenssicherung Beziehungsentwicklungen anschließen dürfen, wie sie oben beschrieben worden sind. Wenn eine Gesellschaft verunfallten, kranken oder geburtsgeschädigten Menschen nur eine erste medizinische Intervention zugesteht, aber weder Raum, Zeit noch Personen zum Aufbau menschlicher Beziehungen zur Verfügung stellt – auch dann, wenn besondere Kommunikations-, Pflege- und Förderformen benötigt werden –, dann folgt eine solche Gesellschaft letztlich jenen utilitaristischen Ethikprinzipien eines Peter Singers, ob sie ihnen bewußt zustimmt oder nicht.

Schwerst beeinträchtigtes Leben stellt immer eine Herausforderung dar, eine Herausforderung für den unmittelbar Betroffenen. Sich diesen Herausforderungen zu stellen, dazu braucht es Courage, Optimismus und Überzeugungskraft. Wahrscheinlich – aber dies ist sicher keine wissenschaftlich begründbare Position – bedarf es der Liebe ...

Literatur

Fröhlich, A. (1996): Indentité corporelle: la personne polyhandicapeé a la recherche de son identité. In: Wolf, D. (Hrsg.): Polyhandicaps. Les compostements – défis: auto-agression on auto-stimulation? Lucerne

– (1997): Zu früh für diese Welt – Pädagogische Überlegungen zu einem angemessenen Lebensbeginn frühgeborener Kinder. In: Zeitschrift für Heilpädagogik 5

– (1998): Basale Stimulation – Das Konzept. Düsseldorf

Kane, G. (1992): Entwicklung früher Kommunikation und Beginn des Sprechens. In: Geistige Behinderung 92, 303-319

Papoušek, M. (1994): Vom ersten Schrei zum ersten Wort. Bern/Göttingen

7.2.   Frühe Rehabilitation von Kindern im Apallischen Durchgangssyndrom

Von Wolfgang Boksch, Werner Ischebeck und Nicole Klüting-Somo Watong

Aus einer schweren cerebralen Erkrankung kann vorübergehend oder auch auf Dauer ein apallischer Zustand resultieren. Im folgenden wird zunächst ein geschichtlicher Überblick über die Entstehung der Begriffe „Apallisches Syndrom", „Vegetativer Status" und „Wachkoma" gegeben, die als Synonyme zu betrachten sind. Anschließend wird über die Aufgaben der an der Therapie von apallischen Kindern und Jugendlichen beteiligten Therapeutinnen/Therapeuten und die Behandlungsergebnisse von 98 Patientinnen/Patienten zwischen null und 18 Jahren berichtet.

7.2.1.   Geschichtlicher Überblick

Der Begriff „Apallisches Syndrom" wurde 1940 von Kretschmer geprägt. Kretschmer bezeichnete Patientinnen/Patienten als apallisch, bei denen eine schwere Cerebralschädigung zur funktionellen Entkopplung des Hirnmantels vom Hirnstamm, also von Mittelhirn, Zwischenhirn, Stammganglien, Brücke und Medulla oblongata geführt hat.

Sehr anschaulich ist seine klinische Beschreibung dieser Patientinnen/Patienten, die von Gerstenbrand (1967) zitiert wird:

„Der Patient liegt wach da mit offenen Augen. Der Blick starrt geradeaus und gleitet ohne Fixationspunkte verständnislos hin und her. Auch der Versuch, die Aufmerksamkeit hinzulenken, gelingt nicht oder höchstens spurweise. Ansprechen, Anfassen erweckt keinen sinnvollen Widerhall; die reflektorischen Flucht- und Abwehrbewegungen können fehlen, ebenso manchmal auch das reflektorische Rückgehen in die Grundstellung, mit dem der Gesunde zufällige, nicht mehr gebrauchte, besonders auch unzweckmäßige und unbequeme Körperstellungen automatisch zu beenden pflegt. Infolgedessen können diese Kranken in aktiv oder passiv gewordenen Zufallsstellungen verharren bleiben. Dieses Verhalten kann entweder auf der Unfähigkeit zu sinnvoller Reizerwiderung oder auf einer primären Antriebsstörung beruhen. Im Gegensatz dazu kann das elementare Irradieren (Anmerk.: ausstrahlen) unverarbeiteter und ungebremster Außenreize außergewöhnlich gesteigert sein, so daß sensible Reize mit Zuckungen beantwortet werden.

Trotz Wachsein ist die Patientin/der Patient unfähig zu sprechen, zu erkennen, sinnvolle Handlungsformen erlernter Art durchzuführen. Dagegen bleiben bestimmte vegetative Elementarfunktionen, wie etwa das Schlucken, erhalten. Daneben treten die bekannten frühen Tiefenreflexe (motorische Primitiv-Reaktionen) hervor."

Im englischen Sprachraum führten Teasdale und Jennett 1972 den Begriff „vegetative state" ein. Danach sind diese von einer schweren akuten cerebralen Schädigung betroffenen Patientinnen/Patienten zwar wach, aber ohne Bewußtsein. Andere Bezeichnungen sind dementsprechend „Coma vigile" oder „Wachkoma".

Im Zusammenhang mit der Diskussion um Therapieabbruch bei apallischen Patientinnen/Patienten stellte eine Task Force Gruppe von fünf großen amerikanischen neurologischen und neurochirurgischen Gesellschaften Kriterien zusammen, die die Diagnose des „persistent vegetative state" definieren sollten. Danach zeigen die betroffenen Patientinnen/Patienten keine Hinweise für konstantes, reproduzierbares, zielgerichtetes oder bewußt intendiertes Verhalten. Es sind keine reproduzierbaren Antworten auf visuelle, auditive, taktile oder Schmerz auslösende Reize vorhanden. Die Patientinnen/Patienten haben kein Sprachverständnis und sind nicht zu sprachlichen Äußerungen in der Lage. Sie sind intermittierend wach, und sie haben erhaltene Hypothalamus- und Hirnstammfunktionen wie Atemregulation, Herzkreislaufregulation etc.

Evtl. auftretende Augenfolgebewegungen schließen die Persistenz des apallischen bzw. vegetativen Status nicht aus.

7.2.2. Remission des Vegetativen Status

Klassisch durchlaufen die Patientinnen/Patienten bei der Rückbildung des „Vegetativen Status" durch spezifische Symptome gekennzeichnete Remissionsphasen:

- Phase der primitiven Psychomotorik,
- Phase des Nachgreifens,
- Klüver Bucy Phase,
- Korsakow Phase,
- Integrationsphase (Defektstadium oder Restitutio ad integrum).

Die zeitliche Dauer dieser Phasen kann zwischen Stunden und Monaten variieren und auch im Tagesverlauf können die Patientinnen/Patienten zwischen diesen Phasen wechseln.

7.2.3. Klinische Symptomatik

Apallische Kinder und Jugendliche weisen in unterschiedlichem Ausmaß folgende Symptomatik bzw. Begleitsymptomatik auf: Tetraspastik, Vegetative Entgleisungen mit Tachykardie, arterielle Hypertonie, Hypersalivation, Tachypnoe, psychomotorische Unruhe. Sie haben zu einem hohen Prozentsatz Schluckstörungen, zeigen unwillkürliche mimische Schablonen und orale Automatismen. Epileptische Anfälle können auftreten. Immer besteht Inkontinenz für Stuhl und Urin. Wegen der eingeschränkten Motorik und der Aspirationsgefahr sowie dem erhöhten Infektionsrisiko bei tracheotomierten Patientinnen/Patienten sind Pneumonien häufig. Harnwegsinfekte treten sowohl bei Kindern und Jugendlichen mit als auch ohne urinableitendem Katheter gehäuft auf. Der krankheitsbedingte Streß erhöht das Risiko für Magen-Darm-Blutungen. Während der Intensivbehandlung sind die Lagerungsmöglichkeiten z. T. eingeschränkt. Teilweise ist die periphere Durchblutungsregulation gestört, so daß die Gefahr für die Entstehung von Decubital-Ulcera groß ist. Diese entstehen bei Kindern und Jugendlichen vor allem am Hinterkopf, an den Fersen und bei Kontrakturen in den Beugen der Gelenke, seltener als bei Erwachsenen im Bereich des Steißbeins oder der Trochanteren.

7.2.4. Therapie

Die Behandlung dieser Patientinnen/Patienten erfolgt in der Klinik Holthausen durch ein multidisziplinäres Team, an dem Ärztinnen/Ärzte, Krankengymnastinnen/Krankengymnasten, Ergotherapeutinnen/Ergotherapeuten, Balneotherapeutinnen/Balneotherapeuten, Musiktherapeutinnen/Musiktherapeuten, Logopädinnen/Logopäden, Heilpädagoginnen/Heilpädagogen und Pflegepersonal beteiligt sind.

Die ärztlichen Aufgaben beinhalten dabei unter anderem die medikamentöse Behandlung der vegetativen Krisen. Unterstützend arbeiten dabei die Pflegenden und Balneologen der Symptomatik durch Lagerung, Waschungen, Einreibungen und Bäder entgegen.

Die Behandlung der Spastik ist ebenfalls eine interdisziplinäre Aufgabe mit medikamentösen, balneologischen und physiotherapeutischen Ansätzen. Diese werden von den Pflegenden außerhalb der Therapien im engeren Sinne in den Alltag übertragen. Systemische, urologische und pulmonale Infektionen bedürfen der gezielten medikamentösen Behandlung. Prophylaktisch sind hier aber auch die Krankengymnastinnen/Krankengymnasten und Pflegerinnen/Pfleger mit Atemtherapie und Lagerungsmaßnahmen involviert.

Die Möglichkeit einer hydrocephalen Entwicklung darf nicht vergessen werden. Die Indikationsstellung zur kernspintomographischen Untersuchung und ggf. zu operativen Maßnahmen ist ebenfalls eine ärztliche Aufgabe. Epilepsien müssen antikonvulsiv behandelt werden.

Wenn einmal ein Dekubitus entstanden ist, sind an dessen Behandlung Ärztinnen/Ärzte, Pflegerinnen/Pfleger, Krankengymnastinnen/Krankengymnasten und Ergotherapeutinnen/Ergotherapeuten mit wundversorgenden, lagernden und mobilisierenden Therapien beteiligt.

Magen-Darm-Blutungen werden einerseits durch Behandlung der auslösenden Faktoren, insbesondere der vegetativen Entgleisungen, und andererseits durch Verordnung von den Säurehaushalt regulierenden Medikamenten therapiert.

Allgemeine Mobilisation, spezifische Colonmassagen, ballaststoffreiche Sonden- oder Normalkost und stuhlregulierende Medikamente wirken Darmtransportstörungen und vor allem der häufig zu beobachtenden Obstipation bei diesen Patientinnen/Patienten entgegen.

In unserem Konzept kommt der Ärztin/dem Arzt auch die Aufgabe zu, das multidisziplinäre Team als „primus inter pares" zu leiten und zu koordinieren.

Die Ergotherapeutinnen/Ergotherapeuten und Krankengymnastinnen/Krankengymnasten behandeln in der ersten Zeit die apallischen Kinder häufig gemeinsam. Sie streben dabei die Verbesserung der Wahrnehmung durch Anwendung von visuellen, taktilen, akustischen, vestibulären und propriozeptiven Stimuli an. Das betroffene Kind soll sich wieder als eigene Person in seinen physischen Grenzen erfahren, später das Körperschema wiedererlangen und die Körpermitte wiederfinden. Außerdem werden die Grundlagen für die Anbahnung von Hand-Hand-, Hand-Mund-, Hand-Fuß- und Hand-Auge-Koordination gelegt.

Zur Tonusregulation und zur Verminderung der sich häufig schon frühzeitig ausbildenden Spastik wird die kontrahierte Muskulatur vorsichtig quergedehnt. Das Kind wird aus verschiedenen Ausgangsstellungen langsam und rhythmisch vorwiegend um die Längsachse rotiert. Spastikhemmende Lagerungsmöglichkeiten in Anlehnung an das Bobath-Konzept werden eingesetzt. In der nicht mehr ganz frühen Phase, also z. B. sechs bis acht Wochen nach Behandlungsbeginn, können evtl. auch zirkuläre Redressionsgipse oder Lagerungsschienen, zum Teil auch in Verbindung mit einer Botulinum-Toxin-Behandlung, zur Anwendung kommen, um Kontrakturen und die daraus resultierenden Funktionsbeeinträchtigungen zu mindern. In einigen Fällen haben wir gute Erfahrung mit der Motomed-Behandlung im Bett – insbesondere zur Minderung der Spastik der unteren Extremitäten – gemacht.

Die Mobilisation der großen Gelenke, die Vertikalisierung z. T. auf dem Tilt-Table, die Rollstuhlmobilisation, die zunächst nur über Minuten und dann zunehmend länger erfolgt, hat neben der damit häufig zu beobachtenden Verbesserung der Vigilanz positive Effekte im Sinne der Pneumonie-, Dekubitus- und Kontrakturprophylaxe. Auch die Anbahnung von physiologischen Bewegungen und Bewegungsübergängen aus verschiedenen Ausgangsstellungen beginnt schon in der ersten Behandlungsphase.

Logopädische Aufgaben liegen zunächst hauptsächlich in der Behandlung von orofacialen Störungen. Dazu gehören sowohl zu beobachtende Hypo- als auch Hypersensibilität im Mund- und Gesichtsbereich, pathologische Reflexe und Automatismen, eingeschränkte Zungenbeweglichkeit sowie Tonus- und Koordinationsstörungen der mimischen und der übrigen Kaumuskulatur.

Als spezielle Ziele der logopädischen Behandlung sind Abbau pathologischer Muster, wie Beißreflex und Zungenstoß, Verbesserung der physiologischen Wahrnehmung von taktilen, gustatorischen und thermischen Reizen, die Fazilitation koordinierter Lippen-, Zungen- und Kieferbewegungen und die Anbahnung eines physiologischen Schluckaktes zu nennen.

Das Erreichen dieser Ziele ist Voraussetzung für das Erreichen langfristiger Zielsetzungen, wie der Fähigkeit zur oralen Aufnahme von Nahrungsmitteln unterschiedlicher Konsistenz und zur Aufnahme von Flüssigkeiten. Die Verbesserung der Atemfunktion ist Voraussetzung für die Stimmbildung und Grundlage für eine evtl. Dekanülierung und das Erarbeiten von nonverbalen Kommunikationsmöglichkeiten.

Die Musiktherapie gehört mit zu den Therapien, die wir sehr früh bei der Behandlung apallischer Kinder einsetzen. Musik hat offensichtlich eine eigenständige, stimulierende Qualität. Wir setzen sie bei apallischen Patientinnen/Patienten ein, um eine nonverbale Kommunikationsebene aufzubauen. Erste Äußerungen als Reaktion auf Gesang der Therapeutin/des Therapeuten oder einfache musikalische Phrasen können eine gezielte Blickwendung, basale, an die Musik angepaßte Lautäußerungen oder motorische Reaktionen, wie z. B. Handbewegungen, sein.

Nicht zuletzt durch seinen emotionalen Aufforderungscharakter ist die Musiktherapie zur Anbahnung von Beziehungen und Kommunikation in dieser ersten Behandlungsphase geeignet. Später setzen wir sie auch zur Verbesserung von motorischen Störungen ein, um rhythmische, flüssige und schwungvolle Bewegungen zu fördern.

Die pflegerische Therapie nimmt eine zentrale Rolle bei der Behandlung apallischer Kinder und Jugendlicher ein. Die oben beschriebenen therapeutischen Inhalte fließen in die Grundpflege ein und werden durch die Pflegenden in den Alltag übertragen.

Von Anfang an sollten alle Maßnahmen in ruhiger und entspannter Atmosphäre durchgeführt werden. Dazu gehört auch, daß soweit wie möglich immer dieselben Schwestern oder Pfleger das Kind betreuen und der Ablauf der Pflege bis in Einzelheiten hinein zwischen diesen abgestimmt wird. Im Kontakt zur Patientin/zum Patienten sollen alle Maßnahmen und Berührungen verbal eingeleitet und weiterbegleitet werden. Auch wenn davon auszugehen ist, daß das Gesprochene nicht kognitiv verarbeitet werden kann, haben wir aus der Verhaltensbeobachtung den Eindruck, daß durch diese verbale Äußerungen nach einiger Zeit auf emotionaler Ebene ein Verständnis entsteht.

Die pflegerische Therapie der apallischen Kinder und Jugendlichen führen wir nach dem Konzept der basalen Stimulation durch. Einige Aspekte dieses von Prof. Fröhlich entwickelten Konzeptes, die für die pflegerische Therapie eine besondere Bedeutung haben, sollen im folgenden kurz erwähnt werden.

Durch die somatische und taktil-haptische Stimulation sollen die Körpergrenzen erfahrbar werden. Gegenstände des alltäglichen Lebens, wie Zahnbürste, Waschlappen etc. werden der Patientin/dem Patienten vor der Anwendung auf sensibler Ebene dargeboten. Die Lageänderungen während der Grundpflege und während des gesamten Tagesablaufs stellen eine vestibuläre Stimulation dar.

Bei der vibratorischen Stimulation wird rhythmisches Klopfen auch unter Einsatz von Vibraxgeräten und elektrischen Zahnbürsten angewandt.

Für die orale Stimulation ist eine enge Abstimmung mit den Logopädinnen/Logopäden, Krankengymnastinnen/Krankengymnasten und Ergotherapeutinnen/Ergotherapeuten erforderlich. Durch eine transnasale Sonde wird sie erschwert. Wenn aufgrund des klinischen Verlaufs davon auszugehen ist, daß mittel- bis langfristig keine ausreichende orale Nahrungs- und/oder Flüssigkeitszufuhr möglich ist, sollte eine percutane Enterogastrostomie (PEG) angelegt werden. Auch die gustatorische und olfaktorische Stimulation hat in der pflegerischen Therapie bei der Einnahme der Mahlzeiten oder der Verwendung von Körperpflegemitteln, die das Kind nach anamnestischen Angaben gerne benutzt hat, ihren Platz. Die auditive Stimulation beginnt mit der Ansprache der Patientin/des Patienten bei den pflegerischen Maßnahmen. Sie sollte immer mit stimmnaher Berührung des Kindes verbunden sein. Es sollten im Zimmer nicht mehrere Personen gleichzeitig sprechen, um die innere Ausrichtung auf das Gegenüber zu erleichtern. Musik und Geräusche über Kassette müssen in Abstimmung mit den Eltern und durch Beobachtung der Reaktionen der Patientin/des Patienten auf das Gehörte sorgfältig ausgesucht werden. Eine Dauerberieselung, der sich das Kind nicht entziehen kann, sollte unter keinen Umständen stattfinden.

Für die visuelle Stimulation ist darauf zu achten, daß Bilder und Gegenstände in das Blickfeld gebracht werden, zum Teil auch dadurch, daß sie an einem über dem Bett gespannten Baldachin fixiert werden. Die Bilder und Gegenstände sollten klare Konturen und klare Farben aufweisen. Das Sehfeld kann durch Lagewechsel oder auch durch Verschieben des Bettes verändert werden.

Ein spezielles Ziel der pflegerischen Therapie ist die Entfernung der Trachealkanüle. Dies ist für die Anbahnung und Verbesserung des Schluckaktes durch Entfallen des Fremdkörpergefühls wichtig. Das Risiko für pulmonale Infektionen wird vermindert und die Spastik induzierende Wirkung der Kanüle entfällt.

Auch die Entfernung eines Urinkatheters sollte so schnell wie möglich erfolgen, wenn sich dies nicht wegen neurogener Blasenentleerungsstörungen mit relevanter Restharnretention verbietet. In diesen Fällen kann auf einen suprapubischen oder transurethralen Katheter sowie eine medikamentöse Behandlung nicht verzichtet werden.

Die Vertikalisierung der Patientin/des Patienten durch die Pflegenden hat die Kreislaufstabilisierung und die Verbesserung der psychomotorischen Entwicklung und Vigilanz zum Ziel. Sie ist auch Voraussetzung für den Wiedererwerb des physiologischen Schluckvermögens und förderlich für die Sprachentwicklung. Das Osteoporoserisiko wird durch die Vertikalisierung gemindert.

7.2.5. Outcome

Im Zeitraum 1/93 bis 1/99 wurden 98 Kinder und Jugendliche im Alter von 0 bis 18 Jahren mit der Diagnose „Vegetativer Status" in der Klinik Holthausen behandelt. Betrachtet man die Gesamtgruppe, so hatten 50 % ein Schädel-Hirn-Trauma und 35 % einen hypoxischen Hirnschaden als Ursache für dieses neurologische Krankheitsbild. Die restlichen Patientinnen/Patienten hatten eine entzündliche Hirnerkrankung, intracerebrale Blutungen bei Gefäßmißbildungen oder sonstige Erkrankungen durchgemacht. Differenziert man die Patientinnen/Patienten nach Alter und bildet Gruppen von Kindern, die jünger bzw. älter als drei Jahre alt sind, so hatten die Jüngeren in über 50 % der Fälle einen hypoxischen Hirnschaden und in knapp 30 % ein Schädel-Hirn-Trauma als Grunderkrankung. Die hypoxischen Kinder hatten überwiegend Ertrinkungsunfälle erlitten. Bei den Älteren ist die Gruppenbesetzung mit knapp 60 % Schädel-Hirn-Traumata und knapp 30 % hypoxischer Hirnschäden fast genau umgekehrt. Zur Hypoxie war es in dieser Gruppe häufig nach kardialen Grunderkrankungen und im Rahmen von Multiorganversagen gekommen.

Der Zeitabstand zwischen Ereignis/Operation und stationärer Aufnahme in die Klinik Holthausen betrug im Mittel 53,36 Tage, wobei in beiden Altersgruppen Patientinnen/Patienten bereits zwischen dem 6. und 22. Tag nach Erkrankungsbeginn aufgenommen werden konnten, auch wenn noch Monitoring, parenterale Ernährung oder dergleichen erforderlich waren.

Die Glasgow-Coma-Scale-Werte (GCS) für die älteren Kinder und die der GCS angepaßten Children-Coma-Scale-Werte nach Hahn (CCS) für die unter Dreijährigen bewerten die Fähigkeit, auf entsprechende Reize hin die Augen zu öffnen sowie motorisch und sprachlich zu antworten. Aus den Reaktionen werden Summenscores ermittelt, die Werte zwischen drei und 15 ergeben können. Die GCS- bzw. CCS-Scores betrugen im Mittel bei Aufnahme 7,35 bzw. 7,69 und zum Zeitpunkt der Entlassung 10,82 bzw. 10,19.

Bei der Bewertung mit der fünfteiligen Glasgow-Outcome-Scale bedeutet:

- *GOS 1* Tod der Patientin/des Patienten,
- *GOS 2* Persistenz des vegetativen Status,
- *GOS 3* schwere geistige und/oder körperliche Behinderung,
- *GOS 4* mäßige Behinderung und
- *GOS 5* keine oder nur minimale Behinderung.

Aus der Gesamtgruppe verstarben sechs Patientinnen/Patienten und 37 verblieben im vegetativen Status (GOS 1 und GOS 2: 43,8 %). 25,51 % (n = 25) der Patientinnen/Patienten wurden mit GOS 3 entlassen. Eine gute Remission mit GOS 4 und 5 zeigten 30,62 % (n = 30). Sie erreichten eine weitreichende Selbständigkeit und konnten wieder die Schule besuchen, mußten aber häufig aufgrund mehr oder weniger stark ausgeprägter neuropsychologischer Defizite in eine andere Schulform eingegliedert werden.

Bei einer großen Anzahl der unter Dreijährigen persistierte der vegetative Status noch zum Zeitpunkt der Entlassung, während bei den Älteren der relative Anteil mit GOS 2, GOS 3 und GOS 4 fast gleichhäufig auftrat. Dies liegt offensichtlich daran, daß bei den unter Dreijährigen viele Kinder einen hypoxischen Hirnschaden hatten, die auch nach den Daten anderer Untersucher eine schlechtere Prognose haben. Bei den über Dreijährigen waren bei den Patientinnen/Patienten mit GOS 3, 4 und 5 nur wenige mit der Grunderkrankung hypoxischer Hirnschaden, während dort die Schädel-Hirn-Traumata überwogen.

Die rehabilitative Behandlung ist auch für die Patientinnen/Patienten mit schlechtem Outcome, also besonders GOS 2, als sinnvoll und notwendig zu erachten. Bis auf einzelne Ausnahmen zeigten auch diese Patientinnen/Patienten individuelle Remissionen ihrer schweren neurologischen und vegetativen Symptomatik, die von der GOS-Einteilung oft nicht erfaßt werden. Nach Beherrschung der vegetativen Krisen, Minderung der schweren Spastik, ggf. Anlage einer percutanen Gastrostomie und umfangreicher Hilfsmittelversorgung konnten bis auf wenige Ausnahmen alle Kinder unter menschenwürdigen Umständen in das häusliche Milieu entlassen werden. Prognosefaktoren, wie sie in verschiedenen Studien für unterschiedliche Patientinnen-/Patientengruppen mit vegetativem Status statistisch ermittelt wurden, dürfen im individuellen Fall nicht das Behandlungskonzept bestimmen.

Literatur

Aldridge, D. et al. (1998): Kairos II, Beiträge zur Musiktherapie in der Medizin. Bern
Christensen, D. W. et al. (1997): Outcome and acute care hospital costs after warm water near drowning in children. In: Pediatrics 5, 715-21
Dubroja, I. et al. (1995): Outcome of post-traumatic unawareness persisting for more than a month. In: Journal Neurol Neurosurg Psychiatry 4, 465-6

Emanuelson, I. et al. (1996): Rehabilitation and follow-up of children with severe traumatic brain injury. In: Childs Nerv Syst 8, 460-5

Fröhlich, A. (1994): Basale Stimulation. Düsseldorf

Gerstenbrand, F. (1967): Das traumatische apallische Syndrom. Berlin, New York, Tokio

Hagel, K. et al. (1998): Prognosis of the apallic syndrome. A literature review. In: Anaesthesist 8, 677-82

Hahn, Y. S. et al. (1988): Head injuries in children under 36 months age. In: Childs Nerv Syst 4, 34-39

Heindl, U. T. et al. (1996): Outcome of persistent vegetative state following hypoxic or traumatic brain injury in children and adolescents. In: Neuropediatrics 2, 94-100

Jennet, B. et al. (1975): Assessment of outcome after severe brain damage. Lancet, 480-484

Kampfl, A. et al. (1998): Prediction of recovery from post-traumatic vegetative state with cerebral magnetic-resonance imaging. Lancet 6, 1763-1767

Masur, H. et al. (1995): Skalen und Scores in der Neurologie. Stuttgart

Ong, L. et al. (1996): The prognostic value of the Glasgow coma Scale, hypoxia und computerised tomography in outcome prediction of pediatric head injury. In: Pediatr Neurosurg 6, 285-291

Schwörer, C. (1995): Der apallische Patient. München

Teasdale, G. et al. (1974): Assessment of coma and impared consciousness. A pracitcal scale. Lancet, 81-83

Zandbergen, E. G. et al. (1998): Systematic review of early prediction of poor outcome in anoxic-ischaemic coma. Lancet, 1808-1812

Ziegler, A. (1998): Neue Forschungsergebnisse und Überlegungen im Umgang mit Wachkoma-Patienten. In: Rehabilitation 37, 167-176

7.3. Frührehabilitation von schwer schädel-hirn-verletzten Kindern

Von Peter Melchers

Schwere Schädel-Hirn-Traumen sind ein höchst dramatisches Ereignis, das sowohl die Lebensqualität als auch die Bildungs- und Berufschancen im weiteren Leben der Betroffenen gefährdet. Bei Kindern und Jugendlichen müssen spezielle Aspekte und Einflußgrößen, aber auch Auswirkungen auf ihre Umgebung berücksichtigt werden, da ein schweres Schädel-Hirn-Trauma (SHT) bei ihnen immer einen zumindest zeitweisen Einbruch in ihrer noch nicht abgeschlossenen Entwicklung bedeutet. Die funktionale Plastizität des kindlichen Gehirns dürfte in einigen Schlüssen hinsichtlich ihrer protektiven Funktion gegenüber Langzeitfolgen überbewertet worden sein (Temple 1997), so daß die Bedeutung einer Wiederherstellung des Entwicklungsprozesses, einschließlich der sehr generellen Fähigkeit zu lernen, kaum genug hervorgehoben werden kann. Die Langzeit-Behandlungsergebnisse und Residuen nach SHT bei Kindern und Jugendlichen wurden in jüngster Zeit bei Benz et al. (1999) beschrieben. Die Ergebnisse machen deutlich, daß die Behandlung verunfallter Kinder auch zwei Jahre nach dem Trauma durchaus nicht regelhaft als abgeschlossen gelten kann, und daß traumatisch bedingte Störungen und Defizite sich sogar mit noch größerem zeitlichen Abstand vom Unfall verschlimmern oder neu manifestieren können. Als Begründung hierfür können verschiedene entwicklungsneurologische und -psychologische Erkenntnisse dienen, deren Darstellung hier zu weit führen würde. Eine Zusammenfassung solcher Aspekte findet sich bei Melchers/Lehmkuhl (2000).

Andere Arbeiten hoben die Bedeutung von Langzeitfolgen hervor, die auch nach leichten Schädel-Hirn-Traumen, wie z. B. einer Gehirnerschütterung, auftreten können (Satz et al. 1997). In diese Richtung weist auch eines der Hauptergebnisse der Konsensus-Konferenz des „National Institute of Health, NIH" (USA), wonach leichte Neurotraumen sowohl in der Forschung als auch in der klinisch-diagnostischen Praxis nicht die ihnen zukommende Aufmerksamkeit erfahren. In jedem Fall sollte ein Neurotrauma in der Anamnese – auch ein leichtes – Anlaß für eine differenzierte leistungs- und verhaltensbezogene Diagnostik geben, sobald die betroffene Patientin/der betroffene Patient Besonderheiten in ihrer/seiner Entwicklung oder andere Auffälligkeiten zeigt.

Wiederum andere Autoren zeigten, daß psychiatrische Folgezustände im Vergleich zu neurokognitiven oder motorischen Defiziten nicht nur die häufigsten Folgezustände nach SHT sind, sondern auch die mit der größten Bedeutung für die spätere Lebensqualität (Brown et al. 1981; Lehmkuhl/Thoma 1987; Rutter 1981). Obwohl einige Studien einen leichten Rückgang der Häufigkeit in den letzten Jahren anzeigen, was vermutlich primär auf die verbesserte aktive und passive Sicherheit von Kraftfahrzeugen zurückgeführt werden kann, bleibt das Schädel-Hirn-Trauma aufgrund seiner medizinischen, psychologischen, soziologischen und ökonomischen Folgen eine maßgebliche therapeutische Herausforderung.

Hinsichtlich der postakuten Behandlung des schweren SHT sind Unterschiede zwischen Kindern und Erwachsenen festzustellen. Während Erwachsene recht regelmäßig eine stationäre Rehabilitationsbehandlung erfahren, gilt dies bei Kindern und Jugendlichen nur für einen sehr viel geringeren Anteil. Die etwas überholte Sicht der cerebralen Plastizität als reliabler Protektionsmechanismus gegen schwerwiegende Langzeitfolgen kann dafür eine mögliche Erklärung sein. Auf der anderen Seite muß natürlich berücksichtigt werden, daß eine Wochen oder Monate dauernde Trennung von der Familie, während derer das Kind in einem häufig weit entfernten Rehabilitationszentrum behandelt wird, und die sich an die stationäre Behandlung in der Akutphase anschließt, erhebliche Bedeutung für die psychosoziale und emotionale Lage des Kindes haben wird, die ihrerseits das langfristige Behandlungsergebnis beeinflußt.

Diese Aspekte führen zu der Schlußfolgerung, daß eine früh einsetzende und zumindest in Anteilen ambulante Rehabilitationsbehandlung für Kinder und Jugendliche nach SHT von großer Bedeutung ist. Es verwundert daher, daß bislang keine umfassenden, neuropsychologisch orientierten Behandlungsprogramme vorliegen. An der Klinik und Poliklinik für Psychiatrie und Psychotherapie des Kindes- und Jugendalters der Universität zu Köln wird gegenwärtig eine Verbundstudie durchgeführt, die die Effekte neuropsychologischer und psychotherapeutischer Interventionen nach schweren Hirnverletzungen auf Funktionsfähigkeit und Lebensqualität bei Kindern und Jugendlichen untersuchen soll. Diese Studie ist Teil des Verbunds Neurotrauma NRW-Köln, der im Rahmen des Forschungsprogramms „Gesundheit 2000" vom Bundesministerium für Bildung und Forschung (FKZ 01 KO 9517) sowie vom Köln Fortune-Programm der Medizinischen Fakultät gefördert wird. Ziel dieses Projektes ist die Entwicklung und Evaluation eines differenzierten, zweistufigen Rehabilitationsprogramms, das in der Regel sehr früh einsetzt, während die Patientin/der Patient sich noch auf der Intensivstation befindet.

In dem vorliegenden Beitrag sollen der multimethodale Ansatz und die Abschnitte dieses Behandlungsprogramms zunächst beschrieben werden, um danach einige erste Ergebnisse zu seiner Evaluation vorzustellen.

7.3.1.   Methodik

Die beiden folgenden Übersichten geben eine Zusammenfassung von Methodik und Aufbau der Studie wieder sowie die wesentlichen psychodiagnostischen Verfahren, die im Verlauf der Studie angewendet werden.

7.3.2.   Vorgehensweise neuropsychologischer Rehabilitation in frühen und in späteren Behandlungsstadien

7.3.2.1 Koma-Stimulation

Mit der sensorischen Stimulation im Koma wird versucht, eine Aktivierung der Patientin/des Patienten zu erreichen. Sie variiert abhängig vom aktuellen Zustand der Patientin/des Patienten, sollte sich auf alle verfügbaren sensorischen

Angestrebte Stichprobe:

- 100 Kinder, jeweils 50 randomisiert verteilt in Experimental- und Kontrollgruppe

Einschlußkriterien:

- Alter zwischen 4;0 und 15;11 Jahren
- Schädel-Hirn-Trauma mit AIS ≥ 3
- Koma > 6 Stunden Dauer (GCS ≤ 8)

Ausschlußkriterien:

- Suizidversuch oder gezieltes Verbrechen als Verletzungsursache
- Patient verstirbt
- Patient oder Angehörige verweigern nachträglich die Studienteilnahme

Vorgehen:

- Gleiche Diagnostik in Experimental- und Kontrollgruppe
- Kontrollgruppe erfährt Routinebehandlung
- Experimentalgruppe erfährt zusätzlich das beschriebene zweistufige Behandlungs-
programm

(Forschungsverbund Köln TP III-2)

Modalitäten beziehen und beginnen, wenn (z. B. im Computer- oder Kernspinto-mogramm) keine Zeichen erhöhten intracraniellen Drucks oder andere Symptome wie Streckreaktionen vorliegen, die als Kontraindikation für Stimulation gewertet werden müßten. Eine weitere Vorbedingung ist, daß die Patientin/der Patient nicht mehr unter relevanten Dosen sedierender Medikamente steht.

Nach Möglichkeit wird die Stimulation in zwei täglichen Einheiten von je 45 Minuten durchgeführt, wobei taktile, olfaktorische, gustatorische, auditorische und visuelle Stimulation jeweils fünf Minuten umfassen – unterbrochen von fünf-minütigen Pausen nach jeder einzelnen Stimulation. Sofern dies möglich ist, wird die Stimulation von den Eltern der Patientin/des Patienten nach professioneller Anleitung und unter Supervision durchgeführt. Besonderer Wert wird auf die Auswahl der anzuwendenden Reize gelegt, die in einer Beziehung zu dem prätraumatischen Leben des Kindes stehen und mit positiven Emotionen besetzt sein sollten. Deshalb werden diese Reize gemeinsam mit den Eltern ausgewählt.

Da die schwere Verletzung des Kindes auch für die Eltern (und weitere An-gehörige) ein traumatisches Ereignis darstellt, sollten diese auch und gerade in der frühen Phase der Behandlung eine adäquate psychische Unterstützung erfahren, die erforderlichenfalls bis zur Anwendung psychotherapeutischer Techniken gehen kann. Die psychische Stabilität der Bezugspersonen muß als ein entscheidender Faktor für die gesamte Dauer der posttraumatischen Erholungs- und Behandlungsphase gesehen werden. Die psychologische Entlastung und Unterstützung der Bezugspersonen sollte daher ein integrativer Bestandteil der Frührehabilitation sein.

Die aktive Beteiligung der Eltern an der Koma-Stimulation nutzt einerseits den

Diagnostik

Koma-Beobachtung:
- Glasgow Coma Scale
- Wessex Head Injury Matrix
- Rancho Los Amigos Hospitals Level of Cognitive Function
- Koma-Remissions-Skala

Neuropsychologische Meßbatterie:
- K-ABC oder K-TIM / IST-70 (intellektuelle Fähigkeiten und Fertigkeiten; altersabhängig)
- CPT-M (Computergestützte Messung konzentrativer Dauerbelastung)
- NVLT (Visuelles Lernen, ausschließlich nonverbal)
- Költek (Lernpotentialtest)
- Tübinger-Luria Untersuchungsreihe für Kinder

Verfahren zur Erfassung psychopathologischer Auffälligkeiten:
- CASCAP-D (Psychopathologisches Befund-System für Kinder und Jugendliche)
- DIPS (Diagnostisches Interview bei psychischen Störungen im Kindes- und Jugendalter)
- CBCL (Child Behavior Checklist)
- Enzephalopathie-Fragebogen
- POS (Fragebogen zum psychoorganischen Syndrom)
- Lebensqualitätsfragebogen nach Flechtner
- SOZU (Fragebogen zur sozialen Unterstützung)

Follow-up 6 / 12 / 24 Monate nach Trauma
(Forschungsverbund Köln TP III-2)

Vorteil, daß sie auch und gerade in dieser kritischen Phase den direktesten Zugang zur Patientin/zum Patienten haben. Andererseits erleichtert ihnen die Möglichkeit einer aktiven Beteiligung ganz offensichtlich den Umgang mit dem höchst belastenden Ereignis, wie weiter unten zu zeigen sein wird. Natürlich benötigen sie professionelle Unterstützung, um ihren Aufgaben in dieser Phase gerecht werden zu können. Mögliche Interventionen in der Betreuung der Eltern umfassen die Vermittlung adäquater Informationen über traumatische Hirnverletzungen und ihre möglichen Folgen, Hilfe beim Verständnis medizinischer Fachausdrücke, Behandlungsmethoden und Symptome, die die Patientin/der Patient zeigt. Die Therapeutin/der Therapeut sollte in empathischer Haltung die Möglichkeit eröffnen, Gefühle der Verzweiflung, Schuld, Ängstlichkeit und Wut auszudrücken, dies aber nicht forcieren. Die Akzeptanz durch die Therapeutin/den Therapeuten und eine gewisse Führung sind hilfreich, um die zwangsläufig auftretenden emotionalen Reaktionen zu normalisieren. Häufig gehört hierzu auch eine Vermittlung in der Kommunikation zwischen der Familie und dem medizinischen Fachpersonal. Weitere Interventionen bestehen darin, der Familie zu helfen, realistische Hoffnung aufrechtzuerhalten, aber unrealistische Erwartungen und fatalistische Resignation zu vermeiden. Art und Umfang der Interventionen auf Elternseite hängen natürlich stark von deren individuellen Reaktionen auf das Ereignis ab. Reine empathische Unterstützung und konkrete psychotherapeutische Maßnahmen kennzeichnen die Pole der Variationsbreite unterstützender Maßnahmen.

7.3.2.2 Kognitiv-neuropsychologische Rehabilitation

Neuropsychologische Rehabilitationsmaßnahmen im engeren Sinne können sich dann anschließen, wenn die körperliche Stabilität, das Bewußtsein und die Orientierung der Patientin/des Patienten weitgehend wiederhergestellt sind und in bestimmtem Umfang auch seine Vigilanz, d. h. seine Aufmerksamkeitsfähigkeit und -belastbarkeit. Wenn dieser Zustand erreicht ist, sollten sich die anschließenden Behandlungsmaßnahmen immer daran orientieren, zu welchen Leistungen das Kind in der Lage ist und in welchen Bereichen es noch besondere Defizite aufweist. Dazu ist es erforderlich, eine dem jeweiligen Gesamtzustand angepaßte Diagnostik durchzuführen, welche die verschiedenen Teilleistungsbereiche erfaßt, die in ihrer interaktiven Funktion für kognitive Leistungsfähigkeit entscheidend und nach einem Hirntrauma häufig beeinträchtigt sind. Ein adaptives diagnostisches Vorgehen bedeutet dabei, daß mit zunehmender Verbesserung des Zustandes differenziertere, aber auch umfangreichere Testverfahren eingesetzt werden, die dann ein zunehmend präziseres Bild der verbliebenen Beeinträchtigungen gestatten.

Das angewandte kognitiv-neuropsychologische Therapieprogramm orientiert sich an den Empfehlungen von Ylvisaker (1985). Das Programm umfaßt verschiedene Bereiche, Materialien und Techniken, aus denen nach Maßgabe der oben beschriebenen Untersuchungsbefunde ein individuelles Behandlungsprogramm zusammengestellt wird. Dabei sind die aktuelle Gesamtleistungsfähigkeit und Belastbarkeit des Kindes oder Jugendlichen ebenso zu berücksichtigen wie seine prätraumatische Leistungsfähigkeit, über die natürlich häufig nur Vermutungen angestellt werden können. Wie schon in der Koma-Stimulation werden die Bezugspersonen auch in diesem Abschnitt wieder aktiv beteiligt. Einige Bestandteile des Programms können von den Eltern angewendet werden, nachdem sie von der Therapeutin/dem Therapeuten beraten und „trainiert" wurden; andere Anteile sind der Anwendung im Rahmen der Therapiesitzungen vorbehalten. In den meisten Fällen ergibt sich für die Eltern die Möglichkeit, zwischen den Therapiesitzungen aktiv und effektiv mit ihrem Kind zu arbeiten, wodurch die Fördermaßnahmen intensiviert und in die Form kurzer aber häufiger Trainingseinheiten gebracht werden können, die der in der Regel noch eingeschränkten Belastbarkeit der Patientin/des Patienten angemessen sind. Natürlich erfordert die Beteiligung der Bezugspersonen auch in diesem Abschnitt wieder eine kontinuierliche Supervision und Führung.

Eine weiterführende Darstellung der Methoden und Inhalte dieses Therapieprogramms ist an dieser Stelle nicht leistbar. Zusammenfassend sollen aber die wesentlichen Zielgebiete dieses Behandlungsabschnittes dargestellt werden:

- *Orientierung:* zeitlich, örtlich, persönliche Daten, Verständnis der Verletzung sowie Sinn der Behandlung.
- *Wahrnehmung und motorische Integration:* Wahrnehmung akustischer, visueller und taktiler Stimuli; Integration von Wahrnehmung und Bewegung; visuomotorische Koordination.
- *Aufmerksamkeit und Konzentration:* Aufmerksamkeit gegenüber der Umwelt, Personen und Aufgaben, selektive Aufmerksamkeit, Aufmerksamkeitsspanne, Vigilanz und geteilte Aufmerksamkeit.
- *Lernen und Gedächtnis:* Funktionen des Kurz- und Langzeitgedächtnisses in der Variation visueller, akustischer und taktiler Reize.
- *Organisationsprozesse:* Speicherung und Abruf von Informationen, Bildung von Kategorien, Analyse und Synthese.
- *Logisches Denken und Problemlösung:* Erinnern der Bedingungen und Auswirkungen von Ereignissen, Erkennen von Unterschieden und Voraussage von Konsequenzen, flexibler Umgang mit möglichen Erklärungen für Alltagsereignisse und Entwicklung von Problemlösungstechniken.
- *Soziale Wahrnehmung:* Arbeit und Spiel in der Gegenwart anderer Personen, Zusammenarbeit und adäquate soziale Interaktion.

7.3.3. Psychopathologische Veränderungen und psychotherapeutische Interventionen auf Seiten der Patientin/des Patienten

Im Verlauf der Restitution ist auf das Auftreten psychopathologischer Veränderungen und psychischer Probleme zu achten, auch im Umgang mit dem Trauma und seinen Folgen. Da auftretende Verhaltensstörungen in einer engen Interaktion mit kognitiver Beeinträchtigung stehen, ist die psychotherapeutische Unterstützung unverzichtbar, um ein möglichst effektives Rehabilitationsergebnis zu erzielen. Nachfolgend sollen einige Themen aufgelistet werden, die in der Förderung von Coping-Strategien bei der Patientin/bei dem Patienten häufig von Bedeutung sind.

Die (nicht immer vorhandene) Erinnerung an das traumatische Ereignis erfordert angemessene Coping-Techniken. Die Patientin/der Patient muß lernen, mit den Gefühlen der Hilflosigkeit, der Ängstlichkeit sowie von Schuld, Ärger und Frustration umzugehen. Die Entwicklung eines adäquaten Selbstkonzepts ist ein wichtiges Ziel, vor allem, wenn langfristige traumabedingte Veränderungen im Leben der Patientin/des Patienten zu erwarten sind. *Welche Ängste beschäftigen ihn am meisten? Welche Auswirkungen auf die persönliche Lebenssituation in Bezug auf Familie, Gleichaltrige und Leistungsfähigkeit erwartet die Patientin/ den Patienten, welche werden möglicherweise wirklich eintreten?* Im Zentrum der Bemühungen steht dabei der Erhalt einer adäquaten Frustrationstoleranz und der Fähigkeit, mit der jeweils aktuellen Situation umzugehen. Dazu gehören die Bewältigung von Gefühlen des Kontrollverlustes durch motorische Beeinträchtigungen oder Abhängigkeit von anderen Personen, die Begrenzung unrealistischer Erwartungen, die Förderung von Motivation und Anstrengungsbereitschaft sowie die Entwicklung eigener Ideen und Vorschläge zur Erreichung einer optimalen Erholung. Auf Seiten der Methoden stehen verschiedene behaviorale und Entspannungstechniken im Mittelpunkt.

7.3.4. Psychotherapeutische Unterstützung auf Seiten der Eltern

Auch für die Bezugspersonen bedeutet der Restitutionsprozeß eine häufig lange „Durststrecke", während derer sie mit einer Vielzahl von Aufgaben und emotionalen Belastungen konfrontiert werden. Psychosoziale Faktoren bedeuten wesentliche Prädiktoren für die Erholung der Patientin/des Patienten. Daher sollten Teile des Therapieansatzes auf die adaptiven emotionalen Reaktionen der Eltern in Bezug auf das Trauma und seine Folgen gerichtet sein. Auch die Eltern sollten Unterstützung erfahren, um adäquate Coping-Techniken zu entwickeln, die ihnen den Umgang mit den eigenen Emotionen und den sachlichen Belastungen erleichtern. Zu dieser Unterstützung gehört die Möglichkeit, daß Eltern eigene negative Gefühle ausdrücken und bearbeiten können, aber auch ihre Ermutigung, die eigene Gesundheit und erforderliche Erholungsphasen nicht zu vernachlässigen, oder Unterstützung bei der Verfügbarmachung zusätzlicher Hilfen und Ressourcen. In vielen Fällen benötigen die Eltern spezielle Unterstützung, um mit der Tatsache fertig zu werden, daß trotz aller Rehabilitationsanstrengungen beeinträchtigende Langzeitfolgen des Traumas verbleiben.

7.3.5. Psychosoziale Reintegration

Auch nach der Phase intensiver Rehabilitationsmaßnahmen bedürfen die Eltern häufig fortgesetzter Beratung und Führung, um weitere Behandlungsmaßnahmen und gegebenenfalls sonderpädagogische Förderung des Kindes einzuleiten. Weitere Beratungsaufgaben bestehen hinsichtlich des Umgangs mit bestimmten Verhaltensweisen des Kindes („Verhaltensmanagement") oder zu Veränderungen in der häuslichen oder schulischen Umgebung der Patientin/des Patienten, um reaktive sekundäre Symptome zu vermeiden. Wenn die Restitution einzelner oder verschiedener Funktionen ausbleibt, benötigen Eltern Unterstützung, wie kompensatorische Hilfsmaßnahmen zu erlangen und anzuwenden sind, und Ermutigung zu einer realistischen Planung für die Zukunft des Kindes. Dysfunktionale familiäre Interaktionsmuster und fehlangepaßte Veränderungen in Erziehung und Umgang (z. B. Überbehütung oder unrealistische Anforderungen) bedürfen ebenfalls der Erkennung und möglichst Veränderung durch die Therapeutin/den Therapeuten, um sekundäre Traumafolgen zu vermeiden.

7.3.6. Erste Ergebnisse zur Bewertung des Behandlungsprogrammes

In die auf sechs Jahre projektierte, kontrollierte und randomisierte Evaluationsuntersuchung wurden bislang etwa 2/3 der angestrebten Stichprobe eingeschlossen, aber nur ein relativ geringer Anteil dieser Patientinnen/Patienten hat bereits die letzte Follow-up-Untersuchung 24 Monate nach Erlangen des Traumas durchlaufen. Daher müssen die nachfolgend dargestellten ersten Ergebnisse als vorläufig betrachtet und zurückhaltend interpretiert werden. Um den hier verfügbaren Rahmen nicht zu sprengen, sollen auch nur drei Aspekte betrachtet werden: Die

	Mean	Std.Dev.
Kontroll-gruppe	1624,3	1896,3
Experimental-gruppe	2092,2	1793,3
Dargestellt als AUC-Werte im Mittel		

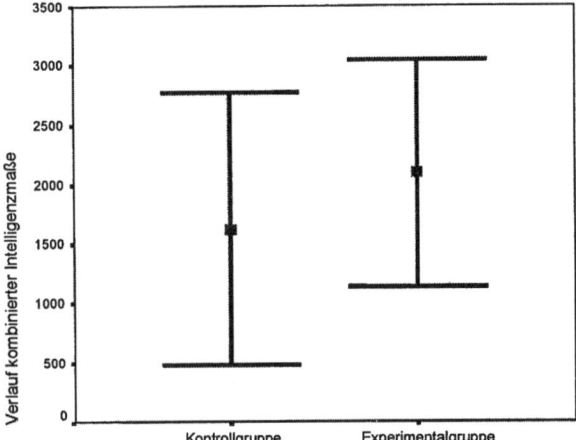

Abb. 7.3-A1: Darstellung des Verlaufs kombinierter Intelligenzmaße bezogen auf die Zeit.
(je nach Alter K-ABC 0der K-TIM/IST-70)

Entwicklung der intellektuellen Leistungsfähigkeit, das Auftreten psychopathologischer Veränderungen und Einzelaspekte der Lebensqualität.

Zur Intelligenzdiagnostik mußten wegen des zeitlichen Verlaufes und des unterschiedlichen Alters der Patientinnen/Patienten verschiedene Testverfahren angewendet werden. Zu ihrer zusammenfassenden Bewertung wurde die AUC-Methode („area under the curve") gewählt, ein aus der Ballistik stammendes Verfahren, das Eingang in die biomathematische Statistik gefunden hat. Es berechnet die (dimensionslose) Fläche unter der Kurve als Ausdruck des Verlaufs einzelner Meßparameter über die Zeit. Dieses Verfahren berücksichtigt damit nicht nur das Ausmaß, sondern auch die Schnelligkeit der Erholung. Abb. 7.3-A1 zeigt die Ergebnisse zum Verlauf der intellektuellen Leistungsfähigkeit bei den Probanden der Experimentalgruppe im Vergleich mit der Kontrollgruppe. Die Ergebnisse geben einen deutlichen Hinweis darauf, daß die Patientinnen/Patienten der Experimentalgruppe von der früh einsetzenden neuropsychologischen Rehabilitation im Sinne einer früheren und effektiveren Restitution ihrer intellektuellen Leistungsfähigkeit profitiert haben.

Die nonverbale Lernfähigkeit ist ein von der Intelligenz nicht unabhängiger, aber doch deutlich unterschiedener Aspekt kognitiver Leistung, der hier mit dem Non-

Tab. 7.3-T1: Darstellung der Entwicklung nonverbaler Lernleistung bezogen auf die Zeit (Nonverb. Lerntest nach Sturm/Willmes 1999)

	Kontrollgruppe	Experimentalgruppe
Nonverbale Lernleistung unkorrigiert	3415,5	6087,3
Nonverbale Lernleistung, um Fehler korrigiert	4665,7	5151,2
Konstanz des Antwortverhaltens	4045,6	7233,5

Dargestellt als AUC-Werte im Mittel

verbalen Lerntest (NVLT) nach Sturm/Willmes (1999) gemessen wurde. Tab. 7.3-T1 zeigt die Restitution dieser Leistung über drei Meßzeitpunkte für Experimental- und Kontrollgruppe, wiederum nach der AUC-Methode. Die Ergebnisse verweisen auf ein günstigeres Abschneiden der Experimentalgruppe hinsichtlich der Gesamtmenge richtig wiedererkannter Abbildungen, der kleineren Anzahl von Fehlzuordnungen, vor allem aber hinsichtlich der Stabilität dieser Leistung.

Das Auftreten psychopathologischer Veränderungen ist, wie oben schon dargestellt, eine Traumafolge, die keinesfalls weniger bedeutsam ist als die Entwicklung kognitiver Defizite. Als Beispiel für die Beurteilung des Auftretens psychopathologischer Veränderungen zeigt Tab. 7.3-T2 die Ergebnisse (Mittelwerte) des Encephalopathie-Fragebogens nach Meyer-Probst (1979) für Kontroll- und Experimentalgruppe zu den Meßpunkten sechs und zwölf Monate nach dem Trauma.

In diesem Fragebogen bedeuten hohe Zahlenwerte unauffälliges Verhalten und niedrige das Vorhandensein von Verhaltensauffälligkeiten in den genannten Dimensionen. Ein Wert kleiner 3,0 ist dabei als Auffälligkeit von klinischer Relevanz zu verstehen. Auch hier darf mit aller Vorsicht wieder interpretiert werden, daß die Patientinnen/Patienten der Experimentalgruppe deutlich weniger psychopathologische Alterationen zeigen, während die Mittelwerte der Kontrollgruppe sowohl im Gesamtwert wie in einzelnen Verhaltensdimensionen an den klinischen Grenzwert herabreichen oder diesen sogar unterschreiten.

Tab. 7.3-T2: Ergebnisse aus den Enzephalophatologie-Fragebogen nach Meyer-Probst (1979) im Mittel

	Kontrollgruppe		Experimentalgruppe	
	FU 6	FU 12	FU 6	FU 12
Gesamtwert	**2,8**	**3,3**	**4,4**	**4,0**
Hyperkinese	3,7	3,3	5,4	5,6
Soziale Anpassung	3,4	2,4	4,0	4,2
Emotionale Labilität	4,0	3,8	5,5	4,1
Intelligenz	3,2	4,0	4,6	3,9
Erziehbarkeit	3,6	2,7	4,4	4,8

Zusammenfassung der Fragen zum körperlichen Befinden

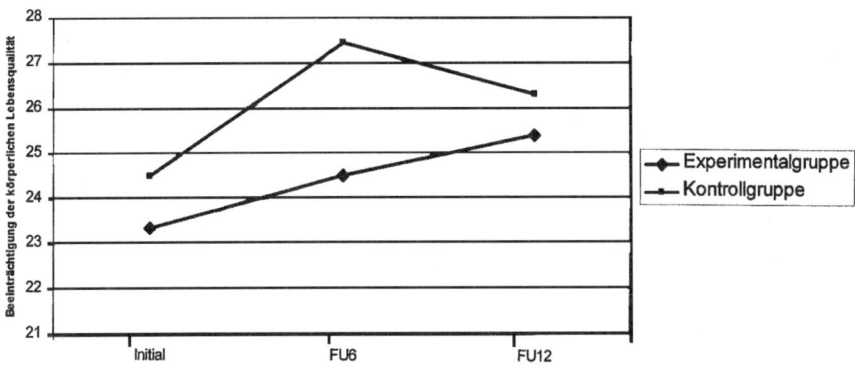

Ausgewählte Frage: Haben die Anteile an der Behandlung Ihres Kindes, die Sie selber übernehmen konnten, Ihnen das Ertragen der Situation erleichtert oder erschwert?

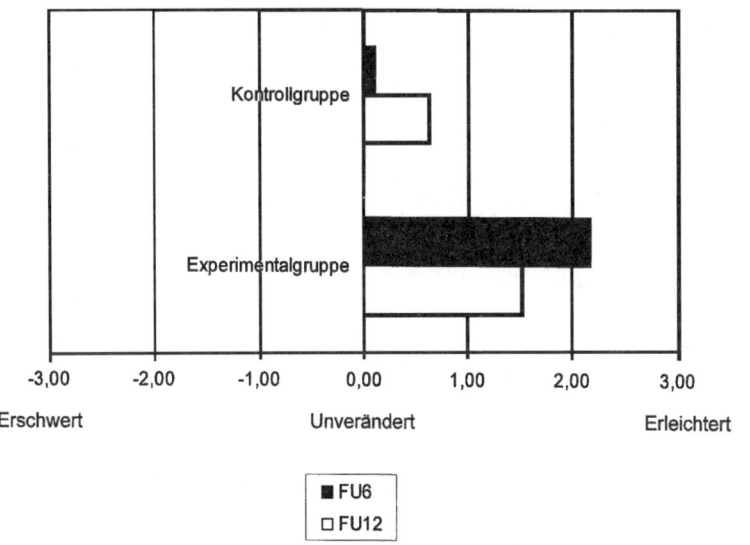

Abb. 7.3-A2: Fragebogen zur Lebensqualität nach Flechtner (1998)

Die Lebensqualität, die in dieser Studie mit dem Fragebogen zur Lebensqualität nach Flechtner (1998) erhoben wurde, kann als zusammenfassendes Maß für den Zustand der Patientin/des Patienten verstanden werden, zumindest aus der natürlich subjektiven Sicht der Eltern. Abb. 7.3-A2 gibt zwei ausgewählte Aspekte wieder: Während sich die obere Abbildung auf die Beeinträchtigung der körperlichen

Lebensqualität aus Sicht der Eltern bezieht, reflektiert die untere die Selbsteinschätzung der Eltern hinsichtlich der Beeinflussung ihrer Belastung durch ihre aktive Beteiligung in der Behandlung.

Der oberen Abbildung kann entnommen werden, daß die körperlichen Beeinträchtigungen der verunfallten Kinder und Jugendlichen mit zunehmendem Abstand vom Trauma verschärft wahrgenommen werden, obwohl sie objektiv mit der Zeit abnehmen. Dabei berichten die Eltern der Patientinnen/Patienten aus der Kontrollgruppe einen im Durchschnitt etwas stärker ausgebildeten Grad der Beeinträchtigung, vor allem zum Meßzeitpunkt nach sechs Monaten. Die insgesamt nicht sehr große Diskrepanz kann einerseits auf real geringere Beeinträchtigungen in der Experimentalgruppe zurückgeführt werden, wahrscheinlicher ist aber eine weniger verschärfte Wahrnehmung der Beeinträchtigungen durch die Experimentalgruppen-Eltern, was wiederum als Ausdruck ihrer größeren Stabilität verstanden werden könnte. Natürlich ist auch eine Kombination dieser beiden Begründungen eine plausible, aber auf Grundlage der aktuellen Datenlage nicht zu klärende Hypothese.

Eindeutig ist hingegen die in der unteren Abbildung dargestellte Selbstwahrnehmung der Eltern. Während die Eltern der Patientinnen/Patienten in der Experimentalgruppe eine starke Entlastung durch die in diesem Behandlungsprogramm gegebene Möglichkeit zur aktiven Beteiligung an der Behandlung berichten, gilt dies für die Bezugspersonen der Patientinnen/Patienten in der Kontrollgruppe vor allem zum Meßzeitpunkt nach sechs Monaten nicht. Dabei ist zu berücksichtigen, daß die Patientinnen/Patienten der Kontrollgruppe alle üblichen Behandlungsmaßnahmen der klinischen Routine erfahren, aber ohne das zusätzliche Angebot dieses Behandlungsprogramms.

7.3.7. Vorläufiges und vorsichtiges Fazit

Hauptanliegen dieses Beitrages war es, einen Eindruck von dem gegenwärtig evaluierten Behandlungsprogramm zu geben, um evtl. Anregungen für den Umgang mit Schädel-Hirn-traumatisierten Patientinnen/Patienten in der Restitutionsphase und im längeren Verlauf zu geben. Eine eingehendere Beschreibung der Grundlagen, vor allem aber der verwandten diagnostischen Maßnahmen, ist bei Melchers und Lehmkuhl (2000) nachzulesen. Es ist jedoch hervorzuheben, daß vor allem das Programm zur Koma-Stimulation ein weitgehend neuer Ansatz zur Frührehabilitation von Hirntraumatikern ist, zu dem weltweit bislang nur wenige Studien vorliegen. Auch die hier berichtete konnte bislang keinen eindeutigen Hinweis auf die Effektivität dieser Maßnahmen liefern. Für das sich nach Wiedererlangung des Bewußtseins und adäquater Kommunikationsmöglichkeiten anschließende neuropsychologische Rehabilitationsprogramm mit engem Einbezug der Bezugspersonen kann jedoch festgestellt werden, daß es einige Hinweise auf eine günstige Beeinflussung der kognitiven Restitution sowie der Vermeidung von psychopathologischen Alterationen gibt. Im weiteren Verlauf der Studie, nach Einschluß einer größeren Patientinnen-/Patientenzahl und vor allem einer größeren Zahl von Nachsorgeuntersuchungen bis zu zwei Jahren nach dem

Trauma wird es vielleicht möglich sein, diese günstige Beeinflussung auch inferenzstatistisch abzusichern. Daher ist die Vorläufigkeit dieser Ergebnisse zum gegenwärtigen Zeitpunkt hervorzuheben und ebenso die Tatsache, daß das entworfene Behandlungsprogramm derzeit noch nicht den Entwicklungsstand hat, um in die Routineversorgung von Kindern und Jugendlichen mit Hirnverletzungen übernommen zu werden.

Literatur

Benz, B., Ritz, A., Kiesow, S. (1999): Influences of Age-Related Factors on Long-Term Outcome After Traumatic Brain Injury (TBI) in Children: A review of recent literature and some preliminary findings. In: Restorative Neurology and Neuroscience 14, 3-9

Brown, G. et al. (1981): A Prospective Study of Children with Head Injuries III. In: Psychiatric sequelae. Psychological Medicine 2, 63-78

Flechtner, H. (1998): Lebensqualität in der Onkologie – Ein Modell für andere Disziplinen? In: Schmeck, K., Poustka, F., Katschnig, H. (Hrsg.): Qualitätssicherung und Lebensqualität in der Kinder- und Jugendpsychiatrie. Wien, 175-183

Lehmkuhl, G., Thoma, W. (1987): Langfristige Verhaltens- und Leistungsänderungen nach einem Schädel-Hirn-Trauma im Kindesalter. In: Monatsschrift Kinderheilkunde 135, 402-405

Melchers, P., Lehmkuhl, G. (2000): Neuropsychologie des Kindes- und Jugendalters. In: Sturm, W., Herrmann, M., Wallesch, C. (Hrsg.): Lehrbuch der Klinischen Neuropsychologie. Lisse, 613-647

Meyer-Probst, B. (1979): Ein standardisierter Fragebogen zur Erfassung des encephalopathietypischen Verhaltens. In Psychiatrie, Neurologie und Medizinische Psychologie 30, 138-149

Rutter, M. (1981): Psychological Sequelae of Brain Damage in Children. In: American Journal of Psychiatry 12, 1533-1543.

Satz, P. et al. (1997): Mild Head Injury in Children and Adolescents: A Review of Studies (1970-1995). In: Psychological Bulletin 2, 107-131

Sturm, W., Willmes, K. (1999): Verbaler und Nonverbaler Lerntest (VLT/NVLT). Göttingen

Temple, C. (1997): Cognitive Neuropsychology and its Application to Children. In: Journal of Child Psychology and Psychiatry 1, 27-52

Ylvisaker, M. (Hrsg.) (1985): Head Injury Rehabilitation: Children and Adolescents. San Diego

7.4. Kleine Leute im Krankenhaus –
Möglichkeiten der Pflege und Förderung

Von Marlies Wedde

7.4.1. Pflege und Förderung – eine einheitliche Zielsetzung?

Kinderkrankenschwestern und -pfleger befinden sich in einem anderen Umfeld als Therapeutinnen/Therapeuten. Die Hilfe beim Gesundwerden, die Überwachung und Dokumentation meßbarer Werte und die medizinische Pflege stehen im Krankenhaus im Vordergrund.

So ist es auch nicht verwunderlich, daß in dem vom Bundesministerium für Arbeit und Sozialordnung 1999 herausgegebenen Wegweiser zur Frühförderung die Berufsgruppe „Kinderkrankenpflege" nur sporadisch vertreten ist.

Trotzdem die Fragestellung: *Pflege und Förderung als einheitliche Zielsetzung?*

Als Ziele der Frühförderung sind z. B. „Förderung von Wahrnehmung, Bewegung, Interaktion, Kommunikation, Sprache", „Entwicklung lebenspraktischer Fähigkeiten" und „Unterstützung bei der sozialen Entwicklung" benannt.

Wie können Kinderkrankenschwestern dazu beitragen, behinderten Kindern im Krankenhaus zu helfen, sich und ihre Umwelt wahrzunehmen und Unterstützung zu erfahren? Sind diese Ziele im Krankenhaus erreichbar? Ist es nicht vielmehr so, daß das behinderte Kind schon bei der Aufnahme in die Klinik „aus dem Rahmen" fällt?

Die Vordrucke der Krankenblätter zur Erhebung der ärztlichen Anamnese orientieren sich an altersgerechter Entwicklung, z. B., „wann hat Ihr Kind Laufen gelernt, wann Sprechen ...?"

Das Abfragen von Fähigkeiten und Leistungen wird in der stationären Pflege fortgesetzt, Eltern machen Angaben darüber, ob ihr Kind „trocken" ist, wie selbständig es – bezogen auf Nahrungsaufnahme und Eigenaktivitäten – ist.

Das Ergebnis ist für behinderte Kinder, deren Eltern und Pflegekräfte oft eine Zusammenstellung eines Negativkatalogs.

Die Situation ist belastend für alle Beteiligten. Die Indikation für den Krankenhausaufenthalt des behinderten Kindes spitzt die Lage noch zu: Die Kinder haben Atemnot, verweigern die Nahrung, sind apathisch oder wehren sich heftig.

Besorgte, verunsicherte Eltern, ein Kind, dessen Reaktionen von Seiten der Pflegekräfte nicht eingeschätzt werden können, Maßnahmen zur Diagnostik und Zeitdruck sind Realität. Es kommt zwangsläufig zu Konflikten und hierarchischen Lösungen, da Abhängigkeit und Unsicherheit die Kommunikation behindern.

Diesen Zustand wollten und wollen Pflegende nicht länger hinnehmen. Der Anspruch der Pflege, Menschen in ihrer Ganzheitlichkeit zu betrachten und als Körper-Geist-Seele-Einheit zu sehen, verlangt nach Umsetzung.

Das Angebot der Pflege richtet sich an den Menschen, es ist für den Menschen und nicht für sein erkranktes Organ.

Pflegerische Handlungen dürfen nicht mehr ausschließlich medizinorientiert ausgerichtet sein, sondern müssen alle Bereiche menschlicher Bedürfnisse berücksichtigen.

Entscheidende Hilfe bekamen die Pflegenden durch das Konzept der *Basalen Stimulation*. Andreas Fröhlich entwickelte dieses Konzept in den 70er Jahren in seiner Arbeit mit geistig und körperlich mehrfachbehinderten Kindern. Er hat das Konzept später zusammen mit Christel Bienstein in die Pflege übertragen. *Basale Stimulation* eröffnet Kommunikationswege zu schwerstbeeinträchtigten Menschen.

Für die Kinderkrankenpflege war dabei der Ansatz, behinderte Kinder über ihre Fähigkeiten zu definieren, neu, ja fast revolutionär.

Entsprechend dieser positiven Definition sind die Kinder in der Lage, elementare Prozesse aufrechtzuerhalten (Kreislauf, Stoffwechsel), körpernahe Wahrnehmungen aufzunehmen und zu vermitteln (Berührung, Druck, Temperatur), mit dem Körper zu kommunizieren (Atmung, Pulsfrequenz, Muskulatur), sich aktiv vor Dysregulation zu schützen (z. B. durch psychosomatischen Rückzug), glücklich und zufrieden zu sein oder auch zu leiden.

Die Beschreibung der Fähigkeiten der Kinder, mit ihrem Körper zu kommunizieren und die Bereitschaft der Pflegenden, diese Kommunikation anzunehmen, hat den pflegerischen Dialog ermöglicht.

Die Kompetenzen behinderter Kinder werden erkannt und ernst genommen. Die Veränderung der Sichtweise schildert folgendes Beispiel:

> Im Unterricht berichtete eine Schülerin von einem dreijährigen, mehrfachbehinderten Kind aus der Klinik. Die Schilderung geschah zunächst über Defizite, die das Kind auf den ersten Blick charakterisierten: „... Es kann nicht laufen, nicht sitzen, hat keine Kopfkontrolle, die verbalen Äußerungen sind unverständlich ...".Während des Redens unterbrach die Schülerin die Auflistung, überlegte kurz, um dann fortzufahren: „... Das Kind kann fühlen, schmecken, riechen, es kann Freude und Unbehagen durch Körpersprache und Mimik zum Ausdruck bringen ...".

Das Konzept der *Basalen Stimulation* in der Pflege beinhaltet keine neue Therapieform oder Pflegetechnik. *Basale Stimulation* wird in Pflegehandlungen integriert. Pflege benötigt nicht mehr Zeit, sondern eine andere Struktur.

Routine – morgens um 6.30 Uhr werden alle Kinder gebadet – wird durch Individualität ersetzt, Angebote für Patientinnen/Patienten geplant, die Durchführung so organisiert, daß Störungen möglichst vermieden werden.

Über die Situation von Kindern im Krankenhaus ist schon viel geschrieben worden.Trennungsängste, Angst vor der fremden Umgebung, vor ärztlichen Eingriffen und Schmerzen wurden erörtert. Eltern haben u. a. wegen dieser Diskussion heute ganztägig, teilweise auch nachts, die Möglichkeit, bei ihren Kindern zu sein.

Für behinderte Kinder muß der Aufenthalt in der Klinik noch viel unverständlicher sein.

Pflegekräfte – wenn möglich gemeinsam mit den Eltern – müssen den Kindern helfen, die Umgebung zu begreifen; sie müssen erkennen, welche Wahrnehmungsmöglichkeiten das Kind hat.

Was sieht das Kind aus seiner Position? Welchen akustischen Reizen ist es ausgesetzt? Welche Gerüche nimmt das Kind wahr? Wie reagiert das Kind auf Berührung? Wie erlebt es Lageveränderungen? Welche Wahrnehmungsbereiche haben Priorität?

Eine gründliche Analyse der Ausgangssituation und die ausführliche Anamnese über häusliche Gewohnheiten, Vorlieben, Einschlafrituale u.a. ermöglichen, den Kindern Bekanntes und Vertrautes anzubieten. Die Einbeziehung der Eltern ist selbstverständlich, da sie ihr Kind am besten kennen. Hier wäre aber auch eine Zusammenarbeit mit den Bezugspersonen, die das Kind z.B. in Frühförderzentren betreuen, nötig und wünschenswert.

Das ernsthafte Interesse für die biographischen Hintergründe und die Erlebniswelt des Kindes ist für Pflegende, deren Arbeit jahrelang durch medizinische Gegebenheiten und funktionelle Pflege geprägt worden ist, ein neuer Ansatz, ihre Arbeit zu gestalten.

Natürlich wird auch der aktuelle Zustand des Kindes berücksichtigt, werden medizinische und pflegerische Notwendigkeiten durchgeführt.

7.4.2.   Wie ist die pflegerische Förderung umzusetzen?

Die Kontaktaufnahme mit dem Kind erfolgt über Berührung. Berühren und Anfassen sind „das tägliche Brot" in der Pflege.

Grundsätzlich müssen Berührungen großflächig, ruhig und langsam erfolgen. Das rasche Streicheln über Kopf oder Wange eines Kindes mag zwar lieb gemeint, kann aber für das Kind völlig mißverständlich sein. Kinder müssen sich sicher fühlen, damit eine pflegerische Beziehung, die auf Gegenseitigkeit beruht, angebahnt werden kann.

In der Pflege hat sich die sogenannte „Initialberührung" bewährt. Eine pflegerische Handlung wird mit der Berührung einer bestimmten Körperpartie eingeleitet und beendet. Während der Pflege wird der Kontakt zum Kind nicht unterbrochen, „eine Hand bleibt beim Kind". Ständige Unterbrechungen des Körperkontaktes verwirren und schaffen Unsicherheit. Im wörtlichen Sinn „bei dem Kind zu bleiben" hilft, sich kennenzulernen und wechselseitig zu spüren.

Um Körpererfahrung anzubieten, können beim Waschen unterschiedliche Materialien verwendet werden: weiche oder rauhe Waschlappen, Baumwollsocken, Babybürsten. Die Temperatur des Wassers wird, je nachdem, ob man beruhigen oder aktivieren möchte, angepaßt. Dem Kind werden seine Körpergrenzen vermittelt, es bekommt Zeit, um „nachzuspüren" und die Chance, sich in seiner Haut wohl zu fühlen.

Das An- und Ausziehen ist oft eine leidige Prozedur, anstrengend für Kinder und Pflegende. Aber gerade beim Wäschewechsel können durch Auswahl bequemer Kleidung und sinnvoller Position – im Liegen ist es ungewöhnlich, sich Strümpfe anzuziehen – Ressourcen erhalten und gefördert werden. Eine auf das Kind abgestimmte Reihenfolge begünstigt ein gemeinsames Tun.

7.4.3.   Wie erlebt das Kind Lageveränderungen?

Wenn Eltern ihr gesundes Kleinkind hochwerfen und auffangen, ist das ein fröhliches und lustvolles Geschehen für beide.

Auf behinderte Kinder wirkt das Hochnehmen aus dem Bett und der rasche Transfer auf einen Stuhl beängstigend. Das vorsichtige Aufrichten und in den Arm nehmen des Kindes, zunächst Schaukeln und Wiegen auf sicherer Unterlage, helfen dem Kind, sich auf verändernde Körperpositionen einzustellen. Wickeltische in Krankenhäusern sind für Säuglinge gedacht und für das ältere Kind zu klein. Bei Lagerung auf diesen Tischen hängen die Beine der Kinder zwangsläufig in der Luft. Eine auf dem Boden liegende Gummimatte, auf die das Kind gelegt wird, ermöglicht ihm, seinen Körper komplett auf der Unterlage zu spüren.

In einem Krankenhaus ist es nicht üblich, Kinder auf dem Fußboden liegend zu versorgen, zumal die Pflegekraft auch eine für sie ungewohnte Position einnehmen muß – hier wird deutlich: Man lernt von- und miteinander.

Kinderkrankenhäuser sind heute bunt ausgestattet, Wände sind bemalt oder mit den Ergebnissen der Bastelarbeiten geschmückt. Behinderte, bewegungseingeschränkte Kinder können aus ihrer Position oft nur Ausschnitte der Bilder erkennen, die keinen Sinn machen. Daher ist es notwendig, sich die Umgebung aus dem Blickwinkel der Kinder anzusehen. Selbst ein klar strukturiertes Bild an der Wand ist zwecklos, wenn die Kinder nur gegen die weiß gestrichene Zimmerdecke schauen können. Der Standort des Bettes im Raum muß überprüft werden: Kann das Kind sehen, wer zur Tür hereinkommt, kann es seine Mitpatientinnen/-patienten sehen?

7.4.4.   Was hört das Kind?

Die passive Beschäftigung durch Hören von Musikkassetten ist im Krankenhaus beliebt, darf aber nicht in ständige Berieselung ausarten (siehe auch 7.2.4.). Permanentes Hörenmüssen – man kann seine Ohren nicht verschließen – reduziert die Wahrnehmung und kann Unruhe oder Resignation zur Folge haben. Bekannte Lieder und Musik zum Aufwachen oder Einschlafen tragen hilfreich und bedeutungsvoll dazu bei, Pflegeabläufen eine Struktur zu geben. Die Kinder lernen durch Rituale, sich auf die entsprechende Situation einzulassen. Die Entspannung der Kinder überträgt sich auf die Pflegekraft, gemeinsame Aktivitäten werden möglich, es entsteht Kommunikation.

Wie nötig Gemeinsamkeit ist, verdeutlicht das nachstehende Beispiel:

Ein zweijähriger behinderter Junge aß nach Angaben der Mutter sehr gern geschlagene Bananen. Der Junge verweigerte jedoch das Essen der zerdrückten Bananen im Krankenhaus konsequent. Da Bananen im Krankenhaus nicht anders schmecken als zu Hause, konnte das Pflegepersonal sich die Situation zunächst nicht erklären. Die Banane wurde in der Stationsküche zubereitet und anschließend zu dem Kind ins Zimmer gebracht. Erst als die vollständige Banane mit zum Kind genommen wurde, es diese sehen und anfassen konnte und eine „gemeinsame" Zubereitung stattfand, hat das Kind mit Appetit gegessen.

Behinderte Kinder bekommen häufig passierte Kost: Kartoffeln, Fleisch und

Gemüse sind ein nicht mehr zu identifizierender Einheitsbrei. Gibt man dann noch „von jedem etwas" auf den Löffel, werden Geschmacksunterschiede unmöglich, Gerüche können nicht mehr zugeordnet werden und sind oft wenig appetitanregend. Das Angebot einzelner Speisen – Kartoffeln können auch gemeinsam mit dem Kind zerdrückt werden – fördern Geschmacks- und Geruchsdifferenzierung.

Den Rhythmus zwischen Ruhe und Aktivität, pflegerischen Angeboten, ärztlichen Untersuchungen oder therapeutischen Maßnahmen, Besuchen der Eltern und Beschäftigung durch die Erzieherinnen/Erzieher zu finden, ist für Kinderkrankenschwestern und -pfleger eine organisatorisch schwer zu lösende Aufgabe. Da kein Tag wie der andere ist und die akute Erkrankung des Kindes immer berücksichtigt werden muß, orientiert sich der Tagesablauf an der Befindlichkeit des Kindes. Das Kind soll pflegerische Förderung, aber keine Überforderung erfahren. Die Implementierung der *Basalen Stimulation* in die Pflege geschieht unter dem Aspekt der optimalen und nicht der maximalen Stimulation.

Wenn die Ressourcen behinderter Kinder – bezogen auf ihre Kommunikationsmöglichkeiten – gesehen und beantwortet werden, ist ein förderlicher Dialog möglich.

Das Bemühen um behinderte Kinder darf nicht berufsspezifisch gegliedert werden, nur gemeinsame therapeutische und pflegerische Konzepte erfüllen die Bedürfnisse der Kinder.

Wenn Erkennen und Erhaltung von Fähigkeiten und die Förderung von Körper- und Umweltwahrnehmung integrative Bestandteile der Pflege werden, ist eine einheitliche Zielsetzung der Pflege und Förderung erreicht.

Literatur

Bienstein, C., Fröhlich, A. (1991): Basale Stimulation in der Pflege. Düsseldorf
Bundesministerium für Arbeit und Sozialordnung (1999): Frühförderung – ein Wegweiser. Bonn
Fröhlich, A. (1992) Basale Stimulation. Düsseldorf
– Bienstein, C., Haupt, U. (1997): Fördern – Pflegen – Begleiten. Düsseldorf
Nydahl, P., Bartoszek, G. (1997): Basale Stimulation. Neue Wege der Intensivpflege. Berlin-Wiesbaden

7.5. Prinzipien und Grenzen der Kommunikationsförderung im Kontext besonderer Lebensbedingungen

Von Martin Hildebrand-Nilshon

In einem ersten Teil des hier vorgestellten Ansatzes möchte ich fünf allgemeine Prinzipien der frühen Entwicklung vorstellen, die für die Entfaltung von Kommunikation und Sprache meiner Meinung nach von entscheidender Bedeutung sind, und zwar ganz unabhängig von den Voraussetzungen, die beim einzelnen Kind konkret vorliegen. Die Prinzipien sind deshalb auch für die Frühförderung von Kindern entscheidend, die mit körperlichen, psychischen oder sozialen Entwicklungsproblemen zu tun haben.

Im zweiten Teil geht es um den Kontext von Kindern, die Entwicklungsprobleme haben, d. h. um die besonderen behindernden Lebensbedingungen, die teils Quelle der Behinderung, teils Grund für Entwicklungsverzögerungen sind. Mit der Wortwahl „besondere Lebensbedingungen" ist auf eine bestimmte Terminologie verwiesen, die in der einschlägigen amerikanischen Fachliteratur im Begriff „children with special needs" zum Ausdruck kommt. Man spricht dort nicht mehr von „handicapped or disabled children" oder von „impairment", weil diese Begriffe Behinderung zum Merkmal von Personen machen oder sogar noch direkter, diese Personen ausschließlich über die Behinderung definieren, wie wir das auch von der deutschen Sprache kennen, wenn wir von Behinderten oder behinderten Kindern reden. In Fachkreisen spricht man deshalb von Menschen oder Kindern mit Behinderungen oder mit Autismus oder mit Down Syndrom oder eben ganz anders: Kinder mit besonderen Bedürfnissen – oder wie im Referatstitel: Kinder unter besonderen Lebensbedingungen. Inwieweit solche Sprachregelungen in der Lage sind, tatsächlich wirksame Diskriminierungen zu beseitigen, soll hier nicht diskutiert werden. Die Wirkung von Begriffen auf Bewußtwerdungsprozesse darf jedenfalls nicht völlig von der Hand gewiesen werden. Terminologische Veränderungen müssen jedoch durch „flankierende Maßnahmen" ergänzt werden.

Das, was im Begriff Behinderung zum Ausdruck kommt, wird in der neuen Terminologie von der Person weg genommen und auf die Bedingungen bezogen, unter denen diese Kinder aufwachsen müssen. Es sind Kinder mit besonderen Bedürfnissen, die eine für sie passende Umwelt und auf sie abgestellte Interaktionsmuster brauchen – ganz unabhängig davon, wie und ob wir in der Lage sind, diesen besonderen Bedürfnissen gerecht zu werden oder die dafür notwendigen Bedingungen zu schaffen. Ich werde mich deshalb im zweiten Teil etwas näher mit dem Kontext von Behinderung, d. h. mit den gesellschaftlichen Rahmenbedingungen befassen, die auf den ersten Blick mit der Psychologie der Kommunikationsentwicklung wenig zu tun haben und gewöhnlich von Soziologen, Kulturanthropologen, manchmal auch von Sozialpolitikern oder Theologen behandelt werden. Daß dies etwas mit Psychologie oder dem Verständnis von Entwicklung der Kommunikation zu tun haben könnte, wird heute noch von vielen Fachvertretern bestritten. Erst im Rahmen der größeren Beachtung des Kontextes in der diskursiven oder narrativen Umorientierung einiger Psychologinnen und Psychologen (Bruner 1990) beginnt man zu akzeptieren oder zumindest zu überlegen, daß gesellschaftlich-historische und kulturelle Rahmenbedingungen sich auch auf so scheinbar grundlegende, „naturnahe" oder biologienahe Problembereiche wie die Entwicklung der Kommunikation beziehen könnten. Ich möchte deshalb im zweiten Teil darüber sprechen, was sich hinter der Oberfläche von Förderaktivitäten verbirgt und was man nicht in Videofilmen von gelungener Intervention zeigen kann, zumindest kann man es nicht auf Anhieb sehen. Es geht dabei um die Emotionen der Bezugspersonen, um deren Einstellungen, um den Sinn der Arbeit oder um Weltanschauung im weitesten Sinn, vielleicht bis hin zu Glaubensfragen als besonderer Ausprägungsform von Weltanschauung.

7.5.1. Wege zur symbolischen Kommunikation

Im folgenden möchte ich Ihnen fünf Prinzipien oder Aufgaben vorstellen, die ein Kind bewältigen muß, wenn es zu einer komplexen Form der Kommunikation und zur Verwendung von Symbolen bis hin zur Sprache gelangen will. Die genannten Prinzipien beziehen sich zwar auf die Entwicklung der Kommunikation in der frühen Kindheit; nach meiner Forschungserfahrung können die Befunde jedoch auch auf Entwicklungsprozesse älterer Kinder und Jugendlicher mit Kommunikationsproblemen angewendet werden, insbesondere wenn sie schwer traumatisiert oder aufgrund einer körperlichen Schädigung erheblich sprachlich beeinträchtigt sind.

Zunächst die fünf Prinzipien im Überblick:

(1) Selbst-Urheberschaft und Selbstwirksamkeitserwartung,
(2) gemeinsame Ausrichtung der Aufmerksamkeit (joint attention),
(3) Affektabstimmung (affect attunement),
(4) Strukturierte und nach bestimmten Regeln ablaufende Interaktion in einem kulturellen Kontext,
(5) So-tun-als-ob-Spiel und die „Theory of mind".

7.5.1.1 Zum ersten Prinzip: Selbst-Urheberschaft

Eine grundlegende Voraussetzung für psychische Entwicklung besteht darin, daß sich die Kleinkinder schon nach den ersten Lebenstagen selbst als Urheber von Ereignissen erleben können, entweder durch Rückmeldungen vom eigenen Körper (sogenanntes propriozeptives Feedback) oder durch visuelle oder akustische Rückmeldung von den Sinnesorganen. Daniel Stern (1992) hat dafür den Begriff der „Selbst-Urheberschaft" geprägt.

Albert Bandura (1982, 1995) hat für komplexere Prozesse den Begriff der Selbstwirksamkeitserwartung geprägt, wenn Erfahrungen der Selbst-Urheberschaft schon so verallgemeinert sind, daß ein Kind erwartet, daß es erfolgreich oder erfolglos ist, daß es sich also lohnt, sich anzustrengen oder daß es sich nicht lohnt, weil man sowieso nichts erreicht. Vor kurzem hat Bandura den Begriff der Selbstwirksamkeit auch auf kollektive Selbstwirksamkeit ausgedehnt, dabei geht es um das Zusammenwirken einer Gruppe, einer Institution oder sogar einer größeren Gemeinschaft, um bestimmte Ziele zu erreichen, und um die daraus resultierende Erwartung oder den Glauben an die Kraft des Kollektivs. Wenn wir das auf die Familie als System oder als Gruppe von Personen beziehen, ergeben sich daraus sehr wichtige Konsequenzen, auf die ich im zweiten Teil nochmals zurückkomme: Wichtig ist der Glaube der Familie, daß man es schafft, dieses Kind mit körperlichen Schädigungen in die Familie zu integrieren, oder der Glaube des Teams, daß „wir" es schaffen, das Kind zu fördern.

Eine zentrale Aufgabe unserer Arbeit besteht deshalb darin, Bedingungen zu schaffen, die es Kindern mit Behinderungen (i. S. von besonderen Bedürfnissen) ermöglichen, Selbsturheberschaft zu erleben. Diese Erfahrung ist ein Grundbaustein dessen, was in der Pädagogik Autonomie oder Selbstbestimmung genannt und als primäres Erziehungsziel angestrebt wird.

Das Fallbeispiel, das ich in einschlägigen Fortbildungsveranstaltungen in diesem Zusammenhang mit Hilfe eines Videobandes präsentiere, stellt unsere über zwei Jahre gelaufene therapeutische Arbeit mit Cora vor, einem 13jährigen schwerstmehrfachbehinderten Mädchen, das – vermutlich in Verbindung mit einer frühkindlichen Hirnschädigung – in der Vergangenheit vielen Traumatisierungen ausgesetzt war.

Als wir sie kennenlernten, bestand Coras Lieblingsbeschäftigung daraus, Plastikgegenstände in den Mund zu führen oder mit den Fingerspitzen über sie zu fahren, um quietschende Geräusche zu produzieren. Dies war ihr Bereich, in dem sie sich als Urheberin erfahren konnte. Ihr Bewegungsraum war eingeschränkt, weil man befürchtete, daß sie alles herunterwerfen oder in den Mund stecken würde, wobei sich vermutlich auch hinter diesen Aktivitäten Quellen für Erfahrungen der Selbsturheberschaft verbargen, die sie aber nicht ausleben konnte.

Coras Möglichkeiten, sich selbst als Urheberin von Ereignissen zu erleben, waren deshalb reduziert auf folgende Aktivitäten:

- Das selbstverletzende Beißen in die Hand konnte sie selbst spüren und auch die Umwelt reagierte prompt;
- die Quietschgeräusche bewirkten akustische und taktile Stimulationen;
- die Exploration durch den Mund gab zusätzliche Eindrücke.

Wollten wir mit Cora in Kontakt kommen, mußten wir ihr also Erlebnisse von Urheberschaft ermöglichen, die sie positiv bewertete, oder wir mußten die vorhandenen aufgreifen und weiterentwickeln.

Da die Geräusche an Plastikschüsseln, Türen oder Fußböden nicht besonders entwicklungsfähig waren, insbesondere deshalb, weil sie ohne soziale Bezüge stattfanden, entschieden wir uns dafür, Cora aufgeblasene Luftballons zum Erzeugen von Quietschgeräuschen zur Verfügung zu stellen.

Der Luftballon ermöglichte die sensorischen Stimulationen und eröffnete soziale Kontakte zur Therapeutin, die immer wieder neue Ballons aufblasen mußte. Zudem konnten wir uns aktiv in den Quietschprozeß einklinken. Cora begriff sehr schnell, daß ihre Partnerin im Ballonspiel die Luftballons aufblies. So entstand ein soziales Wechselspiel, bei dem die Urheberschaft nicht nur auf den Ballon, sondern auch auf die Partnerin ausgeweitet werden konnte. Cora forderte deshalb schon in der zweiten Woche ihre Ballonspielpartnerin durch Lautieren und durch Hinhalten der Ballonreste auf, den geplatzten Ballon wieder aufzublasen.

Daraus entwickelte sich ein sehr vielfältiges Spiel, das dazu führte,

- daß Cora Klatschen als Aufforderungsgeste zum Aufblasen nutzte,
- daß sie einen Laut produzierte, der sich wie „pff" anhörte und an „pusten" erinnerte,
- daß Cora intensiven Blickkontakt zur Partnerin aufnahm,
- daß sie den Ballon im Raum und am Körper der Partnerin suchte,
- daß Cora sich schon freute, wenn sie diese nur sah,
- daß das Spiel auch auf andere Gegenstände übertragen wurde (Glöckchen oder eine Melodika)
- und daß Cora von sich aus den Kameramann in ihr Spiel mit einbezog.

Cora konnte sich also zunehmend auch in sozialen Beziehungen als selbstwirksam erfahren, was ihr jahrelang verwehrt worden war. Neben der Selbsturheberschaft waren für diese Entwicklung zwei weitere Aspekte der frühen Interaktion zwischen Bezugsperson und Kind wichtig: Gemeinsame Aufmerksamkeitsausrichtung auf einen Gegenstand (joint attention) und Affektabstimmung (affect attunement).

7.5.1.2 Zum zweiten Prinzip: gemeinsame Aufmerksamkeitsausrichtung – joint attention

Es gelang, wie oben skizziert, mit Hilfe der geliebten Quietschgeräusche am Luftballon die gegenstandsbezogene Aufmerksamkeit Coras auch auf die Aktivitäten der Therapeutin zu lenken, d. h. aus der manipulatorischen Aktivität eine auch von Cora registrierte und später aktiv angezielte soziale Aktivität zu machen. Wir mogelten uns gewissermaßen in die gegenstandsbezogenen Aktivitäten von Cora hinein, indem wir uns am Quietschspiel beteiligten und dieses rhythmisch so strukturierten, daß Cora Anfang, Ende und Wiederneubeginn unserer Intervention registrieren und antizipieren konnte. Jeder kennt diese Spiele mit Kleinkindern, bei denen die größte Freude darin besteht, daß die Kinder die Kitzel- oder Krabbelaktionen oder andere Interventionen geistig vorwegnehmen und die Spannung bis zu dessen Ereignis selbst dramatisch ansteigt.

Auf diese emotionalen Begleiterscheinungen werde ich gleich näher eingehen. Zunächst jedoch möchte ich etwas über den Prozeß sagen, der die gemeinsamen Spiele erst ermöglicht: die gemeinsame Ausrichtung der Aufmerksamkeit der Partner auf ein Drittes (joint attention). Man hat festgestellt, daß Babies im ersten halben Jahr nach der Geburt entweder Blickkontakt zu Gegenständen oder Blickkontakt zu Personen aufnehmen, nicht beides gleichzeitig. Nach dem sechsten Monat beginnen Prozesse, bei denen das Kind den Blick zwischen Gegenstand und Person hin- und herschweifen läßt. Mit acht bis neun Monaten ist das Kind dann in der Lage, dem Blick der Mutter oder einer anderen engen Bezugsperson zu folgen und mit ihr zusammen einen gemeinsamen Aufmerksamkeitsprozeß auf Gegenstände und interessante Ereignisse zu realisieren. Das Kind wechselt also den Blick zwischen Gesicht des anderen und Objekt, weil es erkannt hat, daß auch die Mutter Interesse an Gegenständen und Ereignissen hat. Es geht also nicht um das „Haben-wollen", sondern um das gemeinsame „Erleben-wollen". Das Kind hat damit sehr früh begriffen, daß die Mutter nicht nur eine Versorgungsinstanz darstellt, sondern daß sie Interessen, Absichten, Empfindungen hat, wie das Kind selbst, und daß es dafür gemeinsame Bezugspunkte gibt: interessante Ereignisse und Gegenstände.

Die bekannte Tatsache, daß Zwillinge häufig eine verzögerte Sprachentwicklung aufweisen, wird von einigen Autoren (Bornstein/Ruddy 1984; Tomasello et al. 1986; Messer 1995, 69f) darauf zurückgeführt, daß sich die Mütter weniger (entweder absolut oder relativ, weil die Zuwendung auf zwei Kinder ver:eilt werden muß) auf joint attention Prozesse mit den Zwillingen einlassen als mit Einzelkindern und daß sich dadurch die Sprachentwicklung verzögert. Dies ist neben der Geheimsprachenhypothese (Luria/Judowitsch 1970; Zazzo 1978) die beste Erklärung für die Sprachverzögerung, da Intelligenzmaße keine signifikanten Ergebnisse erbracht haben.

Uns Erwachsenen erscheint dieser Prozeß geradezu selbstverständlich. Jeder kann das. Allerdings hat Michael Tomasello (1993, 1995) von der Emory University in Georgia, USA, festgestellt, daß Schimpansen diese Fähigkeit normalerweise nicht besitzen. Auch nicht, wenn sie in zoologischen Gärten aufwachsen. Nur wenn sie in familienähnlicher Betreuung mit Menschen groß wurden, verfügen sie darüber und sind in der Lage, ihre Aufmerksamkeit abwechselnd auf einen Gegenstand und den menschlichen Partner zu richten.

Die Fähigkeit fällt also nicht vom Himmel oder reift heran. Sie wird im gemeinsamen Prozeß von Kind und Bezugsperson aktiv hergestellt, durch entsprechende Aktivitäten der Mutter oder einer anderen primären Bezugsperson, indem diese das Kind immer wieder gestisch, lautlich, mit Sprache und mit ihrem ganzen Körper auf Dinge in der Umwelt aufmerksam macht. Gegenstände sind deshalb außerordentlich wichtig für die Entwicklung des Kindes, sofern sie in ein soziales Milieu eingebettet sind.

Auch die Bindungsforschung zeigt sehr klar, daß die Explorationsfreude von der sicheren emotionalen Bindung zur Bezugsperson profitiert und daß diese wiederum durch die Sensibilität der Bezugspersonen für Signale des Kindes besonders gefördert wird. Dies bedeutet, daß die primären Bezugspersonen prompt, feinfühlig und angemessen auf Impulse des Kindes antworten, mit anderen Worten: wenn das Kind in Richtung Bezugsperson aktiv wird, erfährt es eine Antwort, die versucht, den Absichten des Kindes, die die Bezugsperson aus der Art der Signale schlußfolgert, gerecht zu werden und damit genau das herzustellen, von dem oben die Rede war: die Erfahrung von Selbst-Urheberschaft beim Kind im sozialen Feld. Das aktive und gezielte „Aufmerksam-machen-wollen" des Gegenübers ist deshalb eine erste Form echter Kommunikation, die sich von bloß wechselseitiger Interaktion qualitativ dadurch unterscheidet, daß sich das Kind damit auf das Bewußtsein, die Gedanken, den „Geist" im Sinne des englischen Wortes „mind" des Gegenübers bezieht. Mütter und Väter zeigen in unserer Kultur Kleinkindern dauernd etwas: „Guck' mal daaa, das ist eine Ente"; deshalb gehört das „daaa" mit zu den am häufigsten registrierten Wörtern zu Anfang der Sprachentwicklung, neben dem Verstehen der Zeigegeste.

Bei Kindern mit Problemen bei der Verarbeitung der wahrgenommenen Eindrücke – sei es wegen einer Sinnesschädigung, sei es wegen zu schneller oder zu langsamer zentralnervöser Verarbeitungsprozesse – klappt das u. U. nicht. Der Dialog entgleist, wie René Spitz dies ausgedrückt hat (Spitz 1970), so daß die Anstrengungen der Kommunikationspartner (Eltern oder Betreuerinnen und Betreuer) nach und nach unterbleiben, weil sie meinen, daß sich da nichts mehr entwickeln würde. Die Zuschreibung eines Kommunikationsdefizits führt damit gewissermaßen in der Art einer selbsterfüllenden Prophezeiung (self-fulfilling prophecy) tatsächlich zu einer Behinderung der Kommunikation.

Die Konsequenz daraus lautet, Kinder in solche Prozesse der gemeinsamen gegenstandsbezogenen Aufmerksamtkeitsausrichtung so oft wie möglich einbeziehen und sensibel für Impulse der Kinder sein, die uns in solche Prozesse einbeziehen wollen, wenn sie ein Ereignis oder eine Wahrnehmung mit uns teilen wollen.

Dies führt zum dritten Prinzip, dem Teilen eines emotionalen Zustandes, verbunden mit einem Prozeß, den Daniel Stern mit dem Begriff Affektabstimmung charakterisiert hat.

7.5.1.3 Zum dritten Prinzip: Affektabstimmung (affect attunement)

Daniel Stern (1992) hat in seinem Buch „Die Lebenserfahrung des Säuglings" (im Original: „The Interpersonal World of the Infant", 1985) den Mechanismus der Affektabstimmung beschrieben. Es ist ein intuitiver Prozeß der Interaktion zwischen Kind und Mutter, Vater oder anderen Bezugspersonen, bei dem die Erwachsenen (oder auch Geschwister) die expressive Dynamik ihres Verhaltens an die expressive Dynamik der gerade ablaufenden kindlichen Aktivität anpassen. Dabei versuchen sie – in einer Art Spiegelungsprozeß, die Amerikaner sagen „Sharing-Prozeß" im Sinne von Teilen von etwas Gemeinsamem – ihr emotionales Engagement an dem, was das Kind tut, zum Ausdruck zu bringen. Klopft das Kind z. B. mit wachsender Begeisterung rhythmisch mit einem Löffel auf den Tisch, sagt die Mutter im Rhythmus und in der Dynamik der Bewegung „bäng, bäng, bäng". Mit anderen Worten: Die Mutter – hier stellvertretend für andere Personen – bringt in ihrem Verhalten, ihrer Stimme, ihren Bewegungen etc. zum Ausdruck, daß sie sich in die Dynamik der kindlichen Bewegungen hineinbegibt und mitmacht. Wichtig dabei ist die Spontaneität. Es geht also nicht um eine gezielte Imitation des Kindes, weshalb der Begriff „Spiegelung" auch irreführend ist, auch Empathie trifft nicht genau den Prozeß der gemeinsamen Freude an der Bewegung, die sich einerseits gleichartig (gleiche Dynamik), andererseits andersartig (andere Modalität) äußert. Deshalb benutzen die Erwachsenen meistens eine andere Sinnesmodalität zu diesem Sharing-Prozeß: das Kind klopft – die Mutter lautiert; das Kind lautiert – die Mutter schaukelt rhythmisch mit dem Oberkörper.

Diese dynamische Qualität der Bewegungen auf Seiten der Bezugspersonen machen dem Kind über den Weg der Korrespondenz deutlich, daß der Partner offensichtlich ähnliche Gefühle der Freude hegt, wie sie in der Dynamik der eigenen Bewegungen zum Ausdruck kommen. Der Wechsel in der Sinnesmodalität macht dabei die komplizierte Einheit von Gleichartigkeit und Unterschied wahrnehmbar: Einerseits bewegt sich die Mutter im gleichen Rhythmus, d. h. sie verschmilzt mit der Bewegung des Kindes, andererseits macht sie etwas anderes, d. h. sie unterscheidet sich von den Bewegungen des Kindes.

Für die Kommunikationsentwicklung ist diese Phase der Erkenntnis von Einheit mit der Bezugsperson und Verschiedenheit von ihr eine wichtige Voraussetzung zur Wahrnehmung von den „hinter der Haut" verborgenen Intentionen des Anderen: Das Kind lernt, daß seine Mutter oder seine anderen Partner Gefühle zu haben scheinen, die den eigenen ähneln, mit ihnen aber nicht identisch sind.

Diese Erkenntnis ist in Verbindung mit den Prozessen der Urheberschaft und der Herstellung einer gemeinsamen Aufmerksamkeit Voraussetzung, um den Anderen als ein eigenständiges Handlungszentrum wahrnehmen zu können. Erst wenn der andere als jemand gesehen werden kann, der eigene Absichten und Gefühle hat, kann das Kind sich Mittel und Wege ausdenken, um auf dieses Zentrum Einfluß zu nehmen. Und genau das ist der Beginn der Kommunikation: Beeinflussung des Bewußtseins des anderen im Gegensatz zur Manipulation seines Körpers. Das Zupfen an der Nase des Vaters kann deshalb bedeuten, daß das Kind dieses merkwürdige Gebilde exploriert – solange bis der Vater „aua" ruft. Das Zupfen kann aber auch bedeuten, daß das Kind dem Vater damit signalisieren will: „Bitte schnaube doch nochmal!" Ersteres ist ein instrumenteller, letzteres ein kommunikativer Akt, weil er sich auf das Intentionalitätszentrum: die Gedanken des Vaters richtet, nicht auf die Peripherie: seinen Körper und dessen Merkmale.

7.5.1.4 Zum vierten Prinzip: Strukturierte und nach bestimmten Regeln ablaufende Interaktion

Ich komme zum vierten Prinzip, in dem die bisher genannten zusammenkommen. Jerome Bruner (1986) hat dafür den Begriff „Formate" gewählt, weil damit die Form der Interaktion angesprochen ist. Es gibt in jeder Kultur einen mehr oder weniger ausgeprägt entwickelten Schatz an Wechselspielen (tickle games, nursury rhymes). Kuckuck-Spiel (Peekaboo) oder Backe-backe-Kuchen-Spiel brauchen keinen Gegenstand, der Tütenkaspar dagegen, der sich auch verstecken kann, bietet eine schöne Gelegenheit, die Interaktivität des Kuckuck-Spiels und die Ästhetik des Gegenstandes miteinander zu verbinden.

In diesem vierten Prinzip kommt deshalb zum Ausdruck, daß die frühe Interaktion in bestimmte kulturelle Formen „gegossen" ist. Nicht jeder muß sie neu erfinden, sondern greift auf das Repertoire an vordefinierten Interaktionsmustern zurück. Nicht jede Kultur widmet den Säuglingen schon so viel spielerisch vermittelte Aufmerksamkeit, hier beziehen sich die Interaktionsformate auf die Ernährung, die Hygiene und die Einbindung der Säuglinge in die tägliche Arbeit.

In den kulturspezifischen Formaten lernen die Kinder nicht nur, ein Thema in tausend Variationen spannungsreich, dynamisch und emotional spielerisch zu gestalten. Sie lernen auch wesentliche Regeln des sozialen Verkehrs. Wer spricht wann mit wem. Wann und wie kann ich die Initiative ergreifen. Wann soll oder muß ich welche Symbole produzieren, z. B. „danke" und „bitte" sagen im Gib-und-nimm-Spiel. Die interkulturellen und die intrakulturellen Unterschiede sind hier ziemlich groß.

Die wesentlichen Merkmale der kulturellen Formate, dies habe ich oben schon angedeutet, bestehen in der emotionalen Qualität, der Dynamik der zeitlichen Kontur und der Intensitätskontur sowie in der Rhythmisierung und Strukturierung der Turns, d. h. der Wechsel zwischen den Partnern. Der kontinuierliche Verhaltensstrom wird dadurch in bedeutungsvolle Einheiten gegliedert. Während die Manipulation von Gegenständen nur den physikalischen Gesetzen unterworfen ist, treten in den kulturellen Formaten soziale Gesetze in Erscheinung; Regeln der Interaktion mit entsprechendem Bedeutungs- und Sinngehalt. Sie werden für das Kind zu hochattraktiven Inhalten, die es zeitweise jedem interessanten Gegenstand vorzieht.

Man kann sich gut vorstellen, daß zum Gelingen der skizzierten Interaktionsformen ein reiches kulturelles oder subkulturelles Wissen gehört. Dies ist eine notwendige Bedingung. Entscheidend ist jedoch, daß das emotionale Engagement am Spiel hinzukommt, von dem oben die Rede war. Die Affektabstimmung zeigt, ob jemand „bei der Sache ist" oder ob er an den abendlichen Kinobesuch denkt. Auch für nichtspielerische kulturelle Formate gilt dies: Wenn Säuglinge auch heute noch in bestimmten Kulturen (z. B. in der Türkei oder in Korea) fest eingewickelt werden, dann ist das Ritual des Wickelns ein Ereignis, in dessen Strukturierung und Dynamik die emotional verankerte Überzeugung der Bezugsperson zum Ausdruck kommt, daß diese für das Kind nicht immer lustige Prozedur eine medizinische und/oder religiöse Notwendigkeit darstellt, die zum Wohle des Kindes erfolgt.

Für unsere Kultur gilt deshalb: Wer keine Lust hat, mit Kindern Backe-Backe-Kuchen oder Hoppe-Hoppe-Reiter zu spielen, sollte es lassen, denn spätestens nach dem dritten Versuch haben dies die Kinder selbst herausgefunden. Sie beenden die Interaktion dann von sich aus. Übrigens finden das Kinder mit Behinderungen mindestens genauso schnell heraus.

Alle diese Aktivitäten kommen auf Seiten der Kinder mit einem Minimum an symbolischem Aufwand aus. Kinder im vorsprachlichen Alter sind normalerweise in der Lage durch Gestik, Bewegungen, Mimik oder imitierte Bewegungen den Erwachsenen zu zeigen, was sie wollen. Beim nächsten und letzten Prinzip ist dies anders. Hier stehen die symbolischen Prozesse im Mittelpunkt, die schon bei den Formaten auf Seiten der Erwachsenen die entscheidenden strukturierenden Impulse gesetzt hatten.

7.5.1.5 Zum fünften Prinzip: So-tun-als-ob („Theory of mind")

Die Mutter hält sich eine Banane ans Ohr und spricht ins das Ende, das in der Nähe ihres Mundes ist: „Hallo, ist dort der Osterhase?" Ist diese Mutter reif für die Nervenklinik? Wenn ein Kind in der Nähe ist, weiß jeder von uns sofort, wenn wir eine vergleichbare Szene sehen oder geschildert bekommen, daß es sich um ein Spiel handelt. Und Kinder im zweiten Lebensjahr wissen das erstaunlicherweise auch. Sie glauben keine Minute lang, daß die Mutter nicht weiß, wie man eine Banane aufmacht, auch wenn sie das Wort Osterhase noch nie gehört haben. Kinder nehmen einen Legostein, fahren mit ihm über den Tisch und machen „brmm brmmm". Sie tun so, als ob sie ein Spielzeugauto in der Hand hätten und mit einem Spielzeugauto tun sie so, als würden sie Feuerwehr, Powerranger, Gangster oder Polizei sein. Und sie wissen in jedem Moment des Spiels, daß es ein Spiel ist, auch wenn sie zeitweilig völlig im Spiel aufgehen. Wenn man sie fragt, was sie gerade machen, dann sagen sie z. B., wir spielen Einkaufen. Sie können auch jederzeit im Spiel auf eine Metaebene aussteigen und sagen: „Aber Du bist doch die Verkäuferin, die kann doch nichts kaufen."

Die Psychologen haben sich dazu den Begriff Metakognition ausgedacht, die Entwicklungspsychologen schreiben z. Zt. Bücher über die Kompetenz, die Kinder mit dem „So-tun-als-ob" entwickeln. Man hat nämlich erkannt, daß die Errungenschaft, Gegenstände symbolisch als etwas anderes zu sehen und zu behandeln, z. B. den Stock als Pferd, auf dem man durch die Stube reitet, kein bloßes Produkt der sensomotorischen Raum-, Objekt-, Zeit- und Kausalitätsintegration ist, sondern daß es sich dabei um einen genuin sozialen Prozeß handelt, der – trotz Objektbezug – die Sozialerfahrungen und die Sozialbezüge des Kindes widerspiegelt. Dabei ist der Begriff Sozialbezug noch sehr nebulös. Konkret geht es darum, wie Kinder die Handlungen ihres sozialen Umfeldes erleben und wie sie die Psyche der erwachsenen Partner, die in diesem Umfeld handeln, gewissermaßen „theoretisch modellieren", d. h. welche Vorstellungen sie entwickeln, wie es im Kopf des anderen zugeht, was er denkt, was er weiß und was er will.

Die Forschungsrichtung firmiert deshalb auch unter der Überschrift „Theory of mind", d. h. die Kinder machen sich ein Bild vom Verstand der Erwachsenen oder der Kinder, die sie umgeben. Es geht also um die Fähigkeit, eine Theorie über das Funktionieren des eigenen und des fremden Verstandes zu haben, wobei sich die Gelehrten darüber streiten, ob das Können tatsächlich mit einer Theorie vergleichbar ist oder ob es nicht anders funktioniert, nicht so intellektualistisch und abstrakt, worauf ich hier aber nicht eingehen will (siehe dazu z. B. Astington et al. 1988; Harris 1994; Kim 1997; Mitchell 1997).

Das Kind, das seine Mutter mit der Banane sieht, weiß jedenfalls, daß mit der Handlung eine Spielabsicht verbunden ist. Wenn man die Kinder fragt, ob sie wissen, was das in der Hand der Mutter ist, dann sagen sie, das sei eine Banane. Auf die Frage, was die Mutter mache, sagen sie, daß die Mutter telefoniere oder daß sie spiele. Schon mit zwei Jahren, ziemlich am Anfang des Spracherwerbs, besteht also die völlige Transparenz zwischen Spielabsicht beim anderen, zwischen der Wahrnehmung und ihrer Bedeutung. Später lernen die Kinder dann, verschiedene Absichten und die richtigen oder falschen Ursachen dafür auseinanderzuhalten, d. h. sie entwickeln die Fähigkeit, über das Wissen, die Einstellungen oder die Erwartungen und Enttäuschungen anderer Personen in Abhängigkeit von deren Wissen und im Unterschied zum eigenen Wissen Aussagen zu machen.

Die Fähigkeit, eine „Theory of Mind" über das zu entwickeln, was im Kopf des anderen vor sich geht, setzt voraus, daß man zu seinem eigenen Wissen und zur eigenen Erfahrung ein selbstreflexives Verhältnis entwickelt. Aus dieser Art von Bewußtheit gegenüber dem eigenen Tun und Wissen im sozialen Kontext entsteht dann die Fähigkeit, Ursachen für das eigene Verhalten zu konstruieren (oder zu entdecken) und damit die eigene Geschichte und die Geschichte der anderen Personen in der Familie und die Gründe für ihr Handeln zu begreifen.

Frith (1992) und Baron-Cohen (1995) haben daraus z. B. eine Autismustheorie entwickelt, weil Kinder mit Autismus offensichtlich lange nicht in der Lage sind, das eigene Wissen und das Wissen oder Nicht-Wissen des anderen zueinander in Beziehung zu setzen, während sie ohne Schwierigkeiten Aufgaben in Intelligenztest, die kein soziales Wissen implizieren, so lösen können, wie ihre Altersgenossinnen und Altersgenossen.

Am Anfang dieser sehr komplexen sozialkognitiven Kompetenzen steht das „Als-ob-Spiel" ohne Sprache – die Banane als Telefon, an dem das Kind noch gar keine vernünftigen Sätze, sondern nur Geplapper äußern kann.

Hier finden wir also die Gegenstände der gemeinsamen Aufmerksamkeitsausrichtung wieder, allerdings als symbolische, d. h. transformiert gegenüber ihrer früheren Bedeutung. Die Banane symbolisiert das Telefon und das Telefon steht für wichtige Aktivitäten von Erwachsenen, die dauernd mit diesem Ding zu tun haben. Elkonin (1982) hat das „Als-ob-Spiel", den Vorläufer des Rollenspiels, mit dem Wunsch des Kindes erklärt, so sein oder handeln zu wollen, wie die Erwachsenen. Wygotski (1980) hat das Spiel mehr mit der Wunscherfüllung in Verbindung gebracht, die in der sozialen und gegenständlichen Wirklichkeit nicht realisierbar ist, ähnlich der psychoanalytischen Sicht vom Spiel als der Kompensation von frustrierten Erfahrungen oder als symbolische Bearbeitung von Traumatisierungen. In allen Fällen verweist die Nutzung von Gegenständen als Symbole auf etwas anderes: auf die hochentwickelte Fähigkeit, die Beziehung der Erwachsenen zu Gegenständen und Handlungen in der Welt mit Bedeutungen zu versehen und diese komplexen Handlungsbedeutungen symbolisch auf Gegenstände zu transferieren, um sie im „Als-ob-Spiel" zu Spielsymbolen zu machen.

Spielsymbol und kommunikativ genutzte Symbole hängen also außerordentlich eng zusammen.

Der komplexe Prozeß des sozialen Wechselspiels mit seinen Merkmalen von Dynamik, Affektivität, Wechselseitigkeit und Selbstwirksamkeit wird also – gewissermaßen wie durch ein Brennglas – vom realen Geschehen abgehoben und auf einen Gegenstand focussiert. Der Gegenstand symbolisiert ein Stück soziale Welt für das Kind und vereinigt in sich alle anderen Komponenten. Piaget (1969; siehe auch Oerter 1993) hatte deshalb sehr wohl recht, dem Spielsymbol in seinem Buch „Nachahmung, Spiel und Traum" eine derart grundlegende Bedeutung zuzuschreiben, er hat dabei aber die sozialen Quellen unterbewertet.

Der Gegenstand, der für etwas anderes steht, mit dem man sich die Welt repräsentiert und die eigenen Wünsche erfüllt, hat sehr viel Ähnlichkeit mit der Sprache, mit Ausnahme des geringeren Konventionalisierungsgrades, was die Form anbetrifft, doch auf diesen Aspekt möchte ich hier nicht näher eingehen.

Verallgemeinert heißt das: Die Kommunikation und ihre Mittel wachsen aus den spielerischen Interaktionen heraus und nicht umgekehrt, man lernt also nicht zuerst kontextfreie Kommunikationsmittel, um sie dann im konkreten Kontext anzuwenden.

7.5.2.   Die Grenzen der Professionalität oder: Verborgene Organisatoren von Behinderung

Eingangs sprach ich von „Kindern mit besonderen Bedürfnissen" (children with special needs), und mit der Formulierung „im Kontext besonderer Lebensbedingungen" wurde auf die Verlagerung des Focus weg von Schädigungen hin zu Bedürfnissen verwiesen, die befriedigt werden müssen, und den Situationen, in denen dies möglich wird. Diese Ausweitung des Blickfeldes kann man mit Verweis auf „political correctness" kritisieren oder man kann sie als eine Herausforderung auffassen, zu deren Einlösung oder Bewältigung wir heute nach meiner Erfahrung noch nicht oder noch nicht ausreichend in der Lage sind. Die Ausweitung des Blicks bringt nämlich zum Ausdruck, daß das soziale Umfeld als defizitär wahrgenommen werden muß, wenn es nicht gelingt, die spezifischen Bedürfnisse eines Kindes mit Autismus, mit Down Syndrom, mit Cerebralparese, mit Rett-Syndrom o. ä. zu befriedigen.

Wir könnten also fragen: Gelingt es uns, im Frühförderzentrum, in der Familie, in der Integrationsklasse die genannten fünf Prinzipien umzusetzen? Wenn es uns nicht gelingt, können wir uns fragen, warum dies so ist und was wir anders machen können. Allerdings möchte ich angesichts dieser Fragen nicht in ein neues Defizitmodell einsteigen, von dem man gerade erst gelernt hat, daß man es auf das Kind nicht anwenden soll, weil man es an seinen Kompetenzen messen muß. Es geht also nicht um die Verschiebung des Defizitmodells von der Kind- auf die Familien- oder Institutionsebene. Welche Alternativen haben wir statt dessen? Bevor ich diese Frage beantworten kann, muß ich verschiedene, zunächst unverbunden erscheinende Fäden aufgreifen, um sie dann zusammenzuführen.

7.5.2.1 Perspektivenwechsel

Den ersten Faden habe ich gerade thematisiert, ich möchte ihn *Perspektivenwechsel* nennen und meine damit die Perspektive, die man auf den Entwicklungsprozeß oder auf den Förderprozeß hat. Normalerweise schaut man aus der Perspektive eines sogenannten objektiven Beobachters auf das Kind, seine Kompetenzen und seine Entwicklung. Perspektivenwechsel kann bedeuten, daß man stattdessen aus der subjektiven Perspektive des Kindes schaut. Perspektivenwechsel kann aber auch bedeuten, daß man von der Mutter-Kind-Dyade oder von der Interaktionsstruktur in der Familie aus auf die Entwicklung des Kindes schaut. Ebenso kann man aus der Perspektive der versorgenden Institution oder aus dem therapeutischen Setting heraus auf die Entwicklung und die Kompetenzen des Kindes schauen. Man kann dies auch vom sozialen Umfeld aus tun: von der Nachbarschaft, der Fußgängerzone, dem Supermarkt. Schließlich kann ich auch einen Perspektivenwechsel zur historischen oder soziokulturellen Perspektive vornehmen, so daß ich Kindheit heute im Vergleich zur Kindheit im Mittelalter oder Kindheit in Ost- und Westdeutschland, oder Kindheit in Europa und in Asien betrachte.

Die Entwicklungspsychologie bezieht dabei normalerweise die Position des scheinbar neutralen Beobachters und fragt, wie sich bestimmte Kompetenzen anhand angeborener oder erworbener Voraussetzungen und anhand bestimmter umweltbedingter Erfahrungen entwickeln. Dies paßt mit dem Stand der Sonder- oder Behindertenpädagogik gut zusammen, weil auch diese zuerst von außen auf die Schädigung schaut und diagnostizieren muß, ob es sich um eine Körperbehinderung, eine Sinnesbehinderung, eine geistige Behinderung, um eine Lernbehinderung oder um eine Schwerstmehrfachbehinderung handelt.

In der Psychologie ist erst seit den Arbeiten von Bronfenbrenner (1981) in den letzten 20 Jahren der Blick von der individuellen Entwicklung auf die oben genannten Kontexte erweitert worden: zunächst auf die Mutter-Kind-Dyade, dann auf das Familiensystem als Ganzes, d.h. auch auf den Vater und auf die Geschwister, auf die Erziehungsstile oder wie man neuhochdeutsch sagt, auf das „Coparenting", d.h. auf die Frage, wie es den Eltern als Paar gelingt, ihre Beziehung zueinander und zu den Kindern in Erziehungsverhalten gegenüber den Kindern umzusetzen. Auch die Weiterentwicklung der sozialkognitiven Modelle in Richtung auf kollektive Selbstwirksamkeitserwartung ist ein Beleg für die Erweiterung des Blicks der Psychologie vom Individuum auf die Dyade, die Familie und

den näheren oder weiteren sozialen Kontext, in den individuelles Handeln eingebettet ist. Daß aber auch das Coparenting oder kollektive Selbstwirksamkeit in
einen größeren soziokulturellen oder subkulturellen Kontext eingebettet ist, hat
in der Entwicklungspsychologie noch zu wenig Konkretisierung erfahren, als daß
man diesen Aspekt systematisch in empirisch abgesicherte Modelle von Entwicklung einbetten könnte. Dies gilt um so mehr, wenn die Entwicklung des Kindes in
Familie und kulturellem Kontext durch Merkmale gekennzeichnet ist, die von der
Gesellschaft als Behinderung gekennzeichnet werden und die in vielen Fällen
Entwicklungswege notwendig machen, die sich von denen von Kindern ohne körperliche Schädigungen unterscheiden.

Ich habe im ersten Teil versucht deutlich zu machen, daß wesentliche Prinzipien
der Entwicklung der Kommunikation bei allen Kindern gleich sind. Der entscheidende Unterschied besteht darin, wie sie zur Wirkung kommen.

Wir wissen auch, daß es neben körperlichen Schädigungen eine Fülle von see-
lischen Belastungen gibt, denen Kinder ohne jede körperliche Symptomatik ausgesetzt sind, z. B. durch Überfürsorglichkeit, durch Vernachlässigung oder Mißbrauch. Sie können die Entwicklungsprozesse ebenso beeinträchtigen wie körperliche Schädigungen. Bei beiden Formen der Normabweichung – physischen
wie psychischen oder beiden zusammen, wenn zur körperlichen Schädigung auch
noch die seelische oder psychische Belastung hinzukommt – steht die Entwicklungspsychologie gerade am Anfang ihrer Forschungsarbeit, wenn man den gerade genannten System- und Kontextaspekt in den Mittelpunkt stellt. Normalerweise wird nur nach der Normabweichung des Kindes gefragt, die durch die körperliche (oder seelische) Beeinträchtigung verursacht wurde.

Eltern und professionelle Helfer erwarten von der Entwicklungspsychologie
Antworten, die genau Auskunft geben über die Fragen: Ist das normal oder nicht
und wenn nicht, was muß ich tun, um Normalität herzustellen? D. h. in den Köpfen
von Wissenschaftlern und Praktikern existieren Modelle von Normalität und gesunder oder normaler Entwicklung, und wir werden in die Situation gebracht oder
mit der Erwartung konfrontiert, Meßinstrumente vorzulegen, die uns sagen, wie
weit unser Kind von der Normalität weg ist und was wir tun müssen, um das Kind
auf den Weg hin zur Normalität zu bringen.

So verständlich diese Erwartungen sind, so handelt es sich doch um die Anwendung eines traditionellen medizinischen Krankheits- und Heilungsmodells, das
Krankheit nach dem Modell von Virusinfektionen oder Verletzungen definiert.
Die Störung beim Kind soll durch den Einsatz von Medikamenten, von Operatio-
nen oder von Hilfsmitteln wie Gipsbein, Hörgerät oder künstlichem Hüftgelenk
bis hin zur Herztransplantation beseitigt werden können. Gesundheit ist dann definiert durch das Fehlen oder die Beseitigung der festgestellten Störung.

Wie die Medizin erst langsam anfängt, bei Krankheit und Gesundheit auch die soziale Konstruiertheit zu sehen und das einfache Modell in ökologisch oder soziokul-
turell eingebundene Modelle zu transformieren, so tut sich auch die Psychologie immer noch schwer mit der Abkehr vom Blick hinter die Haut oder in den Kopf des Sub-
jekts als dem Hort von Entwicklung und Persönlichkeit. Der Perspektivenwechsel
und besonders die Perspektivenverschränkung steht bisher noch weitgehend aus.

In der folgenden Übersicht habe ich zwei Beispiele der oben genannten Sichtweisen einander gegenübergestellt.

Beispiel für die Gegenüberstellung zweier Sichtweisen	
Man kann z. B. sagen,	**Man kann aber auch sagen,**
Manfred ist gehbehindert.	Die Umgebung ist unfähig, Manfred einen Rollstuhl anzupassen, ihm beizubringen, sich damit zu bewegen, Gebäude und Straßen so auszustatten, daß ihm das auch gelingt, und ihm Gelegenheiten zu geben, mit der frisch gewonnenen Mobilität auch neue, motivierende Beziehungen zu knüpfen und Erfahrungen zu machen, so daß er auch motiviert ist, die Mobilität aufrechtzuerhalten oder zu erweitern.
Gaby kann nicht sprechen.	Elektronische Hilfen ermöglichen heute jedem Menschen, sich lautsprachlich zu artikulieren – der E-Rollstuhl für die Stimme ist also vorhanden. Was fehlt, sind Kontexte und Menschen, die den langwierigen und mühsamen Weg auf sich nehmen, Gabys Interesse zu wecken, ihr automatisierbare Erfahrungen zu ermöglichen und ihre Motivation aufrechtzuerhalten. Sie muß die Erfahrung machen können, daß sie mit den neuen Hilfen auch tatsächlich besser kommunizieren kann als bisher mit ihren gutturalen Lauten, mit Kopf oder Körperbewegungen. Die tollste elektronische Sprachausgabe ist nutzlos, wenn die Menschen, an die sich Gaby wendet, kein Interesse haben, mit ihr zu kommunizieren. Dann ist die Umgebung von Gaby unfähig zur angemessenen Kommunikation.

Hierzu noch ein kleines Beispiel aus unserer Praxis: Ein junger Mann mit Tetraspastik – nennen wir ihn Ulli – hatte in unserem Projekt nach einem halben Jahr mühsamen Trainings gelernt, mit Hilfe eines Joysticks und graphischer Symbole seinen auf dem E-Rollstuhl montierten Spezial-Kommunikations-Computer zu bedienen und ihm Sätze zu entlocken. Als er damit zum ersten mal stolz durch die Schule fuhr und seinem Lehrer begegnete, produzierte er mit seinem Joystick den vom Computer gesprochenen Satz „Morgen Müller". Von einem normalen Schüler geäußert wäre dies eher eine freche Bemerkung, denn eine Begrüßung gewesen, für Ulli war dies eine tolle Leistung. Wir waren begeistert. Herr Müller allerdings war von der Anrede eher gekränkt, er würdigte Ulli fast keines Blickes und wollte schon weitergehen. Er hatte vielleicht Angst vor den neuen Anforderungen, die durch die neuen, differenzierteren Ausdrucksmöglichkeiten von Ulli auf ihn zukommen könnten. Seine bisherigen Routinen funktionierten jedenfalls nicht mehr.

Ulli kann zwar nicht sprechen, aber er verfügt über die Fähigkeit, Mißerfolge durch ironische Kommentare zu überspielen. Als er seinen Höflichkeitsfehler anhand der Reaktion des Gegenüber bemerkt hatte, arbeitete er heftig mit dem Joystick bis der Apparat den Satz von sich gab „guten Morgen, lieber Herr Müller".

Ob Ulli noch oft in der Lage sein wird, die Probleme seiner Umwelt so genial oder ironisch zu überspielen, wie in diesem Beispiel, ist unklar. Man könnte verstehen, wenn er den Gebrauch seines Kommunikationscomputers abbricht, wenn sich die Qualität der sozialen Beziehungen trotz seiner Bemühungen nicht ändert.

Denn die Diskrepanz zwischen der phantasierten Kompetenz zur neuen Kommunikation mit der Sprachausgabe und den wirklichen Gesprächsanlässen, in denen sich jemand die Zeit nahm, den langsamen Prozeß der Wortsuche und Satzzusammenstellung abzuwarten, war sehr groß. Es zeigte sich, daß die technische Seite der Kommunikation allenfalls die Hälfte der Verbesserung der wirklichen kommunikativen Möglichkeiten ausmacht. Der große Rest liegt in der Fähigkeit der Umgebung, Perspektivenwechsel vorzunehmen und sich auf neue Bedürfnisse, neue Formen der Beziehung und neue Inhalte einzustellen, und das fällt fast allen Systemen – der Familie ebenso wie Schule oder Heim – sehr schwer.

7.5.2.2 Zwei Seelen

Den zweiten Faden möchte ich nennen: *Zwei Seelen in meiner Brust.*

Diese Passage habe ich bei meinem Vortrag eingeleitet, indem ich den Text mit Hilfe eines sprechenden Computers vorgetragen habe, den ich mit einem graphischen Display bedient habe, so daß für jedes Wort eines Satzes eine Computeroperation notwendig wurde. Obwohl der Sprechprozeß relativ flüssig und viel schneller ablief, als wenn eine Person mit Cerebralparese und starker motorischer Beeinträchtigung die Bedienung des Computers vorgenommen hätte, wurde deutlich, wie anstrengend, ungewohnt und zerstückelt ein Kommunikationsprozeß mit einem elektronischen Hilfsmittel ist. Die Zuhörer hatten also ein großes Maß an Konzentration aufzubringen, um mitzubekommen, was ich sagen wollte. Der Impuls bei den Zuhörerinnen und Zuhörern, ich solle wieder zu meiner Muttersprache zurückkehren, wurde zunehmend stärker und die Überforderung deutlich sichtbar, obwohl die Zuhörerschaft zu 100 % aus professionellen Helfern und Helferinnen aus der Frühförderung bestand.

Daran wurde deutlich, daß wir auch als professionelle Helfer Schwierigkeiten mit alternativen Kommunikationsformen haben, wie auch viele Eltern und Lehrer, daß wir also letztlich ähnliche Strukturen in uns wiederfinden können, wie sie oben für Herrn Müller im Fallbeispiel von Ulli benannt wurden. In unserer Brust wohnt also die ausgrenzende Seele ebenso wie die Stimme, die an die Professionalität appeliert und Zuwendung und Aufmerksamkeit einfordert. Es ist außerordentlich schwierig, angesichts zweier so konträrer Orientierungen authentisch, emotional und spontan zu sein.

7.5.2.3 Entwicklungsphantasien

Den dritten Faden, den ich aufgreife, nenne ich *Entwicklungsphantasien:*

In unserer Kultur beurteilen wir die Menschen vor allem nach ihrer Arbeitsfähigkeit. Kinder werden als zukünftige Arbeitskräfte wahrgenommen und nehmen sich auch selbst so wahr – zunächst als Astronaut oder Lokomotivführer oder Müllmann, später etwas realistischer. Alte Menschen, die nicht mehr arbeiten, haben noch den Bonus, ein arbeitsreiches Leben geführt zu haben, doch auch hier treten schon gewisse Brüche auf.

Personen mit besonderen Bedürfnissen, also sog. Behinderte, bekommen schon frühzeitig das Label der Arbeitsunfähigkeit aufgedrückt. Für Föten mit Downsyndrom z. B. gilt die medizinische Indikation zur Abtreibung, d. h. Frauen können nach der Diagnose Trisomie 21 den Fötus abtreiben lassen, wenn sie das wollen.

Ich möchte hier kein Plädoyer gegen Abtreibung halten, im Gegenteil, ich bin der Meinung, daß eine Frau das Recht zur Abtreibung haben sollte, auch wenn das Kind keine sog. genetischen Defekte hat. Was ich hier kritisiere, ist die staatliche, medizinische und soziale Einstufung bestimmter Formen von genetischer Anomalie als „nicht lebenswert". Jede Familie muß für sich entscheiden, ob sie sich zutraut, mit einem Kind mit Behinderungen leben zu können.

Die Gesellschaft aber, die gegen Euthanasie ist und damit gegen die Differenzierung von lebenswertem und lebensunwertem Leben, darf nach meiner Meinung auf gar keinen Fall Personen schon von Geburt an als lebensunwert klassifizieren. Wer mit Menschen mit Down-Syndrom zu tun hatte, wird diese Position mit Sicherheit teilen.

In unserer Gesellschaft werden Kinder nach den Kriterien genetischer Normalität und Arbeitsfähigkeit, vor allem aber nach besonderen Begabungen (dazu gehören z. B. körperliche Stärken, Musikalität oder Intelligenz; in Hannover begann 1997 die bundesweit erste Grundschule für hochbegabte Kinder ihre Arbeit, nachdem eine Gruppe solcher Hochbegabter aus einem Kindergarten für ebendiese entwachsen war) und nach äußerer Attraktivität beurteilt.

Alle Eltern und Nicht-Eltern haben zwangsläufig solche Normen und Bewertungsdimensionen im Kopf. Sie beginnen beim Geschlecht. In anderen Kulturen – wie Berichte aus Indien und China zeigen – tötet man auch heute noch Mädchen nach der Geburt, weil sie keinen Wert darstellen oder eine soziale Belastung für die Familie bedeuten. Auch wenn bei uns das Geschlecht nicht mehr so wichtig ist wie früher, so gibt es auch in unserer Gesellschaft Stereotype und Phantasien über die zukünftigen Entwicklungsmöglichkeiten von Kindern, die schon vor der Geburt, ja sogar vor der Zeugung wirken.

Stolz auf Leistungen, Angst vor Mißerfolgen und bittere Enttäuschung bei Versagen prägen die Phantasien von Eltern schon im Vorschulalter, und zwar quer durch alle Schichten. Auch ein Psychologie-Professor bleibt davon nicht verschont. Hier greifen die Konsequenzen der kollektiven Selbstwirksamkeitserwartung in der Familie und häufig auch noch der Familientradition über mehrere Generationen hinweg: „Versagen gibt es bei uns nicht, wir haben es immer geschafft" oder: „Wir bringen es nie zu etwas..."

Die Nachricht von der Geburt eines Kindes mit physischen oder neurophysiologischen Schädigungen bedeutet deshalb für viele Eltern den Tod dieser Phantasien, was fast gleichgesetzt werden kann mit dem Tod des Kindes. Die Eltern werden mit dem Trauerprozeß und der Lösung des Problems alleine gelassen und müssen für sich selbst, wenn sie Glück haben zusammen mit anderen Betroffenen eine völlig neue Grundlage für die Phantasien der Entwicklung ihrer Kinder und ihrer Bewertung im familiären und gesellschaftlichen Leben aufbauen. Viele scheitern dabei, einigen gelingt tatsächlich die Umwertung und der Aufbau anderer Einstellungen und Entwicklungsphantasien.

Lange Zeit konnte sich z. B. niemand real vorstellen, daß Erwachsene mit Down-Syndrom einer höherwertigen Arbeit nachgehen. Erst Berichte und Videoaufnahmen oder Fernsehfeatures von spanischen Absolventinnen und Absolventen einer Schule für pädagogische Assistentinnen/Assistenten (mit Down-Syndrom) konnten eine derartige Phantasie beflügeln und konkretisieren. Entwicklungsphantasien brauchen vor allem auch sinnliche und kulturell verallgemeinerte Erfahrungen. Sonst sind es Fiktionen. Aber auch Fiktionen können manchmal Wirklichkeit werden, dann waren es realisierbare Utopien.

Wenn wir gelungene Förderprozesse kennen, können wir zwar Entwicklungsphantasien bilden, diese sind aber noch nicht kulturell verallgemeinert – so wie man sich vor 100 Jahren die erfolgreiche Universitätskarriere von Frauen nicht vorstellen konnte, was heute zwar nicht mehr schwerfällt aber keineswegs normal ist.

Selbst wenn es einer Familie gelingt, eine realistische Entwicklungsphantasie für ihr Kind mit einer Behinderung auszubilden, bleibt die soziale Umgebung davon unberührt. Selbst professionelle Helfer bilden in vielen Fällen keine Ausnahme, denn sie sind nicht in ihren grundlegenden, emotional tief mit dem Selbstkonzept verwurzelten Wünschen beeinträchtigt. Ihr Beruf ist die Arbeit mit den Kindern so, wie sie sind und begrenzt auf die Institution, in der sie sich befinden. Phantasien über deren zukünftige Entwicklung bleiben Privatsache, sie gehören nicht zum professionellen know-how. Für professionelle Helfer sind die Kinder, die ihnen anvertraut sind, normalerweise nicht ihr Leben, sondern eine auf ca. 40 Stunden pro Woche beschränkte pädagogische Aufgabe, was nicht ausschließt, daß viele sich sehr für die Entwicklung der Kinder engagieren und sie auch zum wichtigen Teil ihres Lebens machen.

Im allgemeinen ist aber die berufliche Karriere von professionellen Helfern an die Strukturen der Institution gekoppelt. Dies bedeutet, daß Förderung und Entwicklungsphantasie durch den in der Institution dominierenden Stand des Wissens bestimmt werden und eher selten durch die Reflexion neuer, noch nicht beschrittener Wege zur Enthinderung und damit zur Veränderung der institutionellen Bedingungen selbst. Auch der Entwicklungsweg nach Verlassen der Institution ist nur selten Thema und Aufgabe der professionellen Helfer in der Institution.

Und für meine eigene Zunft, die Psychologie, muß ich sagen, daß hier immer noch das Modell des Wunderheilers als professionelles Modell wirkt, um es etwas überspitzt zu formulieren: der Therapeut, dem es durch den Einsatz raffinierter Techniken gelingt, die Neurose, die Psychose oder die Verhaltensstörung wegzutherapieren, den Klienten also zu heilen. Daß auch für psychische Störungen die oben genannten besonderen Lebensbedingungen gelten, will ich hier nur erwähnen, ohne dies näher ausführen zu können. In jedem Fall zeigt die Entwicklung im psychotherapeutischen Bereich, z. B. in Form aufsuchender und familienorientierter psychosozialer Hilfen und gemeindepsychologischer Modelle, daß die Veränderung von sozialen Bedingungen mit in das Aufgabenspektrum der psychologischen Profession einbezogen wird, daß das Setting der Komm-Struktur (der Klient kommt ins Behandlungszimmer) also nur noch für einen kleinen Kreis von Personen gelten kann, denen Psychotherapie primär als biographische Reflexionshilfe dient.

Wir als professionelle Helfer stehen also – wenn auch weniger existentiell als Eltern – vor dem Widerspruch, einerseits für die Klienten Förderziele zu entwerfen, andererseits sie aber nicht als gesellschaftlich voll integrierte Personen sehen zu können, weil sie in ihrer großen Mehrzahl die Kriterien für eine vollwertige Anerkennung als arbeitsfähige Mitglieder der Gesellschaft nicht erfüllen und vielleicht nie erfüllen werden. Förderaufgabe und die damit verbundenen Phantasien gelingender Förderung, wenn es sie überhaupt gibt, auf der einen Seite, und allgemeine soziale Bewertung auf der anderen Seite stehen sich konträr gegenüber. Wie kommen wir als professioneller Helfer oder als Helferin damit zurecht? Wie komme ich, der ich wissenschaftlich in diesem Feld arbeite, mit diesen antagonistischen Widersprüchen zurecht?

Eine Form, mit diesem Widerspruch umzugehen, wird von den Religionen bereitgestellt. In vielen Religionen gehört der Umgang mit menschlichem Leiden zur ethischen Aufgabe. Von daher scheinen z. B. Menschen mit christlichem Hintergrund weniger Probleme mit dieser Frage zu haben, da die Hilfe gegenüber dem Nächsten, insbesondere bei Armut und Krankheit, ein zentrales christliches Gebot darstellt. Vielen praktizierenden Christen ist dies nicht nur ein Gebot, sondern auch Sinn und Bedürfnis. Die genannten Widersprüche rühren demnach an die Sinnfrage.

Ist diese bei Christen tatsächlich so klar beantwortet? Keineswegs, denn die caritative Einstellung ist nicht frei von Problemen. Auch sie muß sich u. U. mit dem verinnerlichten gesellschaftlichen Bild vom arbeitsfähigen Menschen auseinandersetzen. Es wird dann gewissermaßen ergänzt durch das Bild des hilfsbedürftigen Menschen. Dabei geht es nicht primär um die Beseitigung der Diskrepanz zwischen arbeitsfähigem und hilfsbedürftigem Menschen, sondern um deren Akzeptanz. Die Position, das Leiden gemeinsam tragen zu können, eröffnet so einerseits die Förderperspektive, andererseits kann man damit die ausgrenzenden Kontexte ertragen.

Ich halte diese Einstellung für äußerst wertvoll und beneide die Kolleginnen und Kollegen, die ihre Arbeit in diesen Sinnzusammenhang stellen können. Ich möchte jedoch auf eine Begleiterscheinung hinweisen, die mir bedenkenswert erscheint:

Die säkularisierte Gesellschaft, in der wir leben, delegiert mit diesem Modell die Arbeit mit Menschen mit Behinderungen an religiös motivierte Personen: Diakonissen, Mutter Theresa, Albert Schweitzer oder andere Persönlichkeiten und Rollenzuschreibungen mit religiöser Motivation werden zum Prototyp der Partner von Menschen mit Behinderungen gemacht. Die caritative Motivation des Mutter-Theresa- oder Albert-Schweitzer-Modells reproduziert aber genau genommen die Abspaltung und Aussonderung, beinhaltet also nach meinem Dafürhalten keine auf Integration und Überwindung der Ausgrenzung bezogene Strategie.

Zugespitzt könnte man die Logik dieses widersprüchlichen Fördermodells in Anlehnung an Felix Guattaris Metapher von den Wunschmaschinen (les machines désirantes, siehe auch Schmidgen 1997) als „Behinderungs-Ausgrenzungs-Förder-Maschine" bezeichnen. Sie bringt eine Paradoxie zum Ausdruck:

Wir stellen in dem Maße, wie wir hochprofessionell und abgeschottet von der Gesellschaft human motiviert versuchen, durch Förderung Behinderung aufzuheben, diese Behinderung unbewußt immer wieder her. Warum? Weil in uns und in unseren Mitbürgerinnen und Mitbürgern maschinenartig verkörperte kulturelle

Mechanismen der Angst, der Abneigung, der Ablehnung, des Ekels und der Ausgrenzung wirken. Das primäre Ziel unserer Aktivitäten besteht darin, diese Gefühle zu ignorieren, zu verdrängen oder zu bekämpfen. Moralische Appelle verstärken diesen Mechanismus nur noch. Statt die Probleme auf der Ebene der kulturellen Muster und der sozialen Konstruktionsprozesse einschlägiger Bedeutungen zu sehen, werden sie individualisiert und dem Gewissen oder Glauben des Einzelnen anheim gestellt. Stoßen wir hier an unaufhebbare Grenzen der Professionalität oder gibt es Strategien zur Aufhebung oder zumindest zur Bewegung der genannten Widersprüche?

7.5.2.4 Intimität

Zur Beantwortung dieser Frage möchte ich wieder auf den ersten Teil des Papiers, die fünf Prinzipien der Kommunikationsentwicklung zurückkommen und damit auch einen letzten widersprüchlichen Faden mit dem Stichwort Intimität benennen.

Die aus den genannten Prinzipien resultierende Förderungsstrategie fußt auf Merkmalen, die sich mit Begriffen wie den folgenden kennzeichnen lassen:

* Emotionalität
* Muße und Geduld
* Zuneigung und Liebe
* Authentizität
* Spontaneität
* Ästhetik und Genuß.

Dies sind Merkmale, die in unserer Kultur mit Intimität, Privatheit, Freizeit oder Kunst assoziiert sind, es sind gewissermaßen Gegenbegriffe zu Leistungsdruck, Rationalität und Streß, d. h. sie gehören nicht zu den zentralen Merkmalen der Berufswelt, des Marktes und der globalisierten Produktion. Es sind gewissermaßen die Antipoden normaler Professionalität, oder würde jemand auf die Idee kommen, für Liebesbeziehungen Strategien des Qualitätsmanagements oder Professionalisierungsentwürfe zu entwickeln? Dann bekäme die Bezeichnung „das ist eine Professionelle" wieder ihre alte Bedeutung.

Unsere Emotionalität wird also gespalten: in eine öffentliche, leistungsbezogene und in eine private, intime, heimliche. Dieses dualistische Modell unserer grundlegenden Sinnorientierungen ist historisch entstanden und kann nicht durch moralische Appelle verändert werden. Mutter Theresa ist deshalb eben kein Modell für die zukünftige Entwicklung in Richtung einer integrierenden, nichtaussondernden Gesellschaft. Sie verkörpert eher die Abspaltung und Aussonderung, und zwar die Aussonderung des Fremden, Häßlichen und Unästhetischen ebenso wie die Aussonderung des Himmlischen und des Guten.

Wenn man den aufgezeigten Widerspruch anders herum formuliert, müßte man sagen:

Die Intimität des Privaten ist die Professionalität der Arbeit mit Menschen mit Behinderungen.

Daraus lassen sich folgende Alternativen ableiten: Entweder die hier erarbeiteten Analysen, Erfahrungen und Vorschläge zu wesentlichen Merkmalen der Förderung von Personen, die von Behinderung bedroht oder behindert sind, erweisen sich als falsch – was ich bezweifle. Oder: Wir brauchen ein Netzwerk wechselseitiger wissenschaftlicher und politischer Unterstützung, das die Vergesellschaftung der genannten Prinzipien ins Auge faßt und damit den antagonistischen Widerspruch zwischen Intimität und Professionalität bearbeitbar und veränderbar macht. Damit würde die Kategorie „Entfremdung" wieder zum Thema.

Wenn wir die oben aufgenommenen Fäden Perspektivenwechsel, Entwicklungsphantasien, die zwei Seelen Aussonderung und Förderung und die Intimität dieser Prozesse versuchen zusammenzuknüpfen, so ergibt sich zunächst ein Fülle von unvereinbaren Widersprüchen, für die es keine individuellen Auflösungen gibt. Ein erster Schritt dazu besteht deshalb m. E. darin, sich dieses Dilemma bewußt zu machen. Es bedarf einer öffentlichen Debatte über diese Widersprüche und die damit verbundene Doppelmoral. Die Probleme sind nicht durch intensivere Fortbildungs- oder andere Professionalisierungsmethoden aus der Welt zu schaffen, sie sind insoweit systemimmanent, als sie unser Verhältnis zum Sinn der Arbeit und zum Sinn des sozialen Zusammenlebens betreffen. Von daher sind sie genuiner Bestandteil unseres kulturellen Lebens und nur über Transformationsprozesse auf diesem Niveau, d. h. durch politisches und ökonomisches Handeln veränderbar. Spätestens wenn wir ins Rentenalter kommen und die Frage nach dem Pflegeheim gestellt wird, haben diese Probleme uns alle selbst eingeholt.

Wenn wir uns also nicht als neurotische hilflose Helfer definieren wollen, und wenn wir der Meinung sind, daß wir auch ohne religiösen Hintergrund professionell handeln können sollten, dann ist diese neue Art von grenzüberschreitender Professionalität nur mit Hilfe einer politischen Strategie umsetzbar, die die zentralen ausgrenzenden und intimitätsfeindlichen Merkmale unseres beruflichen und öffentlichen Alltags diskutierbar macht. Die Debatte um Qualitätssicherung in der Arbeit mit Menschen mit besonderen Bedürfnissen könnte so gesehen eine ganz neue Stoßrichtung bekommen.

Bei diesem Artikel handelt es sich um die nichtveröffentlichte überarbeitete Fassung eines Vortrags auf dem Frühfördersymposium des Hauses früher Hilfen (Wiehl) in der Alfred-Nau-Akademie Bergneustadt vom 11. bis 13. September 1998

Literatur

Astington, J. W., Harris P. L., Olson, D. (Hrsg.)(1988): Developing Theories of Mind. Cambridge

Bandura, A. (1982): Self-efficacy mechanism in human agency. In: American Psychologist 37, 122-147

– (1995): Exercise of personal and collective efficacy in changing societies. In: Bandura, A. (Hrsg.): Self-efficacy in Changing Societies. New York, 1-45

Baron-Cohen, S. (1995): Mindblindness. Cambridge

Bornstein, M. H., Ruddy, M. (1984): Infant attention and maternal stimulation: Prediction of cognitive and linguistic development in singletons and twins. In: Bouma, H., Douwhuis, D. (Hrsg.): Attention and Performance: Control of Language Processes. London

Bronfenbrenner, U. (1981): Die Ökologie der menschlichen Entwicklung. Natürliche und geplante Experimente. Stuttgart
Bruner, J. (1986): Wie das Kind sprechen lernt. Bern
– (1990): Acts of meaning. Cambridge
Elkonin, D. I. (1980): Psychologie des Spiels. Köln
Frith, U. (1992): Autismus. Ein kognitionspsychologisches Puzzle. Heidelberg
Harris, P. L. (1994): Understanding pretence. In: Lewis, C., P. Mitchell, P. (Hrsg.): Children's Early Understanding of Mind: Origins and Development. Hillsdale, 235-260
Kim, Ch.-W. (1997): Baustein für einen kulturpsychologischen Diskurs: Dekonstruktion des unilinearen Entwicklungsgedankens. Dissertation: Freie Universität Berlin
Lurija, A. R., Judowitsch, F. J. (1970): Die Funktion der Sprache in der geistigen Entwicklung des Kindes. Düsseldorf
Messer, D. J. (1995): The Development of Communication. From Social Interaction to Language. Chichester
Mitchell, P. (1997): Introduction to Theory of Mind: Children, Autism and Apes. London
Oerter, R. (1993): Psychologie des Spiels. Ein handlungstheoretischer Ansatz. München
Piaget, J. (1969): Nachahmung Spiel und Traum. Stuttgart
Schmidgen, H. (1997): Das Unbewußte der Maschinen. Konzeptionen des Psychischen bei Guattari, Deleuze und Lacan. München
Spitz, R. A. (1970): Nein und Ja. Die Ursprünge der menschlichen Kommunikation. Stuttgart
Stern, D. (1992): Die Lebenserfahrung des Säuglings. Stuttgart
Tomasello, T. (1995): Joint Attention as Social Cognition. In: Moore, C., Dunham P. J. (Hrsg.): Joint Attention: Its Origins and Role in Development. Hillsdale
–, Mannle, S., Kruger, A. C. (1986): Linguistic environment of 1- to 2-year-old twins. In: Developmental Psychology 2, 169-176
–, Kruger, A. C., Rattner, H. H. (1993): Cultural Learning. In: Behavioral and Brain Sciences 16, 495-552
Wygotski, L. S. (1980): Das Spiel und seine Bedeutung in der psychischen Entwicklung des Kindes. In: Elkonin, D. (Hrsg.): Psychologie des Spiels. Köln, 430-465
Zazzo, R. (1978): Genesis and Peculiarities of the Personality of Twins. In: Nance, W. E., Allen, G., Parisi, P. (Hrsg.): Twin Research. Progress in Clinical and Biological Research: Psychology and Methodology. New York

7.6. Chancen eines frühen Einsatzes Unterstützter Kommunikation bei Kindern mit einer schweren Behinderung

Von Irene Leber

Unterstützte Kommunikation richtet sich an alle Menschen, die sich nicht ausreichend über die Lautsprache verständigen können. Dies können z. B. sein: Schulkinder mit schweren Körperbehinderungen, Erwachsene mit geistiger Behinderung oder Menschen, die durch Krankheit oder Unfall vorübergehend bzw. dauerhaft in ihrer Lautsprache eingeschränkt werden. Daß diese Menschen eine Unterstützung ihrer Kommunikation brauchen, ist offensichtlich. Aber auch schon ganz kleine Kinder können durch Unterstützte Kommunikation in ihrer Persönlichkeit und Entwicklung gefördert werden.

Unterstützte Kommunikation ist bekannt geworden durch:

- sensationelle Erfolge mit Sprechgeräten,
- Computer,
- Gebärden, die bereits von den Gehörlosen bekannt waren,
- autistische Menschen, die berühmte Bücher schreiben und
- Menschen mit erworbenen Schädigungen, die mit Hilfe einer Buchstabentafel literarische Kunstwerke vollbringen.

Diese Kommunikationsformen setzen Fähigkeiten und Erfahrungen mit Kommunikation voraus, die kleine schwerstbehinderte Kinder noch nicht haben. Gerade Menschen, für die diese Kommunikationsformen noch unerreichbar erscheinen, brauchen gezielte Hilfen, um ausreichend positive Erfahrungen in ihrer Kommunikation machen zu können. Hier muß Unterstützte Kommunikation sich an den Erkenntnissen von Papoušek (1994), Fröhlich (1989), Mall (1995), Hildebrand-Nilshon (1980) und anderen orientieren, um erfolgreich angewendet werden zu können.

7.6.1. Viele Kinder werden gut versorgt, haben aber kaum Einfluß auf die Gestaltung ihres Lebens

Kleine Kinder mit schwerer Behinderung erhalten meist sehr viel Zuwendung: Sie werden gefüttert, gewickelt, schlafen gelegt, medizinisch versorgt und therapeutisch behandelt. Oft steht der Kampf ums Überleben im Vordergrund. Diese Kinder erleben viele Notwendigkeiten, die nicht in Frage gestellt werden können: Sie müssen etwas essen, sie müssen gewickelt werden...

Neben der medizinischen, pflegerischen und therapeutischen „Behandlung" bleibt oft keine Zeit oder Energie, um über Kommunikation als Grundrecht oder als Motivation zum Leben nachzudenken.

Kinder mit schweren Behinderungen haben daher fast keinen Einfluß auf die

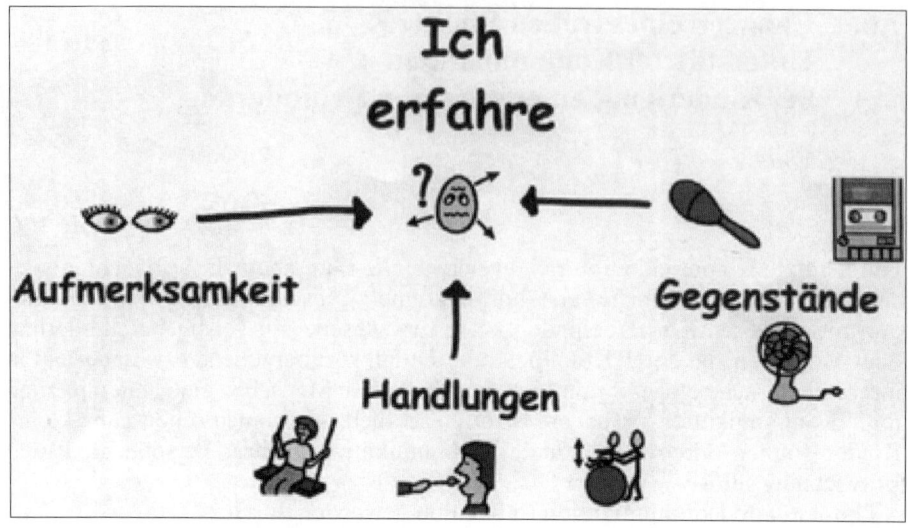

Abb. 7.6-A1

Gestaltung ihres Lebens und wissen oft noch nicht einmal, was als nächstes mit ihnen geschieht.

7.6.2. Alle Kinder sind kompetent im Beurteilen ihrer Erfahrungen

Oft denken wir, wir wüßten, was den Kindern gefällt, was ihnen guttut und was ihnen nützt. Gerade die gestützte Kommunikation hat gezeigt, daß wir uns hier

Abb. 7.6-A2

sehr irren können. Wichtig ist, daß wir Kindern die Beurteilung zutrauen, was ihnen gefällt und was nicht. Alle Kinder wissen, was ihnen momentan gefällt und was nicht und sie haben ein Interesse daran, angenehme Erfahrungen zu wiederholen.

7.6.3.   Kommunikation braucht keine Voraussetzungen

Kinder äußern, ob ein Erlebnis für sie angenehm ist oder nicht. Bei vielen Kindern ist dies leicht zu erkennen. Bei anderen brauchen wir viel Geduld, um die Äußerung richtig zu verstehen.

Es steht aber fest, daß alle Kinder sich bereits äußern. Das ist Kommunikation. Kommunikationsanbahnung gibt es daher gar nicht!

7.6.4.   Alle Kinder brauchen die Erfahrung, daß sie auf ihre Umwelt eine Wirkung haben

Kinder ohne Behinderung lernen täglich, welche Wirkung sie auf ihre Eltern haben. Sie lernen, ihre Äußerungen zu differenzieren, da ihre Eltern diesen Bedeutung geben. Für Kinder mit Behinderung ist dies schwieriger: Ihre Äußerungen sind oft schwer zu verstehen und sie werden leichter mißverstanden. Oft fehlt in der aufwendigen Pflege des Kindes auch die nötige Zeit und Energie, sich auf ihre Äußerungen zu konzentrieren.

Wird Kindern die Möglichkeit gegeben, ihre Erfahrungen selbst mitzubestimmen, sie zu bewirken oder auch sie zu beenden, können sie lernen, ihre Äußerungen zu differenzieren und ungezielte Äußerungen werden zu gezielten.

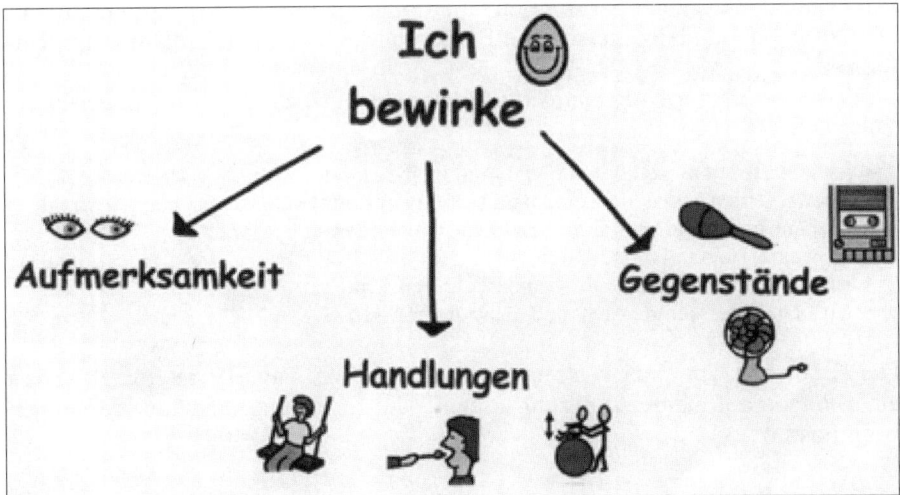

Abb. 7.6-A3

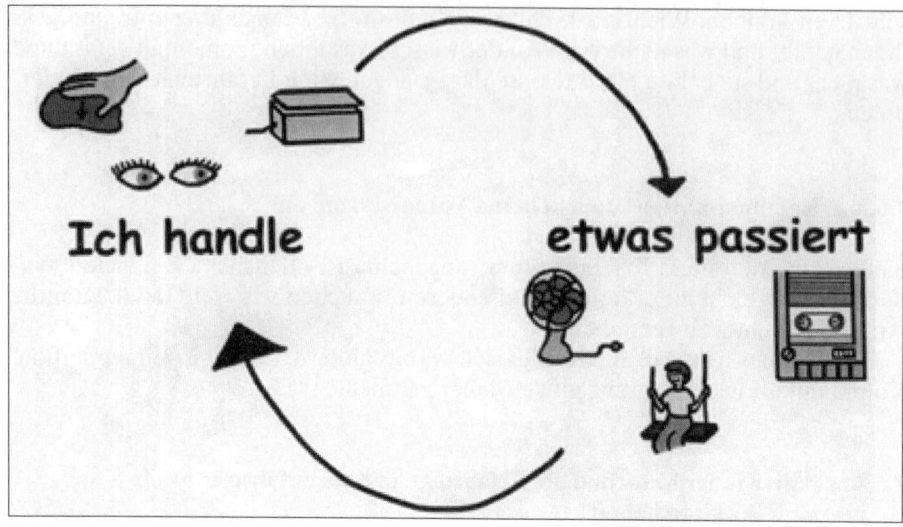

Abb. 7.6-A4

Für Kinder ist es wichtig, eindeutige Rückmeldungen auf ihr Handeln zu erleben, wie:

- ich sitze in der Schaukel und sehe meine Erzieherin an – dann werde ich angeschubst,
- ich drücke auf einen Taster – die Musik geht an,
- ich drücke auf einen Taster – ich spüre einen Wind im Gesicht,
- ich mache ein Geräusch – ich erhalte eine Antwort.

Die Erfahrung, „in einer bestimmten Situation folgt immer eine bestimmte Reaktion auf mein Handeln", schafft die Erfahrung, „ich kann meine Umwelt beeinflussen".

Für Kinder ist es wichtig, eindeutige Rückmeldungen auf ihre Äußerungen zu erleben, wie:

- ich lautiere – jemand kommt und nimmt meine Hand,
- ich mache den Mund auf – erst dann kommt ein Löffel mit Essen in meinen Mund,
- ich haue auf den großen Ball – ich werde wieder darauf gewippt,
- ich weine – jemand tröstet mich,
- ich strecke meine Arme aus – ich darf auf den Arm,
- ich ziehe eine Schnute – ich muß nichts mehr essen.

Die Erfahrung, „in einer bestimmten Situation folgt zuverlässig eine Reaktion einer Person auf meine Äußerung", schafft die Erfahrung, „ich kann Menschen beeinflussen".

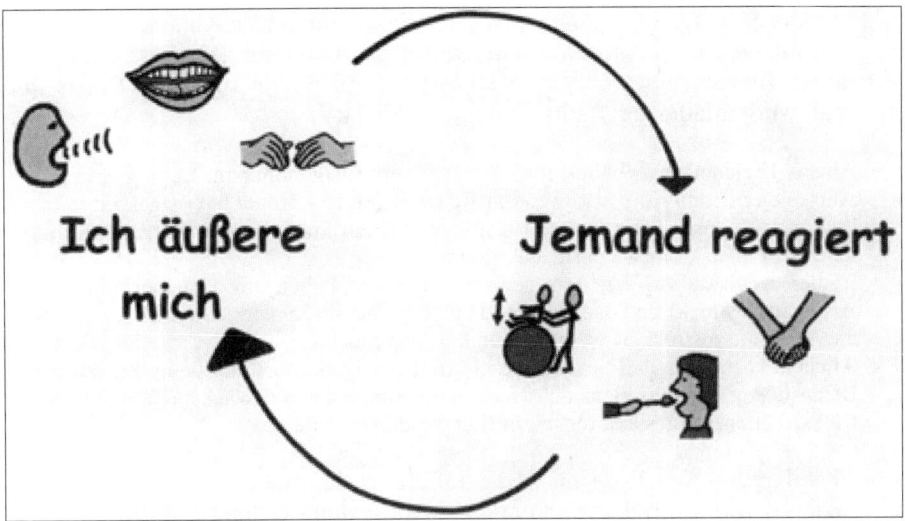

Abb. 7.6-A5

7.6.5. Motivation zur Kommunikation ist immer das Interesse des Kindes

Alle Kinder, alle Menschen brauchen eine Motivation für ihr Handeln. Wir werden nur Personen ansprechen, von denen wir uns eine Antwort erhoffen. Wir werden nur Dinge tun, von denen wir uns eine Freude oder einen Vorteil für unser Leben versprechen. Wir werden nur lernen, was uns interessiert oder was wir voraussichtlich für unser Leben brauchen.

Gerade Kinder mit schweren Behinderungen möchten nur da etwas lernen, wo sie unmittelbar Freude empfinden können. Möchten wir also die Kommunikation fördern, müssen wir uns immer an den Interessen des Kindes orientieren. Um diese Interessen herauszufinden, ist es oft notwendig, unsere eigenen Interessen in den Hintergrund zu stellen.

Die Erfahrung, „in einer bestimmten Situation folgt zuverlässig etwas Schönes auf meine Äußerung" schafft die Erfahrung „ich kann kommunizieren und das macht Spaß!"

Oft verhalten wir uns intuitiv richtig und vermitteln dem Kind positive Erfahrungen der Kommunikation. Manchmal reicht dies jedoch nicht aus und es wird wichtig, daß wir unser Bewußtsein schärfen und *strukturierte Situationen* schaffen, in denen das Kind eindeutige Erfahrungen machen kann.

Dem Kind kann es helfen, wenn:

- es ungeteilte Aufmerksamkeit erhält,
- es die Führung in der Kommunikation übernehmen darf,
- ihm ausreichend Zeit gelassen wird, auf die Kommunikation zu reagieren oder sie zu initiieren,
- die angenehme Erfahrung immer wieder wiederholt werden kann,
- keine störenden Einflüsse die Konzentration auf das Erlebte ablenken.

Es gibt viele *Situationen im Alltag* eines schwerstbehinderten Kindes, die ihm Erfolgserlebnisse in der Kommunikation verschaffen können. Oft müssen wir einfach unser Bewußtsein schärfen. Nachfolgend ein Beispiel aus der Praxis mit einem schwerbehinderten Mädchen namens Alicia:

- Alicias Erzieherinnen haben ihre Reaktionen ernstgenommen. Beim Essen hat Alicia gelernt, den Kopf abzuwenden, wenn sie satt ist – früher hat sie geschrien.
- In Leerlaufphasen oder Ruhephasen steht ihr ein Spielzeug zur Verfügung, mit dem sie spielen kann, wenn sie dies möchte.
- Immer, wenn sie auf den Arm genommen wurde, haben ihre Erzieherinnen die Arme ausgestreckt und dazu gesprochen. Jetzt hat Alicia gelernt, manchmal selbst die Arme auszustrecken, wenn sie auf den Arm möchte.
- Alicia hat erfahren, daß sie durchgeschüttelt werden kann, wenn sie im Liegen die Beine zu den Erwachsenen hochstreckt. Jetzt kann sie von sich aus ihre Beine in die Luft strecken, wenn sie durchgeschüttelt werden möchte.

Jedes Kind äußert sich. Wir sind es, die auf die Äußerungen des Kindes zuverlässig reagieren können. Irgendwann erlebt es diese dann vielleicht als bedeutungsvoll.

7.6.6. Unterstützte Kommunikation hilft den Kindern, besser zu verstehen, was mit ihnen geschieht

Unterstützte Kommunikation kann Kindern zeigen, daß ihre Äußerungen eine Bedeutung haben können, aber sie kann umgekehrt den Kindern auch zeigen, daß die Äußerungen ihrer Mitmenschen eine Bedeutung haben. Dadurch werden die Äußerungen der Erwachsenen verständlich, und damit auch ihr Handeln. Für viele Kinder wird durch Ankündigungen der Erwachsenen verständlich, was als nächstes mit ihnen geschieht.

So hat Alicia zum Beispiel gelernt:

- Arme ausstrecken der Erwachsenen heißt, daß sie jetzt hochgenommen wird.
- "T-t" beim Essen heißt, daß sie gleich wieder ein Stückchen Brot bekommt.
- Unser Begrüßungslied in der Einzelförderung heißt, daß sie jetzt „Hoppe-Hoppe" spielen darf und gleich schmeißt sie den Kopf zurück, um anzufangen.

7.6.7. Unterstützte Kommunikation kann nie früh genug beginnen

Die Unterstützung der Kommunikation kann nie früh genug beginnen. Sie fördert die persönliche Entwicklung und schafft Grundlagen für die Sprache.

Es ist wichtig, daß kleine Kinder nicht jahrelange erfolglose kommunikative Erfahrungen mit ihren Bezugspersonen machen, die sie isolieren und entmutigen. Es gibt sensible Phasen, in denen Kinder leicht lernen zu kommunizieren und in denen sie erfolgreiche Erfahrungen machen sollten. Manche dieser Lernmöglichkeiten können später kaum noch nachgeholt werden.

Wenn wir davon ausgehen, daß zum Lernen eigene Anlagen und eine entsprechende Umwelt gehören, dann muß die Umwelt dem Kind die notwendigen Voraussetzungen zum Entwickeln dieser Anlagen bieten und zwar von Geburt an. In anderen Ländern, wie Schweden, den Niederlanden, Norwegen, USA oder England, werden kleine Kinder bereits von Geburt an in ihrer Kommunikation begleitet. Ihnen werden schon frühe Hilfen gegeben, unabhängig davon, ob sich ihre Lautsprache noch entwickelt oder nicht. Die in Deutschland verbreitete Angst, Hilfen in der Kommunikation könnten die Entwicklung der Lautsprache behindern, sind bereits vielfach widerlegt worden und doch steckt in unserem Land Unterstützte Kommunikation in der Frühförderung noch in den Kinderschuhen.

Sagt uns unser Menschenbild, daß wir die Kinder in ihrer Persönlichkeit unterstützen müssen, dann steht Unterstützte Kommunikation für Kinder, die sich nicht über die Lautsprache mitteilen können, außer Frage!

Literatur

Fröhlich, A. (Hrsg.) (1989): Kommunikation und Sprache körperbehinderter Kinder. Dortmund

Hildebrand-Nilshon, M. (1980): Die Entwicklung der Sprache. Phylogenese und Ontogenese. Frankfurt a. M.

Mall, W. (1995): Kommunikation mit schwer geistig behinderten Menschen – ein Werkheft. 3. Aufl., Heidelberg

Papoušek, M. (1994): Vom ersten Schrei zum ersten Wort. Die Anfänge der Sprachentwicklung in der vorsprachlichen Kommunikation. Bern

7.7. Unterstützte Kommunikation im Vorschulbereich – Möglichkeiten der Förderung von Kindern, die sich nicht oder sehr begrenzt lautsprachlich verständigen können

Von Thomas Franzkowiak

Die Frage Nummer Eins, die an meine Eltern gestellt wird, lautet: „Kann er hören?" Wenn sie antworten, daß ich das kann, neigen sich die Leute bis auf zwanzig Zentimeter zu mir herunter und sagen ganz laut: „Wie – geht – es – dir? Macht – dir – deine – Tafel – Spaß?"

Das ist so, als ob eine Person auf eine andere zuginge und fragte: „Sprechen Sie gern?" *(Creech 1980)*

„Unterstützte Kommunikation" ist der Versuch einer Übersetzung des international seit den Siebziger Jahren gebräuchlichen Terminus „Augmentative and Alternative Communication" (AAC). Dieser noch junge Bereich der Sonderpädagogik befaßt sich mit denjenigen Menschen, die sich infolge einer angeborenen oder erworbenen Schädigung nicht, nur schwer verständlich, nur einem vertrauten Personenkreis gegenüber bzw. nur unter günstigen Umständen lautsprachlich verständigen können.

Während sich an den Sonderschulen für Körper- bzw. Geistigbehinderte die Kommunikationsförderung zunehmend etabliert, wird sie in Frühfördereinrichtungen vielerorts noch nicht systematisch durchgeführt und als vorrangig betrachtet. Horstmann (1997) nennt als mögliche Gründe hierfür die fehlende fachspezifische Ausbildung im Bereich der Unterstützten Kommunikation sowie eine ungünstige finanzielle und personelle Situation. Infolgedessen können Eltern mit einem „nichtsprechenden" Kind häufig nur unzureichend beraten und ihr Kind nicht optimal gefördert werden.

Die Auswirkungen auf die Persönlichkeitsentwicklung und die Entfaltungschancen für ein lautsprachlich stark eingeschränktes Kind sind bei fehlender rechtzeitiger Förderung gravierend: Besonders wenn umfassende motorische Probleme vorliegen, werden die Signale des Kindes von seinen Bezugspersonen oft nicht erkannt oder falsch interpretiert. Sie erhalten weniger Hinweise auf seinen Wachheitszustand, seine Aufnahmebereitschaft, seine Vorlieben, Interessen und Abneigungen (Kristen 1999).

Als Folge zu wenig erfolgreicher Interaktionsversuche, mangelnder Erfahrungen des Verstandenwerdens und fehlender Möglichkeiten, Interaktion selbst zu initiieren, können viele „nichtsprechende" Kinder keine auch nur annähernd normale kommunikative Entwicklung durchleben. Frustration, Sich-Zurückziehen und scheinbares Desinteresse an der Kommunikation mit der Umgebung sind bekannte Phänomene.

Frühzeitige Kommunikationsförderung versucht, solche ungünstigen Entwicklungen zu verhindern bzw. abzuschwächen. Man kann davon ausgehen, daß Maßnahmen der Unterstützten Kommunikation umso erfolgreicher sind, je eher sie beginnen (Koerselmann 1999, Kristen 1999). Wenn zwischen den aktuellen kom-

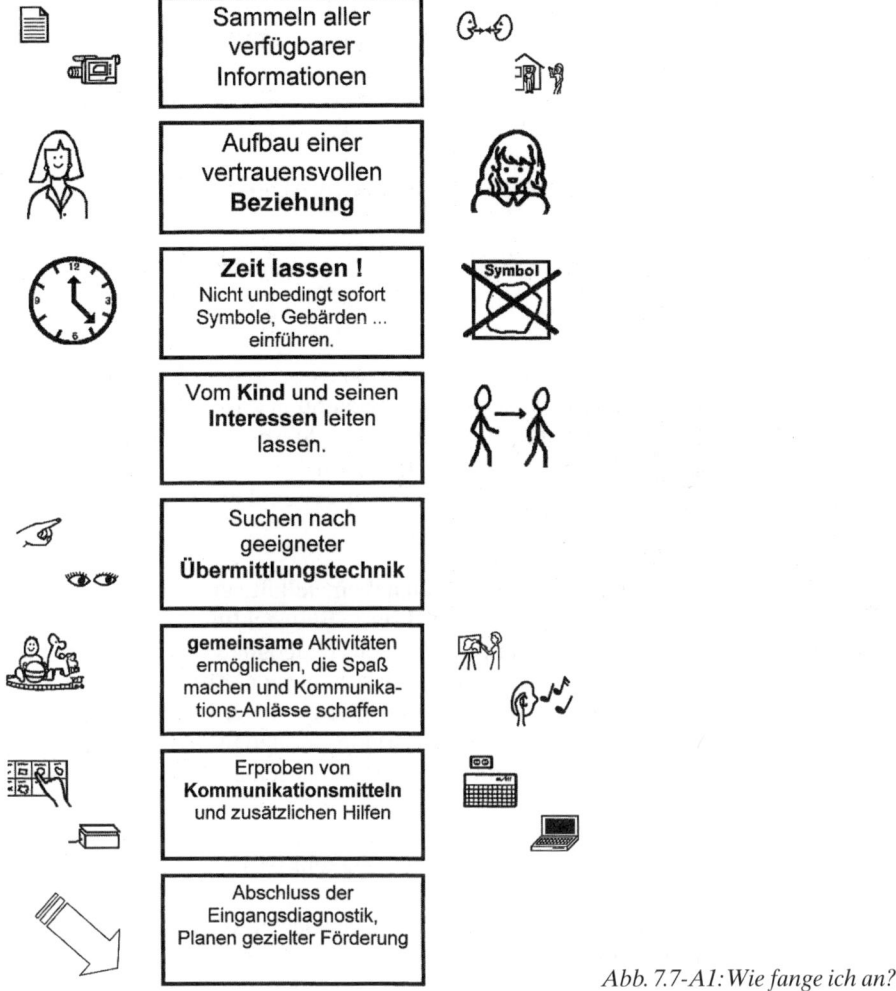

Sammeln aller verfügbarer Informationen

Aufbau einer vertrauensvollen **Beziehung**

Zeit lassen !
Nicht unbedingt sofort Symbole, Gebärden ... einführen.

Symbol

Vom **Kind** und seinen **Interessen** leiten lassen.

Suchen nach geeigneter **Übermittlungstechnik**

gemeinsame Aktivitäten ermöglichen, die Spaß machen und Kommunikations-Anlässe schaffen

Erproben von **Kommunikationsmitteln** und zusätzlichen Hilfen

Abschluss der Eingangsdiagnostik, Planen gezielter Förderung

Abb. 7.7-A1: Wie fange ich an?

munikativen Möglichkeiten eines Kindes und seiner Kommunikationsbereitschaft Diskrepanzen bestehen, sollten möglichst rasch die Lautsprache ergänzenden bzw. alternativen Verständigungsformen angebahnt werden. Bei körperbehinderten Kindern mit massiven Ess-, Trink- und Mundschlußproblemen ist auch durch intensive therapeutische Maßnahmen nicht zu erwarten, daß sie in kurzer Zeit lernen, verständlich zu sprechen. Sprachliche Äußerungen anderer Kinder werden vielleicht von ihren Eltern verstanden, nicht aber von neuen Gesprächspartnerinnen/-partnern. Auch in solch einem Falle ist es sinnvoll, nach einem sprachergänzenden Kommunikationssystem zu suchen, das dem Kind in allen Lebenslagen dabei hilft, sich anderen Menschen mitzuteilen.

Das Spektrum der körpereigenen (Mimik, Gestik, Gebärden ...) wie auch externen Kommunikationsformen (z. B. Fotos, Symbole, Leuchtfeldgeräte, tragbare Hilfen mit Sprachausgabe, PC-Systeme) ist groß; häufig kommen auch kombinierte Systeme in Frage. Die Vor- und Nachteile verschiedener Kommunikationsformen sind mehrfach beschrieben worden (z. B. Arnusch/Pivit 1996, Braun 1994, Kristen 1994).

Zu den wichtigsten Zielen der Kommunikationsförderung zählt die Erkenntnis des Kindes:

> Ich kann etwas bewirken; ich kann meine Kommunikationsmittel selbständig und erfolgreich einsetzen; ich bin in der Lage, meine Umgebung mit meiner Art der Verständigung vertraut zu machen.

Der Beginn einer Kommunikationsförderung ist geprägt von einer Phase des Aufbaus einer stabilen und vertrauensvollen Beziehung zwischen dem oder der Hauptverantwortlichen und dem Kind. Grundsatz hierbei sollte das Bemühen sein, die Signale des Kindes zu erkennen, ernst zu nehmen, auf sie konstant und prompt zu reagieren und sich vom Kind und seinen erkennbaren Interessen leiten zu lassen.

Innerhalb der Eingangsdiagnostik, in der sich neben vielfältigen gemeinsamen Aktivitäten halbstrukturierte Spielsituationen, direkte Beobachtung in verschiedenen Situationen während des Tagesablaufs sowie die Videoanalyse bewährt haben, spielt die *interdisziplinäre Zusammenarbeit* zwischen Fachkräften, Bezugspersonen und dem Kind eine wesentliche Rolle. Bei einem schwer körperbehinderten Kind müssen oft mit Hilfe therapeutischer, sonderpädagogischer und medizinischer Experten erst grundlegende Voraussetzungen geschaffen werden, die eine Weiterentwicklung der Verständigungsmöglichkeiten zulassen (z. B. adäquate Positionierung, Rollstuhlversorgung, Finden einer geeigneten Übermittlungstechnik, u. U. Suche nach einer Ansteuerungsmöglichkeit für eine elektronische Hilfe).

Frühfördermaßnahmen im Kommunikationsbereich müssen in besonderem Maße *familienorientiert* sein: Sie machen erst dann wirklich Sinn, wenn sich die Interaktion nicht auf Pädagogin/Pädagoge und Therapeutin/Therapeut und Kind beschränkt, sondern alle wichtigen Personen im Umfeld mit einbezogen werden. Die Elternarbeit beinhaltet eine kontinuierliche Beratung und Begleitung, damit die Eltern und weitere Bezugspersonen in ihrer Beobachtungsfähigkeit geschult werden, sich am Entwicklungsstand des Kindes orientieren und ihm angemessene positive Rückmeldungen auf seine Signale hin geben können (Kristen 1999).

Ricky Creech, mit dessen Worten dieser Beitrag begonnen hat, sowie andere Menschen, für die die gesprochene Sprache nicht primäres Medium zur Verständigung ist, wünschen sich von uns „natürlich Sprechenden" mehr Sensibilität und Verständnis ihnen gegenüber. Sie alle haben einen Anspruch darauf – so früh wie möglich.

Regeln für Gesprächspartnerinnen und -partnern von „nichtsprechenden" Menschen

„NATÜRLICH SPRECHENDE"

- sollten sich mit den Eigenheiten des Partners vertraut machen,
- versuchen, beim Gespräch möglichst entspannt und auf gleicher Ebene mit dem Partner zu sein (+ Augenkontakt),
- sprechen (anfangs) laut aus, worauf der Partner zeigt, schreiben es u.U. auch gesprächsbegleitend auf,
- sollten alle Kommunikationsversuche beachten und respektieren (nicht die Richtigkeit – z. B. der Syntax – betonen, sondern die Effektivität, wenn alles verstanden worden ist),
- gehen auf Initiativen des Partners bei der Themenwahl ein,
- warten ab, lassen dem Partner genug Zeit,
- fassen Äußerungen zusammen, fragen ggf. nach, bitten u.U. um Wiederholung in anderer Form,
- akzeptieren, wenn der Partner das Gespräch abbrechen will,
- vermeiden rhetorische Fragen und JA-/NEIN-Fragen,
- stellen nie mehrere Fragen auf einmal,
- fragen so, dass eine Antwort mit dem verfügbaren Vokabular bzw. entsprechend der Kreativität des Partners möglich ist,
- sollten je nach Partner *multimodal* („mit Händen und Füßen") kommunizieren,
- teilen mit, wenn nicht genug Zeit zur Verfügung steht und vereinbaren einen neuen Gesprächstermin,
- reden nur dann für den Partner, wenn dieser das möchte.

Literatur

Arnusch, G., Pivit, C. (1996): Was ist Unterstützte Kommunikation? In: ISAAC Deutschland (Hrsg.) (1996): „Edi, mein Assistent" und andere Beiträge zur Unterstützten Kommunikation. Düsseldorf, 9-48

Braun, U. (Hrsg.) (1994): Unterstützte Kommunikation. Düsseldorf.

Creech, R. (1980): Auszug aus einer Rede über seine Erfahrungen als unterstützt kommunizierender Mensch. Communication Outlook 4

Franzkowiak, T. (1993): Überlegungen zur Auswahl grafischer Symbole bei jungen nichtsprechenden Kindern. In: ISAAC's Zeitung 7, 3-9

– (1999): Lesen – Schreiben – BLISS. Ein Förderprogramm mit BLISS-Symbolen zur Erleichterung des Schriftspracherwerbs. In: OASE-Bericht No. 50, FB 2/Primarstufe (Universität Siegen, Postfach 10 12 40, 57068 Siegen)

Horstmann, T. (1997): Diagnose und Entwicklung von Förderplänen für Kinder im Bereich der Frühförderung. In: Landesinstitut für Schule und Weiterbildung (Hrsg.):

Kommunikationsförderung nichtsprechender oder schwerverständlicher Kinder. Soest, 127-133

Kane, G. (1996): Entwicklung früher Kommunikation und ihre Unterstützung. In: ISAAC Deutschland (Hrsg.) (1996): „Edi, mein Assistent" und andere Beiträge zur Unterstützten Kommunikation. Düsseldorf, 49-54

Koerselmann, E. (1999): In welchem Alter fängt man mit Unterstützter Kommunikation an? In: ISAAC-Deutschland (Hrsg.) (1999): Beiträge zur Unterstützten Kommunikation. 4. Kölner Fachtagung. Düsseldorf, (CD-ROM), 9 Seiten

Kristen, U. (1994): Praxis Unterstützte Kommunikation. Eine Einführung. Düsseldorf

– (1999): Unterstützte Kommunikation in der Frühförderung. In: ISAAC-Deutschland (Hrsg.) (1999): Beiträge zur Unterstützten Kommunikation. 4. Kölner Fachtagung. Düsseldorf, (CD-ROM), 13 Seiten

Leber, I. (1996): Wie fange ich an? Erste Schritte in „Unterstützter Kommunikation". In: ISAAC Deutschland (Hrsg.) (1996): „Edi, mein Assistent" und andere Beiträge zur Unterstützten Kommunikation. Düsseldorf, 140-152

Wilken-Timm, K. (1997): Kommunikationshilfen zur Persönlichkeitsentwicklung. Vorschulische Förderung eines cerebral bewegungsgestörten Kindes. Karlsruhe

YAACK (Augmentative and Alternative Communication [AAC] Connecting Young Kids) nennt sich eine amerikanische Web-Site im Internet mit zahlreichen Links zum Thema Unterstützte Kommunikation bei jungen Kindern. Adresse: *www.mrtc.org /~duffy/yaack*.

7.8. … auch wer nicht sprechen kann, hat viel zu sagen.
Unterstützte Kommunikation – Wege zur Verständigung

Von Conny Pivit und Monika Hüning-Meier

Thema dieses Beitrages sind Menschen, die sich nicht (oder nur sehr unbefriedigend) über die Lautsprache verständigen können. Zu Beginn des Workshops wurde der Film mit dem gleichnamigen Titel gezeigt, der verschiedene „nichtsprechende" Menschen und ihre Bezugspersonen in ihrem Alltag begleitet und die Bedeutung und Möglichkeiten der Unterstützen Kommunikation aufzeigt. Daran anschließend wurden die verschiedenen Kommunikationshilfen und -möglichkeiten vorgestellt. Hierbei konnten die Teilnehmerinnen/Teilnehmer in kleinen Selbsterfahrungsübungen Erfahrungen mit unterschiedlichen Formen Unterstützter Kommunikation sammeln. In der sich anschließenden Diskussionsrunde und der Arbeit in Kleingruppen konnten diese Erfahrungen verbalisiert werden sowie Fragen der Umsetzung in die eigene Praxis und Fördermöglichkeiten erarbeitet und diskutiert werden. Eine kleine Materialsammlung von Literatur, Kommunikationshilfen etc. half den Teilnehmerinnen/Teilnehmern, diesen Einblick in Unterstützte Kommunikation zu veranschaulichen, und bot Anregungen für die eigene Arbeit.

7.8.1. Informationen zum Videofilm

„… auch wer nicht sprechen kann, hat viel zu sagen. Unterstützte Kommunikation – Wege zur Verständigung"

hergestellt von ISAAC (Gesellschaft für Unterstützte Kommunikation im Rahmen der Aktion Grundgesetz)

Der Film macht auf die Situation von Menschen aufmerksam, die sich nicht über die Lautsprache verständigen können. Er begleitet „nichtsprechende" Menschen und ihre Bezugspersonen in ihrem Alltag und zeigt die Bedeutung von Unterstützter Kommunikation im Leben dieser Menschen. Stellvertretend für viele andere beobachten wir zum Beispiel:

- ein Kleinkind, das die Verständigung über Gebärden erlernt,
- ein Kindergartenkind, welches über Fotos, graphische Symbole und Gesten kommuniziert,
- einen Jungen mit einer elektronischen Kommunikationshilfe,
- einen jungen Mann, der über eine BLISS-Tafel kommuniziert,
- einen Schüler, der mit Hilfe der Gestützten Kommunikation am Unterricht des Gymnasiums teilnimmt …

Es kommen Betroffene zu Wort; Familienangehörige und Mitarbeiterinnen/ Mitarbeiter aus verschiedenen Einrichtungen kommentieren ihre Erfahrungen und äußern sich zu Möglichkeiten der Unterstützten Kommunikation.

Namhafte Wissenschaftler werden befragt, u.a. Dr. Ursula Braun, Prof. Andreas Fröhlich, Dr. Mechthild Papoušek, Dr. Stephen von Tetzchner. Der Zuschauer erfährt, wie sich in Einrichtungen der Behindertenhilfe oder in ambulanten Praxen die Idee der Unterstützten Kommunikation realisieren läßt.

7.8.2.   Was ist Unterstützte Kommunikation?

Unterstützte Kommunikation ist ein sonderpädagogisch-therapeutisches Fachgebiet, das sich mit der Verbesserung der Kommunikation von Menschen beschäftigt, die nicht oder nicht mehr sprechen können. Diese Menschen können aufgrund einer angeborenen oder erworbenen Behinderung gar nicht oder nicht ausreichend sprechen. Zu dieser Personengruppe zählen:

- Menschen mit angeborenen Behinderungen (z.B. Cerebralparese, geistige Behinderung),
- Menschen mit einer fortschreitenden Krankheit (z.B. Muskeldystrophie, MS, ALS),
- Menschen mit Schädigungen durch Unfälle (z.B. Schädel-Hirn-Trauma) oder Schlaganfälle (Aphasien) usw.,
- Menschen mit vorübergehend eingeschränkten lautsprachlichen Möglichkeiten (z.B. Tracheotomie, Gesichtsverletzungen u.a.).

Nicht sprechen können ist immer verknüpft mit reduzierten Möglichkeiten hinsichtlich der Gestaltung von Beziehungen und des persönlichen Lebensbereichs sowie einer als einschränkend empfundenen Teilhabe am gesellschaftlichem Leben. Das Konzept der Unterstützten Kommunikation geht davon aus, daß alle Menschen ein Kommunikationsbedürfnis und auch alle Menschen kommunikative Fähigkeiten besitzen (siehe 7.6.3.). Für die Entwicklung der Gesamtpersönlichkeit sind die Erfahrungen in der Kommunikation und Interaktion von entscheidender Bedeutung. Durch den Einsatz von unterstützenden Kommunikationsmöglichkeiten können die Betroffenen in die Lage versetzt werden:

- ihre Persönlichkeit weiter zu entfalten,
- sich aktiver handelnd am (schulischen) Lernen zu beteiligen und damit oft einen höheren Lernerfolg zu erreichen,
- selbstbestimmter über ihr Leben entscheiden zu können,
- sich besser in unser gesellschaftliches Miteinander, das vorwiegend über die sprachliche interaktive Kommunikation bestimmt ist, zu integrieren, d.h. ihre Bedürfnisse, Meinungen, Fragen, Gedanken einzubringen und verstanden zu werden.

Die Befürchtung, daß mit Unterstützter Kommunikation die Anbahnung und Entwicklung der eigenen Lautsprache gehemmt wird, konnte mit wissenschaftlichen Untersuchungen – aber auch mit den in der täglichen Praxis gemachten Erfahrungen – absolut widerlegt, ja sogar umgekehrt werden. Kinder, denen Möglichkeiten der Unterstützten Kommunikation angeboten wurden, zeigen vermehrte Motivation, ihre eigene Lautsprache zu entwickeln und auch viel größere Erfolge als Kinder ohne Kommunikationshilfen. So kann es nicht um eine Entscheidung zwischen Sprachtherapie und Unterstützter Kommunikation gehen, sondern beides sollte (auch parallel) eingesetzt werden, um dem Menschen eine Verbesserung seiner kommunikativen Kompetenz zu ermöglichen.

Das sonderpädagogische/therapeutische Konzept der Unterstützten Kommunikation versucht daher, individuelle Kommunikationssysteme zu entwickeln, damit für die Betroffenen und ihre Bezugspersonen eine effektivere Verständigung möglich und damit die soziale Integration erleichtert wird. Unterschiedlichste Kommunikationsformen sollen dabei die Kommunikation mittels gesprochener Sprache unterstützen, ergänzen oder ersetzen:

Dazu sollten sämtliche Möglichkeiten der/des Betroffenen genutzt werden. Welche Möglichkeiten existieren nun, um die Lautsprache zu ergänzen oder zu ersetzen? Hier müssen für jede Betroffene/jeden Betroffenen individuell verschiedene Ansätze erarbeitet werden, die sie/er parallel oder in Abhängigkeit von der Situation einsetzen kann.

Körpereigene Kommunikationsformen:

- **Mimik, Gestik und Körperhaltung**
Diese allgemein gebräuchlichen Kommunikationsformen, die wir alle täglich ständig unbewußt oder auch gezielt einsetzen, können natürlich auch von einem „nichtsprechenden" Menschen zur Kommunikation eingesetzt werden. Durch Mimik kann so z. B. Zustimmung, Freude und Ablehnung gezeigt, durch Gesten kann jemand herbeigewinkt werden. Zum Ersatz der Lautsprache reichen sie natürlich nie aus. Wichtig ist, daß jeder „nichtsprechende" Mensch über ein körpereigenes Zeichen für „Ja" und „Nein" verfügt. Sind allgemein gebräuchliche Gesten wie Nicken oder Kopfschütteln nicht möglich, sollten wir dafür je ein Zeichen absprechen, so daß mit dem Körper „Ja" und „Nein" ausgedrückt werden kann (z. B. mit den Augen nach oben schauen bedeutet „Ja" und zur Seite schauen bedeutet „Nein"). So kann zumindest in jeder Situation eine Verständigung über Ja-Nein-Fragen ermöglicht werden.
- **Blickbewegungen**
Hinweisendes gezieltes intensives Anblicken eines bestimmten Gegenstandes o. ä. kann ebenfalls in vielen Situationen zur Verständigung beitragen.
- **Laute**
Viele „nichtsprechende" Kinder können einzelne Laute (oder auch Wörter) äußern, die in der Verständigung mit Bezugspersonen durch bestimmte Bedeutungsinhalte gefüllt sind.
- **Gebärden**
Gebärden können nicht nur helfen, sich zu verständigen, sondern stellen für kleine Kinder und geistigbehinderte Personen darüber hinaus auch eine Hilfe dar, Sprache zu verstehen, da die Gebärde oft viel mehr mit dem Begriff zu tun hat als die Aneinanderreihung von Lauten des gesprochenen Wortes. Neben den Gebärden der Gehörlosen, die auch viele „nichtsprechende" Kinder einsetzen oder/und verstehen lernen können, entwickeln sie oft individuelle Gebärden.

Alle körpereigenen Kommunikationsformen stehen ständig zur Verfügung und erlauben oft eine recht hohe Kommunikationsgeschwindigkeit. Für komplexere oder differenziertere Aussagen sind sie jedoch meist nicht ausreichend und oft nur von direkten Bezugspersonen verständlich. Kommunikationshilfen sind:

- **Reale Objekte oder Miniaturen**
Diese können vor den Betroffenen zur Auswahl aufgebaut werden. Hier lassen sich individuelle Systeme finden und entwickeln.
- **Bildsymbole, Fotos**
Fotos, Bilder, Symbole können auf Karten, in Heften oder ähnlichem zusammengetragen werden und stehen damit ständig zur Anschauung zur Verfügung und erleichtern so auch das Einprägen. Die Kommunikation erfolgt hierbei dadurch, daß die Betroffenen eine oder mehrere Abbildungen auswählen und die Kommunikationspartnerinnen/-partner durch geschicktes Nachfragen die konkrete gewünschte Aussage erraten können. Wichtig ist, daß eine für die Betroffenen einsichtige Gliederung und Anordnung erfolgt, die Symbole gut er- und wiederzuerkennen sind und motorisch die Handhabung der Kommunikationshilfe keine zu große körperliche Anstrengung bedeutet. Die Symbole, Fotos und Bilder sollten immer mit Schriftsprache versehen werden, so daß Kommunikationspartnerinnen/-partner die Bedeutung des Symbols auch erlesen können. Ein Beispiel für eine Kommunikationstafel befindet sich in Abb. 7.8-A1.
- **Schriftsprache**
Eine Buchstabentafel, mit der die Gedanken buchstabiert werden können, erlaubt eine präzise Formulierung, ist aber in der Kommunikationsgeschwindigkeit oft recht langsam. Eine Kombination mit Symbolen für häufig benutzte Wörter erhöht die Geschwindigkeit. Das Erlernen der Schriftsprache ist für „nichtsprechende" Kinder sicher von hoher Bedeutung, bereitet aber meist erhebliche Schwierigkeiten.

Vorteile dieser nichttechnischen Hilfen sind ihre preiswerte und einfache Herstellung und individuelle Anpassungsfähigkeit und ihre Robustheit. Die Kommunikation mit Bezugspersonen gelingt oft schnell, mit fremden Personen dagegen ist es sehr von dem Entgegenkommen, der Geduld und Empathie der Kommunikationspartnerinnen/-partner abhängig, ob die Kommunikation gelingt. Nachteil ist, daß Kommunikation nur dann möglich ist, wenn sich die Kommunikationspartnerinnen/-partner den Betroffenen voll zuwenden und beide Partnerinnen/Partner ein hohes Maß an Konzentration aufbringen. Eine Kommunikation über eine Distanz (wie beim Telefonieren oder um jemanden herbeizurufen) ist nicht möglich.

- **elektronische Kommunikationshilfen**
Elektronische Kommunikationshilfen verfügen heute eigentlich alle über eine Sprachausgabe und erlauben so auch eine Kommunikation über Distanz und machen die Kommunikation mit fremden Personen oft wesentlich erfolgreicher. Über Tastendrücke sind einzelne Wörter, Phrasen, Sätze oder sogar längere Texte (z. B. Anweisungen für Notfälle, vorbereitete Telefongespräche) abrufbar. Es gibt Systeme, die rein bildsprachlich aufgebaut sind und so keine Buchstabenkenntnis voraussetzen, genauso wie Systeme, die Kenntnis der Schriftsprache voraussetzen. Zu unterscheiden sind Geräte mit synthetischer oder digitaler Sprachausgabe sowie Geräte, die nur wenige Aussagen aufnehmen können und andere, deren Sprachschatz ins Unendliche geht. Wegen der Vielzahl des Angebotes ist eine firmenunabhängige Beratung vor der Entscheidung für ein Gerät dringend zu empfehlen. Angesteuert werden können alle Geräte mit den unterschiedlichsten individuell angepaßten Eingabegeräten (Taster, Joystick, Laserpointer ...)

Vorteil ist, daß mit einer elektronischen Kommunikationshilfe auch ohne Hilfe einer Partnerin/eines Partners etwas gesagt werden kann, Kommunikation selbst initiiert werden kann, auch wenn sich die anderen einem gerade nicht zuwenden,

Ich heiße Anna. Ich kann nicht sprechen aber alles verstehen. Wenn ich etwas sagen will, zeige ich auf die Symbole. Du mußt dann laut mitlesen und versuchen herauszukommen, was ich wohl meine. Danke!

Abb. 7.8-A1: Beispiel einer Kommunikationstafel; Symbole, © PCS

Sprachinhalte können für später gespeichert werden. Gesprächssteuernde Aussagen und Phrasen sind schnell abrufbar. Fremde Kommunikationspartnerinnen/ -partner lassen sich schneller in ein Gespräch einbeziehen, da die Kommunikation über Lautsprache uns allen am vertrautesten ist.

Nachteilig ist, daß die Geräte aufgeladen werden müssen und bei einigen auch etwas Einarbeitungszeit für Betreuerinnen/Betreuer notwendig ist.

Das Konzept der Unterstützten Kommunikation betont die Beachtung und Akzeptanz aller vorhandenen Kommunikationsfomen. Gleichzeitig ist auch eine besondere Gesprächsführung bzw. Interaktionsgestaltung beim Kontakt mit „nichtsprechenden" Menschen wichtig.

Im Gegensatz zu der früher vorherrschenden Auffassung, daß der Einsatz von Unterstützter Kommunikation an ein bestimmtes Entwicklungsalter gebunden ist, geht man heute davon aus, daß Unterstützte Kommunikation bei Menschen mit kommunikativen Beeinträchtigungen so früh wie möglich eingesetzt werden sollte. Besonders wichtige Impulse erhält diese Forderung aus den neueren Ergebnissen der Entwicklungsforschung, die die Bedeutung von positiven Interaktionserfahrungen in der frühen Kindheit für die Gesamtentwicklung hervorheben. Diese veränderte Sichtweise und die Verbreitung des Konzepts der Unterstützten Kommunikation innerhalb der letzten Jahre in verschiedenen sonderpädagogischen Berufsfeldern haben dazu geführt, daß inzwischen auch im Bereich der Frühförderung erste wichtige Erfahrungen damit gesammelt werden konnten (Kristen 1997).

7.8.3.   Selbsterfahrungsübungen

Um auch dem Leser einen persönlichen Einblick in die Kommunikation von und mit „nichtsprechenden" Menschen zu ermöglichen, sollen hier einige Übungen genannt werden, die Sie selbst einmal ausprobieren können.

• Suchen Sie sich eine Partnerin/einen Partner.
  Eine/einer von Ihnen schlüpft jetzt in die Rolle eines „nichtsprechenden" Menschen mit einer starken motorischen Behinderung. Worte, Gestik, Minik stehen nicht für eine Kommunikation zur Verfügung. Die einzige Möglichkeit der Kommunikation sind körpereigene Zeichen für „Ja" und „Nein": Mit den Augen nach oben schauen bedeutet ja, zur Seite schauen bedeutet nein. Diese Person zieht nun

Beispielaussagen für Selbsterfahrungsübungen			
Weißt Du ein Hausrezept gegen Schnupfen?	Gibt es hier etwas zu trinken?	Was für ein Auto fahren Sie?	Machst Du am Wochenende eine Fahrradtour mit mir?
Ich würde gerne zu dem Italiener essen gehen.	Glauben Sie an Gott?	Haben Sie Kinder?	Welches ist Dein Lieblingsfilm?
Ich bin so müde, daß ich mir jetzt nur noch ein Bett mit Fernseher wünsche.	Sind Sie Mitglied in einem Verein?	Ich würde jetzt gerne eine rauchen.	Ich hätte gerne eine blauweißgestreifte Jacke.

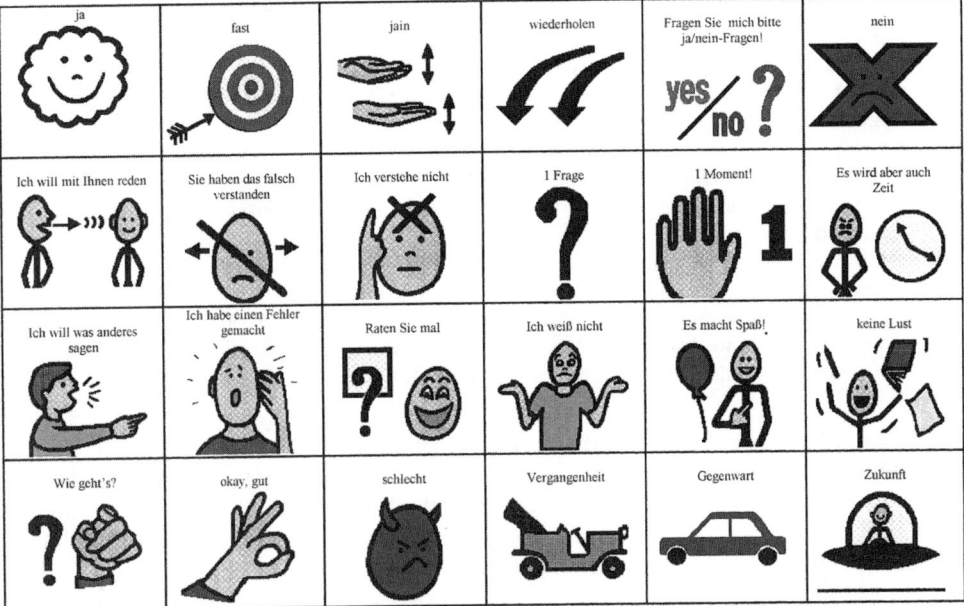

Abb. 7.8-A2

einen der verdeckten Zettel (s. die Übersicht auf S. 268). Die darauf befindliche Aussage soll dem/der Partner/in mitgeteilt werden.

Dazu muß die zweite (nichtbehinderte) Person geschickte Ja-Nein-Fragen stellen.

- In einem weiteren Durchgang darf die „nichtsprechende" Person zusätzlich auf eine Tafel mit Strategievokabular zeigen (s. Abb. 7.8-A2).
- Versuchen Sie ganz allein mit Augenbewegungen (Zeigeblick) und den Ja-Nein-Augenbewegungen die Partnerin/den Partner dazu zu bringen, Ihnen etwas zu geben, das Fenster zu schließen, die Tür zu öffnen ...
- Erzählen Sie Ihrer Partnerin/Ihrem Partner, was Sie am letzten Wochenende gemacht haben. Sie dürfen wieder keinerlei Lautsprache benutzen, keine Geräusche, dafür aber Gebärden, (Gestik, Mimik, Pantomime).
- Die „nichtsprechende" Person verständigt sich mit einer Kommunikationstafel, indem sie selbst auf die Symbole zeigt oder im Partnerscanning durch Ja-Nein-Aussagen die Symbole selektiert. Nichtvorhandene Begriffe müssen mit vorhandenen Symbolen umschrieben werden (Kommunikationstafel: s. Abb. 7.8-A1).

    Die sprechende Person kokonstruiert, d. h. sie fragt nach, konkretisiert, bis sie die beabsichtigte Aussage herausgefunden hat.

Durch die Selbsterfahrungsübungen wird sehr deutlich, wie anders eine Kommunikationssituation mit einem „nichtsprechenden" Menschen gegenüber unserer gewohnten Kommunikation ist. Bei Unterstützter Kommunikation zeichnen sich die Gesprächssituationen durch folgende Besonderheiten aus:

- atypisches Rollenverhalten (die eher passive Rolle des Zuhörers muß zur aktiven Rolle werden, indem er ständig kokonstruiert und nachfragt,

- reduzierte Kommunikationsgeschwindigkeit (statt 120 – 180 Wörter in der Minute produzieren unterstützt Kommunizierende oft nur zwei – 26 Wörter pro Minute. Kommunikation braucht also sehr viel Zeit und Geduld),
- eingeschränktes Vokabular (Gebärden, Fotos, Symbole sind begrenzt, der Kommunikationserfolg ist abhängig vom Erfindungsreichtum beider Partnerinnen/Partner),
- veränderte und fehlende nonverbale Signale (durch Behinderung bedingt, irritiert aber oft die sprechenden Partnerinnen/Partner),
- mangelnde Erfahrungen über kommunikative Regeln (auf Seiten der „nichtsprechenden" Personen),
- Gewichtung der kommunizierten Inhalte durch die natürlichsprechenden Partnerinnen/Partner (entweder werden Kommunikationsinhalte der unterstützt Sprechenden einfach – wissentlich oder unbeabsichtigt – übersehen oder Äußerungen werden überbewertet in der Annahme, unterstützt kommunizierende Menschen machen nur sozialakzeptable und wichtige Äußerungen).

Daraus können wir folgern, daß alle Partnerinnen/Partner, auch die nichtbehinderten, sich der besonderen Problematik bewußt sein und Gesprächsregeln lernen müssen. Diese Form der Kommunikation ist in besonderem Maße von mitmenschlichen Qualitäten abhängig: Zeit, Geduld, Einfühlungsvermögen und der Bereitschaft, Frustrationen zu ertragen.

7.8.4.   Arbeitsgruppen

1. Arbeitsgruppe:
Über den Erfolg unserer Bemühungen im Rahmen der Kommunikationsförderung entscheidet ganz wesentlich die Auswahl des Vokabulars, das wir dem Kind anbieten. So spielen gerade die ersten Begriffe oder Aussagen, die wir mit dem Kind erarbeiten eine entscheidende Rolle dabei, ob das Kind von Anfang an Spaß an der Kommunikation und der Kontaktaufnahme mit anderen hat und motiviert ist, seine Kommunikationsfähigkeiten zu verbessern. Je öfter es diese ersten Worte o. ä. benutzen kann und damit ein positives Erlebnis hat, um so motivierter wird es sein, sein Vokabular zu erweitern. Wichtig ist, daß das Kind die Kraft der Sprache erfährt und lernt, daß es mit seiner Kommunikation etwas bewegen, bewirken, verändern kann.

> Schreiben Sie jeweils eine Aussage (Wort, Ausruf, Phrase, o. ä.) auf, die einem Vorschulkind unbedingt zur Verfügung stehen sollte. Diskutieren Sie die verschiedenen Ideen und einigen Sie sich auf sechs wichtige Aussagen. Die gewählten Aussagen sollten von dem Kind möglichst oft im Laufe eines Tages gesagt werden können und motivierend sein.

An dieser Stelle seien hier nur einige Aussagen aufgezählt, die beispielhaft für ein solches erstes Vokabular sein könnten. Wichtig ist jedoch, daß Sie sehr individuell auf die Interessen des einzelnen Kindes abgestimmt sein sollten. Zum ersten Vokabular könnte gehören: ich auch – komm mal her – zeig es mir – Mama – Teddy – hau ab – Ruhe jetzt – ich heiße Anna, wie heißt du? – was machst du da? – (Namen von Freunden, Hund, Familie) – Machst Du das mit mir zusammen? – toll – doof.

2. Arbeitsgruppe:
Wichtig für die Entwicklung der „nichtsprechenden" Kinder ist es, die Kraft der *Sprache* zu erfahren.

Überlegen Sie sich einfache Spiele und Situationen, in denen das Kind durch den Einsatz eines einfachen Sprachausgabegerätes diese Kraft der Sprache erfahren kann. Denken Sie dabei an solche Situationen, in denen das „nichtsprechende" Kind im Mittelpunkt steht.

Hier können nur einige Beispiele für solche Aktivitäten genannt werden: Das Kind entscheidet, welches Lied gesungen, welches Buch gelesen wird, wer als nächstes Kind etwas machen darf. Das „nichtsprechende" Kind steht im Mittelpunkt beim interaktiven Buchlesen, indem es immer wiederkehrende Aussagen in einem Bilderbuch mit dem Sprachausgabegerät sagt und somit eine entscheidende Rolle beim Lesen des Buches übernimmt. Beim Spielen entscheidet es über den Spielverlauf (z. B. bei „Fischer, Fischer wie tief ist das Wasser?"). Beim Spielen mit der elektrischen Eisenbahn gibt das Kind die Kommandos: vorwärts – stop – rückwärts – schneller – langsamer.

3. Arbeitsgruppe:
Gebärden sind eine körpereigene Kommunikationsform, die auch das Sprachverständnis geistigbehinderter Kinder wie auch das von Vorschulkindern fördert. Namensgebärden für jedes Kind/jeden Erwachsenen in einer Gruppe bilden häufig den Einstieg beim Erlernen von Gebärden. Sie lassen sich gut in Spiele einbinden.

Überlegen Sie sich Namensgebärden und andere wichtige erste Worte und wie man sie spielerisch anwenden kann.

Namensgebärden orientieren sich an bestimmten Körpermerkmalen, Eigenschaften oder Gewohnheiten (Andeuten von langem wallenden Haar, die längliche Brille, der ständige Blick auf die Armbanduhr, die auffallende Halskette, typische Handbewegung bei Freude . . .). Spielerisch einbinden lassen sich diese gut in Spiele wie: „Mein rechter, rechter Platz ist frei, ich wünsche mir . . . herbei!" oder Versteckspiele: „Wer fehlt in der Gruppe?" Dabei kämen dann z. B. noch die Gebärden für „komm" und „ich suche" sinnvollerweise hinzu.

Literatur

Kristen, U. (1994): Praxis Unterstützte Kommunikation. Düsseldorf
ISAAC (Hrsg.) (1996): „Edi, mein Assistent" und andere Beiträge zur Unterstützten Kommunikation. Düsseldorf
– (1999): Beiträge zur Unterstützten Kommunikation. 4. Kölner Fachtagung. Düsseldorf, (CD-ROM)
Lemler, K., Gemmler, St. (1997): Kathrin spricht mit den Augen. (Aus der Reihe: Wir Kinder dieser Welt). Kevelaer

7.9. Möglichkeiten der Zusammenarbeit mit Eltern schwerbehinderter Kinder

Von Klaus Sarimski

7.9.1. Belastung von Eltern schwerbehinderter Kinder

Während des Workshops wurden Ergebnisse einer Befragung von 52 Eltern mit schwerbehinderten Kindern, die seltene Chromosomenstörungen aufweisen, vorgestellt, bei der sich die Eltern zu ihren Erinnerungen an die Zeit der Diagnosemitteilung, ihrer gegenwärtigen Sorgen und Erwartungen an Fachleute äußerten. Die Eltern erinnern – zum Teil viele Jahre nach der Diagnosemitteilung – jene Zeit als Zeit aufwühlender Emotionen (siehe auch 3.3.). Schock, Trauer, Hilflosigkeit überwogen. Etwa 30 % der Eltern haben die Art der Mitteilung, insbesondere die Prognoseaussagen, als niederschmetternd erlebt und berichten, daß das Fehlen jeglicher Anhaltspunkte, um sich die Fähigkeiten des Kindes und das gemeinsame Leben in der Zukunft vorzustellen, besonders schwer erträglich war. 20 % gaben an, daß sie wenig Informationen über das Syndrom erhalten oder sie die Ärzte als wenig einfühlsam erlebt haben.

Unter den gegenwärtigen Belastungen stehen schwere Ernährungsprobleme im Vordergrund sowie herausfordernde Verhaltensweisen (unruhiges, destruktives, stereotypes oder selbstverletzendes Verhalten). Die Eltern wünschen sich vermehrt konkrete Beratung, wie sie mit den Eß-, Schlaf- und Verhaltensproblemen angemessen fertigwerden und positive Verhaltensformen der Kinder stärken können.

7.9.2. Ziele der Beratung

Diese Erfahrungen, die von vielen Teilnehmern des Workshops bestätigt wurden, machen deutlich, welche Ziele die Beratung und Zusammenarbeit mit Eltern schwerbehinderter Kinder haben sollte:

- Unterstützung beim Anerkennen der Realität der Behinderung,
- Unterstützung bei der Entwicklung von Zukunftsperspektiven,
- Unterstützung bei der Entwicklung von Zuversicht in die eigenen Kräfte,
- Unterstützung beim Verstehen der kindlichen Verhaltensformen,
- Unterstützung in der Kommunikation mit dem Kind,
- konkrete Hilfen zur Veränderung belastender Eß- und Schlafprobleme,
- konkrete Hilfen zur Veränderung stereotyper, autoaggressiver, aggressiver oder destruktiver Verhaltensformen.

Nicht hilfreich sind dagegen:

- intensive (apparative) medizinische Untersuchungen ohne sichere therapeutische Relevanz,

- Mitteilung von Einzelbefunden (z. B. Testergebnissen), die lediglich die Schwere der Behinderung dokumentieren,
- Vermittlung therapeutischer Konzepte mit realitätsfernen Hoffnungen auf eine Normalisierung,
- Überforderung der Eltern durch eine Vielfalt (früh-)therapeutischer Empfehlungen.

7.9.3. Videogestützte Interaktionsberatung

Zur Unterstützung positiver Kommunikationsformen im Dialog mit dem Kind dient eine videogestützte Interaktionsberatung, die am Beispiel von zwei Beobachtungen bei einem Jungen mit Cri-du-Chat-Syndrom im Alter von vier und sechs Monaten diskutiert wurde. Es gilt dabei, die Wahrnehmung der Eltern für die spezifischen kommunikativen Signale ihres Kindes zu sensibilisieren und ihr Vertrauen in ihre eigenen intuitiven Fähigkeiten zur Gestaltung einer harmonischen und förderlichen Interaktion zu stärken.

Dazu wird empfohlen, kurze Aufzeichnungen des Spiels von Eltern und Kind vorzunehmen und diese mit ihnen zu besprechen. Einleitende Frage sollte dabei sein: *Was wünschen Sie sich selbst, was mehr oder häufiger gelingen sollte in der Interaktion mit ihrem Kind?* Die jeweilige Antwort gibt der Videobetrachtung einen konkreten Aufmerksamkeitsfocus. Die Beraterin/der Berater kann dann zwei oder drei Interaktionsmomente identifizieren, die Videoaufzeichnung stoppen und deutlich machen, daß hier das gewünschte Ziel schon für einen Moment erreicht scheint. Über die Frage, was die Eltern glauben, was dem Kind in diesem Moment dabei geholfen habe, können sie sich bewußtmachen, was sie selbst zum Gelingen der Interaktion beitragen können.

Beispiel: Ich wünsche mir sehr, daß ich N. mit meinen Spielangeboten besser erreichen, seine Aufmerksamkeit fesseln könnte – und daß ich ihn beruhigen könnte, wenn er so aufgeregt und irritiert wird. – Die Videoaufzeichnung wird unterbrochen an drei Stellen, in denen deutlich wird, daß es N. hilft, seine Aufmerksamkeit zu focussieren, wenn die Mutter wahrnimmt, daß ihn Klänge und Geräusche faszinieren, sie ihm viel Zeit gibt etwas kennenzulernen, nicht rasch zwischen verschiedenen Spielangeboten wechselt; daß es N. hilft, ein ruhiges Gleichgewicht zu bewahren, wenn sie ihn sanft am Kopf streichelt und wenn sie seine kurzzeitige Blickabwendung als Signal für den Wunsch nach einer Pause interpretiert, und geduldig abwartet, bis er sich wieder zugewendet hat.

Am Beispiel wird deutlich, daß Eltern schwerbehinderter Kinder keine Anleitung in spezifischen Übungen benötigen, um ihre Interaktion mit dem Kind positiv zu gestalten. Vielmehr gilt es, ihnen zu helfen, die spezifischen Verarbeitungsschwierigkeiten und Bedürfnisse ihres Kindes zu verstehen und sie in responsiven, auf seine Initiativen und Interessen eingehenden Interaktionsformen zu unterstützen. Das empohlene Vorgehen baut auf ihren intuitiv vorhandenen Verhaltensbereitschaften auf und stärkt ihr Zutrauen in die eigenen Fähigkeiten, dem Kind eine günstige Entwicklungsumgebung zu bieten.

7.9.4.   Beratung zur emotionalen Verarbeitung

Diese intuitiven Verhaltensbereitschaften der Eltern können durch eine ungelöste Traumatisierung aufgrund der Diagnosemitteilung blockiert sein. An einem zweiten Videobeispiel, einer Gesprächssequenz, werden einige Merkmale diskutiert, an denen sich diese emotionale Traumatisierung erkennen läßt:

- distanziert-unpersönliche Sprechweise über das Kind,
- bagatellisierende Äußerungen über die mit der Diagnose verbundene Belastung,
- inkohärente Erzählweise mit unpassendem, „überspielendem" Lachen.

Die Realisierung der intuitiven elterlichen Fähigkeiten kann auch dadurch erschwert sein, daß die Eltern mit vielfachen Belastungen zu kämpfen haben (besondere Pflegebedürftigkeit des Kindes, spezifische Versorgungsanforderungen, schwierige Verhaltensweisen, Bedürfnisse von Geschwistern des behinderten Kindes, finanzielle Belastungen, soziale Isolierung). Es gilt somit, in psychologischen Beratungsgesprächen die Erinnerungen an die Mitteilung der Diagnose nochmals zu thematisieren, gegebenenfalls die Eltern zu ermutigen, durch ein Erzählen ihrer „gemeinsamen Geschichte" und den Ausdruck ihrer mit der Behinderung verbundenen Gefühle der Diagnose einen Platz in der eigenen Biographie zu geben. Ein ressourcen- und lösungsorientiertes Beratungsvorgehen hilft, die persönlichen und sozialen Bewältigungskräfte der Eltern zu mobilisieren. Die individuell unterschiedliche Bereitschaft der Eltern, sich auf diese Form der Beratung einzustellen, muß respektiert werden.

Sowohl für die videogestützte Interaktionsberatung wie auch für die Beratung zur Bewältigung der Diagnosemitteilung und Mobilisierung der eigenen Ressourcen bedarf es flexibler Formen der Zusammenarbeit mit Eltern (z. B. intensive, längere Beratungstermine anstelle von wöchentlichen, kontinuierlichen Förderstunden) und einer entsprechenden Fortbildung der Mitarbeiterinnen/Mitarbeiter in pädagogischen Frühförderstellen.

Literatur

Guralnick, M. (1998): Effectiveness of early intervention for vulnerable children: A developmental perspective. In: American Journal on Mental Retardation 102, 319-345
Sarimski, K. (1998): Pädagogisch-psychologische Begleitung von Eltern chromosomal geschädigter Kinder. In: Geistige Behinderung 15, 323-334

8. „Was man mit Kleinen Großes machen kann" –
   Praxisorientierte Förderkonzepte

8.1.　Das Feldenkraiskonzept in der Frühförderung

Von Chava Shelhav

Die frühe Entwicklungsphase des Kindes bezeichnet Moshe Feldenkrais als „organisches Lernen" (1981, weiterentwickelt von Shelhav 1999). Mensch und Umwelt sind ein System und jeder Mensch entwickelt sich in ständiger Interaktion mit der Umwelt. Der Mensch ist von Geburt an mit einem persönlichen und einem evolutionären Erbe ausgestattet. Mit dem Schritt in die Welt beginnt er eine Reihe von Begegnungen mit der Umwelt und dem neuen Schwerefeld.

Zu Beginn finden alle Bewegungen global mit dem ganzen Körper statt. Es tritt dann eine stufenweise Trennung zwischen den einzelnen Gliedmaßen ein, mit ihr beginnt die Differenzierung. Trotz aller individuellen Unterschiede zwischen den Gesellschaften und den einzelnen Menschen machen alle Menschen dieselben körperlichen Entwicklungsstufen durch – als *organisches Lernen:* vom fötalen Zustand, in der der gesamte Körper in Reflexstellung ruht, über das Kriechen bis hin zum aufrechten Stehen und Gehen.

Die Differenzierung kann in vielfältigen Stufen erfolgen, die abhängig sind von der jeweiligen Entwicklung des Gehirnes. Der Weg von der globalen Bewegung zur Differenzierung ist keine Einbahnstraße, d. h. Weiterentwicklung und Regression wechseln sich ständig ab. Erst die Differenzierung ermöglicht Alternativen.

Die Existenz von Alternativen befreit den Menschen von der Abhängigkeit von Gewohnheiten, die neu auftauchenden Situationen nicht entsprechen.

Ausgehend von dem Begriff der „Bewußtheit" als der Einheit von Denken, Fühlen, Wahrnehmen und Bewegen versteht sich die Feldenkrais-Methode als Lernprozeß, der primär über die Bewegung, also körperlich ausgeübt, gespürt und erfahren wird. Da die Methode sich mit dem Bewußtmachen des körperlichen Repertoires des einzelnen Menschen beschäftigt, ist sie unabhängig von körperlichen und geistigen Voraussetzungen und unabhängig vom Alter des Menschen. So können auch somatisch beeinträchtigte und retardierte Kinder durch solche neuen Lernprozesse, zunächst motorischer, aber auch emotionaler und kognitiver Art, ihre Wahrnehmung und ihr Potential entwickeln.

Die Aufmerksamkeit darauf zu lenken, wie man lernt und nicht, was man lernt, steht im Mittelpunkt der Arbeit. Lernen ist die jedem Menschen offenstehende Möglichkeit zur Änderung seines Verhaltens, es geht Hand in Hand mit Entwicklung, Wachsen und Reifen – es geschieht gleichsam von selbst und ist meistens nicht bewußt.

„Viele unserer Praktiken in der Kindererziehung zum Beispiel betonen schon früh und außer der Reihenfolge Auge-Hand-Aktivitäten und solche, die das Stehen auf zwei Beinen voraussetzen, und immer weniger Zeit wird aufgewendet für die Entwicklung des Liegens auf dem Bauch und Rücken und der Vierbeinigkeit, welche das untere Gehirn anregen." *(Hunter 1986)*

Der Workshop hatte die Funktion des Kopfhebens zum Inhalt und war so aufgebaut, daß auch Erwachsene die Schritte und Faktoren nachspüren konnten, die für die Entwicklung der Aufrichtung Voraussetzung sind. In zwei Lektionen von „Bewußtheit durch Bewegung®" wurden alle Faktoren, die hiermit verbunden sind, erfahren und erarbeitet.

Aus der Ausgangsstellung Bauchlage wurde in vielen einzelnen Schritten, mit genügend Zeit für *Wiederholungen*, für *„Versuch und Irrtum"* und für *Lernen im Sinne von „organischem Lernen"*, die Bewegung des Kriechens und die Freiheit des Kopfhebens entwickelt.

Wiederholungen im Sinne von Feldenkrais sind kein bloßes immer wieder dasselbe machen, sondern ein aus derselben Ausgangsstellung immer wieder neues Beginnen einer Bewegung mit der Idee, neue Erfahrungen zu machen, neue Wege zu finden und von sich selbst zu lernen.

„Trial and Error" dient der Erfahrung der eigenen Bewegungsmuster, des Lernens aus eigenen Bewegungsideen, der Entwicklung von Kreativität und nicht zuletzt des Erlebens von Schwierigkeiten und des eigenen Umganges damit. In der Feldenkrais-Methode wird nichts vorgemacht, sondern die Bewegungsangebote werden verbal vermittelt.

Mit Erwachsenen wird im Grunde genommen das Entwicklungsprogramm des Kindes noch einmal aufgegriffen,

(1) um die Sensibilität, die Wahrnehmung und das Erleben durch alle Sinne zu schulen,
(2) um das Nervensystem daran zu „erinnern", daß das phylogenetische Programm, das in jedem Menschen verankert ist, die Basis für jede ontogenetische Entwicklung ist. Beschäftigt ist die Methode aber mit der Ontogenese in jeder Lebensphase und in jedem Lebensalter, denn nur sie macht die Individualität eines jeden Menschen aus,
(3) um einen möglichst hohen Grad an Freiheit und Beweglichkeit in allen Gelenken zu erfahren,
(4) um das Regredieren in frühe Entwicklungsstufen zu ermöglichen und die Entwicklung von Alternativen und Wahlmöglichkeit und u.U. ein Nachreifen von Koordination, Orientierung und Geschicklichkeit zu erreichen.

Der Gruppenunterricht wird verbal angeleitet bzw. begleitet, d.h. es werden neben den Bewegungsanleitungen viele Fragen zur Lenkung der Wahrnehmung und zur Bewußtheit gestellt. Auf diese Weise werden der kognitive „Sinn", der „Gehörsinn", das Spüren und die Gefühle immer mit einbezogen. Durch immer neues Vergleichen mit vorher Wahrgenommenem wird das Lernen und die Erfahrung von Neuem bewußt gemacht.

„Wenn wir wissen, was wir tun, können wir tun, was wir wollen." *(Feldenkrais 1981)*

Die Einzelarbeit „Funktionale Integration®" hat die gleiche Grundlage, wird nonverbal durchgeführt, aber auch hier wird die Wahrnehmung über Fragen gelenkt.

Für alle, die mit Kindern arbeiten, besonders mit Kindern mit Behinderungen, ist diese Art der Selbsterfahrung sehr wichtig und hilfreich, um ein größeres Verständnis für die Schwierigkeiten mit Bewegung und mit dem Lernen zu bekommen. Außerdem schult das eigene Erleben, das Vertrauen in die Fähigkeit eines jeden Menschen zu lernen, es schult das Sehen dessen, was ein Kind kann und vermittelt viele neue Ideen für Bewegungs- und Lernangebote.

Im zweiten Teil des Workshops zeigte Chava Shelhav ein Video von ihrer Arbeit mit einem Säugling, der seinen Kopf noch nicht heben konnte – d. h. hier wurde mit demselben Thema wie in der Gruppenstunde umgegangen. Es war ein Zusammenschnitt mehrerer Stunden mit diesem Kind, sie erstreckten sich über ein halbes Jahr.

In dem Video wird deutlich, daß die Basis der Arbeit mit Säuglingen, aber auch grundsätzlich mit jedem Menschen, das ist, was derjenige kann bzw. das, was ihm leicht fällt. Wenn sich das Kind z. B. nicht drehen kann, wird nicht mit dem Drehen gearbeitet, sondern mit Beugung und Streckung. Der nächste Entwicklungsschritt wird erst dann eingeleitet, wenn das Kind soweit ist.

Der Fokus der Arbeit mit diesem fünfmonatigen Baby, das in der 29ten Woche geboren war und vier Wochen im Inkubator lag, bestand im Anfang darin, das Kind erst einmal mit seinem eigenen Körper in Kommunikation zu bringen durch Tapping, proprioceptive Stimulation aller Gelenke und Körperteile sowie langsame und in der Intensität wechselnde Berührungen. Dazu wurde immer mit dem Kind gesprochen und das Fokussieren der Augen angeregt und beobachtet. Durch „Erwecken" der Beuger kamen langsam die Hände des Kindes in Aktivität und begannen zu greifen. Die Unterstützung der Beugung des Rumpfes führte zur Aktivierung der Rückenstrecker und damit zum Heben und Drehen des Kopfes in der Bauchlage – die nach und nach immer mehr akzeptiert wurde.

Im Laufe der Stunden lernte das Kind u. a. Gewichtsverlagerung von rechts nach links, Stützen auf die Unterarme, Greifen mit beiden Händen und Spielen mit Spielsachen, sich einen Gegenstand holen, Drehen auf den Bauch usw. Zusätzlich wurde der Mund aktiviert; *Hände und auch Füße „können in den Mund gesteckt werden".* Außerdem arbeitete man mit Tönen, Geräuschen und Rhythmen.

Sehr deutlich war die Entwicklung der Aufmerksamkeit des Kindes – es war in allen Stunden sehr wach dabei, und man hatte den Eindruck, als ob es in sich hineinhört und spürt, um zu erleben, was alles in seinem kleinen Körper passiert und was es lernt. Es entstand ein sehr klarer nonverbaler Dialog zwischen dem Baby und Frau Shelhav. Beeindruckend war die Intensität und die Freude, mit der das Baby – nach anfänglichem Unbehagen – in allen Stunden mitgemacht hat.

Auch in der Arbeit mit Kindern gilt natürlich: Je schneller die Lücke zur altersgemäßen Entwicklung gefüllt ist, desto besser. Daher ist es zu Beginn günstig, so oft wie möglich mit dem Kind zu arbeiten. Ein besonderer Fokus liegt bei allen Kindern mit Entwicklungsverzögerungen in der Verbesserung der Orientierung und der Wahrnehmung. Diese Verbesserung wird über Bewegung, besonders über die Rotation, erreicht. Wenn sich die Qualität der Drehung verbessert, wird sowohl die Fähigkeit der Kinder, sich zu orientieren, als auch ihr Gleichgewicht und ihre Feinmotrik besser. Ihre Schrift verbessert sich ebenso wie ihr Umgang mit dem sozialen Umfeld.

Kaum ein Mensch hat die Chance gehabt, sich so zu entwickeln, daß nicht irgendwo Defizite sind, die sich im späteren Leben, oder auch schon in der Kindheit, störend auf die Motorik, das Selbstbild und das Selbstvertrauen auswirken.

Für Chava Shelhav ist es daher ein Wunschtraum, die Feldenkrais-Methode in alle Schulen und Kindergärten einzuführen.

Literatur

Feldenkrais, M. (1981): Abenteuer im Dschungel des Gehirns. Der Fall Doris. Frankfurt am Main
– (1994): Der Weg zum reifen Selbst. Phänomene menschlichen Verhalten. Paderborn
Hunter, I. (1986): Brain Injury – Tapping the Potential Within. Ashgrove
Shelhav-Silberbusch, C. (1999): Bewegung und Lernen. Die Feldenkrais-Methode als Lernmodell. Dortmund
Shelhav, C. (o. J.): Die Klugheit des Körpers – Bewegung, ein Weg zur Verbesserung der äußeren und inneren Haltung. (Set mit 4 CD's)
– (o. J.): Feldenkrais Methode with Cerebral Palsy Children (CP) Thesis für den Master Degree.

Die letzten beiden Titel sind erhältlich über: Feldenkraiszentrum – Chava Shelhav, Behringstr. 20, 41464 Neuss, eMail: *info@feldenkraiszentrum.de*

8.2. Konduktive Förderung – ein Behandlungskonzept für bewegungsgestörte Kinder

Von Ingrid Müller und Hanan Salem

Die Schlüsselfrage, die sich in der Frühförderung immer wieder stellt, lautet: Wie muß das individuelle Behandlungskonzept für dieses Kind und seine Familie aussehen? Die derzeitigen Konzepte der Frühförderung, wie auch die Sichtweisen von Entwicklungsneurologie und Sozialpädiatrie, folgen einem systemisch-ökologischen Denkansatz. Neben den auf das Kind gerichteten Überlegungen – und hier möchten wir das cerebral bewegungsgestörte Kind als Beispiel wählen – *Was kann es? Wie bewegt es sich? Welche therapeutischen Ansätze sind zu wählen?* – müssen wir uns die Frage stellen *Was kann die Familie leisten? Welche Nah- und Fernziele sind realistisch?* Um ein individuelles Behandlungskonzept für ein bewegungsgestörtes Kind erstellen zu können, sind detaillierte Kenntnisse über die zur Verfügung stehenden Therapiemethoden notwendig.

In unserem Beitrag soll ein möglicher Baustein in diesem System dargestellt werden, der sich in Deutschland erst etablieren muß. Wissenschaftlich begleitete Studien, aber auch praxisorientierte Diskussionen können dazu beitragen.

András Petö (Neurologe und Heilpädagoge) entwickelte in den vierziger Jahren die Philosophie der Konduktiven Förderung. Er gründete 1952 das Institut für Bewegungstherapie in Budapest, nachdem er sich zuvor schon einen Namen in der Behandlung motorisch behinderter Kinder in Wien gemacht hatte. *Konduktion* heißt:

*   ein komplexes und interdisziplinäres Zusammenführen von Entwicklungs-, Lern- und Erziehungsprozessen,
*   Hilfe für das Kind zum Finden eines Zieles,
*   dem Kind angeglichene, bewußte Tätigkeit,
*   eine die Handlung des Kindes fördernde Kontrolle (kein aktiver Eingriff in die Handlung).

Das Therapieprogramm ist *nicht ursachenorientiert* (behandelt also nicht, wie beispielsweise die bei uns üblichen krankengymnastischen Methoden, die neurophysiologische Störung), sondern hat eine *Ziel- bzw. Aufgabenorientierung* aufgrund einer sog. *Dysfunktion.* D. h., man geht davon aus, daß die Folge der Schädigung des Nervensystems (Impairment) eine Bewegungsstörung als Lernhindernis (Disability) im motorischen, kognitiven und sprachlichen Bereich darstellt, die zu einer Behinderung (Handicap) führt.

Diese Lernstörung soll überwunden werden. Das geschieht durch Aktivierung und Animation zur Selbständigkeit. Das Ziel ist also das Erreichen einer *Orthofunktion.*

Unter Orthofunktion versteht man im eigentlichen Sinne eine physiologische Funktion – also die normale Funktionsfähigkeit, die natürlich je nach Behinderung nur bedingt erreichbar ist. Einbezogen in den Begriff der Orthofunktion ist nicht nur der motorische Bereich, also der Erwerb von Bewegungsbausteinen, sondern auch intellektuelle Fähigkeiten, Sozialverhalten und Selbständigkeit im lebenspraktischen Bereich – alles möglichst unabhängig von Personen und Hilfsmitteln.

Wie sieht der Weg zur Orthofunktion aus?

Nur durch zielbewußtes, selbständiges Handeln erreicht man aktives Lernen. Dabei wirken zwei Funktionsbereiche zusammen:

(1) Kognitive Leistungen, dazu gehören:

- Motivation,
- Interaktion mit der Umwelt,
- Finden eines geeigneten Zieles mit Hilfe der Konduktion (kleinschrittig),
- Intention (inneres Bild der Handlung).

(2) Neurophysiologische Leistungen des Zentralen Nervensystems entstehen durch:

- Organisation eines zielbewußten Handelns,
- Rückmeldungen (Kontrolle) durch Erreichen vieler kleiner Ziele,
- Entstehen einer neuen Koordination (Organisation),
- Automatisierung der neuen Organisation unabhängig vom Bewußtsein.

Durch die automatisierte, neue Koordination, die erlernte Fertigkeit und die erweiterte Handlungsfähigkeit wird die Orthofunktion erreicht.

Im Mittelpunkt steht die Förderung der Eigenaktivität des Kindes, d. h. Strategien zu entwickeln, um die eigenen Fähigkeiten zu verbessern. Dabei kommt es darauf an, daß die individuellen Möglichkeiten des Kindes erkannt werden, um ihm entsprechende Entwicklungsschritte und -möglichkeiten als Ziel vorzugeben. Als Motor wirken Intention, Motivation und Freude an der eigenen Tätigkeit.

Ziel der Konduktiven Förderung im neurophysiologischen Sinne ist primär die Veränderung der Intention und sekundär die Veränderung der Leistung (Funktion).

Dabei wird Intention als die allgemeine innere Bereitschaft, ein Ziel zu erreichen, verstanden. Äußerlich kennzeichnen die Intention Gesichtsausdruck, Gesten, Lautgebung und Kraftanstrengung des Kindes. Innerlich ist die Intention abhängig vom eigenen Rhythmus, Willen und dem Handlungsentwurf (s. Abb. 8.2-A1).

Ein wesentlicher Pfeiler der Konduktiven Förderung ist die Kommunikation mit dem Umfeld, die bereits durch die Gruppensituation sehr stark angeregt wird. Damit wird einem Grundbedürfnis der Kinder, soziale Verbindungen zu knüpfen, entsprochen. Kommunikation kann non-verbal, aber in diesem Programm vor allem verbal erfolgen, d. h. die Sprache spielt eine zentrale Rolle. Sie wird nicht nur zur Aufgabenstellung, sondern vor allem zur Motivation (rhythmisches Intendieren), interaktiv und verhaltenssteuernd eingesetzt. *Rhythmisches Intendieren* beinhaltet:

- Fazilitation,
- Sprache und Intention, Sprache und Bewegung,
- Rhythmus und Intention,
- Bewußtmachung des Zieles,

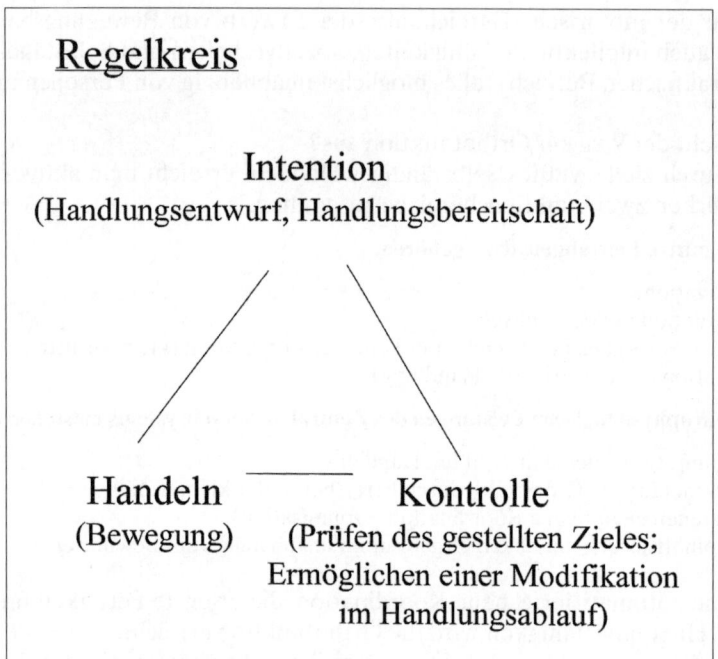

Regelkreis

Intention
(Handlungsentwurf, Handlungsbereitschaft)

Handeln ——— **Kontrolle**
(Bewegung)   (Prüfen des gestellten Zieles;
Ermöglichen einer Modifikation
im Handlungsablauf)

Abb. 8.2-A1

- Harmonie und Koordination zwischen Aktivitäten,
- Konzentrationsförderung,
- Zeitregelung.

Förderprogramme sind:

- differenziert am Entwicklungsstand des Kindes,
- alltagsorientiert,
- intensiv (mehrere Stunden pro Tag/Woche),
- kommunikativ,
- sozial/interaktiv (Kindergruppe).

Die Form des Angebotes – täglich oder wöchentlich mehrere Stunden – birgt durch die Intensität bereits wesentliche Erfolgschancen in sich. Die Konstanz der Bezugsperson (Konduktorin/Konduktor) ist ebenfalls von Vorteil. Die Konduktorin/der Konduktor ist Schlüsselperson, Therapeutin/Therapeut und Erzieherin/Erzieher. Sie/er vereinigt Aufgaben, die bei uns von Krankengymnastinnen/Krankengymnasten, Ergotherapeutinnen/Ergotherapeuten, Logopädinnen/Logopäden und Heil- oder Sozialpädagoginnen/-pädagogen wahrgenommen werden.

Die *Indikation* zur Konduktiven Förderung ist bezüglich Alter und Behinderungsbild enger zu stellen als in anderen Behandlungskonzepten (z. B. Bobath-Therapie). Um von der Methode ausreichend profitieren zu können, sollten die

Kinder Kommunikationsmöglichkeiten (Sprachverständnis zumindest in Ansätzen und soziale Interaktionsfähigkeit) besitzen. Damit ist die untere Altersgrenze bei etwa sechs Monaten (entsprechend Entwicklungsalter) anzusetzen, wobei hier nur die Betreuungsform einer Mutter–Kind–Gruppe in Frage kommt. Bei Kindern mit schwersten Mehrfachbehinderungen, progredienten Encephalopathien und schwerwiegenden sensorischen Behinderungen (Amaurose, höhergradige Schwerhörigkeit) sind die Behandlungsangebote in Form und Inhalt weniger effektiv. Bei neuromuskulären Erkrankungen und therapieresistenten Anfallsleiden sollte die Belastungsfähigkeit, vor allem durch die Gruppensituation, beachtet werden. Für Kinder mit Spina bifida und ataktischen Bewegungsstörungen stehen spezielle Programme zur Verfügung.

Es ist festzustellen, daß die Konduktive Förderung eine sehr wirkungsvolle Methode für Kinder mit cerebralen Bewegungsstörungen sein kann, die in ihrer kognitiven Leistungsfähigkeit zwischen Regelbereich und leichter geistiger Behinderung tendieren, ein Entwicklungsalter von mindestens sechs Monaten sowie weitgehend intakte sensorische Funktionen (Seh- und Hörvermögen) haben. Eine Altersbegrenzung nach oben ergibt sich nicht.

Indikation:
- cerebrale Bewegungsstörung
- Ataxie-Syndrom
- Spina bifida

Voraussetzungen:
- Altersbereich (Entwicklungsalter) > 6 Monate
- kognitive Leistungsfähigkeit altersgerecht bis leichte geistige Behinderung
- weitgehend intakte Sinnesfunktionen (Sehen, Hören)
- sprachliche Kommunikationsfähigkeit (zumindest in Ansätzen)
- ausreichende körperliche Belastbarkeit
- Gruppenfähigkeit

Das ist das Ergebnis unseres Projektes (von 1997 bis 1999; siehe auch 2.5.); es wurde bereits in zwei Studien 1992 (Weber/Rochel) und 1993 (Bairstow) festgestellt. Als Kontrollgruppe dienten den englischen Autoren 17 Kinder, die in Körperbehindertenschulen bzw. mit Krankengymnastik, Ergotherapie und Logopädie behandelt wurden.

Zusammenfassend kann man sagen, daß die Konduktive Förderung (engl. conductive education) nach Petö eine pädagogisch geprägte, sehr umfassende Methode zur Entwicklungsförderung bei Kindern mit vorwiegend motorischen Behinderungen ist.

Die zugrundeliegenden Konzepte sind auf eine Gruppenarbeit ausgerichtet. Neben der Förderung der sozialen Interaktionsfähigkeit werden für jedes Kind individuelle Ziele formuliert, die möglichst selbständig erreicht werden sollen. Hauptziel ist es, über eine Veränderung der Intention eine neue Handlungsqualität zu erreichen, um nach Abschluß der Konduktiven Förderung möglichst unabhängig von Hilfsmitteln und Personen in die jeweilige alters- bzw. entwicklungsadäquate Gruppe in Kindergarten oder Schule zurückgeführt werden zu können.

Konduktive Förderung scheint also im Sinne unseres systemisch-ökologischen

Konzeptes bei entsprechenden Rahmenbedingungen in mehrfacher Hinsicht sinnvoll zu wirken:

- im Zusammenführen von hirnfunktionellen Prozessen mit aktiver Handlung der Kindes,
- im Zusammenführen der Kinder (ihrer Familien) in ein hilfreiches Gruppensystem,
- im Zusammenführen multidisziplinärer Erkenntnisse im Beruf der Konduktorin/des Konduktor und somit in einer Bezugsperson.

Festzustellen ist, daß Konduktive Förderung personal- und kostenintensiv ist. Im Gegensatz zu unseren traditionellen Therapieformen sind die Leistungen bisher weder verordnungs- noch abrechnungsfähig. Nach verschiedenen wissenschaftlich begleiteten Studien sind Aussagen zur Effizienz der Konduktiven Förderung und damit eine Entscheidungshilfe zu erwarten. Die Hoffnung von Eltern bewegungsgestörter Kinder richtet sich auf Finanzierungsmodelle durch Krankenkassen und Sozialhilfeträger.

Literatur

Balogh, E. M., Hari, M. (1993): Konduktive Erziehung nach Petö. In: Lischka, A., Bernert, G. (Hrsg.): Aktuelle Neuropädiatrie. Wehr

Bairstow, P., Chochrane, R., Hur, J. (1993): Evaluation of Conductive Education for Children with Cerebral Palsy. Final Report, Part II, HMSO, London

Cottam, P. J., Sutton, A. (1986): Conductive Education. A system for overcoming motor disorders. London/Sydney

Hari, M. et al. (1992): Das Petö System (Prinzipien und Praxis der Konduktiven Förderung). Internationales Petö Institut, Budapest

Horstmann, T., Oskamp, U. (1999): Konduktive Förderung von cerebralgeschädigten Kindern im Vorschulalter unter Bedingungen eines Frühförderzentrums. Forschungsbericht im Auftrag des Bundesministeriums für Gesundheit, Köln

Rochel, M. (1998): Medizinische Verantwortung bei Konduktiver Förderung und Rehabilitation. Indikation – Diagnostik – Evaluation. Bd. 2, Dortmund

Schumann, I. (1998): Theoretische Grundlagen des Konduktiven Systems. Grundbegriffe – Bausteine – Prinzipien. Bd. 3, Dortmund

Themenheft (1996): Konduktive Förderung. Frühförderung Interdisziplinär 2

Weber, K., Rochel, M. (1992): Konduktive Förderung für cerebral geschädigte Kinder. Forschungsbericht des Bundesministerium für Arbeit und Sozialordnung, Nr. 224

Weber, K. S. (1998): Einführung in das System Konduktiver Förderung und Rehabilitation. Konzept – Praxis – Perspektive. Bd. 1, Dortmund

8.3. Basale Automatisierungsdefizite als Ursache von Entwicklungsverzögerungen und -störungen

Von Reinhard Priebs und Fred Warnke

Der neuartige Prüf- und Trainingsablauf nach Warnke hat das Interesse zahlreicher deutscher Therapeutinnen/Therapeuten und breiter Kreise der Öffentlichkeit geweckt: Mehr als tausend deutsche Ärztinnen/Ärzte, Psychologinnen/ Psychologen, Ergotherapeutinnen/Ergotherapeuten, Logopädinnen/Logopäden und Sprachheilpädagoginnen/-pädagogen arbeiten in ihren Praxen erfolgreich nach diesem Verfahren. Selbst eine Anzahl von Sozialpädiatrischen Zentren benutzen es schon teilweise, manche haben sogar die für dieses Training erforderlichen Geräte mit Spendenmitteln angeschafft, um sie an Familien für das häusliche Training auszuleihen.

Ein Schüler gilt als leserechtschreibschwach (Remschmidt et al. 1986), wenn er trotz mindestens durchschnittlicher Intelligenz und einwandfreien Leserechtschreibunterrichts in diesen Fertigkeiten einen deutlichen Rückstand gegenüber seinen Mitschülerinnen/-schülern aufweist. Die mutmaßlichen Ursachen aus den letzten fünfzig Jahren füllen ganze Bände. In jüngerer Zeit jedoch kristallisiert sich international zunehmend die Überzeugung heraus, daß *zeitliche Automatisierungsdefizite,* und zwar vor allem in der zentralen Hörverarbeitung und -wahrnehmung, die wichtigsten Ursachen sein dürften (Tallal 1993; Tallal et al. 1996). Betrachten wir in diesem Lichte zunächst den heutigen Stand des Wissens um das Zustandekommen einer weitgehend automatisierten Laut- und Schriftsprache:

Die Vorbereitungen auf den Erwerb der Lautsprache, als wichtige Voraussetzung für den späteren Schriftspracherwerb, beginnen bereits beim Fötus etwa mit der 28. Schwangerschaftswoche. Von diesem Zeitpunkt an hört der Fötus schon Schall aus der Umgebung (Querleu 1988), allerdings um etwa 30 dB gedämpft und mit einem steilen Hochtonabfall oberhalb 1.000 Hertz. MMN-ähnliche elektrische Aktivitäten ließen sich in den Gehirnen von gesunden Frühgeburten nachweisen, die in der 30.–35. Schwangerschaftswoche zur Welt gekommen waren (Cheour-Luhtanen et al. 1996): Das heißt, sie können auf unbewußter Ebene bereits bestimmte Laute voneinander unterscheiden. Das Neugeborene erinnert sich nachweisbar an Melodien, die es während des letzten Trimesters der Schwangerschaft gehört hat. Neugeborene können auch schon Vokale voneinander unterscheiden (Bertoncini 1988). Mit zwei Monaten kann der Säugling bereits die Plosivlaute b – d – g – k – p – t auseinanderhalten. Mit acht Monaten sind Säuglinge zu einer statistischen Strukturanalyse sinnfreier Silbenfolgen (Saffran 1996) als Vorübung für die Segmentierung von Sätzen in einzelne Worte ebenso imstande wie zum Wiedererkennen sinnvoller Wörter aus zwei Wochen zuvor gehörten Geschichten *(Jusczyk 1997).* Etwa ab zwei Jahren können Kleinkinder bereits die Wohlgeformtheit syntaktischer Strukturen beurteilen, die sie aktiv noch gar nicht benutzen (Weissenborn 1998). Aus diesem für alle Kinder mit ausgeglichener Jahreshörbilanz typischen Ablauf lassen sich diese Folgerungen ableiten:

All diese Entfaltungen von genetisch angelegten Grundmustern entsprechend dem Kulturkreis des heranwachsenden Kindes verlaufen offenbar unbewußt und automatisch, sofern sie nicht gestört werden und sofern weiterhin lautsprachliche Vorbilder zugänglich sind. Dem Aufbau der Lautsprache weit vorauseilend, legen der Säugling bzw. das Kleinkind also *innere Repräsentationen* auf der Phonem-, Morphem-, Semantik- und Syntax-Ebene an. Dank dieser gestaltfesten inneren Repräsentationen und der ständig zugänglichen lautsprachlichen Modelle seiner Bezugspersonen entwickelt das Kind problemlos eine altersgerechte, automatisierte Lautsprache. Auf dieser Grundlage lernt es in der Grundschule nach der analytisch-synthetischen Leselernmethode das selbsttätige Lesen auf der Graphem-Phonem-Ebene. Dank der dabei erlernten visuellen Zergliederung des gesamten Sprachgutes bis auf die Graphemebene bereitet diesen Kindern dann die Beherrschung der automatisierten Rechtschreibung ebenfalls keinerlei Probleme.

Anders bei Kindern, denen beispielsweise infolge genetischer Einflüsse (Tallal et al. 1989), perinataler Einflüsse oder anhaltender auditiver Deprivation, z. B. aufgrund von häufigen Mittelohrentzündungen (Gravel 1996), in den ersten Lebensjahren diese stetige Entwicklung nicht vergönnt war. Dabei ist nicht auszuschließen, daß der genetische Einfluß – zumindest teilweise – in einer Begünstigung des Auftretens rezidivierender Otitis media infolge IgA-Mangels auf den Schleimhäuten im Mund- und Rachenbereich bestehen könnte. Diese Kinder werden häufig lautsprachlich auffällig oder entwickeln kraft ihrer Intelligenz einen kompensatorischen, aber verschliffenen Lautsprachaufbau auf der Ganzwortbasis als Ersatzstrategie. Diese Kinder setzen ihre Ersatzstrategien durch Lesen auf Ganzwortbasis unter Kontextnutzung fort. Sie erkennen ein Wort im wesentlichen anhand seiner Anfangs- und Endbuchstaben (Marchbanks 1965). Diese Kinder schaffen sich somit auch keine inneren *visuellen Vor-Bilder* für ihre Rechtschreibung, sondern lautieren oder buchstabieren auf der auditiven Ebene mit zwangsläufigen Fehlern, da nur etwa 40 % des deutschen Sprachgutes lautgleich geschrieben werden.

8.3.1. Automatisierungsdefizite

Nur bei einem verschwindend geringen Teil dieser Kinder kommen deren Bezugspersonen oder deren Lehrerinnen/Lehrer auf den Gedanken, die Ursachen für deren Rechtschreibprobleme in der oben beschriebenen Kausalkette zu suchen. Die vollständige Untersuchung jedes Kindes im Verdachtsfall durch eine phoniatrisch-pädaudiologische Institution wäre wirtschaftlich kaum zu vertreten. Aber selbst eine derartige Untersuchung deckt im Regelfall nicht die weiteren Automatisierungsdefizite auf, zumal intelligente Kinder diese durch bewußte Kompensation oft für viele Jahre verschleiern können. Zu diesen mehr oder weniger erfolgreich kompensierten, zumeist aber bisher höchst selten festgestellten Automatisierungsdefiziten gehören beispielsweise:

(1) Winkelfehlsichtigkeit (Pestalozzi 1988) = Heterophorie mit Fixations-Disparation

Wenn die beiden Abbildungen auf der Fovea centralis, dem scharf abbildenden Teil der Netzhaut, in der zentralen Sehverarbeitung nicht zur Fusion gebracht werden können, wird dort das „schlechtere" Bild im besten Falle unterdrückt, im ungünstigsten Falle entsteht eine doppelte oder zwischen den Augen springende Abbildung, so daß hierdurch vor allem die Lesefähigkeit beeinträchtigt wird.

(2) Sustained und transient response (Breitmeyer 1993) = Gestörte visuelle Transientenverarbeitung
Wenn das Verhältnis zwischen den Verweilzeiten des Auges auf einer Buchstabengruppe, also die „sustained response", zu den raschen Blicksprüngen (= Sakkaden) von einer Buchstabengruppe zur nächsten, der „transient response", zeitlich nicht ausgewogen ist, so daß eine Art „Nachbild" der vorigen Buchstabengruppe stehenbleibt, verschwimmen die zu lesenden Buchstaben miteinander und beeinträchtigen die Lesefähigkeit.

(3) Blicktüchtigkeit (Biscaldi 1994 et al.)
Wenn die Sakkaden, also beim Lesen das unter *Gestörte visuelle Transientenverarbeitung* erwähnte rasche Hinüberschwenken von einer Buchstabengruppe zur nächsten, nicht präzise genug den neuen angestrebten Sehort treffen, sondern sich erst „einschießen" müssen, vergeht unnötige Zeit für das Erkennen der nächsten Buchstabengruppe.

(4) Defizite in der auditiven Transienten-Dekodierung (Tallal et al. 1996)
Wenn die Übergänge vor allem von Plosiven auf nachfolgende Vokale mit ihren rasch wechselnden Frequenzanteilen nicht präzise dekodiert werden können, entstehen Fehldeutungen bestimmter Phoneme. Dieses Paradigma dürfte die auditive Parallele zu *Gestörte visuelle Transientenverarbeitung* darstellen.

(5) Verlangsamte Segmentierung bei jeglicher Sprachdekodierung und -kodierung (Veit 1992)
Wenn die auditive Ordnungsschwelle, d. h. die Taktfrequenz, mit der das Gehirn sowohl die gehörte als auch die selbstproduzierte Sprache abtastet, nicht altersgerecht entwickelt, sondern verlangsamt ist, gehen wichtige Feinheiten der Phonemstruktur verloren, und es kommt zu Verwechslungen vor allem zwischen ähnlichen Plosiven.

(6) Verzögerter Zugriff auf lexikalischen Wortschatz (Fawcett et al. 1994)
Wenn die für das rasche Benennen von gesehenen Gegenständen erforderliche Zeit auffällig verzögert ist – „rapid automized naming deficit" –, wird davon ausgegangen, daß die Fähigkeit des automatischen Zugriffs auf den eigenen lexikalischen Wortschatz beeinträchtigt ist.

(7) Beeinträchtigte auditiv-motorische Koordination (Klicpera et al. 1981)
Wenn die Fähigkeit zum synchronen „Finger-Tapping" in Übereinstimmung mit einem auditiv vorgegebenen regelmäßigen Rhythmus nicht altersgerecht entwickelt ist, wird von einem Automatisierungsdefizit in der zeitgerechten Umsetzung des auditiven Reizmusters zwischen den beiden Hirnhälften über das Corpus callosum ausgegangen.

(8) Verlangsamte Reaktionszeit bei Wahlmöglichkeiten (Nicolson 1994)
Wenn bei Vorhandensein einer altersgerechten Reaktionszeit auf einfache Reize hingegen die Reaktionszeit bei Wahlmöglichkeiten zwischen zwei oder mehr Reizen, die sogenannte „Choice-Reaction-Time", verlangsamt ist, wird von einer Automatisierungsschwäche im Entscheidungsprozeß ausgegangen. Diese Ent-

scheidungsschwäche erstreckt sich von nonverbalen Tonsignalen bis zur Unterscheidung zwischen sinnfreien und sinnvollen Wörtern.

(9) Beeinträchtigte Tonhöhenunterscheidung (Holopainen et al. 1997)
Sprachauffällige Kinder haben erhebliche Schwierigkeiten beim Unterscheiden von Tonhöhenintervallen, die bei der Enkodierung und Dekodierung der Sprechmelodie wichtig sind, um sinngebend zu sprechen und sinnentnehmend zu hören. Dies wird vor allem auf ein Automatisierungsdefizit in der vorbewußten Frequenzunterscheidung zurückgeführt.

8.3.2.   Prüfungsverfahren

Um möglichst viele relevante Automatisierungdefizite in einer für das betroffene Kind zumutbaren Zeitspanne festzustellen, entstand eine selektive „Prüfung typischer zentraler Funktionen", die sich bis heute bei mehreren tausend Fällen als treffsicher bestätigt hat (Warnke 1998). Vorangehen muß selbstverständlich die Abklärung des *peripheren* Hörens und Sehens. Diese Prüfung wird – möglichst in Anwesenheit der Eltern – durch eine/einen in dieser Methode kompetente Ärztin/kompetenten Arzt oder eine Therapeutin/einen Therapeuten vorgenommen. Die Eltern verfolgen somit die einzelnen Prüfschritte, können selbst die voraussichtlichen Trainingsbedarfe ihres Kindes abschätzen und sogleich etwaige Verständnisfragen oder Probleme vortragen:

(1) Tonhöhenunterscheidung
Auf einem Keyboard im Bereich von 500 Hz dicht nacheinander kurz angeschlagene Tonintervalle sollen unterschieden werden, indem die Reihenfolge hoch-tief bzw. hell-dunkel abgefragt wird. Zumeist erreichen sprachauffällige Kinder anstelle des typischen und erreichbaren Halbtonschrittes nur die kleine oder große Terz.

(2) Auge-Hand-Koordination
Ein 1m langer Kunststoffstab (Installationsrohr PG-16) soll mindestens zehn Sekunden auf der Schreibhand balanciert werden. Auch diese bei vielen Kindern bereits bei der Einschulung automatisierte Fertigkeit besitzen nur wenige sprachauffällige Kinder.

(3) Blicktüchtigkeit
Eine große, liegende Acht soll mit den Augen stetig verfolgt werden, wobei der Prüfende auf die Stetigkeit der Blickverfolgung achtet. Etwa die Hälfte der sprachauffälligen Kindern vermag dieser Bewegung nicht stetig, sondern – vor allem bei der Annäherung an die Mittellinie – nur mit sprungartigen Bewegungen zu folgen.

(4) Richtungshören
Kurze Bursts weißen Rauschens aus einem handgehaltenen, batteriebetriebenen Generator sollen mit geschlossenen Augen geortet werden. Anstelle der für unauffällige Kinder typischen Abweichungen von maximal 50 horizontal und 100 vertikal ergeben sich meist größere Fehlortungen in beiden Dimensionen.

(5) Binokularsehen
Im Nahfeld soll ein räumliches Testbild ohne Mühe rasch in allen Details erkannt

und benannt werden. Im Fernfeld wird mit einer Rotgrün-Brille geprüft. Mehr als die Hälfte der sprachauffälligen Kinder zeigt ein bis dahin unerkanntes gestörtes räumliches Sehen.

(6) Kurzzeit-Merkfähigkeit
In Anlehnung an den Mottier-Test soll eine altersgerechte Reihe sinnfreier Silben mit stetig verringertem Schwierigkeitsgrad nachgesprochen werden. Anstelle der altersgerechten Nachsprechleistung von Alter minus eins, jedoch nicht über sechs Silben, erreichen die meisten sprachauffälligen Kinder nur drei Silben.

(7) Auditive Ordnungsschwelle (Warnke 1999)
Zwei kurze auditive Reize von links und von rechts mit erfolgsabhängig veränderbarem Inter-Stimulus-Intervall sollen in eine Reihenfolge gebracht werden. Anstelle der altersgerechten Ordnungsschwellenwerte, die weiter unten bei den Trainingsmaßnahmen aufgelistet werden, erreichen die sprachauffälligen Kinder meist wesentlich langsamere Werte.

(8) Visuelle Ordnungsschwelle (Holopainen et al. 1997)
Zwei kurze Lichtblitze von links und von rechts mit erfolgsabhängig veränderbarem Inter-Stimulus-Intervall sollen in eine Reihenfolge gebracht werden. Hier liegen die Werte der sprachauffälligen Kinder fast immer in der oder sehr nahe bei der Norm, was eine gute Grundlage für das spätere Training der auditiven Ordnungsschwelle darstellt.

(8) Lautunterscheidung = Wahrnehmungs-Trennschärfe
Acht kritische Konsonanten b – d – f – g – k – p – t – w, eingebettet in eine VKV-Folge, sollen unter erschwerten Bedingungen erkannt werden. Da der hier verwendete Test in Kunstkopf-Stereophonie und echten Klassenraumbedingungen aufgezeichnet wurde, ist seine Aussagekraft besonders stark. Die meisten sprachauffälligen Kinder zeigen dabei eine deutlich beeinträchtigte Wahrnehmungs-Trennschärfe.

(9) Pseudotext-Lesetest
Zwecks Prüfung seiner Lesestrategie liest das Kind zunächst einen altersgerechten sinnvollen und anschließend einen Pseudo-Lesetext. Dabei bestätigt sich fast immer, daß diese Kinder sich eine logographische Lesestrategie unter Kontextnutzung angewöhnt haben, aber auf der Graphem-Phonem-Ebene deutlich langsamer und unsicherer sind.

Abhängig vom Ergebnis dieser Screening-Prüfung wird gegebenenfalls eine weiterführende entwicklungsneurologische und/oder pädaudiologische Untersuchung empfohlen. Danach ist der tatsächliche Trainingsbedarf des betreffenden Kindes festzustellen und mit dessen Eltern abzustimmen sowie mit gegebenenfalls bereits laufenden anderen Fördermaßnahmen zu verknüpfen.

8.3.3. Trainingsverfahren

Dieses Training baut weitgehend auf der obigen Auflistung der neun Prüfungsschritte auf, die gleichermaßen auch zum *Einüben* der für das Kind wichtigen basalen Fertigkeiten geeignet sind. Dabei bedürfen das Ordnungsschwellentraining (Deutsches Bundespatent 43 18 336), das Lateraltraining (Deutsches Bundespa-

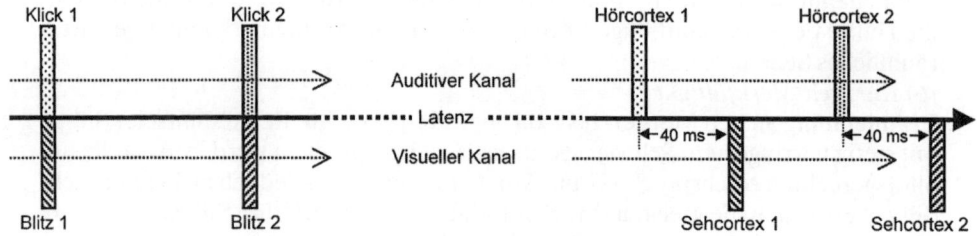

Abb. 8.3-A1: Das patentierte Prinzip des Ordnungsschwellen-Trainings nach Warnke

tent 39 39 401) sowie das Lesen von Pseudotexten zum Abbau der Probleme aus den Prüfungschritten sieben bis neun einer ausführlicheren Erläuterung:

Ordnungsschwellen-Training
Die Ordnungsschwelle (Pöppel 1997) ist die Zeitspanne, die zwischen zwei Sinnesreizen mindestens verstreichen muß, damit wir sie getrennt wahrnehmen und in eine zeitliche Reihenfolge, also in eine Ordnung, bringen können. Sie beträgt etwa ab dem zehnten Lebensjahr 30 – 40 Millisekunden (Veit 1992); darunter liegt sie mit jedem Lebensjahr um etwa zehn Millisekunden höher. Sprachauffällige Kinder weisen dagegen zumeist wesentlich längere Ordnungsschwellenwerte auf (Tallal et al. 1996; Moser o. J.). Eine verlangsamte Ordnungsschwelle beeinträchtigt zwangsläufig die Lauterkennung (Kegel/Tramitz 1991). Trainiert wird die Ordnungsschwelle nach Warnke daheim durch synchrones Darbieten (Deutsches Bundespatent 43 18 336) auditiver und visueller Sinnesreize mittels des Brain-Boy®. Der Wirkungsmechanismus dieses Trainings beruht auf der im Vergleich zu auditiven Reizen um etwa 40 ms verlängerten Latenz visueller Reize, so daß die letzteren als Reinforcement der ersteren wirken (s. Abb. 8.3-A1).

Vor allem die meistens im Vergleich zur visuellen Ordnungsschwelle oft stark verlangsamte auditive Ordnungsschwelle sprachauffälliger Kinder wird mit diesem Gerät rasch auf altersgerechte Werte verbessert, so daß die Lautsprache nun feiner segmentiert und somit rascher und sicherer perzipiert und produziert werden kann, wie ein bedeutender Psycholinguistiker mehrfach nachgewiesen hat (Kegel/Tramitz 1991).

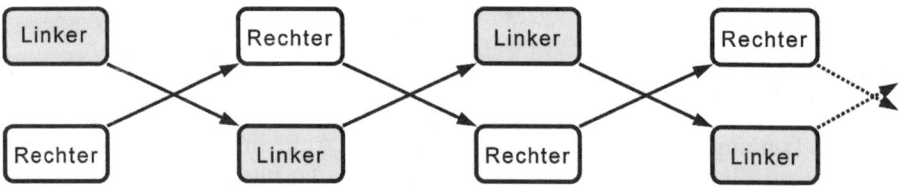

Abb. 8.3-A2: Das patentierte Prinzip des Lateral-Trainings nach Warnke

Lateral-Training

Das Lateral-Training geht von den Erkenntnissen aus, daß „Wörter interhemisphären Netzwerken entsprechen, die über das Corpus callosum zusammengehalten werden" (Pulvermüller 1995), also bilateral organisiert sind, daß ferner das Corpus callosum bei LRS-Kindern häufig sowohl in seinem Querschnitt (Hynd et al. 1995) als auch in seiner Funktion (Summerfield 1993) beeinträchtigt ist und somit seinen Aufgaben der Koordination und Synchronisation beider Hirnhälften nur unzureichend gerecht werden kann. Beim Lateral-Training nach Warnke wird zum Training des Corpus callosum eine Modellstimme in Kunstkopf-Stereophonie ständig abwechselnd beiden Ohren zugeführt, während das synchron mit dieser Modellstimme lesende oder singende Kind *seine eigene* Stimme stets von der entgegengesetzten Seite hört und sie so mit der Modellstimme gut vergleichen kann:

Durch dieses Synchronsprechen mit der CD oder auch mit der Therapeutin/ dem Therapeuten wird zugleich der oben erwähnte Aufbau, der in den ersten Lebensjahren des Kindes versäumten inneren neuronalen Repräsentationen nachgeholt, weil sowohl das Wernicke- als auch das Broca-Areal gleichzeitig intensiv angesprochen werden.

Lesen und Synchronsprechen von Pseudotexten

Bei den zahlreichen Kindern, die sich schon frühzeitig im Sinne dieses Beitrages statt der graphemisch-phonemischen Grundlesetechnik sogleich die logographische Lesetechnik unter Kontextnutzung angeeignet haben, empfiehlt sich zusätzlich der Einsatz von Pseudolesetexten. Diese müssen aber stets neu generiert werden, damit das Kind nicht in seine logographische Lesetechnik zurückfällt. Diesem Zweck dient das PC-Programm TextAPP, ein Software-System, mit dem sich sinnfreie Texte (Sprachapproximationen) erzeugen lassen. Sie können ausgedruckt werden und dienen als Übungsmaterial und als Trainingshilfe. Das Programm wurde von Daniel Zahnd von der Universität Bern parallel im Rahmen eines LRS-Forschungsprogramms entwickelt, und zwar zu einem Zeitpunkt, als dieser Wissenschaftler noch keine Kenntnis von den in diesem Beitrag beschriebenen Verfahren hatte. Es ist überraschend und erfreulich zugleich, daß an zwei verschiedenen Orten aus zwei unterschiedlichen Ansätzen heraus unabhängig voneinander derart ähnliche Gedanken entwickelt wurden.

8.3.4. Trainingserfolge

Die bisherigen ermutigenden Erfolgsberichte kommen zunächst aus den zahlreichen Familien, die – teils mit und teils ohne therapeutische bzw. ambulante klinische Begleitung – das beschriebene Training eingesetzt haben, ferner von den in der Einleitung erwähnten mehr als tausend Ärztinnen/Ärzten sowie Therapeutinnen/Therapeuten der verschiedenen Fachrichtungen, die das Verfahren in ihre bisherigen Methoden eingebunden haben. Aus dem inzwischen ebenfalls stark zunehmenden Einsatz im schulischen Förderunterricht stammt die Berichterstattung des Rektors Claus D. Gnad von der Grundschule Obernkirchen (Gnad 1997).

Literatur

Bertoncini, P. (1988): Perceptual Representations of Young Infants. In: Journal of Applied Psychologie 1, 21-33

Biscaldi, M. et al. (1994): Saccadic Eye Movements of Dyslexic and Normal Reading Children. In: Perception 23, 45-64

Breitmeyer, B. G. (1993): The Roles of Sustained (P) and Transient (M) Channels in Reading and Reading Disablity. Facets of Dyslexia and its Remediation. Amsterdam, 13-31

Cheour-Luhtanen, M. et al. (1996): The ontogenetically earliest discriminative response of the human brain. In: Psychophysiology 4, 478-481

Deutsches Bundespatent 43 18 336: Verfahren und Vorrichtung zum Training der menschlichen Ordnungsschwelle

– 39 39 401: Vorrichtung zur Verbesserung der Hirn-Hemisphären-Koordination

Fawcett, A. J. et al. (1994): Naming Speed in Children with Dyslexia. In: Journal of Learning Disabilities 27, 641-646

Gnad, C. D. (1997): Das Hörverstehen fördern. In: Die Grundschule 10

Gravel, J. S. et al. (1996): Auditory Consequences of Early Mild Hearing Loss Associated with Otitis media. In: Acta Otolaryngol 2, 216-221

Holopainen, I. E. et al. (1997): „Attenuated Auditory Event-Related Potential (MMN) in Children with Developmental Dysphasia. In: Neuropediatrics 28, 254-256

Hynd, G. W. et al. (1995): Dyslexia and Corpus callosum Morphology. In: Arch-Neurol. 1, 32-38

Jusczyk, P. W. (1997): Infants' Memory for Spoken Words. In: Science, Vol. 277

Kegel, G., Tramitz, Ch. (1991): Olaf, Kind ohne Sprache. Opladen

Klicpera, C. et al. (1981): Bimanual co-ordination in adolescent boys with reading retardation. In: Developmental Medicine and Child Neurology 5, 617-625

Marchbanks, G. et al. (1965): Cues by which Children Recognize Words. In: Journal of Educational Psychology 2, 57-61

Moser, S. (o. J.): Zeitverarbeitung und Sprachstörung. Magisterarbeit an der Ludwig-Maximilians-Universität, München

Nicolson, R. I. (1994): Reaction Times and Dyslexia. In: Quarterly Journal of Experimental Psychology A 1, 29-48

Pestalozzi, D. (1988): Über die Behandlung von heterophoren Legasthenikern mit Fixationsdisparation mittels Prismenvollkorrektion. In: Klinisches Mitteilungsblatt für Augenheilkunde 188, 471-473

Plath, P. (o. J.): Zentrale Hörstörungen. In: Schriftenreihe GEERS-Stiftung, Bd. 10

Pöppel, E. (1997): Grenzen des Bewußtseins. Frankfurt am Main, 9-42

Pulvermüller, F. (1995): Neurobiologische Wortverarbeitung. In: Naturwissenschaften 82, 279-287

Querleu, D. (1988): Fetal Hearing. In: European Journal of Obstetrics & Gynecology & Reproductive Biology 29, 191-212

Remschmidt, H. et al. (1986): Multiaxiales Klassifikationsschema für psychiatrische Erkrankungen im Kindes- und Jugendalter. Bern, 74

Saffran, J. R. et al. (1996): Statistical Learning by 8-Month-Old Infants. In: Science, Vol. 274

Summerfield, B. (1993): Processing of Tactile Stimuli and Implications for the Reading Disabled. In: Neuropsychologia 9, 965-976

Tallal, P. (1993): Temporal Processing in the Nervous System – Special Reference to Dyslexia and Dysphasia. In: Annals of the New York Academy of Sciences, Volume 682, 442

– et al. (1989): Unexpected Sex-ratios in Families of Language/learning-impaired Children. In: Neuropsychologia 7, 987-998

– et al. (1996): Language Comprehension in Language-Learning Impaired Children Improved with Acoustically Modified Speech. In: Science 271, 81-84

Veit, E. (1992): Sprachentwicklung, Sprachauffälligkeit und Zeitverarbeitung – eine Longitudinalstudie. Dissertation an der Ludwig-Maximilians-Universität zu München

Warnke, F. (1998): Was Hänschen nicht hört ... 3. Aufl., Freiburg

– (1999): Der Takt des Gehirns ... 2. Aufl., Dortmund

Weissenborn, J. et al. (1998): Children's Sensitivity to Word-Order Violations in German: Evidence for Very Early Parameter Setting. In: 22nd Annual, Boston University Conference on Language Development

8.4. Sensorische Integrationstherapie (SI) als Behandlungsansatz bei Kindern im Vorschulalter mit Reizregulationsproblemen

Von Iris Knipschild

Viele der von uns behandelten Kinder leiden unter Reizregulationsstörungen, eine Diagnose, die sehr unterschiedliche Erscheinungsformen einschließen kann. Der Befund Aufmerksamkeitsdefizit-Syndrom (ADS) bezeichnet eine starke Offenheit für Außenreize. Akustische und visuelle Eindrücke werden schlecht verarbeitet und führen zu gesteigerter Aktivität, zu impulsiven und desorganisiert wirkenden Reaktionen. Betroffene Kinder wirken „anstrengend", so daß Eltern und Erzieherinnen/Erzieher oft Unterstützung bei unterschiedlich arbeitenden Ärztinnen/Ärzten und Therapeutinnen/Therapeuten suchen. Abhängig von der jeweiligen Fachrichtung und Methode gibt es die unterschiedlichsten Erklärungs- und Behandlungsansätze von verhaltenstherapeutischer bis medikamentöser Behandlung (siehe auch 6.2.4.).

Jeder der Behandlungsansätze hat seine Berechtigung und Erfolge.

So individuell jedoch, wie die Ursachen einer ADS sein können, müssen auch die Ansätze einer Behandlung gewählt werden. Bei der Komplexität der Störung ist oft eine interdisziplinäre Unterstützung, z. B. durch Erziehungsberatung, hilfreich.

Die Sensorische Integration (SI) sieht Störungen in der Verarbeitung der Basissinne als Ursache von Reizregulationsstörungen. Wichtig ist dabei die Einschätzung der Bedeutung der sogenannten Basissinne.

8.4.1. Die Bedeutung der Basissinne als Plattform für Selbstwahrnehmung und Umweltorientierung

Zu den Basissinnen gehören der Gleichgewichtssinn (vestibuläres System), die Körpereigenwahrnehmung (Propriozeption) und der Tastsinn (taktiles System). Zusammen bilden sie die Grundlage der Selbstwahrnehmung und des Selbstbewußtseins ... Störungen in der Verarbeitung der Basissinne sind daher immer auch mit einer großen emotionalen Verunsicherung verbunden. Der Organismus ist bestrebt, diese Störungen auf seine Weise zu regulieren. Dabei kann es zu unerwünschtem Verhalten wie gesteigerter motorischer Unruhe, Ablenkbarkeit oder Antriebsarmut kommen.

In der SI-Theorie werden diese Symptome als Hinweise auf die Bedürfnisse des Organismus gewertet. Die Therapie versucht, durch ein gezieltes Reizangebot eine verbesserte Regulation dieser Verarbeitung anzuregen.

8.4.2.   Modulationsstörung als besondere Form der sensorischen Dysfunktion

Im Rahmen der sensorischen Integrationstörungen bilden die Kinder mit Reizregulationproblemen eine besondere Gruppe. C. B. Royeen (1985) hat an Hand von Untersuchungen festgestellt, daß diesen Kindern die Fähigkeit zur Modulation der Reizverarbeitung fehlt. Außenreize werden zu intensiv oder schwach wahrgenommen. Dementsprechend reagieren modulationsgestörte Kinder überempfindlich bzw. abwehrend auf Reize und zeigen eine verzögerte oder auch gar keine Reaktion. Es gelingt ihnen nicht, zu einem ausgewogenen Reizaufnahmeniveau zurückzukehren. Es können unterschiedliche sensorische Systeme betroffen sein. Ein Kind kann z. B. vestibulär überempfindlich sein, aber propriozeptiv eine Registrierungsschwäche aufweisen.

Meistens ist eine Dysfunktion im taktilen System festzustellen.

Die beiden Extremformen der Modulationsstörungen bezeichnet man mit:

a) sensorischer Defensivität bzw.
b) sensorischer Dormanz oder sensorischer Registrierungsschwäche.

Die *sensorische Defensivität* ist gekennzeichnet durch eine Überaktivierung der schützenden Sinne und führt zu Überempfindlichkeit und Abwehr auf eigentlich „harmlose" Reize.

Ein Kind mit sensorischer Defensivität kann z. B. auf eine unabsichtliche, leichte Berührung mit Aggressivität reagieren. Die Folgen sind Hyperaktivität, Ablenkbarkeit durch Außenreize und die Tendenz zu impulsivem Verhalten. Dies führt oft zu Kontaktschwierigkeiten und bedeutet eine erhebliche Belastung für das Kind und die gesamte Familie.

Kinder, die an einer *sensorischen Registrierungsschwäche* bis hin zur *sensorischen Dormanz* leiden, wirken dagegen oft wie „abgeschaltet" in bestimmten Systemen … Wegen der Untererregbarkeit der Sinnessysteme zeigen die Kinder eine deutlich verzögerte oder fehlende Reaktion auf einen Reiz. So werden feste Stöße kaum wahrgenommen und das Kind zeigt keine Schmerzreaktion. Manchmal kommt es jedoch zu schnellen Wechseln zwischen Überempfindlichkeitsreaktion und Ignoranz in demselben sensorischen System. Dies führt zu widersprüchlichem Verhalten und einem Mangel an gerichtetem Antrieb. Auch diese Kinder können dadurch in ihrem Verhalten hyperaktiv wirken.

8.4.3.   Behandlungsansätze der Sensorischen Integration

Der erste Schritt zu einer guten Behandlung ist eine differenzierte Diagnostik. Zu Beginn der Therapie wird ein möglichst ausführlicher Befund erstellt. Die Ergebnisse der Anamnese, der freien und gezielten, klinischen Beobachtungen sowie unterschiedlicher Testverfahren bilden die Grundlage für ein ausführliches Elterngespräch, in dem die Störung mit ihren Auswirkungen besprochen wird. Besonders bei Modulationsstörungen ist dieser Schritt von großer Bedeutung, da sich diese Dysfunktion massiv auf das soziale Umfeld auswirkt. Daher gliedert sich der Behandlungsansatz bei Modulationsstörungen in drei gleichberechtigte Teile: *die Elternberatung, die Umfeldanpassung und die direkte SI-Behandlung.*

Das Erklären der Störung durch ein ausführliches Gespräch nimmt den Eltern viel von dem Druck, versagt zu haben. Oft entlastet dieses Wissen die Eltern derart, daß sich die Situation bereits dadurch deutlich verbessert. Ganze Familien können von der Sorge beherrscht werden, die Übererregung des betroffenen Kindes zu vermeiden.

Oft helfen eindeutige und ritualisierte Tagesstrukturen in Kombination mit reizreduzierenden Maßnahmen, wie z. B. ein sortiertes Spielzeugangebot oder Rückzugsmöglichkeiten. Unterstützend wirken Aktivitäten, die förderliche sensorische Erfahrungen ermöglichen, wie Bewegung, Gartenarbeit oder Körpererfahrung in Höhlen oder Kuschelecken.

8.4.4.   Die direkte SI-Behandlung

Ziel der SI-Therapie ist es, durch geplante Auseinandersetzung mit sensorischen Erfahrungen die Überempfindlichkeit und Übererregbarkeit abzubauen und dadurch die Handlungsfähigkeit zu erweitern und zurückzugewinnen.

Voraussetzung für jede Therapie ist *eine gute Interaktion* zwischen Therapeutin/Therapeuten und Kind. Oft ist es auch für die Therapeutin/den Therapeuten gar nicht so leicht, in Kontakt mit dem Kind zu treten, da das abwehrende Verhalten des Kindes im Vordergrund steht. Um so wichtiger ist es, eine Atmosphäre der Sicherheit und der Vertrautheit aufzubauen. Hilfreich ist eine anfängliche *Regulierung des Erregungsniveaus* der Kinder durch hemmende Angebote, wie z. B. langsames Schaukeln in der Hängematte oder propriozeptiven Angeboten. Man eröffnet mit einer Tätigkeit, die das Kind mag und ihm Sicherheit vermittelt. Wichtig ist es, eine Rückzugsmöglichkeit im Raum zu haben, also eine Höhle oder Kuschelecke, in die sich das Kind zurückziehen und dadurch selbst regulieren kann. Es sollten dem Kind *verstärkt Möglichkeiten geboten werden, feste Berührung und Druck zu erfahren.* Auch sollten seine Körpereigenwahrnehmung unterstützt werden.

Der Therapieraum sollte gut vorstrukturiert sein, so daß unnötige Wege, das Kramen in Schränken und Ähnliches vermieden werden. Da diese Kinder sehr reizoffen sind, werden sie durch solche Aktionen schnell abgelenkt.

Ein wichtiger Teil der Behandlung ist es, die Kinder an den aktiven Umgang mit taktilen Angeboten heranzuführen. Denn die taktile Verarbeitung bildet einen Grundstein der Selbstwahrnehmung und der Handlungsplanung.

Unser Wissen über die Wirkung der sensorischen Systeme und alle pädagogischen und therapeutischen Konzepte können uns nur helfen, das Verhalten der betroffenen Kinder besser einzuordnen und zu verstehen. Der wichtigste therapeutische Grundsatz bleibt die Grunderfahrung der Begegnung zweier Menschen.

Literatur

Ayres, J. (1994): Bausteine der kindlichen Entwicklung. Berlin/Heidelberg
– (1969): Deficits in sensory integration in educationally handicapped children. In: Journal of learning disabilities 2, 44-51

Fisher, A. et al. (1998): Sensorische Integrationstherapie – Theorie und Praxis. Berlin/Heidelberg

Royeen, C. B. (1985): Commentary on tactile functions in learning-disabled and normal children. Reliability and validity considerations. In: Occupational Therapy Journal of Research 9, 16-23

Wilberger, P., Wilberger J.(1998): Sensorische Defensivität bei Kindern. Recklinghausen. Eigenvertrieb

8.5. Sensorische Integration, emotionale Prozesse und das Konzept der Emotionalen Aufmerksamkeit

Von Ernst Kaufmann und Elisabeth Wankerl

Emotionale und wahrnehmungsverarbeitende Prozesse bilden eine Einheit, d. h. Menschen handeln immer ganzheitlich auf der Basis ihrer jeweiligen wahrnehmungsverarbeitenden und emotionalen Muster.

Gleichzeitig handelt es sich um ausgesprochen komplexe informationsverarbeitende Bereiche mit sehr spezifischen Mustern. Insbesondere die emotionalen/affektiven Aspekte der Persönlichkeitsgestaltung sind wesentliche Ordnungsgeber (und Unordnungsgeber) für das Selbst (Selbstkonzept), die Art der Begegnungen (Kontakt- und Konfliktmuster) und Grundauffassungen über die Welt (Weltbild) (Kaufmann 1990).

Wer mit entwicklungsbeeinträchtigten Kindern und ihren Eltern arbeitet, kommt daher nicht umhin, die eigene Befindlichkeit sowie die der Kinder und Eltern angemessen zu berücksichtigen.

Im Folgenden geben wir eine kurze Information zu Sensorischer Integration (SI), emotionalen Prozessen und dem Konzept der Emotionalen Aufmerksamkeit. Guter Elternkontakt baut unseres Erachtens auf der Beachtung dieser Prozesse auf. Wir erwähnen kurz die Basiskomponenten des guten Kontaktes und weisen auf einige Schwerpunkte hin.

8.5.1. Sensorische Integration (SI) und emotionale Prozesse

Sensorische Integration (SI) ist ein überaus komplexer Prozeß der Aufnahme und Verarbeitung sinnlicher Erfahrungen (Ayres 1984). Durch die Sinnessysteme nehmen wir ständig vielfältige Reize (als Informationsangebote) auf. Deren Verarbeitung, d. h. die erste (proximale) Bearbeitung, Weiterleitung, Verschaltung, Vernetzung und Speicherung dieser Reize gibt uns Informationen über unseren Körper und über unsere Umwelt. Wir spüren z. B., in welcher Lage wir uns gerade befinden, wie wir uns bewegen, wie wir uns in der Schwerkraft halten und aufrichten, wir hören Töne, sehen Licht, Farben und spüren Berührung.

Durch die sinnliche Erfahrung – Sinnesinformation – und deren Interpretation erfahren wir unsere Wirklichkeit.
Jeder Mensch nimmt Reize (Informationen) unterschiedlich auf und interpretiert sie individuell. Wie Reize aufgenommen und verarbeitet werden, hängt ab von der Veranlagung, von dem Reifegrad des Zentralnervensystems, von der Qualität der Sinnessysteme und natürlich von der Interpretation, d. h. welche Bedeutung gebe ich dem Reiz, wie bewerte ich den Reiz.

Es besteht eine enge Wechselwirkung zwischen den individuellen neuronalen Ver-arbeitungsmöglichkeiten und der emotionalen Bedeutung einer Sinnesinformation.

Werden z. B. Schwerkraftreize differenziert verarbeitet, kann sich ein Kind sicher und leicht in der Schwerkraft halten und es entwickelt Freude an der Bewegung. Führen dieselben Reize jedoch zu einer „Überflutung" des Systems, kann dies zu dem Gefühl des Fallens führen; Bewegen und Bewegtwerden erscheinen dem Kind dann als beängstigend und gefährlich.

Andererseits: Wenn ein Kind unbedingt Rollerskates fahren lernen will, weil ihm dies soziale Anerkennung bringt, kann die starke Motivation und die positive Bewertung der Tätigkeit dazu beitragen, daß die Schwerkraftreize als nicht mehr gefährlich erlebt werden.

Noch deutlicher wird uns die Wechselwirkung von emotionalen und sensorischen Prozessen, wenn wir die Verarbeitung von Berührungsreizen betrachten. Die Haut als unser größtes Sinnessystem hat einerseits Schutzfunktion, andererseits die Funktion des Erkennens und Unterscheidens.

Eine leichte Berührung wird unter vertrauten Umständen dazu führen, sich neugierig umzudrehen. Ganz anders wäre die Reaktion, würde man allein auf dunkler Straße von hinten berührt: Wahrscheinlich würden wir mit Herzrasen, Angstschweiß, Weglaufen oder Um-Sich-Schlagen reagieren. Bei einem Kind mit einem „überempfindlichen" taktilen System kann eine zufällige leichte Berührung die gleiche Panik auslösen.

Je nachdem, wie unser Organismus einen Berührungsreiz interpretiert, etwa: „das ist angenehm, jenes gefährlich", reagieren wir mit Neugier oder mit Flucht und Abwehr. So kann die Verarbeitungsqualität von Berührungsreizen u. U. schon sehr früh mitbestimmen, ob ein Kind sich gerne und neugierig mit seiner Umwelt auseinandersetzt oder es sich ihr sehr vorsichtig und ängstlich nähert.

Daher ist es für die Entwicklung der Sensorischen Integration von Bedeutung, in welchem Umfeld und in welchen Zusammenhängen sinnliche Erfahrungen gemacht werden (Wankerl/Kaufmann 1986). Sensorische Integration bildet sich auf der Basis der individuellen Möglichkeiten und in Beziehung zur Umwelt.

Beziehung – sich auf etwas beziehen können – ist wiederum abhängig von der Qualität der Wahrnehmung.

Die emotionale Befindlichkeit des Kindes signalisiert der Therapeutin/dem Therapeuten, wie sensorische Angebote aufgenommen und verarbeitet werden. Da diese Prozesse sehr subtil und schnell ablaufen können, ist von Seiten der Eltern und Therapeutinnen/Therapeuten große Achtsamkeit, Aufmerksamkeit und ein intuitives Hinspüren gefordert. Der therapeutische Prozeß schließt die Befindlichkeit der Therapeutin/des Therapeuten mit ein.

Daher ist es im Umgang und in der Behandlung von Kindern mit Dysfunktionen der Sensorischen Integration von großer Bedeutung, sich dieser Wechselwirkung bewußt zu sein.

8.5.2. Emotionale Prozesse und das Konzept der Emotionalen Aufmerksamkeit

Allgemein verstehen wir unter Emotionen meist „Gefühle". In den verschiedenen Forschungs- und Therapierichtungen werden die Begriffe Affekte, Emotionen, Gefühle, Stimmungen und Gestimmtheiten z.T. sehr unterschiedlich definiert. Der Einfachheit halber wird im folgenden Affekt, Gefühl und Emotion synonym verwendet.

Gefühle sind für unser Leben zentral. Vermutlich sind sie die hauptsächliche Software für das, was wir seelisches Geschehen nennen. Heute gewinnt die Meinung an Bedeutung, der Intelligenzquotient IQ sei weniger wichtig für das Überleben unserer Art als der sog. Emotionsquotient EQ. Vermutlich brauchen wir eine gute Mischung.

Das im vorigen Abschnitt angedeutete Zusammenwirken von Wahrnehmung und Emotion bedeutet: Die wahrgenommene Welt ist eine emotional wahrgenommene Welt. Dies wird auch durch die neueren Erkenntnisse der Hirnforschung belegt.

Dabei sind emotionale Prozesse aber extrem unterschiedlich organisiert; man muß sie auf mehreren Ebenen betrachten:

(1) Beim Kleinkind und in der Therapie erleben wir das Ganzheitliche, der gesamte Körper ist beteiligt als leiblich-seelisches Geschehen.
(2) Aus der Emotions-Psychologie wissen wir allerdings, daß emotionale Prozesse auf verschiedenen Ebenen durchaus unterschiedlich in Erscheinung treten.

Wir unterscheiden:
- die subjektive Komponente (Äußerungen über Erlebnisse/Gefühle),
- die Ausdrucks- und Verhaltenskomponente (Mimik, Gestik, Vokalisation, etc.),
- die physiologische Komponente (neurovegetativ-endokrine Prozesse).

(3) Emotionale Prozesse sind ursprünglich entstanden, um den Organismus besser an die Anforderungen/Herausforderungen der Umwelt anzupassen. Dabei hat sich das Affektsystem aus dem Instinktsystem entwickelt und davon teilweise „entkoppelt".

Die Bio-Psychologie geht von drei Emotionssystemen aus, welche die Grundlage komplexen emotionalen Geschehens bilden:

- Annäherungssystem (Ausbau durch Belohnung und/oder Wegnahme negativer Verstärker),
- Verhaltenshemmsystem (Aktivierung von Kontroll- und Hemmprozessen, wenn Erwartungen „verletzt" werden),
- Kampf-Flucht-System (Aktivierung emotionaler Affektregulation bei aversiven Reizen).
- Als ein weiteres physiologisch begründetes System kann die sog. Haptonomische Affektregulation genannt werden, die noch sehr wenig bekannt ist (Veldmann 1998).

Die Entwicklung der Emotionalität ist eine lebenslange Aufgabe; sie läuft von Anfang an sehr komplex ab. Aus den identifizierten fünf bis elf Basisaffekten – hierzu zählen zumindest Neugier/Freude, Angst, Wut/Zorn, Niedergeschlagenheit/Trauer, Ekel – entwickelt der Mensch im Lauf des Aufwachsens hunderte von nuancierten Emotionen mit einer vermutlich fast unbegrenzten Anzahl von Stimmungen und Gestimmtheiten. Im bewußten Erleben/Nachspüren dieser komplexen affektiven Prozesse kommen wir aber in der Regel mit einer überschaubaren Anzahl beschriebener Emotionszustände aus.

Dabei werden im Alltagsverständnis unter Gefühlsprozessen oft verschiedene Ausprägungen – „Ich fühle mich ärgerlich, fröhlich, traurig, etc." – verstanden, die Ausdrucksgestalten eines Ganzen, z. B. des Gemütes, sind.

Die emotionale Befindlichkeit ist nun aber durchaus nichts Homogenes:

- Emotionale Reaktionen sind kurzfristig und werden durch Erregungssysteme aufrechterhalten; aus einem komplexen Zusammenspiel mehrerer Ebenen wird daraus ein bewußtes emotionales Erleben (Ledoux 1998).
- Vermutlich können sich verschiedene emotionale Muster zeitgleich in einem „Erlebnispattern" aufhalten. In der Regel heben wir aber als Figur-Grund-Vorgang eine Emotion besonders hervor.
- Emotionale Muster sind in unterschiedlichen „Schichten" (d. h. Tiefungen) organisiert.
- Derzeit lassen sich zumindest vier emotionale Netzwerke erkennen, deren Zusammenwirken unsere bio-psycho-soziale „Emotionale Identität" ergibt (Kaufmann 1999).

In der Kommunikation entwickelt sich zwischen Menschen ein Feldprozeß. Wir nennen ihn vereinfacht den emotionalen Kontaktraum.

In dialogischen Interaktionen wird ein reziproker Kontakt mit synergetischen Effekten aufgebaut. Wesentliche Gestaltungsmerkmale (Ordnungsgeber) sind hierbei die vier *Basisvariablen des guten Kontaktes:*

- Echt sein, anders ausgedrückt authentisch sein;
- Zugewandt sein, anders ausgedrückt wertschätzend, wohlwollend, liebevoll sein;
- Einfühlend sein, anders ausgedrückt empathisch sein;
- Anwesend sein, anders ausgedrückt präsent sein.

Daraus ergeben sich handelnd: Achtsamkeit – Geduld – Aufmerksamkeit – Mitgefühl ohne Mitleiden.

Zusätzlich aktivieren Beraterinnen/Berater und Therapeutinnen/Therapeuten die interne (innere) und externe (nach außen gerichtete) *Awareness.* Dieser Aufmerksamkeitsprozeß auf die relevanten Signale beim anderen und bei uns wird durch Erfahrung/Selbsterfahrung intensiviert, weshalb erfahrene Therapeutinnen/Therapeuten oft gute Dialogpartner sind, jenseits ihrer berufgruppenspezifischen oder methodischen Fertigkeiten.

In der Kommunikation unserer Alltagswelt zählt allerdings interaktiv nur das, was ankommt, und was darüber hinaus der Einzelne daraus macht.

Folglich sollten wir bemüht sein, die bestmögliche Kommunikation mit dem Kind, mit den Eltern, mit unseren Kolleginnen/Kollegen zu nutzen.

Hierzu erscheint es am einfachsten, im emotionalen Kontaktraum synergetisch zu kommunizieren und durch die wirksame emotionale/affektive Basis miteinander Handlungseffekte zu erzielen.

Um es deutlich zu formulieren:

Jede Diagnostik mit einem entwicklungsbeeinträchtigten Kind produziert erheblich andere Resultate im guten Kontakt als in der oft geforderten neutralen (weil standardisierten) Version.

Jedes Elterngespräch zeitigt andere, d. h. bessere Ergebnisse, wenn der Kontaktraum intensiv ist.

Die Therapiestunde hängt oft weniger von der Methodik ab als von dem Spüren/Erspüren im unmittelbaren Kontakt mit dem „Gegen"über.

8.5.2.1 Emotionale Aufmerksamkeit

Die Haptonomie beschreibt einen Feldprozeß, der eine besondere Form der Aufmerksamkeit ermöglicht (Veldmann 1998). Viele Therapieformen aktivieren allerdings bereits Aufmerksamkeitsprozesse, die ein intensiveres Gewahr-Werden von Umwelt-Information oder körpereigenen Botschaften aufbauen. In der Gestalt-Therapie wird dies häufig Awareness genannt. Neben der Schärfung von Sinnesleistungen und allen genannten Wirkvariablen des guten Kontakts wird v. a. die Empathie/Einfühlung gefördert. Damit im Zusammenhang steht ein körperorientiertes Spüren/Nachspüren, was ebenfalls in vielen, insbesondere körperorientierten Therapieansätzen gefördert wird, z. B. in Hakomi. Bekanntlich wirken im Kontaktgeschehen auch „bonding-Prozesse", bei denen in einer guten Atmosphäre der andere nicht aus dem Prozeß der Aufmerksamkeit entlassen wird, es sei denn, die Person besteht darauf.

Da im Kontaktraum dialogische Botschaften immer nur Angebote sind, wenngleich mit einem hohen Aufforderungscharakter, sind die korrespondierenden Prozesse selbstorganisiert; wenn wir gut im Kontakt sind, entwickeln wir eine Art aufeinander eingespielter Muster selbst bei sehr unterschiedlichen Interaktionsstilen.

Wir bezeichnen diesen Prozeß als *Emotionale Aufmerksamkeit*. In der Emotionalen Aufmerksamkeit nutzen wir die genannten Wirkvariablen und gestalten so ein Kommunikationsfeld, in dem in aller Regel die korrespondierenden Prozesse ein synergetisches Muster bilden (Kaufmann 1999).

Fazit: Es kommt weniger auf die Kommunikationstechniken an als vielmehr auf den Umgang: Die emotionale Botschaft wirkt, wenn sie stimmig ist.

8.5.2.2 Emotionale Netzwerke

Ausgehend von einem affektiven Kern-Selbst, das sich schon intra-uterin und beim Säugling ausbildet, entwickeln sich zumindest vier emotionale Netzwerke (zwei davon sind hauptsächlich stetig/kontinuierlich, zwei hauptsächlich unstet/diskontinuierlich organisiert); ausführlicher in (Kaufmann 1999).

Eines dieser Netzwerke ist die *Affektregulation über Attraktorenlandschaften.*

Die Untersuchung dieser Prozesse kommt aus der Chaosforschung (Ciompi 1997) und der Forschung der Selbstorganisation (Haken 1999) und wird möglicherweise zu einer Revolution in der therapeutischen Arbeit führen. Denn die no-

sologische Einteilung von vermeintlichen Syndromen (ICD 10, DSM IV) als pha-
sischen Zuständen wird gewissermaßen von der Chaos-Wirklichkeit „überholt".
Der Weg zu dieser Einsicht scheint in der heutigen Wissenschaft aber noch weit.
In der Erforschung emotionaler Prozesse liegen erfahrene Praktiker gut im Ren-
nen.

Literatur

Ayres, J. (1984): Bausteine der kindlichen Entwicklung. Berlin
Ciompi, L. (1997): Die emotionalen Grundlagen des Denkens. Göttingen
Haken, H. (1999): Information and Self-Organization. A Macroscopic Approach to Com-
    plex Systems. Berlin/Heidelberg
Kaufmann, K. (1990): Integrative Entwicklungsberatung und Therapie. Institut für Integra-
    tive Entwicklung, Aachen
–   (1999): Emotionale Netzwerke. Institut für Integrative Entwicklung, Aachen
Ledoux, J. (1998): Das Netz der Gefühle. Wie Emotionen entstehen. München
Veldman, F. (1998): Haptonomie. Science de l'affectivité. Völlig überarbeitete Neuausgabe,
    Paris
Wankerl, E., Kaufmann, E. (1986): Sensorische Integration (SI) und Integrative Entwick-
    lungsberatung. Unveröffentlichtes Manuskript

8.6. „Schwierigkeiten beim Schreibenlernen" – Graphomotorische Störungen aus ergotherapeutischer Sicht

Von Ute Mlynczak-Pithan

Die normale Entwicklung der Graphomotorik beginnt mit der Entwicklung feinmotorischer Fähigkeiten der Hand von Geburt an! Der Spitzgriff – oder Zangengriff – ist mit Ende des 1. Lebensjahres möglich. Alle feinmotorischen Fertigkeiten werden bis zum 6. Lebensjahr in der alltäglichen Auseinandersetzung mit Materialien verschiedenster Qualitäten „geübt" und verfeinert. Ab dem 6./7. Lebensjahr wird das Erlernen der Schrift, die größte feinmotorische Anforderung für ein Kind diesen Alters, möglich.

Zeichenentwicklung

Abb. 8.6-A1: Alter: 2 Jahre, Kritzelstadium, der Stift wird noch in der Faust gehalten, meist Wechsel rechte/linke Hand.

Abb. 8.6-A2: Alter: 2¹/₂ Jahre, vertikale und horizontale Linien werden möglich – Stift wird hierbei noch häufig in der offenen Faust gehalten.

Abb. 8.6-A3: Alter: 3 Jahre, Kreuz, Kreis – 1. Selbstdarstellung (parallel: Trotzalter!)

Abb. 8.6-A4: Alter: 4 Jahre, Viereck, Kopffüßler. Beim Anmalen bleibt das Kind nun etwa innerhalb der Begrenzungslinien.

Abb. 8.6-A5: Alter: 5 Jahre, Dreieck, schräges Kreuz, zeichnet Mensch aus sechs Teilen

Abb. 8.6-A6: Alter: 6 Jahre, liegende Acht – Das Kind zeichnet gern, geht dabei in Details. Das Zeichnen von Buchstaben wird motorisch möglich.

Voraussetzungen für normale Graphomotorik:

- *Körperkontrolle* (Gleichgewicht, Rumpfkontrolle, Symmetrie – Mitte überschreiten, freie Armbewegung),
- *Freie Kopfbewegung* ermöglicht Beibehalten des Gleichgewichtes bei horizontaler, vertikaler Blickwendung,
- *Augen-Hand-Koordination* – intermodale Perzeption,
- *Diadochokinese,*
- *Daumenopposition* – Spitzgriff (Festhalten bei Hand-Arm-Bewegung, bei Pro-Supination, bei Palmar-Dorsalflexion, bei Radial-Ulnarabduktion),
- *sich anpassender Muskeltonus* – isolierte Fingerbewegung, dosierte Kraft, Zielbewegung und Kraft.

Störungen in der graphomotorischen Entwicklung können verschiedenste Gründe und Ursachen haben. Möglich sind eine beginnende *psychische* Erkrankung, *minimal motorische* Beeinträchtigungen, *sensorisch integrative* Fehlentwicklungen oder *fehlende Förderung und Übung.*

In den meisten Fällen finden wir in der Gesamtmotorik Auffälligkeiten:

- *Körperkontrolle:* Kompensation durch: Seitflexion, asymmetrische Gewichtsverlagerung, verlangsamtes Tempo, Selbstfixation (Arm an Körper, Unterarm auf Unterlage),
- *Freie Kopfbewegung:* eingeschränkt! + Selbstfixation > Tonuserhöhung,
- *Augen-Hand-Koordination:* beeinträchtigt,
- *Diadochokinese:* + assoziierte Reaktion,
- *Daumenopposition:* Daumen – AD > Fixation + Tonus + Flex. Zeigefinger + Ext. Zeigefinger,
- *Sich anpassender Muskeltonus:* nicht!
  (Nach Hochleitner 1988; modifiziert v. U. Mlynczak)

Feinmotorische Beeinträchtigungen – im Kindergarten meist wenig auffällig, da Kinder sich ansonsten augenscheinlich „normal" entwickeln – werden mit Eintritt in die Schule und damit verbundener Auseinandersetzung mit Stift und Schrift deutlicher. Sekundär stellen sich spätestens zu diesem Zeitpunkt häufig *Verhaltensauffälligkeiten* ein, da das Kind den Anforderungen in der Schule nicht gewachsen ist: *Aggression, Depression, motorische Unruhe, massives Ausweichverhalten,* bei sehr ungünstigem Verlauf kann es durchaus zu *Psychischen Störungen* oder *Delinquenz* kommen.

Zur *ergotherapeutischen* Behandlung kommen die Kinder durch Überweisung der Kinderärztin/des Kinderarztes. Meist liegen die Probleme nicht nur in der feinmotorischen Störung bzw. der Grundproblematik (SI-Störung, Minimale Bewegungsstörung), Verhaltensstörungen haben sich sekundär bereits entwickelt. Dies erfordert eine sehr vorsichtige Vorgehensweise im Umgang mit dem Kind und seinen Eltern.

Spielerisch wird das Kind in feinmotorischer Auseinandersetzung unterstützt – immer in Verbindung mit einem Erfolgserlebnis. Hier soll dem Kind die Möglichkeit gegeben werden, in der geschützten Therapiesituation:

- Funktionen zu verbessern,
- sich besser an die eigenen Möglichkeiten anzupassen
- und sich somit besser in seine Umwelt zu integrieren!

Wichtig ist immer auch das Einbeziehen der Eltern in die Therapie! Die Eltern sollten immer bei der Therapie dabeisein, wenn möglich in das therapeutische Geschehen *miteinbezogen* werden! Die Eltern sollen lernen, wie sie anders mit den Problemen ihres Kindes umgehen, es zu Hause besser unterstützen können, und sollen sich an der positiven Entwicklung mit freuen können! Auf diese Weise steht die Therapeutin/der Therapeut immer in *direktem* Dialog mit *Eltern* und *Kind,* die *Interaktion* kann so oft günstig beeinflußt werden!

Literatur

Blöcher, E., Vaas, A. (1983): Schwierigkeiten beim Schreibenlernen. Langenfeld
Eggert, D., Kiphard, E. (1980): Die Bedeutung der Motorik für die Entwicklung normaler und behinderter Kinder. 4. Aufl., Schorndorf
Frostig, M. (1999): Bewegungserziehung. München
Hochleitner, M. (1988): Erkennen und Behandeln graphomotorischer Störungen. In: Inter-

nationale Frostig-Gesellschaft (Hrsg.): Graphomotorische Störungen und Rechenschwäche. Bericht zur Jahrestagung. Basel, 13-15

Internationale Frostig-Gesellschaft (Jahrestagung 1988): Graphomotorische Störungen und Rechenschwäche. München

Kiphard, E. J. (1996): Unser Kind ist ungeschickt. Hilfen für das bewegungsauffällige Kind. München

Lesigang, C. (1978): Die Motoskopische Erkennung minimaler Zerebralparesen. Wien

Ruf-Bachtiger, L. (1995): Das frühkindliche psycho-organische Syndrom: minimale zerebrale Dysfunktion. Stuttgart

Touwen, B. (1982): Die Untersuchung von Kindern mit geringen neurologischen Funktionsstörungen. Übersetzt von Michael Finke, Stuttgart

9.   „Verbraucherschutz für kleine Leute" –
      Qualitätssicherung und Qualitätsmanagement in
      der Frühförderung

9.1. „Verbraucherschutz für kleine Leute" – Einführung und Überblick

Von Christoph Leyendecker

Fragen der Qualität sind aktuell; sie werden vielerorts unter verschiedenen Schlagworten diskutiert: Leistungsbeschreibungen, Leistungs-, Vergütungs-, und Prüfungsvereinbarungen, Qualitätsstandards, Qualitätsentwicklung, Qualitätssicherung und Qualitätsmanagement. Angesichts der Kostenexplosion im Sozial- und Gesundheitswesen wird auch nach der wirschaftlichen Notwendigkeit und gelegentlich nach dem billigsten, seltener nach dem wirksamsten Anbieter gefragt.

In dieses Szenario fügt sich auch der Titel, unter dem wir Qualitätsfragen behandeln möchten: „Verbraucherschutz für kleine Leute". Die bewußt provokante Formulierung sollte nicht mißverstanden werden: Frühförderung ist kein Thema, das nur unter ökonomischen Gesichtspunkten zu behandeln ist. Verbraucherschutz in der Frühförderung meint mehr als einen wirschaftlichen Interessenausgleich zwischen Verbrauchern und Anbietern. In unserem Zusammenhang bringt der Begriff „Verbraucherschutz" zum Ausdruck, daß auch eine soziale Dienstleistung dahingehend hinterfragt werden sollte, ob sie das Bestmögliche für den „Verbraucher" bzw. Nutzer – d.h. in der Frühförderung: Kind und Eltern – erbringt. Dazu müssen Mitarbeiterinnen und Mitarbeiter in der Frühförderung ihre Leistung wissenschaftlich begründen und die Qualität ihrer Arbeit beschreiben, profilieren und fortentwickeln können.

Nun sind Fragen nach der Qualität nicht neu. Jeder, der verantwortlich in der Frühförderung arbeitet, wird sich in seinem professionellen Selbstverständnis mit der Qualität seiner Arbeit auseinandersetzen müssen. Dies war schon immer ein Thema, es muß daher heute nicht neu erfunden werden.

Neu sind allenfalls die aktuellen Anforderungen, die von Seiten der sozial- und gesundheitsgesetzlichen Rahmenbedingungen gestellt werden. Diese haben vielerorts dazu geführt, daß Mitarbeiterinnen und Mitarbeiter in Einrichtungen der Frühförderung sich systematisch mit Qualitätsfragen auseinandersetzen. Dabei haben viele die Entdeckung gemacht, daß sie bislang durchaus qualitativ gute Arbeit geleistet haben – was sie in ihren eigenen Annahmen und Begründungen selten deutlich genug gesehen oder bislang in all den Facetten ihres Leistungsspektrums nur unscharf wahrgenommen hatten. Die Reflexion über Qualität führte somit häufig zu einem klareren Bewußtsein der Kontur und des spezifischen Leistungsprofiles der Arbeit.

Damit werden Maßnahmen der Qualitätssicherung zu einer Basis der Verbesserung und Fortentwicklung der Arbeit.

Kritische Bezugspunkte einer qualitativen Fortentwicklung sind die Reflexion des fachlichen Konzeptes sowie der persönlichen, sozialen Kompetenz einerseits und die Evaluation durch die „Nutzer" andererseits, die die Leistung in Anspruch nehmen. Diese werden als „Verbraucher" am besten geschützt, wenn ihre Interessen – d. h. des Kindes und seiner Eltern – respektiert und in ein familienorientiertes Förderkonzept integriert werden.

Wie dies im einzelnen geschehen kann, darüber werden uns die nachfolgenden Beiträge informieren. Es werden zu verschiedenen Stationen der Prozesse von Qualitätssicherung und Qualitätsmanagement Denkanstöße vermittelt und praktische Umsetzungsmöglichkeiten vorgestellt.

Beginnen wollen wir mit einem Impulsreferat. In Dialogform werden wir Grundlagen zu dem „Wissen, was wir tun" vermitteln. Es folgen zwei Beiträge, die begriffliche und gründliche Fragen zur Qualität und zum „Wissen, wie man's machen kann" stellen. Danach werden wir hören, wie man vom Beobachten zum Wissen gelangt und welche Hilfen dazu computergestützte Dokumentations- und Analyseprogramme geben können. Schließlich werden wir von Erfahrungen aus zwei Praxisprojekten hören, wie eine Arbeitshilfe zur Entwicklung eines Qualitätsmanagement-Handbuches gegeben werden kann und wie ein Organisationshandbuch zur Qualitätssicherung an interdisziplinären Frühförderstellen benutzt werden kann.

Abschließend wird in dieses Kapitel der Inhalt eines Workshops aufgenommen, der einen zentralen Aspekt der Personalqualität behandelt: Die Möglichkeit der Supervision bzw. des „Reflecting Team".

9.2. Qualität in der Frühförderung sichern und managen = Wissen, was wir tun.
Ein Dialog zwischen Theorie und Praxis

Von Christoph Leyendecker und Elisabeth Wacker

W.: Wir möchten einen Impuls geben, über Qualitätssicherung und Qualitätsmanagement nachzudenken.

L.: Das heißt kurz und knapp gesagt reflektieren über das „Wissen, was wir tun?!"

W.: Wir tun dies im Dialog.

L.: Wobei einer, und das bin ich, Christoph Leyendecker, die Praxis der Arbeit in Frühförderstellen vertritt und die andere...

W.: Und das bin ich, Elisabeth Wacker, aus der Sicht der Theorie von Qualitätssicherung und Qualitätsmanagement argumentiert.

9.2.1. Problemstellung

W.: Wir wollen zunächst das Problem umreißen.

L.: Also, ich weiß nicht, was das eigentlich soll: Qualitätssicherung und Qualitätsmanagement. Das sind doch Maßnahmen, die aus der Wirtschaft kommen und im produzierenden Gewerbe eine Bedeutung haben.

W.: Das ist nicht falsch; ist aber nur ein möglicher Bereich von Qualitätssicherung und Qualitätsmanagement. Aber auch Dienstleistung kann und soll Qualität produzieren.

L.: Das ist ja schön und gut. Aber ich hab' doch schon jetzt weiß Gott genug mit Formularen und Anträgen zu tun, so daß ich in der Praxis der Frühförderung kaum dazu komme, meine Förderstunden zu protokollieren, einen Kurzbericht zu schreiben oder mit Kolleginnen/Kollegen zu diskutieren. Ich weiß nicht, ob meine Arbeit besser wird, indem ich alles Mögliche aufschreibe, mich noch stärker selbst kontrolliere oder gar durch andere kontrolliert werde? Ich ahne, um was es da eigentlich geht: In der Betriebswirtschaft heißt das Controlling.

W.: Aha, da bist du schon bei einem zentralen Mißverständnis: Controlling dient der Optimierung von Produktionsprozessen; es geschieht ausschließlich unter wirtschaftlichen Gesichtspunkten. Für unser Thema stellt dies aber nur eine Teilaufgabe in einem umfassenden Qualitätsmanagement dar.

L.: Ich denke, wir machen alle ganz gute Arbeit, und ich weiß nicht, was dabei herumkommen soll, wenn wir auch noch kontrolliert werden und uns rechtfertigen müssen.

W.: Das würde ich nicht so negativ sehen. Denn wenn du dein eigenes Handeln reflektierst, hat das nichts mit Bevormundung oder Kontrolle zu tun. Es kann vielmehr eine Chance zum Lernen, zur Weiterentwicklung der eigenen Qualität bedeuten.

L.: Gut gesagt. Aber muß das denn sein? Noch einmal: Viele von uns machen

---

Ausgangssituation in der Frühförderung

Das System Frühförderung ist sehr vielfältig und unterschiedlich.

Es werden medizinisch-therapeutische und pädagogisch-psychologische Leistungen erbracht.

Es fehlt den Anbietern der Frühförderung die systematische Möglichkeit, den zuständigen Kostenträgern den Umfang des eigenen Angebots transparent zu machen und dessen Qualität zu beschreiben.

---

qualitativ gute Arbeit; die muß doch nicht neu entdeckt oder gar erfunden werden. Die gibt's doch schon.

W.: Ja, aber du wirst doch nicht behaupten wollen, daß Frühförderung überall in gleicher Weise arbeitet. Da gibt's doch sicherlich erhebliche Unterschiede.

L.: Richtig. Frühförderung ist nicht gleich Frühförderung. Dahinter verbergen sich manchmal recht unterschiedliche Konzepte und Institutionen. Das ist eine sehr bunte Landschaft.

W.: Das weiß ich konkret nicht so genau. Das mußt du mir schon näher erläutern.

L.: Nun, man kann annehmen, daß es mittlerweile in Deutschland fast 1.000 Frühförderstellen gibt. Dieses System ist lokal und regional unterschiedlich ausgebaut, findet in unterschiedlichen Organisationsstrukturen, mit unterschiedlichen personellen Qualifikationsprofilen und in unterschiedlichen Trägerschaften statt. Auch die konzeptionelle Ausrichtung variiert und damit die inhaltliche Gestaltung der Angebote. Darüber hinaus ist in der Finanzierung der Hilfen ein sehr heterogenes Spektrum festzustellen. Ich mach's mal an Extremen deutlich: Es gibt Frühförderstellen, die aus einer Person bestehen, die beispielsweise in der mobilen Hausfrüherziehung tätig ist, im Kleinwagen herumreist, wobei das Auto sowohl als Materialschrank für die Fördermaterialien als auch als Büro für die Aktenführung dient. Auf der anderen Seite gibt es große Frühförderzentren mit mehr als 20 Mitarbeiterinnen und Mitarbeitern der medizinischen, therapeutischen, psychologischen und pädagogischen Frühförderung.

W.: Gut, die sind also unterschiedlich groß. Aber unterschiedliche Quantität bedeutet ja nicht zwangsläufig unterschiedliche Qualität. Oder gibt es da wesentliche Unterschiede in der Art der Arbeit, die erbracht wird?

L.: Oh ja. Qualitativ kann man grob unterscheiden zwischen Einrichtungen, in denen ausschließlich pädagogische Fachkräfte beschäftigt sind und solchen, die auch medizinisch-therapeutisch ausgerichtet sind.

W.: Medizin auf der einen und Pädagogik auf der anderen Seite? Das impliziert doch sicher auch eine unterschiedliche Finanzierung bzw. Kostenabrechnung.

L.: Ja, man unterscheidet im wesentlichen pädagogisch-psychologische Maßnahmen und medizinisch-therapeutische Maßnahmen. Die Finanzierung der zuerst genannten Aufgaben übernimmt in der Regel der zuständige örtliche Träger der Sozialhilfe, die Vergütung der medizinisch-therapeutischen Maßnahmen übernimmt die zuständige Krankenkasse (siehe Kapitel 1). In der Praxis ist das kompliziert, da einzelne Stellen pauschale Finanzierungen ausgehandelt haben, andere jede Fördereinheit einzeln abrechnen müssen.

W.: Gibt's denn wenigstens eine einheitliche Festlegung, was eine Fördereinheit ist?

L.: Nein, das wird unterschiedlich gehandhabt. Es gibt Frühförderstellen, bei denen wird eine Fördereinheit mit nahezu 180 Minuten angesetzt, bei einem anderen Anbieter dauert sie nur 45 oder gar nur 20 Minuten. Das hängt natürlich auch mit der Art der Leistung zusammen.

W.: Wenn das alles so unterschiedlich ist, dann kann ich mir vorstellen, daß die Methoden, Frühförderung durchzuführen, die Dokumentation und die Evaluation der Fördermaßnahmen erst recht nicht nach einem einheitlichen Maßstab entwickelt sein können.

L.: Das ist in der Tat so. Und diese Vielfalt bringt für die einzelnen Frühförderstellen erhebliche Probleme der Außendarstellung mit sich. Vor allem, wenn man mit Kostenträgern diskutiert, muß man feststellen, daß diese das Arbeitsfeld Frühförderung eher diffus wahrnehmen. Sie haben Probleme, die inhaltlichen Angebote, ihre Relevanz und die Notwendigkeit von Frühförderung zu beurteilen.

W.: Merkst du jetzt, wie wichtig es im eigenen Interesse der Arbeit ist, das notwendige Know-how zu besitzen, um dem zuständigen Kostenträger den Umfang des eigenen Angebots transparent zu machen und dessen Qualität zu beschreiben?

L.: Es ist auch kein Zufall, daß an verschiedenen Stellen in der Bundesrepublik an sogenannten „Qualitätshandbüchern" gearbeitet wird.

W.: Die Zeit drängt auch, denn die Frühfördereinrichtungen sind nach dem novellierten §93 BSHG im Zugzwang. Der Kostenträger ist zur Übernahme der Vergütung der Leistungen nur verpflichtet, wenn mit dem Träger der Einrichtung oder einem Verband eine Vereinbarung über folgende Punkte besteht:

– Inhalt, Umfang und Qualität der Leistungen (Leistungsvereinbarung),
– die Vergütung, die sich aus Pauschalen und Beträgen für einzelne Leistungsbereiche zusammensetzt (Vergütungsvereinbarung) und
– die Prüfung der Wirtschaftlichkeit und Qualität der Leistungen (Prüfungsvereinbarung) ... Diese Vereinbarungen müssen den Grundsätzen der Wirtschaftlichkeit, Sparsamkeit und Leistungsfähigkeit entsprechen.

L.: Wenn das der Kostenträger auf der Basis von §93 BSHG einfordern kann, hat er dann auch die Möglichkeit, Vergleiche zwischen Preis und Leistung verschiedener Anbieter von Hilfen anzustellen? Und kann er dann das günstigste Preis-Leistungsangebot wählen? Da zeigt sich doch, daß hinter der ganzen Qualitätsdiskussion in der Zeit knapper Kassen immer nur der Wille zu Einsparungen und Mittelkürzungen steht.

W.: Ich würde es anders formulieren: Es geht darum, Mittel sinnvoll einzusetzen. So muß man erst einmal den Beweis antreten, daß ein Angebot „sein Geld Wert ist"; es genügt nicht mehr, einfach nur „gute Arbeit" tun zu wollen. Ihr seid schließlich ein Dienstleistungsunternehmen und als solches müßt ihr auch bereit sein, eure Leistung zu benennen und eure Arbeit gegenüber den Kunden (bzw. gegenüber den Nutzern, Kind und Eltern) sowie den Kostenträgern zu verantworten.

L.: Ja, ja, das mag alles stimmen. Und ich denke auch, keiner, der in der Früh-

Zielsetzung und Nutzen

* Sicherung aktueller Qualitätsstandards und Qualitätsverbesserung der Hilfen
* Doch wer bestimmt, was notwendige Hilfen sind und was „Luxus" ist?
* Evaluation des Handelns bedeutet Weiterentwicklung der eigenen Qualität, bedeutet Chancen zum Lernen;

    sie muß nicht bedeuten:
    Bevormundung und Kontrolle.

förderung tätig ist, will sich einer solchen Verantwortung entziehen. Mir sieht das allerdings so aus, als ob wir uns jetzt plötzlich alle rechtfertigen müssen.

W.: Das ist dir vielleicht in den falschen Hals geraten. Es geht nicht um moralische Rechtfertigung, es geht schlicht und einfach um Transparenz und Vergleichbarkeit. Und die werdet ihr in Zukunft schon präsentieren müssen.

L.: Da hör ich doch raus, daß wir noch von anderer Seite unter Druck gesetzt werden könnten.

W.: Das ist durchaus der Fall. Ihr werdet z. B. in Zukunft mit niedergelassenen Heilpädagoginnen und -pädagogen, ergotherapeutischen und logopädischen Praxen u. ä. Institutionen der Rehabilitation konkurrieren müssen. Und diesem Wettbewerb müßt ihr euch stellen. Was hindert euch, das Qualitätsniveau eurer Leistung auch zu demonstrieren, indem ihr es systematisch dokumentiert?

L.: Oh ja, und wir beide sind ja mit unserem Mitarbeiterteam auch dabei, in enger Kooperation mit allen Trägern der Freien Wohlfahrtspflege und mit vielen Einrichtungen der Frühförderung in Nordrhein-Westfalen ein Qualitätshandbuch zu entwickeln.

W.: Und damit wollen wir zweierlei erreichen: Einmal wird das Handbuch als Hilfe für die Praxis „nach innen" (zur Überprüfung, Sicherung und Entwicklung der Qualität der eigenen Arbeit) dienen und zweitens soll es „nach außen" für die Leistungs-, Vergütungs- und Prüfungsvereinbarung eine Handreichung sein.

L.: Nun, es geht aber nicht darum, all den schon entwickelten und noch wachsenden Handbüchern ein weiteres hinzuzufügen, sondern der Anstoß geht von dem Wissenstand aus, der von den Machern der Qualitätsinstrumente bereits erreicht wurde.

W.: Genau, das Besondere an unserer Handbuchentwicklung ist, daß wir von den bisherigen Arbeiten profitieren können und nun – mit den wissenschaftlichen Methoden der Handlungsforschung – der Evaluationsprozeß, den die Frühförderung durchläuft, auch bereits in die Entstehung des Evaluationsinstrumentes eingebaut ist. Wir nehmen den Anspruch der Qualitätsentwicklung so ernst, daß auch die Handbucherstellung den Kriterien der Prozeßqualität entsprechen muß und so hoffentlich zu einem für viele Nutzerperspektiven qualitätsvollen Ergebnis führt. Konkret wird – wie der Weg auf einer Wendeltreppe – bei der Handbucherstellung immer aufs neue eine „Qualitätsrunde" gegangen, die dann eine Etage höher führt. In der Abb. 9.2-A1 ist dies dargestellt: Neben den klassischen Methoden- und Analyseaufgaben der Wissenschaft werden die Frühförderstellen in NRW bei der Entwicklung des Handbuches auf mehreren Ebenen aktiv einbezogen:

VERLAUFSPLAN

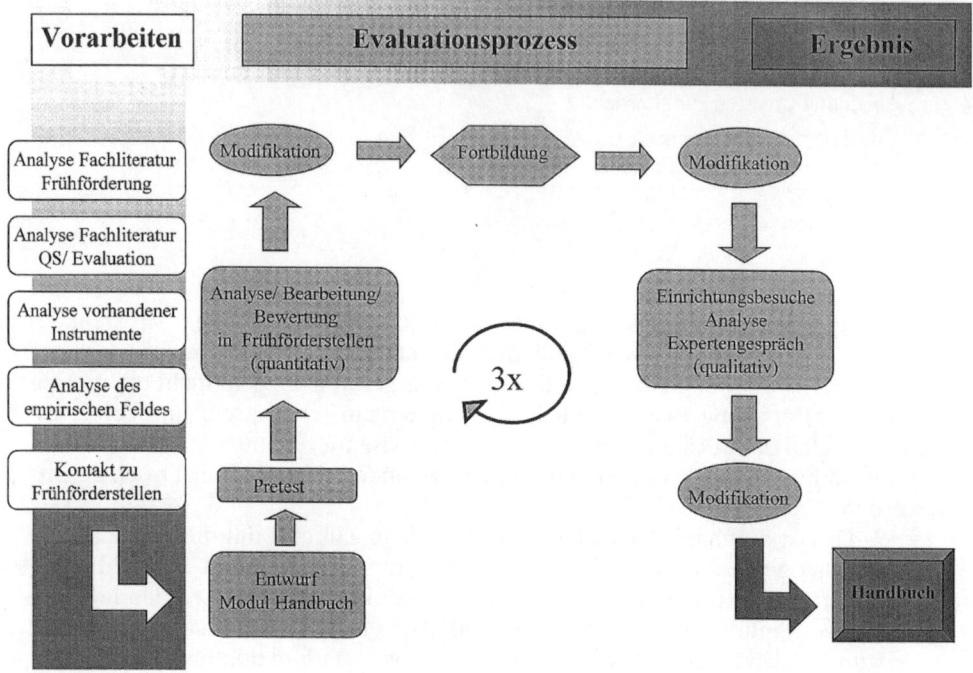

Abb. 9.2-A1

- Evaluationsbögen werden erstellt für die verschiedenen Qualitätsdimensionen und an alle Frühfördereinrichtungen in Nordrhein-Westfalen verschickt. Dort werden sie getestet und beurteilt. Die Auswertung der zurückgesandten Bögen dient der weiteren Bearbeitung des Handbuches. Gleichzeitig ermöglicht sie einen Überblick über die derzeitige Situation der Frühförderung in Nordrhein-Westfalen.
- In exemplarisch ausgewählten Einrichtungen werden vertiefende Untersuchungen durchgeführt, bei denen die Arbeit der Frühförderstellen vor Ort analysiert und im Rahmen von Expertengesprächen im Kontext der Qualitätssicherung reflektiert wird.
- Parallel zur Arbeit am Handbuch findet eine Fortbildungsreihe zum Themenkreis „Qualitätsmanagement für Frühförderstellen" statt, deren Ergebnisse ebenfalls in die Erstellung des Handbuches einfließen. Zugleich ist hier eine Institution verfügbar, die die Implementierung des Qualitätshandbuches ins Feld stützt und vorantreibt.

Man könnte also sagen, die Frühförderstellen erarbeiten sich mit dem Coaching der Universität Dortmund ihr Qualitätshandbuch selbst.

L.: Unabhängig vom Verfahren ist es natürlich spannend, wie im einzelnen die

Standards festgelegt werden. In Anbetracht der knappen Budgets der öffentlichen Kassen darf man befürchten, daß das Niveau der festgelegten Standards sehr schnell bezweifelt wird, d. h. man versuchen wird, sich auf Mindeststandards hinzubewegen.

W.: Nun sieh' das mal nicht nur negativ. Gutes Qualitätsmanagement kann in diesem Zusammenhang auch bedeuten, vorhandene Qualität zu sichern, zu erhalten oder noch bessere Standards auf der Basis fachlicher Argumente einzufordern und zu etablieren.

L.: Meinst du das wirklich? Ich denke, das wird nicht einfach sein. Obwohl ich aus fachlicher Sicht sagen muß, daß es in der Frühförderung einen einfachen, zentralen Ausgangspunkt gibt: Das ist der Förder- und/oder Beratungsbedarf. Von dort her gibt es eine klare Ableitung über eine Leistungs- und Qualitätsbeschreibung zu den Prüfkriterien.

W.: Richtig. Das heißt, man legt dar, wie man den Förder- und Beratungsbedarf ermittelt, wie man ihn systematisch beschreibt und klassifiziert, und man sagt, mit welchen Mitteln und Methoden man qualitativ gute Förderleistungen erbringt und wie man den Nutzen sowie die Wirkung dieser Arbeit überprüft.

L.: Soweit dürfte alles klar sein. Konfliktpotential wird aber trotzdem in grundsätzlichen Fragen bestehen:

- Was ist der Bedarf von Menschen in bestimmten Situationen?
- Wer hat die Definitionsmacht: der Geldgeber, die Betroffenen, das Kind, seine Eltern, die Gesellschaft, der Leistungserbringer, die Wohlfahrtsverbände?
- Muß zwischen notwendigem Bedarf und Luxus unterschieden werden, wer tut das?

W.: Das letztere scheint ja besonders interessant und auch prekär: Sollen wir im Katalog unserer Angebote unterscheiden zwischen unbedingt notwendigen Hilfen, wünschenswerten Hilfen und fachlich interessanten Hilfen?!

L.: Ich fürchte, das ist keine einfache Arbeit. Vielleicht sollte man eine solche Differenzierung am besten gleich unterlassen und sich auf den Bedarf und die Begründung notwendiger Hilfen beschränken, diese transparent und einsichtig machen sowie durch interne und externe Kontrollen absichern.

9.2.2.   Die besondere Qualität der Frühförderung

W.: Kommen wir der Sache doch einmal näher: Es gibt verschiedene Aspekte von Qualität: Man kann sie herstellungsorientiert betrachten. Es gibt die produktorientierte Qualität, die experten- und wertorientierte Qualität, die effektivitäts- und wirtschaftlichkeitsorientierte Qualität und eine kundenorientierte Qualität

L.: Das ist eine Menge von Aspekten. Und die Gesichtspunkte klingen mir mehr danach, als ob wir uns im Supermarkt befänden. Wir wollen uns aber doch im Raum der Frühförderung bewegen.

W.: Dann will ich einmal versuchen, beides miteinander zu verbinden bzw. das eine in das andere zu übertragen. Ich lasse die herstellungsorientierte und die produktorientierte Qualität weg, da sie bei sozialen Dienstleistungen nicht die entscheidende Rolle spielen.

L.: Dann sag' mir doch zuerst einmal etwas zur experten- und wertorientierten Qualität.

W.: Ja, diese richten sich nach wissenschaftlichen oder ethischen Standards.

L.: Das heißt, ich frage mich, ob das jeweilige Vorgehen einer wissenschaftlichen Fundierung oder einem ethischen Wert entspricht, so z. B. ob meine Interaktionen mit dem Kind dem Erziehungsziel einer weitestmöglichen Selbstverwirklichung/Autonomie des Kindes gerecht werden können.

W.: Das ist ein Gesichtspunkt, dem viele Pädagoginnen und Pädagogen beipflichten werden. Schwieriger wird es beim nächsten, der effektivitäts- und wirtschaftlichkeitsorientierten Qualität. Dabei wird das Verhältnis von eingesetzten Ressourcen und deren wirtschaftlicher Umsetzung und Wirksamkeit geprüft. Manche verstehen darunter auch im engeren Sinne nur eine preisorientierte Sichtweise. Bei diesem Gedanken, Qualität könnte dann nur als eine möglichst billige Dienstleistung definiert werden, haben sicher viele Aktive der Frühförderung erhebliche Bedenken.

L.: Oh ja, denn es heißt, aus den bestehenden Bedingungen immer das Beste zu machen und gleichzeitig zu wissen, daß dies im Sinne der fachlichen Kriterien nicht die größtmögliche und sinnvollste Arbeit darstellt.

W.: Genau. Aber es gibt schließlich noch einen anderen wichtigen Qualitätsgesichtspunkt: die kundenorientierte Qualität. Hier wird Qualität gleichgesetzt mit der Erfüllung von Kundenanforderungen nach dem Motto: „Der Kunde ist König". Diesem Qualitätselement schenken wir in unserem Projekt auch besondere Beachtung, indem ein Fragebogen zur Nutzerzufriedenheit entwickelt wird.

L.: Das heißt: Daß wir uns in der Arbeit nicht nur als Frühförderexperten, sondern auch als soziale Dienstleister verstehen, die kundenfreundlich zu handeln haben.

W.: Diese Kundenfreundlichkeit bedeutet aber auch Verbraucherschutz: d. h., die Kunden, das sind die Kinder und ihre Eltern, werden durch Qualitätssicherung vor fehlerhaften Dienstleistungen der Förderer geschützt.

L.: Gut so: Fordern wir den Verbraucherschutz für kleine Leute! Aber haben wir damit nun auch schon die Qualitätsfrage gelöst? Ich habe dabei kein gutes Gefühl. Die aufgezählten Dimensionen von Qualität sind mir zwar einsichtig, sie treffen mir aber zu wenig ein Kernproblem der Frühförderung. Soll ich diese nach dem fachlichen Know-how, das ein Unterstützer besitzt, beurteilen, oder spielen in der pädagogischen Interaktion nicht viel mehr die menschlichen Qualitäten eine entscheidende Rolle. Ich formuliere es einmal überspitzt: Was macht in einer kindgemäßen Frühförderung das Eigentliche aus, was zählt mehr, das spezifische Wissen und die spezielle Technik oder die Art der liebevollen, menschlichen Zuwendung?

W.: Nun mal langsam. Schon Bruno Bettelheim hat gesagt: „Liebe allein genügt nicht". Man muß schon professionell wissen, wie man sie vermittelt.

L.: Ein starkes Wort. Es trifft ein Kernproblem der Qualitätsbeurteilung in der Frühförderung. Denn diese läßt sich kaum an spezifizierten, systematisch abgrenzbaren Vorgehens- oder Behandlungsmethoden festmachen. Denn jede therapeutische wie pädagogische Handlung ist eingebunden in Interaktion. Das heißt, es wird nicht so sehr eine spezifische Behandlung verabreicht, sondern es werden in einem Dialog förderliche Bedingungen geschaffen. Das ist schon etwas

Wesensmerkmale wirkungsvoller Förderung
= Qualitäten der „Vermittlung", Interaktion:
• „Autopoiese" und Selbstwirksamkeitserwartung • gemeinsame Aufmerksamkeitsausrichtung • Affektabstimmung • ritualisierte Kontinuität • Empowerment

anderes. Und da wir bei der leidigen Effektivitätsfrage von Frühförderung sind, muß ich dir sagen, daß es nach wissenschaftlichen Untersuchungen kaum empirische Belege für bestimmte Effekte von Frühförderung gibt, die auf je spezifische Methoden oder Behandlungsformen zurückgeführt werden können. Der Erfolg unserer Bemühungen stellt sich nämlich eher „mittelbar" ein: d. h., es ist im wesentlichen die Qualität der „Vermittlung", die Beziehung, die Wirkung ausmacht.

W.: Kannst du das etwas genauer aufschlüsseln?

L.: Das ist nicht einfach. Ich will es einmal versuchen. Es lassen sich mehrere Wesensmerkmale wirkungsvoller Frühförderung feststellen.

Ein erstes Wesensmerkmal läßt sich mit dem Begriff *„Autopoiese"*, d. h. Selbstgestaltung, umschreiben. Gemeint ist eine grundsätzliche Akzeptanz des Kindes und Respekt vor seinen eigenen Versuchen der Problembewältigung. d. h., das Kind (auch das behinderte Kind) ist in seinen eigenen Lösungsmöglichkeiten als kompetenter Gestalter und Erkunder dieser Welt zu respektieren.

Im unmittelbaren Zusammenhang damit steht ein zweites Wesensmerkmal, die *„Selbstwirksamkeitserwartung"*. Bezogen auf das Kind bedeutet das, daß es sich als Urheber von Ereignissen erlebt und erwartet, daß es selbst wirken kann. Diese Wirksamkeitserwartung gilt auch kollektiv für die Förderer oder den Glauben des Teams, daß sie es „schaffen" werden, das Kind zu fördern.

Weiter ist eine wichtige Bedingung jeder Frühförderung die *„gemeinsame Aufmerksamkeitsausrichtung"*, d. h. Therapeutin/Therapeut und Kind müssen auf ein gemeinsames „Erleben-Wollen" ausgerichtet sein. Gemeinsame Bezugspunkte sind wichtig. Dies gilt gleichermaßen für intuitive, emotionale Prozesse der Interaktion: Im sogenannten *Prozeß der Affektabstimmung* paßt sich das Ausdrucksverhalten des Erwachsenen an die expressive kindliche Aktivität an. Sie spiegelt diese wider – oder besser –, sie teilt diese in einem gemeinsamen Prozeß. Schließlich ist es ein allgemein wichtiges Merkmal jeder Förderung, daß diese – gleich nach welcher Methode erzogen oder gefördert wird – in jedem Fall in strukturierten, konsistenten Ablaufmustern und nach bestimmten Regeln *ritualisierter Kontinuität* erfolgt.

Letztlich ist es wichtig, Eltern und Kinder nicht nur als hilflose und förderungsbedürftige Personen anzusehen, sondern als Experten in eigener Sache. Dies wird allgemein mit dem Stichwort *„Empowerment"* beschrieben.

W.: Das klingt ja recht interessant, ist aber auch sehr komplex, d. h. es wird nicht einfach sein, die genannten Qualitätskriterien der Frühförderung zu erfassen. Denn wir müssen die Qualität der Leistungen an der Qualität der pädagogisch und therapeutisch realisierten Interaktionsformen messen und das auch noch in Bezug zu den Bedürfnissen der Benutzerinnen und Benutzer setzen.

L.: Kannst du mir da mit deiner Theorie weiterhelfen, wie kann man denn all diese Dimensionen und Kriterien von Qualität systematisch ermitteln, die Qualität unseres Angebotes sichern und auch managen?

9.2.3. Methoden der Qualitätssicherung und des Qualitätsmanagements

W.: Nun, wenn ich diese Frage einfach beantworten könnte, müßten sich nicht seit Jahren zahllose Frühförderer und Wissenschaftler dazu den Kopf zerbrechen. Ich denke, wir sind uns in einem Punkt schon mal einig, daß es eine einfache Antwort nicht gibt. Aber man kann verschiedene „Prüfkriterien" nennen, die bei dem Versuch, Qualität zu managen, hilfreich sein können.

L.: Meinst du, es könnte eine Art Prüfliste wie beim TÜV geben, und wenn man nicht die passende Punktzahl erreicht, hat man die Kontrolle nicht bestanden und wird aus dem Verkehr gezogen?

W.: Ich würde bei der Operationalisierung von Qualität, also bei Listen von Qualitätsmerkmalen, nicht zu sehr den Kontrollaspekt sehen, sondern eher die Vorteile, die sich aus einer guten Planung und einem wirkungsvollen Einsatz der Kräfte und Ressourcen ergeben. Sich selbst im Spiegel der Fachwelt und der Kunden sehen zu können, stellt auch Qualität her. Ich nenne dir aber einige Qualitätsprüfsteine und dann kannst du eher beurteilen, ob hier nur reglementiert werden soll, oder ob es eine Hilfe sein kann, die eigenen Arbeitsbedingungen besser kennenzulernen.

L.: Kennenlernen könnte ja bedeuten, nicht nur Schwachstellen zu finden, sondern sich auch der eigenen Stärken bewußter zu werden.

W.: Da hast du sicher Recht, ein großes Problem ist allerdings, für die einzelnen, sehr unterschiedlichen Frühförderstellen die jeweils passende Prüfliste bzw. den geeigneten Kriterienkatalog zu finden, der Qualität beschreibt.

Wie du weißt, unterscheidet man bei der Diskussion einer Strategie der Qualitätssicherung häufig drei Qualitätsebenen in Anlehnung an die von Donabedian (1972) vorgeschlagene Trilogie: *Struktur-, Prozeß-, und Ergebnisqualität.*

L.: Ja, und nach diesem „klassischen" Muster verfahren wir auch in unserem eigenen Projekt zu „Qualitätssicherung und Qualitätsmanagement in Einrichtungen der Frühförderung in Nordrhein-Westfalen".

W.: Dazu haben wir bereits einen umfangreichen Fragebogen zur strukturellen Bestandsaufnahme entwickelt. Dieser dient zwei Zwecken: zum einen kann sich jede Einrichtung ihres Ist-Standes versichern und ihre Strukturqualität allen Mitarbeiterinnen und Mitarbeitern sowie den Nutzerinnen und Nutzern transparent machen, zum zweiten wird mit der Bearbeitung des Fragebogens das Schreiben eines Qualitätsberichtes für den jeweiligen Kostenträger erleichtert.

L.: Wir machen aber nicht nur eine Bestandsaufnahme.

W.: Ja, in einem zweiten Schritt haben wir Entwicklungsziele formuliert, daran kann die jeweilige Einrichtung Indikatoren zur Feststellung von Handlungsbedarf ableiten. Diese Qualitätsindikatoren beschreiben dabei einen „Sollzustand", der sicherlich teilweise über das hinausgeht, was die jeweilige Frühförderstelle zum gegebenen Zeitpunkt leisten kann. Es wird auch nicht erwartet, daß die formulierten Entwicklungsziele in jedem Fall erreichbar sind. Wir gehen jedoch da-

von aus, daß eine größtmögliche Annäherung an die formulierten Zielvorstellungen die Qualität der Arbeit in der Frühförderung erheblich verbessern wird. d. h.,
jede Einrichtung kann aus den Indikatoren Handlungsnotwendigkeiten, Schluß-
folgerungen und Konsequenzen für die eigene Einrichtung ableiten. Und sie kann
sich eine Prioritätenliste erstellen, welche vordringlichen Entwicklungsaufgaben
kurz-, mittel- und langfristig verfolgt werden sollen.

L.: Das hört sich ja nicht schlecht an, scheint mir aber auch nicht besonders
schwierig. Die Merkmale von *Strukturqualität* sind ja relativ einfach zu erfassen.
Es handelt sich doch vorrangig um die sächlichen, räumlichen und personellen
Voraussetzungen.

W.: Das mußt du schon etwas differenzierter sehen, und gerne verdeutliche ich
dir noch einmal die verschiedenen Punkte, die wir zur Bewertung der strukturellen Qualität heranziehen:
Es ist einmal die Frage nach:

- der „Konzeption der Einrichtung",
- den Rechtsgrundlagen und der Finanzierung,
- wir erfassen die Räumlichkeiten und die Ausstattung,
- wir beschreiben die Zielgruppe,
- erfassen die Erreichbarkeit, Sprech- und Wartezeiten sowie Zuweisungswege
  und den Bekanntheitsgrad der Frühfördereinrichtung,
- wir erheben die Außenkontakte, d. h. die interdisziplinäre Zusammenarbeit mit
  anderen Einrichtungen,
- die Öffentlichkeitsarbeit und Informationspolitik,
- schließlich erfassen wir die Qualität der Leitung,
- die Berufsausbildung, Fort- und Weiterbildung, Supervision und Teamarbeit
  des Personals und letztlich
- die Organisation und den Ablauf der Arbeit.

L.: Das ist ja schon eine ganze Menge. Trotzdem würde mich jetzt sehr interessie-
ren, wie differenziert dies auf der nächsten, der *Prozeßebene von Qualität* wirksam werden kann. Hier geht es um den entscheidenden Punkt „wie" die Förderung angeboten wird und ich frage mich, wie man so etwas wie:

- "Ganzheitlichkeit" der Hilfen oder
- Qualitäten wirksamer Frühförderung wie „Autopoiese", Selbstwirksamkeit-
  serwartungen, gemeinsame Ausrichtung der Aufmerksamkeit, Affektabstimmung, strukturierte Interaktion und ritualisierte Kontinuität, „Empowerment"
  sowie interdisziplinäre Zusammenarbeit erfassen kann.

W.: Außerdem geht es um Kundenorientierung, d. h. in der Prozeßqualität ist herauszufinden:

- was potentielle Kunden, Eltern und Kinder konkret erwarten und wünschen,
  wenn sie Frühe Hilfen nutzen wollen und
- was eine bedarfsgerechte Hilfe im Einzelfall ist und
- mit welchen Schritten diese Hilfe gegeben werden kann.

Schließlich bedeutet Prozeßqualität auch, so etwas wie eine Vertrauensbasis zu finden und diese zu sichern.

L.: Oh ja. Dies alles läßt sich nicht so einfach prüfen wie die qm-Zahl einer Frühförderstelle oder ausfindig machen wie die nächste Bushaltestelle.

W.: Du weißt, diese Punkte stehen aktuell in Arbeit und wir können hier nur einige Beispiele unserer Prüfkriterien nennen.

L.: Ja, ich denke daran, daß man prüfen sollte, ob das fachliche Handeln der Einzelnen mit den Leitlinien der Frühförderung übereinstimmt, wie:

- ob individuelle Entwicklungspläne erstellt werden,
- ob die Bedürfnisse der Kunden ermittelt werden,
- ob die Arbeit darauf abgestellt wird und Maßnahmen zur Weckung der *Selbstgestaltungskräfte* (Autopoiese) oder der *Selbstheilungskräfte* (Empowerment) angeboten werden,
- ob die Frühförderstelle sich bemüht, bei der Verwirklichung von Lebensplanung Hilfen zu geben oder ob sie ohne Ansehen persönlicher Lagen ihr Angebot macht,
- ob die Arbeit auf eine *gemeinsame Erlebens-, Verständigungs- und Verhaltensebene* ausgerichtet wird,
- ob eine Verständigung darüber gesucht wird, was als Fortschritt der Frühförderung definiert werden soll,
- ob Inhalte und Kompetenzen bezogen auf pädagogische, psychologische und therapeutische Anteile in der Frühförderung klar definiert und beschrieben werden,
- ob Aufgaben und Handlungsabläufe in der Frühförderstelle festgelegt sind und insbesondere *verläßliche ritualisierte Ablaufsformen* eingehalten werden,
- ob die Kontinuität des Förderprozesses gesichert ist,
- ob Kommunikations- und Entscheidungsprozesse im Team der Komplexität der gemeinsamen Aufgaben Rechnung tragen,
- ob die interne und externe Kooperation geeignet ist, Interdisziplinarität und Ganzheitlichkeit zu verbinden und umzusetzen.

W.: Und man könnte in diesem Zusammenhang auch wieder verstärkt an die Kunden denken:

- ob sie an der Auswahl ihrer Helfer beteiligt werden oder akzeptieren müssen, was ihnen die Stelle bietet,
- ob sie häufig mit wechselndem Personal zu tun haben oder eine konstante Anzahl von Personen vorfinden,
- ob das Vorgehen im Förderverlauf transparent ist und von den Eltern mitbestimmt wird.

Es lassen sich durchaus einige Prüfkriterien finden, auch wenn sie weniger leicht „festzumachen sind" als die Strukturkriterien. Ohne eine gute Prozeßbeobachtung und dessen Bewertung wäre allerdings alles nur auf die Beschreibung eines Qualitäts*zustandes* reduziert. Der dynamische Entwicklungsaspekt käme zu kurz.

L.: Dennoch sehe ich gewisse Schwierigkeiten, diese Prozeßelemente bei Leistungsvereinbarungen herauszustellen und festzusetzen, obgleich sie notwendig sind. Ich befürchte, die Kostenträger sind einfach schneller bereit, ein Ergebnis als Qualitätsmerkmal zu akzeptieren. Bildlich gesprochen will man weniger sehen, wie liebevoll ein Koch seine Mahlzeiten zubereitet, welche Zutaten er wählt und mit welchen Verfahren er sie würzt, verändert oder kombiniert. Vielmehr möchte jeder gerne das fertige Essen beurteilen: nach Nahrhaftigkeit, Geschmack, Verträglichkeit und Preis.

W.: Hier sprichst du ein großes Problem an. Viele Unzufriedenheiten und Belastungen bei der Frühfördertätigkeit rühren ja daher, daß alle sich bemühen, gute Arbeit zu leisten, aber Probleme haben, das Ergebnis ihrer Arbeit zu benennen. Das Dilemma der Ergebnisqualität liegt in der Vorstellung, individuelle Fortschritte müßten sich vom Individuum unabhängig definieren lassen. Unter *Ergebnisqualität* in der Frühförderung können aber nicht primär Eigenschaften des Behandlungsergebnisses des sog. Outcome insgesamt subsumiert werden. Vielmehr ist eine individuelle Zielerreichung zu prüfen. Solche Arbeitsergebnisse sind etwa Veränderungen im Verhalten, beim Gesundheitszustand und im allgemeinen Wohlbefinden. Auch das Wohlbefinden des Personals könnte als Qualitätsergebnis angesehen werden. Aber das sind so subjektiv geprägte Meßgrößen, die sich schlecht fassen lassen.

L.: Trotzdem ist die Beschäftigung mit den Ergebnissen der Arbeit wichtig. Auch wenn es unsinnig wäre, sie lediglich in der Veränderung von Entwicklungstestwerten, also mit normorientierten Meßinstrumenten zu beschreiben. Dies sind zwar alles verläßliche empirische Instrumente, sie müssen aber sinnvoll ergänzt werden durch qualitative und verstehende Verfahren, die den Ergebnissen erst Bedeutung verleihen.

W.: Du nennst aber jetzt nur Verfahren, die das Ergebnis am Kind festmachen. Das Ergebnis läßt sich aber auch mit Fragen an die eigene Arbeit, also mit dem, was als *Selbstevaluation* beschrieben wird, eingrenzen. Solche Fragen könnten z. B. lauten:

– Wird die Frühförderstelle den im Konzept formulierten Ansprüchen nach innen und außen gerecht?
– Können Kundenwünsche erfüllt werden?
– Werden im Einzelfall die vereinbarten Ziele umgesetzt?
– In welchem Umfang werden Angebote abgerufen?
– Wechseln Kunden zu anderen Anbietern und warum tun sie das?
– Wie häufig wechseln die Mitarbeiterinnen/Mitarbeiter?
– Ist es schwer, Mitarbeiterinnen/Mitarbeiter zu finden? und schließlich:
– Wie häufig passiert es, daß man Kunden nicht mehr wiedersieht?

Ich hoffe nicht, weil sie unzufrieden sind, sondern weil sie keine Hilfe mehr benötigen.

9.2.4. Perspektive

L.: Das wäre an sich die optimale Ergebnisqualität, daß wir uns selbst als Förderer überflüssig machen, daß Eltern und Kind von uns unabhängig werden und ihren eigenen Weg gehen können.

W.: Das ist ja schon fast ein gutes Schlußwort, laß uns zum Ende kommen.

L.: Ja, wir haben nun ausführlich nachgedacht und hin und her überlegt. Wissen wir denn nun auch genau zu sagen, was Qualität in der Frühförderung ist, „wissen wir, was wir tun und was zu tun ist"?

W.: Nun mal langsam, so einfach läßt sich Qualität nicht fix und fertig definieren. Qualität ist ein vielschichtiges Phänomen. Es gibt sie nicht schlechthin, Qualität in der Frühförderung wird sich vielmehr in vielen Denk- und Handlungsschritten entwickeln müssen.

L.: D.h., wir können uns nicht darauf beschränken, lediglich normierte Qualitätsstandards zu ermitteln und dann zu dokumentieren.

W.: Qualität zu sichern und zu managen muß als kontinuierliches Verfahren verstanden werden, indem Strukturen, Prozesse und Ergebnisse immer aufs Neue bewertet und Veränderungsprozesse eingeleitet werden. Kostenträger sind dann gehalten, als Prüfkriterium der Qualität der Leistung nach §93 BSHG zu akzeptieren, daß dieser Qualitätsentwicklungs- und -sicherungsprozeß durchlaufen wird, auf der Basis eines dafür akzeptierten Evaluationsinstrumentes. In gemeinsamer Anstrengung wird sich auf diese Weise auch der „Verbraucherschutz für kleine Leute" fortlaufend verbessern lassen.

Literatur

Abholz, H.-H. (1995): Qualitätssicherung im ambulanten Bereich – Zerstörung oder Rettung eines ganzheitlichen Arbeitsansatzes? In: Deppe, H.-U., Friedrich, H., Müller, R. (1995): Qualität und Qualifikation im Gesundheitswesen. Frankfurt/New York, 36-54

Arbeitsstelle Frühförderung Bayern (Hrsg.) (1998): Leistungsbeschreibung der interdisziplinären Frühförderung an Frühförderstellen. München

Bettelheim, B. (1971): Liebe allein genügt nicht. Die Erziehung emotional gestörter Kinder. Stuttgart

DIN Deutsches Institut für Normung e. V. (1992): DIN-ISO 9000ff. Berlin

Donabedian, A. et al. (1966): Evaluating the quality of medical care. In: The Milbank Memorial Fund Quarterly 44, 166-206

– (1972): The definition of quality and approaches to its assessment. Ann Arbor

Flösser, G., Otto, H.-U. (Hrsg.) (1992): Sozialmanagement oder Management des Sozialen? Bielefeld

Grunwald, K. (1996): Management in der Sozialen Arbeit. Instrument betriebswirtschaftlicher Kolonialisierung der Sozialen Arbeit oder Innovationspotential? In: Grundwald, K. et al. (Hrsg.) (1996): Alltag, Nicht-Alltägliches und die Lebenswelt. Beiträge zur lebensweltorientierten Sozialpädagogik. Weinheim/München, 189-200

Heiner, M. (1995): Ziel- und kriterienbezogenes Qualitätsmanagement in der Sozialen Arbeit. Vom Katalogisieren der Aktivitäten zur Reflexion von Qualitätskriterien. In: Merchel, J., Schrapper, Ch. (Hrsg.) (1995): „Neue Steuerungsmodelle". Tendenzen der Organisationsentwicklung in der Sozialadministration. Münster

Korsten, S. et al. (2000): Qualitätssicherung und Qualitätsmanagement in Einrichtungen der Frühförderung in NRW. In: Geistige Behinderung 39, 73

Kron, M. (2000): Qualitätsentwicklung und -sicherung in der Frühförderung. In: Geistige Behinderung 39, 63-72

Leyendecker, Ch. (1998): „Je früher, desto besser?!" Konzepte früher Förderung im Spannungsfeld zwischen Behandlungsakteuren und dem Kind als Akteur seiner Entwicklung. In: Frühförderung interdisziplinär 17, 3-10

– (1999): Wissenschaftliche Grundlagen, Konzepte und Perspektiven der Frühförderung körperbehinderter Kinder. In: Bergeest, H., Hansen, G. (Hrsg.): Theorien der Körperbehindertenpädagogik. Bad Heilbrunn, 297-318

– (2000): „(E)Motion" – oder: Was bewegt frühe Förderung? In: Ferber, H.-P., Lipps, W., Seyfarth, Th. (Hrsg.): Wege zum selbstbestimmten Leben TROTZ Behinderung. Tübingen 45-62

–, Horstmann, T. (Hrsg.) (1999): Frühförderung und Frühbehandlung: Wissenschaftliche Grundlagen, praxisorientierte Ansätze und Perspektiven interdisziplinärer Zusammenarbeit. 2. Aufl. Heidelberg

Metzler, H., Wacker, E. (1997): Zum Qualitätsbegriff in der Behindertenhilfe. In: Schubert, H.-J., Zink, K. J. (Hrsg.): Qualitätsmanagement in sozialen Dienstleistungsunternehmen. Neuwied/Berlin, 44-55

Peterander, F. (1995): Verarbeitung der Vielfalt – Perspektiven einer Weiterentwicklung der Frühförderung. In: Frühförderung interdisziplinär 14, 160-168

– (1996): Neue Fragen zu einem alten Thema: Qualitätssicherung und -entwicklung in der Frühförderung. In: Opp, G. et al. (Hrsg.): Heilpädagogik in der Wendezeit. Luzern, 90-103

Peterander, F., Speck, O. (1993): Abschlußbericht zum Forschungsprojekt „Strukturelle und inhaltliche Bedeutung der Frühförderung". München

Schubert, H.-J., Zink, K. J. (Hrsg.) (1997): Qualitätsmanagement in sozialen Dienstleistungsunternehmen. Neuwied/Berlin

Schwarte, N., Oberste-Ufer, R. (1997): Qualitätssicherung und -entwicklung in der sozialen Rehabilitation Behinderter. Anforderungen an Prüfverfahren und Instrumente. In: Schubert, H.-J., Zink, K. J. (Hrsg.): Qualitätsmanagement in sozialen Dienstleistungsunternehmen. Neuwied/Berlin, 56-82

Wacker, E. (1994): Qualitätssicherung in der sozialwissenschaftlichen Diskussion. Grundvorstellungen und Transfer in die bundesdeutsche Behindertenhilfe. In: Geistige Behinderung 33, 267-281.

– (1996a): Die Qualitätsfrage als Muß, Mode oder Möglichkeit zur Verbesserung von Hilfen. Gedanken zur Kunst, Qualität zu sichern. In: Behindertenpädagogik 35, 301-312

– (1996b): „Qualität und ihre Sicherung". Neue Schlüsselbegriffe in der Behindertenhilfe. In: Verband Katholischer Einrichtungen und Dienste für Körperbehinderte Menschen (Hrsg.): Lebensqualität gemeinsam schaffen. Beiträge zur Körperbehindertenfürsorge 50. Freiburg/Br., 7-25

Weiss, H. (1999): Empowerment in der Heilpädagogik und speziell in der Frühförderung – ein neues Schlagwort oder eine handlungsleitende Idee? In: VHN 68, 13-22

Wetzler, R. (1996): Internationale Evaluationsansätze zur Qualitätssicherung sozialer (residentieller) Dienstleistung. In: Heiner, M. (Hrsg.): Qualitätsentwicklung durch Evaluation. Freiburg/Br., 108-120.

9.3.   Qualität begrifflich gesehen

Von Nina Weigel-Tichy

Qualität hat zwar nichts mit Qual zu tun, aber der Umgang mit dem Begriff läßt oft eine gewisse wörtliche Nähe vermuten. Die Betrachtung, hier aus einem anderen Blickwinkel, soll helfen, eine andere als die bisher übliche Vorstellung zu gewinnen.

Solange es Fragen zu diesem Begriff selbst und zur richtigen Anwendung gibt, müssen alle Vorstellungen dazu nicht nur erlaubt sein, sondern auch herangezogen werden, um gültige Aussagen erreichen zu können.

Auf dem Weg vom Kopf zur Hand, vom Kopf- zum Handwerkszeug machen wir den gemeinsamen Versuch, den Begriff selbst in seiner Veränderung durch Struktur, Prozeß und im Ergebnis zu betrachten.

Die Betrachtungsweise bezieht sich sowohl auf den Vorgang der Begriffsfindung selbst als auch auf die Beziehungen zu den möglichen Anwendungsebenen mit den daraus folgenden Ergebnissen.

Wenn wir mit einem nicht nur in der Frühförderung bekannten Anspruch beginnen, müssen, *ganzheitlich* gesehen, daher mindestens die statischen und dynamischen Aspekte seiner Wirkungsweise betrachtet werden.

Der *statischen* Betrachtung ordnen wir meist die Struktur zu, doch für sich betrachtet enthält sie ebenfalls alle Gliederungselemente, die zu einem Ganzen gehören. So ist es auch mit der *dynamischen* Betrachtung, worunter wir aber eher den Prozeß verstehen. Auch dieser kommt nicht aus ohne alle schon erwähnten Elemente (siehe Abb. 9.3-A1, S. 327).

Das Geheimnis der ganzheitlichen Betrachtung ist dann aber nicht die Summe der beiden vorgenannten, sondern das sich im Feld bildende, dazwischen liegende Potential. Es läßt sich bildlich verdeutlichen, daß gerade dieses Potential den inhaltlichen Begriff von Qualität darstellt.

Vermindert auf ein zweidimensionales Bild veranschaulichen wir den Denkprozeß durch einen Kern, der sich durch interne (z. B.: fachliche) Anstrengungen und durch Ansprüche bzw. Druck von Außen (extern) im Prozeß verdichtet. Die Wirkungsrichtung zielt von Außen nach Innen als zentripetale Kraft (s. Abb. 9.3-A2, S. 328).

Der wechselnde Rhythmus des Denkprozesses in seinen Intervallen löst unmittelbar darauf ein neues (zur Veranschaulichung) zweidimensionales Bild in umgekehrter Richtung aus. Der Blick folgt jetzt dem Weg vom Kern (vom Inneren) nach Außen und läßt zentrifugale Kräfte erkennen (s. Abb. 9.3-A3, S. 329).

Indem wir nicht nur den statischen Ausdruck des jeweiligen Bildes bezeichnet haben, nehmen wir auch die dynamischen Aspekte wahr, die wir als zentripetale und zentrifugale Kräfte beschrieben haben.

Die ganzheitliche Wahrnehmung und die Wirkung der beiden gleichzeitig laufenden Rhythmen erfordert aber einen weiteren Schritt: die Betrachtung unseres
Konstruktes im Raum. Die bewegenden Kräfte würden wir dann im oben dargestellten Sinn als fokussierend und/oder expandierend auffassen (s. Abb. 9.3-A2
und A3).

Die oftmals als Feldkräfte beschriebenen Intervalle sind eigentlich Raumkräfte,
die unserer Vorstellung auch von Begriffen zu Formen verhelfen. Sprechen wir
aber von Formen, meinen wir meist den statischen Aspekt davon und selbst wenn
der Inhalt miterfaßt wird, geraten wir damit nicht konsequent in einen ganzheitlichen Erfassungsbereich.
    Unser Vorstellungsvermögen muß offenbar einen Begriff solange festhalten,
wie es erforderlich ist, ihn zu zerlegen. Dieser Analyseprozeß heilt den Begriff
nicht durch Wiederzusammensetzen seiner Teile. Auch eine Synthese entbehrt
des Verstehens einer lebendigen, bewegenden, stets verändernden Kraft, ist also
auch „nur" statisches Ergebnis.
    Gefordert zum inhaltlichen Verstehen ist neben der verstandesmäßigen auch
die intuitive Kraft, die als einzige der ganzheitlichen Vorstellung nahe ist. Erst
beide Wirkungen zusammen können auch der intellektuellen Zugangsweise
Stand halten. Abgesehen von unterschiedlichen Näherungsweisen ist aber die intellektuelle Überprüfungsmöglichkeit verbindlicher Standard.
    Gehen wir nun von einem gemeinsamen grundsätzlichen Verständnis der Be-
griffsfindung und -betrachtung aus, und stehen alle Voraussetzungen dafür zur
Verfügung, ist der erste Schritt zur Umsetzung in die vorfindliche Realität ganz
unproblematisch.
    Damit soll auch angesprochen sein, warum eine räumliche Vorstellung von Ent-
wicklung einer linearen überlegen ist. Nehmen wir dazu ein Beispiel aus der An-
wendungslogik. Die hintereinander geschalteten Beschreibungen von Struktur-,

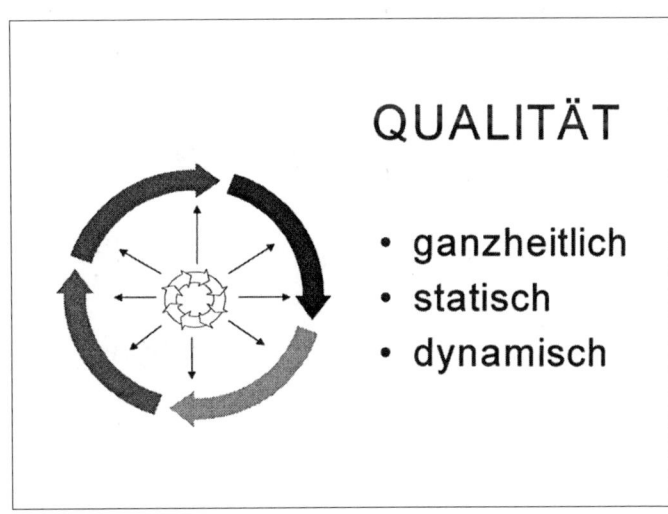

Abb. 9.3-A1

Prozeß- und Ergebnisqualität beziehen zwar schon den Zeitfaktor ein, aber die lineare Richtung wird dennoch nicht verlassen.

Als Dreierschritt stellen sie bereits mehr dar als die monokausale Vorstellung von Ursache und Wirkung, aber die Differenzierung nach dem „Platzwert" hat noch keinen Zugang in die Vorstellung oder Umsetzung gefunden.

Wir stellen uns vor, es handele sich bei der Struktur um die Ursache, beim Prozeß um die Wirkung und beim Ergebnis um die Folge. Wenn wir davon ausgehen, daß alle Begriffe eine Wirkungsdreiheit für sich Anspruch nehmen können, dann kann auch Prozeß Ursache sein, Ergebnis Wirkung und Struktur die Folge.

Im Bild sehen wir vor uns eine Kette von Dreierschritten, die einander bedingen:

Struktur Prozeß Ergebnis
Ursache Wirkung Folge
      Struktur Prozeß Ergebnis
      Ursache Wirkung Folge
            Struktur Prozeß Ergebnis
            Ursache Wirkung Folge

Wenn eines das andere bedingt, gleichzeitig auch seinen Platz einnehmen kann, ist es nicht unwichtig, woher die Voraussetzungen für einen Begriff stammen, wie sie sich zusammensetzen und schließlich welchen Wert sie in der Zeit haben.

Noch betrachten wir das Umsetzungsgeschehen von der rein begrifflichen auf die konkrete Ebene im linearen Bereich. Folgen wir weiter der oben gegebenen Anregung, müßte jetzt die räumliche Vorstellung dazutreten. Danach wandelte sich auf der Anwendungsebene die Vorstellung vom Geschehen, das wir als zentripetal bezeichnet haben, in konzentrativ und zentrifugal in evolutiv.

Die Festschreibung der gefundenen Inhalte eines Begriffes, wie beispielsweise den der Qualität, wird aber den Bestand des Begriffes nicht sichern können. Wie oben gezeigt muß man die Dynamik eines Prozesses des Wandels oder der Veränderung einbeziehen.

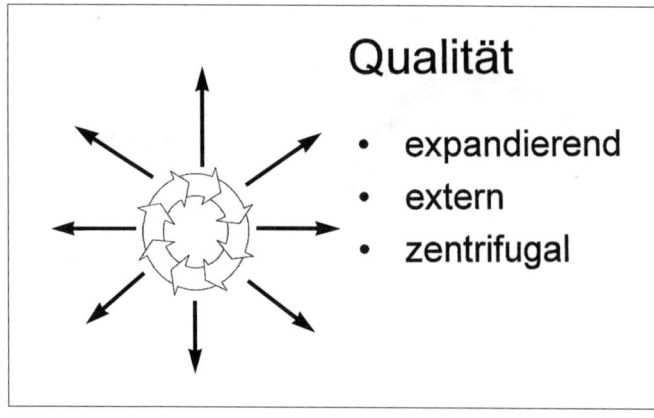

Qualität

- expandierend
- extern
- zentrifugal

Abb. 9.3-A2

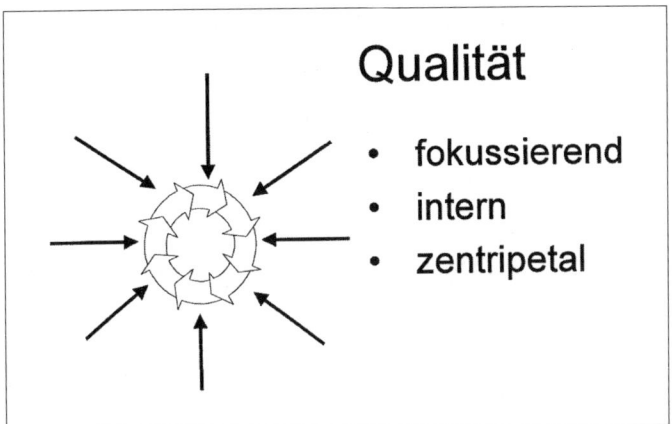

Abb. 9.3-A3

Instrumentarien, die diesen lebendigen Vorgang hilfsweise begleiten, sind beispielsweise solche Dokumentationssysteme, die rasche Reaktionen auf Veränderungen erlauben und das Leben, Handeln und Denken als Prozeß abbilden können. Hilfsweise deshalb, weil der Logik der Beschreibung folgend, alles, was zu einem Begriff gesagt oder geschrieben werden kann, Vergangenheitsbetrachtung darstellt.

Die Gültigkeit von Vereinbarungen und begrifflichen Definitionen als Grundlage für zukünftige Maßnahmen oder Handlungen wird sich nur noch mit prozeßbegleitenden Methoden und in Zeittakten feststellen lassen, die die jeweilige „Anwendungsebene" regelmäßig überprüfen.

9.4. „Qualität" = Wissen, wie man's machen kann

Von Dietrich Giering

9.4.1. Was ist „Qualität" in der Frühförderung?

Bei den Trägern der Frühförderung, Frühförderfachleuten und Einrichtungen, bei den einschlägigen Fachwissenschaftlern und -instituten gewinnt das Stichwort „Qualitätssicherung" wachsende „projekthafte" Gestalt. „Zertifizierungen" werden angeboten und angestrebt. Dabei wird oftmals auf die inzwischen weithin bekannte Richtlinie ISO 9000 verwiesen.

Diese Norm regelt handfeste Dinge wie Vertragsprüfung, Dokumentenfluß, Beschaffungswesen, Rückverfolgbarkeit von Produkten, Produktionsprozeßlenkung, Fehlerausschlußkontrolle, Kundendienst, Fehlerprüfmethoden usw. Eine neue Konjunktur erleben aber auch ältere allgemeine sozialwissenschaftliche Definitionsansätze über Struktur-, Ergebnis- und Prozeßqualität.

„Qualitätssicherung" in der Frühförderung ist mißverstanden, wenn damit nur die Überprüfung von Handlungen und verwaltungsmäßig erfaßbaren Vorgängen, Strukturen oder Einrichtungsstandards verstanden wird. Die in jüngster Zeit nach meiner Meinung beste kurze Zusammenstellung zur Qualitätsfrage findet sich im Heft 1/99 der Zeitschrift Frühförderung Interdisziplinär, ausgearbeitet von der VIFF Nord, den Professoren Jetter und Kühl.

Dort wird zwar auch dem üblichen Schema „Struktur – Prozeß – Ergebnis" gefolgt, wenigstens aber in einer sinnvolleren Reihenfolge und mit grundsätzlicheren Überlegungen zur Früherkennung und Frühförderung. Soziale Dienste und Leistungen sind eben keine industriellen Produktionsergebnisse, sie erfordern ein völlig anderes Verständnis:

- Die Gestaltung und „Produktion" einer sozialen Dienstleistung fällt in der Frühförderung zeitgleich zusammen mit ihrer Nutzung, ihrem „Verbrauch".
- Dienste und Leistungen sind nicht speicherbar; man kann sie auch nicht ansammeln.
- Sie sind auch kein materielles Produkt, sondern Prozesse der Kommunikation.
- Ihre Ergebnisse sind bestimmt durch den Grad der Kooperation aller, auch der Eltern und Kinder.
- Eine „Leistung" ist nicht erkennbar ohne die Mitwirkung der „Nutzer".
- Als „Qualitätsvoraussetzung" ist die Güte der tatsächlichen (empathischen) Beziehungen zwischen Personen (und darunter den „Klienten") anzusehen, die damit schon ein Teil des „Produktes" ist – um in diesem Sprachgebrauch zu bleiben.

Insbesondere der Anteil der Frühförderarbeit, der sich auf die Bewältigung der intrapsychischen Situation von Personen und die Beziehung dieser Personen zueinander richtet, unterliegt sozusagen einem naturgegebenen Nachteil: Man kann nichts im Ablauf planen. Man kann sich auch nicht vorher auf anzuwendende Methoden, auf den vorbestimmbaren Ablauf von Handlungen, auf das Eintreten gewünschter Veränderungen und Entwicklungen festlegen.

Frühförderung beruht (im weitesten Sinne und ohne die professionellen Ausbildungsgänge kritisieren zu wollen!) auf „Erfahrungs-Schätzen". Erst wenn man diese nutzt, kann man eine „Qualität" beurteilen.

9.4.2.   Ist „Frühförderung" *nur* ein Produkt?

Ein weiteres für die Frühförderung vermeidbares Mißverständnis zur „Qualitätssicherung": Der verräterische Sprachgebrauch der Ökonomisierung sozialer Verhältnisse spricht zuweilen vom „Kundennutzen" oder – noch schlimmer – von der „Konsumentensouveränität". Weil so etwas nun überhaupt nicht greifbar ist, flüchten sich manche in Hilfssysteme wie die Institutionalisierung von „Qualitätsmanagement"-Systemen.

Dann werden auch dem Kostenträger gegenüber „Standards" festgelegt, die weder die Dienstleistenden noch die Zahlenden jemals buchstäblich am eigenen Leibe erfahren und prüfen können. Was das zu betreuende Kind und seine Eltern davon haben, bleibt völlig im Dunkeln.

Wie weit diese Vorstellung auch in der Frühförderung verbreitet ist, erkennt man daran, daß kaum eine Diskussionsrunde über die sprichwörtliche „Strukturqualität" in ihrer ausgeprägtesten Form, der Planstelle!, hinauskommt.

Ein wirkliches „Qualitätsmanagement" verlangt als Grundlage eine Perspektive für die von der Leistung abhängigen Menschen(kinder). Aber wer kann sich wirklich in die Lage der Kinder und Eltern versetzen? So bleibt nur die Hoffnung, sich über die Entwicklung der fachlichen Kenntnisse und Erfahrungen einem Verständnis zu nähern, das ein Denken in „Qualitäten" ermöglichen kann.

Doch wie soll man das anstellen? Auch Jetter und Kühl geben mehr Hinweise auf Absichten und Forderungen und nur wenige auf das wirkliche Handeln.

9.4.3.   Am Anfang steht das Ergebnis

Eine gute Möglichkeit, sich dem vielfältigen, modischen und auch Verunsicherung auslösenden Begriff der „Qualität" zu nähern, besteht darin, mit Gedanken und Fragen über eine Bewertung der Leistungen und erreichten Ergebnisse zu beginnen.

Die Frage, ob ein angestrebtes Ziel erreicht wird, muß mindestens aus drei Blickwinkeln betrachtet werden:

- Ist das erkennbare Ergebnis das gewünschte Ergebnis?
- Ist der Ablauf der üblichen Handlungen geeignet, das gewünschte Ergebnis zu erreichen?
- Ist die vorhandene Struktur und Gestaltung des Angebotes der Einrichtungen in der Lage, das gewünschte Ergebnis zu erreichen?

Das Nachdenken über die gemeinsame, sich interdisziplinär zeigende „Qualität" und deren „Sicherung" in der Frühförderung kann sich nur in Denk-, Kommunikations- und Handlungsprozessen niederschlagen.

Ein für die Frühförderung in Hessen zentraler Begriff, das „Förderkonzept", ist als Ausgang für weiterführende Überlegungen bestens geeignet, um sich einer „Qualität" zu nähern, die sich auf die Bedürfnisse von Kind und Eltern stützt.

Auch wenn es diesen Begriff oder diese Anforderung nicht überall geben mag, so ist der Rekurs auf die gewünschte Wirkung der Hilfen für Kind und Eltern sicherlich ein besserer Ausgangspunkt für richtungsweisende Diskussionen, als ein Beginn mit der üblichen ausschließlich auf den Eigenbetrieb konzentrierten „Strukturqualitäts"-Diskussion.

Dadurch kann die erste und wesentliche Erkenntnis deutlich vermittelt werden: Frühförderung in all ihren professionalisierten und institutionalisierten Erscheinungsformen ist kein Ding an sich; es ist und bleibt eine Dienstleistung.

Am Anfang eines „Qualitätssicherungs"-Projektes sollte deshalb nicht die Entscheidung für eines der zahlreich angebotenen Zertifizierungsprogramme stehen. Auch kann „Qualitätsmanagement" nicht die formalisierte Abarbeitung eines „Qualitätshandbuches" bedeuten.

Eine Entscheidung zur „Qualitätssicherung" erfordert in der Frühfördereinrichtung, von Team und Träger den Mut, die eigene Verantwortlichkeit auf heute vorfindliche Bedürfnisse und Bedingungen einerseits und die Stärke der eigenen Fachlichkeit andererseits zu bauen – und das als Prozeß. Nur dies hilft zu vermeiden, im Team viel Zeit mit dem „Erlernen" der für andere Aufgabenbereiche entwickelten älteren Qualitätsbegriffe zu verbrauchen.

Der folgende Vorschlag, wie sich ein Team seiner eigenen „Qualitätssicherung" nähern könnte, beginnt mit einer interdisziplinären Betrachtung.

9.4.4. Klärung des Selbstverständnisses einer Frühfördereinrichtung

(1) Gibt es ein gemeinsames Verständnis über den Begriff „Förderkonzept"?
(2) Wenn ja, wird von allen auch danach gearbeitet?
(3) Gibt es eine gemeinsame Zielsetzung der Einrichtung?
(4) Enthält das gemeinsam anerkannte „Förderkonzept"
     – alle,
     – nur die wichtigsten,
     – wechselnde,
     Förderangebote mit Zielvorstellung, Zeitrahmen und Handlungsbeschreibung?
(5) Wird das „Förderkonzept" mit Förderplanung verbunden?
(6) Ist das „Förderkonzept" allen – auch den externen – Mitwirkenden bekannt?
(7) Arbeiten alle Mitwirkenden in jedem Fall nach diesem Konzept?
(8) Wird das Instrument des „Förderkonzeptes" von Zeit zu Zeit auf seine Gültigkeit und Wirksamkeit geprüft und weiterentwickelt?

9.4.5. Vor der Aufstellung des individuellen „Förderkonzeptes"

Klärung der Frage, was alles in einem „Förderkonzept" enthalten sein oder ausgesagt werden soll:

(1) Zusammentragen aller Förderangebote im Bereich einer Frühförderstelle.
(2) Überprüfung des Angebotes einer Frühförderstelle auf die Bedürfnisse des Kindes.
(3) Feststellung der Defizite im Angebot einer Frühförderstelle und Vorschläge für die Abhilfe, gemessen an den Bedürfnissen der Klientel. (In Hessen gibt es unterschiedliche Angebote und Dienste in den Einrichtungen. Vorgaben oder Standardleistungsangebote gibt es ebensowenig, wie sogenannte Modellfrühförderstellen.)
(4) Abstimmen des Einzelfalles u. a. zwischen Anforderung, Familiensituation und Leistungsrahmen einer Frühförderstelle.

9.4.6. Fragen zur „Qualitätssicherung" der Frühförderstelle

(1) Gibt es ein Gesamtkonzept, eine „Verfassung" dieser Frühförderstelle zur Durchführung der Förderplanung und Erstellung von „Förderkonzepten"?
(2) Wird die Förderplanung mit Erstellung eines „Förderkonzeptes" für jedes Kind vorgenommen?
(3) Wissen die Eltern, daß eine Förderplanung zur Erstellung eines „Förderkonzeptes" vorgenommen wird?
(4) Kennen und verstehen die Eltern die Ziele und geplanten Maßnahmen des „Förderkonzeptes"?
(5) Sind die Ziele des „Förderkonzeptes" identisch mit den Zielen der Eltern?
(6) Haben die Eltern die Förderziele mitbestimmt und sind mit ihnen einverstanden?
(7) Wird die Einschätzung der Mitwirkenden über Erfolg oder Mißerfolg und Zielerreichung des „Förderkonzeptes" mit den Eltern abgestimmt?
(8) Gibt es eine Förderplanung für die Zeit nach Erreichen des aktuellen Förderzieles?

9.4.7. Was wird zur Sicherung der „Qualitätssicherung" getan?

(1) Welche Qualität will und kann die Frühförderstelle nach eigenem Verständnis sichern? Gibt es:

–   einen Plan zur Sicherstellung der Qualität mit den Mitwirkenden?
–   Gemeinsame Definitionen von Qualitätszielen?
–   Zeit, Gelegenheit und Ort für „Qualitätszirkel"?

(2) Wie wird sichergestellt, daß Qualitätsvorstellungen auch umgesetzt werden? Begibt man sich gemeinsam:

–   auf die Suche nach Unzulänglichkeiten, fehlenden Abstimmungen, Versäumnissen im Arbeitsbereich?
–   an die Überprüfung zur Einhaltung der Grundsätze durch alle, auch die externen Therapeutinnen und Therapeuten sowie anderen Mitwirkenden?

9.4.8. Qualitätsentwicklungskonzepte als Aufgabe des Teams

Gerade die Frühförderung hat es in ihrer Arbeit mit einer Fülle komplexer Prozesse zu tun. Die „Teilnehmer" und „Mitwirkenden" dieser sozialen Prozesse sorgen dafür, daß kein Fall dem anderen gleicht, daß auch Hilfe sich täglich neu bewähren muß. Frühförderinnen und Frühförderer beschreiben als das Charakteristische ihres Berufes das tägliche Ringen statt täglicher Routine. Das Nachdenken über Qualität in der Frühförderung muß dieser täglich neuen Situation entsprechen. Qualität ist nicht anders vorstellbar als eine ständige Frage, eben als ein für jedes Team, für jede Einrichtung und letztlich für jedes Kind eigener Prozeß.

Umso wichtiger ist es deshalb, Qualitätsentwicklung und Qualitätskonzepte als eine immer neue Herausforderung zu verstehen, sich nicht auf feste Programme und Vorgaben, auf formalistische „Checklisten" und Formulare, Vergleichszahlen und Richtwerte einzulassen.

Nur diejenigen, die ihre Erfolge und Mißerfolge, ihre Bedingungen und Anforderungen, die Hoffnungen der Eltern täglich neu erleben, sind diejenigen, die berechtigt sind, Vorstellungen zur Qualität zu erarbeiten. Nur sie können zusammen mit den Trägern der Einrichtungen Konzepte zur Qualität finden.

Das folgende Vier-Punkte-Programm versucht zu erläutern und zusammenzufassen, wie eine sich an Bedürfnissen ausrichtende Entwicklung für ein Qualitätskonzept aussehen könnte.

9.4.8.1 Erarbeitung eines Gesamtkonzeptes „Qualitätssicherung" in der Frühförderstelle

Ein Gesamtkonzept zur „Qualitätssicherung" muß:

- Zuständigkeiten regeln,
- Bereiche festlegen, die einer „Qualitätssicherung" unterzogen werden sollen,
- Regeln zur Bewertung (Evaluation) erarbeiten,
- organisatorische Umsetzung der „Qualitätssicherung" beschreiben.

9.4.8.2 Entwicklung von Begriffen und Größenordnungen, die als „Qualitätsindikatoren" gelten können

„Qualitätsindikatoren" müssen so gefaßt werden, daß sie:

- Ergebnis, Prozeß und Struktur – und zwar in dieser Reihenfolge und Wertigkeit (schließlich ist die Wirkung und das Ergebnis das Ziel allen Handelns für Eltern und Kinder – und nicht die Struktur der eigenen Einrichtung!) – qualifizieren und je nach Möglichkeit auch quantifizieren können. Voraussetzung ist eine allgemeine Verfügbarkeit der Basisleistung, die Vollständigkeit dieser Leistung bei allen beteiligten Einheiten, die Einbeziehung der Nutzer,
- problembezogen gültig, verläßlich und praktikabel sind,
- allgemein akzeptiert werden und „konsensfähig" sein können bei den Eltern, den Professionellen, den Einrichtungen und Trägern sowie den Institutionen des „Systems" aus Sozialpolitik und Kostenträgern,
- Entwicklungsperspektiven ermöglichen.

Die „Qualitätsindikatoren" sind dann gültig, wenn ihre Größenordnungen und Nomenklaturen aus dem Routinebetrieb stammen und täglich verwendet werden können.

9.4.8.3 Vereinheitlichung der Begriffe und Größenordnungen bei den Trägerorganisationen und Einrichtungen für die Infrastruktur (Dokumentationswesen)

Maßnahmen zur „Qualitätssicherung" sind erst ab einem Zeitpunkt sinnvoll einzusetzen, zu dem eine Bewertung der Qualität möglich wird. Vorhanden sein müssen bereits:

- Leitlinien, Selbstverständnis und Standards für die Leistung und Leistungsgestaltung (siehe z. B. Fachliche Handlungsanweisungen),
- Bemühungen zur Ursachenerkennung bei als zu schwach beurteilten Ergebnissen und Leistungen,
- Kriterien zur fachlichen, organisatorischen und technischen Vergleichbarkeit der Dienste und Angebote und
- ein Netzwerk der Beratung und gegenseitigen Unterstützung auf fachlicher Ebene.

9.4.8.4 Einführung eines internen und externen „Qualitätsmanagements"

Ein „Qualitätsmanagement" in der Frühförderarbeit sollte sich ausrichten an folgenden Anforderungen:

- Kinder- und Elterninteressen,
- Fachlicher Bewertung des Ergebnisses, Stand der Entwicklung,
- Verantwortungsorientierung,
- Beteiligungsorientierung,
- Handlungsorientierung,
- Transparenz.

Verantwortlichkeit kann sich dabei in der Entwicklung und Durchsetzung eines *Qualitäts-Entwicklungskonzeptes* ausdrücken.

Dies ist um so wichtiger, als die Szene der Frühförderung sehr heterogen ist und bestimmt wird durch die jeweils beteiligten Personen und Institutionen (Ärzte, Familie, Frühförderstelle, Therapeuten, Sozialpädiatrisches Zentrum). Die Einbeziehung in die *Qualitätszirkel* ist deshalb wechselseitig zu verstehen.

Ein Hauptproblem, das durch die fast massenhafte Verbreitung von Zertifizierungswünschen, die Unüberschaubarkeit der Zertifizierungsanbieter sowie die Vielfalt verbandsinterner oder kommerziell angebotener „Qualitätshandbücher" entstehen kann, ist ein falsches Bewußtsein von „Qualität" in der Frühförderung.

Frühförderleistungen sind eben kein Produkt, dessen Herstellung, Materialqualität, Reparaturfähigkeit und Kundendienst nach ISO 9000 ein für allemal bis zum Modellwechsel „zertifziert" werden kann.

Frühförderung ist ein täglicher Prozeß mit Erfolgen, Niederlagen, Versäumnissen, Hoffnungen und Enttäuschungen. Allein dieses tägliche Geschehen macht die „Qualität" aus, die es zu sichern gilt.

Die Hoffnung ist, daß nach den vorangegangenen Überlegungen im Team auch die Schritte zu einem „Qualitätsmanagement" leichter fallen.

Literatur

Hessisches Sozialministerium (1996): Fachliche Handlungsanweisungen für die Frühförderung behinderter und von Behinderung bedrohter sowie entwicklungsgefährdeter oder entwicklungsverzögerter Kinder. 2. Aufl. Wiesbaden

9.5. Vom Beobachten zum Wissen – Computerbasierte Analyseprogramme zur Unterstützung einer praxisnahen Qualitätsentwicklung in der Frühförderung

Von Franz Peterander

In den letzten 20 Jahren hat sich die Frühförderung zu einem anerkannten System der frühen Hilfe für entwicklungsverzögerte und behinderte Kinder entwickelt. Ausgangspunkt unserer eigenen Arbeiten waren Studien zur Beobachtung der Interaktion und Kommunikation von Eltern mit ihren beeinträchtigten Kindern (Peterander 1993). Es folgten Arbeiten zur Analyse des Systems der Frühförderung, in deren Mittelpunkt die Herausarbeitung der strukturellen und inhaltlichen Bedingungen aus der Sicht der Mitarbeiterinnen/Mitarbeiter (Peterander/ Speck 1993) sowie die Erfassung und Beschreibung der Erwartungen und der Zufriedenheit der Eltern der geförderten Kinder gestanden haben (Peterander 2000; Speck/Peterander 1994). Ein Ergebnis der Systemanalyse Frühförderung war die Erkenntnis, daß die in der Frühförderung vorhandenen fachlichen Potentiale vielfach nicht im möglichen Maße zum Tragen kommen und neue Impulse notwendig sind, um die Qualität der fachlichen Arbeit weiterzuentwickeln. Dieses Ziel kann natürlich auf verschiedenen Wegen erreicht werden (Thurmair 2000).

Hilfreich wären unserer Meinung nach Konzepte und Verfahren zur differenzierten Erfassung, Speicherung, Vernetzung, Analyse und Präsentation wichtiger Informationen, die für eine empirisch fundierte soziale Arbeit neue innovative Möglichkeiten für Praxis und Forschung eröffnen (Peterander 1995, 1995a). Eine solche Möglichkeit ist durch die hohe Leistungsfähigkeit der neuen Informations- und Kommunikationstechnologien gegeben. Computer können zum Beispiel als neue Form selbstgesteuerten Lernens (Geyken et al. 1998) zur Entwicklung von Hypothesen, bei der Interpretation von Informationen, bei der Erarbeitung und Beschreibung umfassender Problemsituationen, bei der Verbesserung des Organisationsablaufs in Einrichtungen, zur Informationssammlung und zum Lernen eingesetzt werden. Sie tragen somit entscheidend zur Qualitätsentwicklung in Einrichtungen bei. Mit Hilfe der neuen Technologien können die von Fachleuten einmal erhobenen Informationen auf unterschiedliche Weise geordnet, ausgewertet und zur Beantwortung verschiedener Fragestellungen herangezogen werden. Ferner ermöglichen sie, Zusammenhänge und Vernetzungen zwischen unterschiedlichen Informationen sichtbar zu machen, wodurch neues Wissen entstehen kann.

9.5.1. Ziele

Folgende Ziele lassen sich bei unseren Forschungs- und Entwicklungsarbeiten zur Nutzung der neuen Informations- und Kommunikationstechnologien in der Frühförderung benennen:

(1) Setzen von Entwicklungsimpulsen durch die Herausarbeitung und Nutzung von Expertenwissen (Generierung, Differenzierung und Operationalisierung von Fachwissen),
(2) Entwicklung computergestützter Analyse- und Beratungsprogramme (Diagnostik, Beratung, Lernen),
(3) Durchführung von Verlaufsanalysen und Katamnesen zur kindlichen Entwicklung (Evaluation, angewandte Feldforschung),
(4) Aufbau eines vernetzten Informationssystems zwischen Modelleinrichtungen der Frühförderung (Information, Kommunikation, Supervision),
(5) Aufbau eines für soziale Einrichtungen modellhaften Qualitätsentwicklungssystems auf der Basis der neuen Informations- und Kommunikationstechnologien (Peterander 1999, 128).

9.5.2. Arbeitsprozesse

Die Inhalte der Programme müssen sich in hohem Maße an den Bedürfnissen der Fachleute in den Einrichtungen orientieren, was zwangsläufig eine enge Kooperation der Forschung mit Fachleuten unterschiedlicher Disziplinen im Praxisfeld notwendig macht. In einem gemeinsamen, strukturierten Arbeitsprozeß, der sich projektbezogen über mehrere Monate erstrecken kann, haben wir die Diagnose- und Förderkonzepte und das Expertenwissen der Mitarbeiterinnen/Mitarbeiter transparent gemacht, in Softwareprogramme umgesetzt und in den Einrichtungen getestet und evaluiert. Auf diese Weise sind Softwareprogramme zur Eingangsdiagnostik, Spielbeobachtung, Verlaufsanalyse, Testauswertung, Kind-Informations-Systeme sowie zur Erstellung von Gutachten- und Abschlußberichten etc. entstanden, die auf individuelle Anforderungsprofile in den einzelnen Einrichtungen abgestimmt sind. Die Maxime bei der Entwicklung von Software lautet: *Individualisieren, nicht standardisieren*. Notwendig für die Akzeptanz der Programme in der Praxis und zur Sicherung ihrer Qualität ist zudem eine permanente fachlich-inhaltliche Weiterentwicklung dieser Programme.

Unsere Flexibilität bei der Erstellung individueller Software beruht auf der Entwicklung eines eigenen, in Kooperation mit Informatikern über Jahre hinweg entwickelten Autorenprogramms, des Münchner Analyse- und Lernsystems (MAL), mit dessen Hilfe bereits zahlreiche Softwareprogramme für die Frühförderung entwickelt und in Modelleinrichtungen erfolgreich evaluiert worden sind.

9.5.3. Wirkungen

Der Einsatz computergestützter Analyse- und Beratungsprogramme in der Praxis der Frühförderung hat nach unseren mehrjährigen Erfahrungen mit diesem neuen Hilfsmittel zu Auswirkungen auf unterschiedlichen Ebenen geführt.

9.5.3.1 Fachleute

- Für die Erstellung der Software ist es notwendig, Setting, beobachtbare Verhaltensweisen, subjektive Einschätzungen etc. differenziert zu erfassen. Im Zuge der Herausarbeitung des Expertenwissens kommt es zu einer Operationalisierung oftmals verwendeter, häufig aber nur vage umschriebener Begriffe. Die Fachleute müssen sich auf gemeinsame Begriffe und Inhalte einigen und Entscheidungen treffen.
- Durch die in den Computerprogrammen benannten und systematisch zusammengestellten Variablen wird die einzelne Mitarbeiterin/der einzelne Mitarbeiter zur genauen Beobachtung und Beschreibung des Kindverhaltens, der Eltern-Kind Interaktion, etc. sensibilisiert.
- Die Programme dienen häufig als Leitlinie des fachlichen Handelns. Die Ergebnisse von Beobachtung und Beratung sind dadurch differenzierter, systematischer und nachvollziehbarer.
- Die Programme erweisen sich als hilfreiches Medium für den Einzelnen, indem sie die Fachleute zur genauen Beobachtung und zur differenzierten qualitativen Beschreibung motivieren und somit die individuellen Einschätzungen und Interpretationen des einzelnen Frühförderers verstärkt zum Tragen kommen.
- Die Programme geben der einzelnen Mitarbeiterin/dem einzelnen Mitarbeiter die Sicherheit, wesentliche Aspekte in der Arbeit mit Kindern und Eltern bedacht und berücksichtigt zu haben, was zu einer Stärkung des Selbstvertrauens in das eigene fachliche Handeln führen kann.
- Die tägliche Nutzung der Analyse- und Beratungsprogramme bildet bereits einen wesentlichen Teil einer Dokumentation. Die Fachleute erleben den unmittelbaren Nutzen der Analyse- und Beratungsprogramme für ihre Arbeit, was ihre Motivation zur Dokumentation der Förderprozesse erhöht, zumal diese Form der Dokumentation mit keinem zusätzlichen Arbeitsaufwand verbunden ist.
- Aus der Praxis wird berichtet, daß der häufig mühsame und zeitaufwendige Prozeß der Erstellung von Gutachten, Abschluß- und Befundberichten durch den Einsatz unserer computergestützten Analyseprogramme wesentlich erleichtert, zeitlich verkürzt, inhaltlich verbessert und professionalisiert wird. Die Fachleute in den Modelleinrichtungen berichten, daß sie Freude daran haben, solch qualitätsvolle Gutachten zu erstellen. Zum Zeitpunkt der Gutachtenerstellung liegen den Fachleuten aus vorangegangenen Testungen, Beobachtungen, qualitativen Beschreibungen und Interpretationen vielfältige Informationen über das Kind, den Förderprozeß etc. bereits systematisch geordnet vor und müssen von ihnen nunmehr lediglich zusammengeführt und um aktuelle Informationen ergänzt werden.

9.5.3.2 Team/Einrichtung

- Die Ergebnisse der computergestützten Analyse- und Beratungsprogramme bilden eine fundierte Grundlage für die Diskussion des Einzelfalls im interdisziplinären Team. Die Fachdiskussion wird dadurch erleichtert, die Kommunikation im Team gefördert und Entscheidungen werden transparent und nachvollziehbar.

- Der fachliche Austausch zwischen den verschiedenen Berufsgruppen im Team wird auf einer konkreten, „objektiven" Ergebnisgrundlage intensiviert und kreative Lösungen werden wahrscheinlicher.
- Es zeigt sich, daß die vorhandenen Potentiale kooperativen Lernens im Team besser genutzt werden und intrinsisch motiviertes und selbstreguliertes Lernen ermöglicht wird.

9.5.3.3 System der Frühförderung

- Von der Herausarbeitung des Expertenwissens erfahrener Frühförderinnen/Frühförderer profitiert das gesamte System. Das frühförderspezifische Wissen wird transparent und für alle Fachleute verfügbar gemacht. Dadurch wird die Fachdiskussion angeregt, und das gesamte System erhält wichtige Impulse zur Weiterentwicklung.
- Die Fachkompetenzen der Frühförderinnen/Frühförderer werden durch die Nutzung der vielfältigen Möglichkeiten computergestützter Analyseprogramme für die Eltern wie auch andere Kooperationspartner, Institutionen und Geldgeber sichtbarer. Sie dokumentieren auch die hohe Professionalität und Qualität der Arbeit und unterstreichen damit das positive Bild der Öffentlichkeit über die Frühförderung. Bereits heute ist zu beobachten, daß sich Ärztinnen/Ärzte und soziale Institutionen an die Modelleinrichtungen wenden, um sich z. B. ohne lange Wartezeiten ein fundiertes diagnostisches Gutachten erstellen zu lassen. Dies werten wir als Hinweis auf die erhöhte Leistungsfähigkeit und die Qualität der Arbeit in den Frühförderstellen, die wesentlich durch die Nutzung computergestützter Analyse- und Beratungsprogramme möglich geworden ist.

9.5.4. Perspektiven

Die Nachfrage nach der von uns modellartig entwickelten individuellen Software ist inzwischen so groß geworden, daß wir diesem Bedarf im Rahmen unserer Forschungsprojekte nicht nachkommen können. Notwendig erscheint deshalb aufgrund unserer bisherigen Erfahrungen die Errichtung eines Zentrums für *Sozio-Informatik*, das in Kooperation zwischen Forschung und Praxis fachlich-inhaltliche Software für den Sozialbereich entwickelt, in den interessierten Einrichtungen implementiert und evaluiert und den notwendigen Support gewährt (Peterander 1999). Gewerbemäßige Softwareentwickler werden diese an den Bedürfnissen der Fachleute in den sozialen Einrichtungen orientierte Software wegen mangelnder Rentabilität vermutlich nicht erstellen bzw. aus Kostengründen nur auf sehr einfachem Niveau schreiben, da sie verständlicherweise mit der Softwareentwicklung im Sozialbereich in erster Linie kommerzielle Ziele verfolgen.

Mit einem zu errichtenden Kompetenzzentrum für Sozio-Informatik sollen zudem die Voraussetzungen geschaffen werden, damit interessierte Pädagoginnen/Pädagogen, Psychologinnen/Psychologen und Medizinerinnen/Mediziner qualifiziert werden, die erforderlichen Softwareprogramme zu den unterschiedlichen thematischen Schwerpunkten selbst zu schreiben, um sodann als Multiplikatoren in vielen sozialen Einrichtungen wirken zu können. Dies erfordert eine zusätzliche Aus- und Weiterbildung interessierter Fachleute, Studentinnen und Studenten im Umgang und in der Nutzung der neuen Informations- und Kommunikationstechnologien (Delphi Studie 1998). Nur auf diese Weise können neue Kompetenzen und neues Wissen in den Sozialbereich hineingetragen werden, was auch die Wahrscheinlichkeit erhöht, daß sich die Softwareentwicklung in erster Linie an den Bedürfnissen der Praxis orientiert und der Fokus dabei auf Praktikabilität, Individualität und Qualität der Programme gelegt wird. Eine solche Software stärkt die Professionalität der Fachleute, die Arbeit im interdisziplinären Team und somit das gesamte System der Frühförderung. Letztlich wäre ein intensiverer europäischer Austausch zwischen Fachleuten in diesem für Innovationen zukunftsentscheidenden Bereich wünschenswert, zumal die neuen Technologien hierzu optimale Möglichkeiten eröffnen.

Literatur

Delphi Studie (1998): Potentiale und Dimensionen der Wissensgesellschaft – Auswirkungen auf Bildungsprozesse und Bildungsstrukturen. Infratest Burke Sozialforschung, München/Basel

Geyken, A., Mandl, H., Reiter, W. (1998): Selbstgesteuertes Lernen mit Tele-Tutoring. In: Schwarzer, R. (Hrsg.): MultiMedia und TeleLearning. Lernen im Cyberspace. Frankfurt/M., 181-196

Peterander, F. (1993): Skalen zur Messung entwicklungsförderlichen Elternverhaltens. In: System Familie 6, 36-47

– (1995): Neue Medien in der Frühförderung: Perspektiven für Forschung und Praxis. In: Peterander, F., Speck, O. (Hrsg.): Frühförderung in Europa. München/Basel, 145-157

– (1995a): Verarbeitung der Informationsvielfalt – Perspektiven einer Weiterentwicklung der Frühförderung. In: Frühförderung interdisziplinär 4, 160-168

– (1999): Qualitätsentwicklung in sozialen Einrichtungen durch neue Technologien. In: Peterander, F., Speck, O. (Hrsg.): Qualitätsmanagement in sozialen Einrichtungen. München/Basel

– (2000): The best quality cooperation between parents and experts in Early Intervention. In: Infants and Young Children – An Interdisciplinary Journal of Special Care Practises 12, 3, 32-45

–, Speck, O. (1993): Strukturelle und inhaltliche Bedingungen in der Frühförderung. Abschlußbericht. Ludwig-Maximilians-Universität, München

Speck, O., Peterander, F. (1994): Elternbildung, Autonomie und Kooperation in der Frühförderung. In: Frühförderung Interdisziplinär 13, 108-120

Thurmair, M. (2000): Vom Helfen wollen zum Helfen können: Handwerkliche Elemente der Elternarbeit in der Frühförderung. In: Kath. Jugendfürsorge Regensburg (Hrsg.): 25 Jahre Frühförderung: Entscheidung für das familiennahe und interdisziplinäre System der Frühförderung. Dokumentation der Fachtagung 1999. Regensburg Selbstverlag

342

9.6. Beschreibung des Projektes „Qualität als Weg" und Arbeitshilfe zur Entwicklung eines Qualitätsmanagement – handbuches in Heilpädagogischen Frühförderstellen der Diözesen Münster, Paderborn und Essen

Von Heiner Hülsken

9.6.1. Entstehungsgeschichte

„Zuwendungen aus Mitteln des Ministeriums für Gesundheit und Soziales zur Mitfinanzierung von Aufwendungen zu einem Projekt zur Qualitätssicherung in Frühförderstellen der Caritas in Nordrhein-Westfalen" – so hieß es im Juni 1997 in einem internen Schreiben, und es galt, nicht lange abzuwarten. Das Projekt sollte umgehend beginnen, da das Geld bis Ende 1997 abgerechnet werden mußte.

Auch wenn wir uns schon länger mit der Frage „Qualitätsentwicklung, -beschreibung und -sicherung" befaßt hatten, war dies doch alles viel zu kurzfristig, um tatsächlich Qualität zu beschreiben. Nach kurzen Planungsgesprächen gelang es uns, die Uni Münster mit Prof. Dr. Jürgen Hohmeier dafür zu gewinnen, den ersten Projektabschnitt wissenschaftlich zu begleiten. Eine Mitarbeiterin – Frau von Palubitzki, Dipl.-Päd. mit Schwerpunkt Frühförderung – konnte eingestellt werden, die in Zusammenarbeit mit der Projektsteuerungsgruppe des Caritasverbandes engagiert einen Erhebungsbogen erarbeitete.

Im Februar 1998 wurde die umfangreiche Befragung jeder der 18 Einrichtungen zu den angebotenen Leistungen durch externe Referenten abgeschlossen. Ein Erhebungsprotokoll wurde auf Vollständigkeit und inhaltliche Klarheit hin überprüft und war nochmals Grundlage einer Reflexion, die jeweils in den beteiligten Teams ebenfalls mit den externen Referenten stattfand.

Eine Fortsetzung des Projektes war zunächst nicht möglich, da in Aussicht gestellte Mittel des Landes ausblieben. Die 18 Frühförderstellen wurden dennoch tätig. Das Projekt wurde von Seiten der Caritasverbände der Diözesen Münster, Paderborn und Essen bezuschußt. Somit konnten die Erkenntnisse aus dieser ersten Phase des Projektes für die zweite, die Erarbeitung der Qualitätsmanagementhandbücher, doch noch genutzt werden.

9.6.2. Das Projekt

Im Rahmen des Projektes „Qualität als Weg – Maßnahme zur Qualitäts- und Leistungsbeschreibung im Rahmen der Qualitätssicherung in der Arbeit der heilpädagogischen Frühförderung (ambulant und mobil) im Bereich der Caritas Nordrhein-Westfalen" konnten alle 18 Einrichtungen und Träger zur Weiterarbeit gewonnen werden. Um die Planung und den Verlauf des Projektes in seinem Umfang zu beschreiben, werden wir im Folgenden die im September 1998 erstellte Begründung, die Ziele des Projektes und die Beschreibung der geplanten Maßnahme hier einfügen.

Die geplante Maßnahme zur Qualitäts- und Leistungsbeschreibung in der heilpädagogischen Frühförderung wird durchgeführt vor dem Hintergrund des §93 BSHG, hier insbesondere aufgrund der Aussage, daß „der Träger der Sozialhilfe zur Übernahme der Vergütung für die Leistung nur verpflichtet ist, wenn mit dem Träger der Einrichtung oder seinem Verband eine Vereinbarung über:

(1) Inhalt, Umfang und Qualität der Leistung (Leistungsvereinbarung),
(2) die Vergütung, die sich aus Pauschalen und Beiträgen für einzelne Leistungsbereiche zusammensetzt (Vergütungsvereinbarung) und
(3) die Prüfung der Wirtschaftlichkeit und Qualität der Leistungen (Prüfungsvereinbarung) besteht.

Die Vereinbarungen müssen den Grundsätzen der Wirtschaftlichkeit, Sparsamkeit und Leistungsfähigkeit entsprechen."

Eine unter § 93, Abs. 2 BSHG genannte „Leistungsvereinbarung" setzt voraus, daß jede Einrichtung für zukünftige Verhandlungen mit dem Kostenträger differenziert darlegt, wie sich die „angebotene Leistung" im Vergleich zu anderen „Anbietern" darstellt.

Als Maßstab ist hier zu sehen, daß Qualität als der „Grad der Übereinstimmung zwischen den Zielen der Einrichtung und den tatsächlich erbrachten Leistungen" gesehen wird.

„Die Vereinbarung über die Leistungen muß die wesentlichen Leistungsmerkmale festlegen sowie den von der Einrichtung zu betreuenden Personenkreis, Art, Ziel und Qualität der Leistungen, Qualifikation des Personals sowie die erforderliche sachliche und personelle Ausstattung."

Vor diesem Hintergrund ist diese Maßnahme zur Leistungs- und Qualitätsbeschreibung dringend notwendig und kann als erster Baustein eines gesamten „Qualitätssicherungspaketes" gesehen werden.

9.6.2.1 Ziel

Ziel für jede an dieser Maßnahme teilnehmende Einrichtung ist die Qualitätssicherung und damit die Schaffung eines Bewußtseins für die eigene Qualität, eine Weiterentwicklung der Qualität sowie eine eigene Qualitäts- und Leistungsbeschreibung in Form eines Qualitätsmanagementhandbuches für die Einrichtung (orientiert an den Kriterien des BSHG §93).

9.6.2.2 Durchführung

Die Steuerung und Leitung dieser Maßnahme übernimmt der Caritasverband für die Diözese Münster, Fachbereich Behindertenhilfe.

Teilnehmen können alle heilpädagogischen Frühförderstellen in den Diözesen Münster, Paderborn und Essen. Jede Einrichtung hat sich auf dem Antragswege zu bewerben.

Die Kosten für die gesamte Maßnahme sind anteilig von jeder Einrichtung abzüglich des Zuschusses des Diözesan-Caritasverbandes zu tragen. Hinzu kommen die anteiligen Kosten für die an der Umsetzung vor Ort beteiligten Mitarbeiterinnen und Mitarbeiter (z. B. durch Freistellung, Sachkosten).

Schulungstage
Für alle Qualitätsbeauftragten werden zur Einführung in Qualitätsmanagement, zur Entwicklung der Grundlagen für das Qualitätsmanagementhandbuch sowie zur Erarbeitung des ersten Kernprozesses zwei Schulungstage durchgeführt.

Regionaltreffen
Um den erarbeiteten Kernprozeß zu reflektieren und den Einstieg in den nächsten Kernprozeß zu erarbeiten, werden in einem Abstand von eineinhalb bis zwei Monaten Regionaltreffen durchgeführt. (Die Termine in der Regionalgruppe werden jeweils mit den Referenten vereinbart.) So kommt es zu sechs Treffen in kleinen Gruppen mit jeweils sechs Qualitätsbeauftragten der Einrichtungen in Begleitung von zwei Referenten (Berater), je einen Tag in der Region.

Beratung
Die einzelnen Qualitätsbeauftragten können darüber hinaus zu besonderen Problemstellungen durch die Referenten und Vertreter der Diözesancaritasverbände Beratung in den Einrichtungen bekommen.

Abschlußveranstaltung
Abschließend wird das Projekt in einer halbtägigen Veranstaltung mit Trägern, Leitungen, Qualitätsbeauftragten und Projektleitung beendet und das Ergebnis der Öffentlichkeit präsentiert.

9.6.2.3. Vertrag

Für die Teilnahme am Projekt wird ein Vertrag geschlossen, der für alle verbindlich ist. Je Einrichtung wird eine Qualitätsbeauftragte/ein Qualitätsbeauftragter benannt, die/der regelmäßig an allen Veranstaltungen des Projektes teilnimmt und sich vor Ort für die Erstellung und Ausarbeitung des Qualitätshandbuches verantwortlich zeichnet. (Eine anteilige Freistellung der Qualitätsbeauftragten ist erforderlich.)

9.6.3.   Zur vorliegenden Arbeitshilfe

Die vorliegende Arbeitshilfe ist aus dem zuvor beschriebenen Projekt entstanden. Die Materialien sind z. T. im Vorfeld des Projektes (als Vorlagen zur Erarbeitung des Qualitätsmanagementhandbuches in der Einrichtung) und in den Regionalgruppen während des Prozesses erarbeitet worden. In enger Zusammenarbeit und Beratung mit den einzelnen Einrichtungen wurde vor Ort der Prozeß des Qualitätsmanagements intensiv in Gang gebracht. Alle Mitarbeiterinnen und Mitarbeiter sowie die Träger waren direkt beteiligt. Die Ergebnisse aus dem Prozeß konnten im Qualitätsmanagementhandbuch jeder Frühförderstelle beschrieben werden.
  In der Arbeitshilfe haben wir die Erfahrungen und Ergebnisse exemplarisch zusammengestellt. Es sind deshalb Materialien aus der Praxis für die Praxis der Frühförderstellen, zur Erarbeitung eines Qualitätsmanagementhandbuches.

Unser Ziel war es nicht, das normierte Qualitätshandbuch für Frühförderstellen im Bereich der Caritas herauszugeben. Wir hoffen jedoch, daß es eine Anleitung ist, der auch andere Einrichtungen Anregungen entnehmen können. Qualität langfristig zu sichern, ist nur durch solides Qualitätsmanagement möglich. Dieses wird im Qualitätshandbuch festgeschrieben und kann somit ständig überprüft und fortgeschrieben werden.

Wir drucken in der Arbeitshilfe nur Mustertexte ab. Diese Texte entsprechen selbstverständlich nicht dem, was in den jeweiligen Handbüchern vor Ort steht. Es sollen nur Anregungen sein. Die Handbücher der einzelnen Einrichtungen beinhalten das, was tatsächlich unter Einbeziehung der Kolleginnen/Kollegen und Träger erarbeitet worden ist und der tatsächlichen Leistung und Arbeit der Frühförderstelle entspricht. Dies gilt insbesondere für die Beschreibung der Kernprozesse.

Die Arbeitshilfe ist wie folgt gegliedert:

Vorwort
1.   Beschreibung des Projektes „Qualität als Weg"
1.1.   Entstehungsgeschichte
1.2.   Das Projekt
1.3.   Beteiligte Einrichtungen und die Projektleitung
2.   Arbeitshilfe zum Aufbau eines Qualitätsmanagementhandbuches
2.1.   Zur vorliegenden Arbeitshilfe
2.2.   Die Erarbeitung des Qualitätsmanagementhandbuches in der Einrichtung
2.3.   Aufbau eines Qualitätsmanagementhandbuches
2.3.1. Vorwort
2.3.2. Ziel und Inhalt eines Qualitätsmanagementhandbuches
2.3.3. Informationen zur Einrichtung (Leitbild, Geschichte, Organigramm)
2.3.4. Konzept
2.3.5. Leistungsbeschreibung
2.3.6. Kernprozesse
2.3.7. Anlagen (Raster, Formulare, Alltagshilfen)
3.   Anlagen zur Arbeitshilfe
4.   Literaturverzeichnis

Literatur

Caritasverband für die Diözese Münster e. V. (Hrsg.) (1999): Qualität als Weg – neue Wege in der Qualitätssicherung der Heilpädagogischen Frühförderung. Selbstverlag (zu beziehen bei Caritasverband für die Diözese Münster, Postfach 2120, 48008 Münster)

9.7. Organisationshandbuch zur Qualitätsentwicklung an interdisziplinären Frühförderstellen in Bayern

Von Waltraud Harzer, Günter Kottmann und Anna Schillmaier

9.7.1. Entstehung des Organisationshandbuches

Das Organisationshandbuch zur Qualitätsentwicklung an interdisziplinären Frühförderstellen in Bayern wurde vom „Arbeitskreis Qualität" an der Arbeitsstelle Frühförderung Bayern, Pädagogische Abteilung, entwickelt. Die Autorinnen/Autoren sind sechs Einrichtungsleiterinnen/Einrichtungsleiter und eine Mitarbeiterin der Arbeitsstelle Frühförderung Bayern.

Immer wieder traten Mitarbeiterinnen und Mitarbeiter aus Frühfördereinrichtungen mit dem Wunsch an die Arbeitsstelle Frühförderung Bayern heran, eine Übersicht bzw. Sammlung von Kriterien der Arbeit interdisziplinärer Frühförderstellen zusammenzustellen. Aus diesem Bedürfnis entwickelte sich der „Arbeitskreis Qualität".

Gleichzeitig kam die Forderung der Sozialpolitik und der Sozialhilfeträger, die Qualität der Arbeit exakter zu beschreiben, zu entwickeln, zu steuern und zu kontrollieren. Durch die Änderungen im BSHG erhielt die Qualitätsfrage auch in der Frühförderung eine neue Dimension.

Diese Gründe bestärkten die Mitglieder des Arbeitskreises, die Idee der Erarbeitung eines Organisationshandbuches zur Qualitätsentwicklung an interdisziplinären Frühförderstellen zu verwirklichen.

9.7.2. Aufbau, Inhalt und Beispiele

Die Gliederung des Organisationshandbuches folgt dem Modell zur Qualitätssicherung nach Donabedian (1972), das Qualität in den Dimensionen Struktur-, Prozeß- und Ergebnisqualität beschreibt (siehe auch 9.2.3.).

Strukturqualität umfaßt die persönlichen und fachlichen Voraussetzungen sowie die verfügbaren Ressourcen technischer, räumlicher, personeller, organisatorischer und finanzieller Art, d. h. sie beinhaltet die institutionellen Rahmenbedingungen der Frühförderung.

Im Organisationshandbuch finden sich im Kapitel Strukturqualität Aussagen zu Träger, Leitbild, Rechtlichen Grundlagen, Finanzierung, Konzeption, Organigramm, Geschäftsverteilungsplan, Personal, Stellenbeschreibungen, allgemeinen und internen Arbeitsbedingungen, Betriebsrat, Leitung, Verwaltung, Lage und Ausstattung, Zugangswegen, Öffentlichkeitsarbeit, einrichtungsbezogener Dokumentation und Datenschutz.

Prozeßqualität beschreibt die während der aktuellen Leistungserbringung tatsächlich verwirklichte Qualität, d. h. sie ist bezogen auf alle Aktivitäten zwischen dem Anbieter der Frühförderleistungen und seinen Klienten.

Im Organisationshandbuch finden sich im Kapitel Prozeßqualität Aussagen zu Arbeitsprinzipien, Aufnahme, Entwicklungsdiagnostik, Förderprozeß, Nachbetreuung, weiteren Angeboten, Fachdiensten, Team, Vernetzung und Falldokumentation.

Ergebnisqualität wird als das Ausmaß an Übereinstimmung zwischen Förderzielen und Förderergebnissen definiert, d.h. sie beinhaltet den Erfolg der Frühförderung, ihre Effizienz und die Zufriedenheit der Klienten.

Im Organisationshandbuch finden sich im Kapitel Ergebnisqualität Aussagen zu Evaluation, Effektivität, Effizienz und Zufriedenheit.

Darüber hinaus wird ein Qualitätsmanagementsystem für interdisziplinäre Frühförderstellen vorgeschlagen. In diesem Kapitel finden sich Aussagen zu einem Qualitätsentwicklungskonzept, ein Modell zur Qualitätsentwicklung an interdisziplinären Frühförderstellen sowie eine Beschreibung wesentlicher Methoden der Qualitätsentwicklung.

Der Anhang enthält neben Begriffsdefinitionen und einzelnen Beispielvorlagen ein Literaturverzeichnis.

In den Kapiteln Struktur-, Prozeß- und Ergebnisqualität werden für die einzelnen Gliederungspunkte immer Definition und Zielsetzung beschrieben, es werden die Faktoren, die wesentlichen Einfluß auf die Umsetzung in die Praxis haben, benannt und die Schritte der Umsetzung in die Praxis aufgelistet sowie Methoden zur Qualitätsentwicklung in der Praxis angegeben.

Jeder der unter Struktur-, Prozeß- und Ergebnisqualität beschriebenen Inhalte im Organisationshandbuch ist also gegliedert in:

(1) Worum geht es?
(2) Was ist zu beachten?
(3) Wie geht es?
(4) Wodurch kann es weiterentwickelt werden?

Dies soll nun anhand ausgewählter Beispiele aus den verschiedenen Qualitätsdimensionen verdeutlicht werden:

Strukturqualität: Stellenbeschreibungen
Zu (1): Worum geht es?
Stellenbeschreibungen sind die schriftliche Fixierung der Aufgaben, Rechte und Pflichten eines Stelleninhabers in der Einrichtung. Sie sind ein wichtiges Hilfsmittel der Personalplanung und Personalentwicklung; sie dienen auch als:

- Informationsgrundlage für Stellenbeschreibungen,
- Orientierungshilfe für neue Mitarbeiterinnen/Mitarbeiter über ihr Tätigkeitsfeld,
- Hilfe bei Zielvereinbarungen und Leistungsbeurteilungen,
- Grundlage für die Festlegung von Maßnahmen zur Personalentwicklung,
- Grundlage für die Eingruppierung in eine Gehaltsstufe.

Prozeßqualität: Entwicklungsdiagnostik – Verlaufsdiagnostik
Zu (2): Was ist zu beachten?
In der Verlaufsdiagnostik ist zu beachten:
- Einsatz von aktuellen, wissenschaftlichen Standards entsprechenden diagnostischen Verfahren und Materialien,

- Kompetenz der Mitarbeiterinnen/Mitarbeiter in Anwendung und Interpretation diagnostischer Verfahren,
- Ggf. Entscheidung für eine fachspezifische Verlaufsdiagnostik,
- Durchführung der Verlaufsdiagnostik durch Diagnostikerinnen/Diagnostiker, d. h. Mitarbeiterinnen/Mitarbeiter, die nicht direkt in die Behandlung des betreffenden Kindes involviert sind,
- Erhebung aller relevanten Veränderungen in der Familie und im Umfeld des Kindes seit Förderbeginn,
- Erhebung von Daten zu speziellen Fragen der betreuenden Kollegin/des betreuenden Kollegen,
- Interdisziplinäre Verlaufsdiagnostik im Zusammenwirken von Pädagoginnen/Pädagogen, Psychologinnen/Psychologen, medizinisch-therapeutischen Mitarbeiterinnen/Mitarbeitern und Ärztinnen/Ärzten,
- Auswertung der Verlaufsdiagnostik und Vergleich mit der Eingangsdiagnostik bzw. früheren Verlaufsdiagnostiken,
- Hypothesenbildung zur Effektivität der Frühfördermaßnahmen,
- Ggf. Kooperation mit externen Fachleuten
- Dokumentation der verlaufsdiagnostischen Ergebnisse,
- Ggf. Planung einer weiteren Verlaufsdiagnostik,
- Bestätigen oder ggf. Modifizieren der Indikation,
- Austausch mit den Eltern.

Ergebnisqualität: Effektivität
Zu (3): Wie geht es?
Die Umsetzung der Effektivitätsprüfung erfordert:

- Festlegung individueller Ziele zu Beginn der Förderung,
- Operationalisierung der Ziele in überprüfbare Teilziele,
- Festlegung der Inhalte, sowohl qualitativ als auch quantitativ,
- Definition und Operationalisierung von Prüfmitteln,
- Ermittlung des Grades der Zielerreichung.

Zur Überprüfung der Wirksamkeit von Frühfördermaßnahmen eignen sich folgende Methoden:

- Prae-post-Untersuchungen und Mehrpunkt-Messungen,
- Systematische Praxisreflexion,
- Selbstevaluation,
- Fremdevaluation,
- Fallbesprechungen und Supervision,
- Effektbeschreibungen und -vergleiche,
- Einzelfallbeschreibungen,
- Datenakkumulation,
- Katamnesen.

Prozeßqualität: Aufnahme
Zu (4): Wodurch kann es weiterentwickelt werden?
Das Verfahren der Anmeldung und Aufnahme sowie des Erstgespräches ist durch folgende Maßnahmen zu entwickeln:

- Benchmarking,
- Selbstevaluation,

- Konzeptionsentwicklung,
- Konzeptionsüberprüfung und -fortschreibung,
- Reflexion der Zugangswege zur Frühförderung,
- Schnittstellenanalyse zu den Kooperationspartnern,
- Schulung der für die Anmeldung und Aufnahme zuständigen Mitarbeiterinnen und Mitarbeiter,
- Schnittstellenanalyse zwischen Anmeldung und Erstgespräch,
- Fortbildung,
- Supervision,
- Teamgespräche,
- Reflexion im Team,
- Erstellung und Aktualisierung geeigneter Formblätter,
- Regeln und Informationen zum → SQ Datenschutz,
- Regeln und Informationen zur → PQ Falldokumentation.

9.7.3. Einsatzmöglichkeiten des Organisationshandbuches

Das Organisationshandbuch beschreibt Grundlegendes über den Aufbau, den Ablauf und die Leistungen einer Frühförderstelle. Es dient dazu, das System Frühförderung weiterzuentwickeln, die Arbeitsweise und Leistungen von Frühförderstellen transparenter zu machen und einen Leitfaden für Mitarbeiterinnen/Mitarbeiter und Einrichtungsleitungen zu erstellen, der die Arbeit unterstützt und die Einarbeitung neuer Mitarbeiterinnen/Mitarbeiter erleichtert.

Das Organisationshandbuch soll die Einführung eines Qualitätsmanagementsystems in jeder Einrichtung anregen, wobei die Vorgaben speziell auf die Bedingungen in der jeweiligen Region und der Einrichtung vor Ort abgestimmt werden müssen.

Des weiteren kann es:

- bei der Entwicklung einrichtungsinterner Standards unterstützen,
- in seiner Modifikation nach den örtlichen Erfordernissen als verbindliche Arbeitsgrundlage für die entsprechende Einrichtung dienen,
- die Bearbeitung einzelner Themen bzw. Themenbereiche in der Einrichtung anregen,
- als Leitfaden für Qualitätszirkel dienen,
- bei der Entwicklung eines Qualitätshandbuches unterstützen.

9.7.4. Ein Prozeßmodell zur Qualitätsentwicklung an interdisziplinären Frühförderstellen

In der Qualitätsentwicklung geht es um die Optimierung der Angebote, Arbeitsabläufe und der organisatorischen Bedingungen der interdisziplinären Frühförderstellen durch regelmäßige Auswertung und Verbesserung aller Arbeitsergebnisse anhand zuvor festgelegter Kriterien, wie sie z. B. im Organisationshandbuch zur Qualitätssicherung an interdisziplinären Frühförderstellen beschrieben sind.

Diese lassen sich u. E. in vorhandene, sehr unterschiedliche – und teils sehr komplexe – Qualitätsmanagementmodelle integrieren, da in allen Prozeßmodellen Qualitätsstandards zu Grunde gelegt werden.

Im Rahmen der Erarbeitung des Organisationshandbuches zur Qualitätsentwicklung wurde darüber hinaus angestrebt, ein leicht umsetzbares, wenig zeitaufwendiges und kostengünstiges Modell zur Qualitätssicherung in interdisziplinären Frühförderstellen bereitzustellen, das in Abb. 9.7-A1 dargestellt wird.

Der Prozeß der Qualitätsentwicklung ist als fortlaufender Prozeß zu verstehen, der sich auf stets höherem Niveau wiederholt, und ist deshalb als Spirale dargestellt. Er läßt sich in mehrere Phasen unterteilen.

Zur *Phase der Bestandsaufnahme und Zielfestlegung* gehören neben der Durchführung der IST-Analyse – mit der Definition von Problembereichen, aber auch dafür zur Verfügung stehenden Ressourcen und der Prioritätensetzung – die Zielfestlegung und Bestimmung der Evaluationskriterien.

Die *Phase der lösungsorientierten Bearbeitung* beinhaltet die Definition von Schlüsselprozessen und Schnittstellen, die bearbeitet werden sollen. Es geht darum, Lösungsvarianten zu erarbeiten und sich für eine Lösung zu entscheiden.

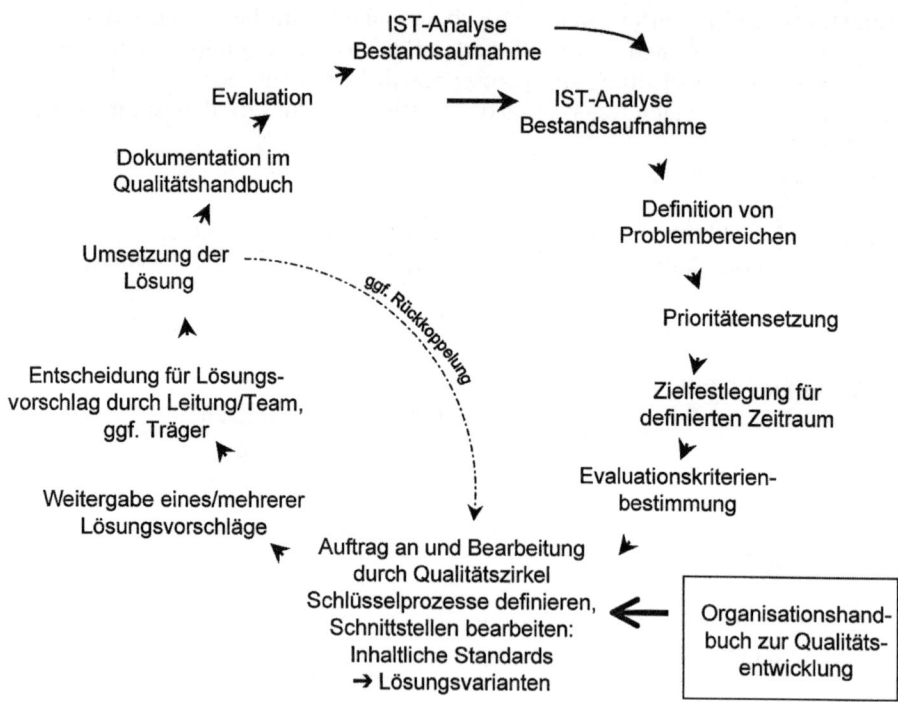

Abb. 9.7-A1

In der *Phase der Umsetzung* der Verbesserungsvorschläge wird die erarbeitete Lösung praktisch erprobt; bei Unzufriedenheiten sind Rückkoppelungsprozesse zur Phase der lösungsorientierten Bearbeitung erforderlich.

Es folgt die *Phase der Sicherung, Dokumentation und Auswertung der Ergebnisse* anhand der zuvor festgelegten Kriterien. Dies kann z. B. mittels eines oder in einem Qualitätshandbuch erfolgen.

Mit dem Organisationshandbuch zur Qualitätsentwicklung an interdisziplinären Frühförderstellen wird ein Instrument vorgelegt, das die Umsetzung von Maßnahmen zur Qualitätsentwicklung und Qualitätssicherung im Rahmen eines praktikablen Qualitätsmanagementsystems erleichtern soll und damit die Chancen der oft ungeliebten Qualitätsdiskussion in den Vordergrund rückt.

Literatur

Arbeitsstelle Frühförderung Bayern (1998): Leistungsbeschreibung der interdisziplinären Frühförderung an Frühförderstellen. München, Selbstverlag

Bobzien, M. et al (Hrsg.) (1996): Qualitätsmanagement. Alling

Bundesministerium für Familie, Senioren, Frauen und Jugend (Hrsg.) (o. J.): Materialien zur Qualitätssicherung. Hefte 1 – 20

Deutsches Institut für Normung (1992): DIN ISO 9004 – Teil 1, Teil 2, Qualitätsmanagement und Elemente eines Qualitätssicherungssystems – Leitfaden für Dienstleistungen. DIN ISO 8402 Qualitätsmanagement-Begriffe. Beuth, Berlin

Donabedian, A. et al. (1972): The definition of quality and approaches to its assessment. Ann Arbor

Gmür, W. (1998): Qualitätssicherung durch Partizipation und Empowerment. IPP-Unterlagen, Qualitätssymposion München

Heiner, M. (Hrsg.) (1996): Qualitätsentwicklung durch Evaluation. Freiburg/Br.

Lohl, W. (1997): Aufbau der Qualitätssicherung in Beratungsstellen. Bonn

Sozialpädagogisches Institut im SOS-Kinderdorf e. V. (Hrsg.) (1999): Qualitätsmanagement in der Jugendhilfe. München, Selbstverlag

Speck, O. (1998): System Heilpädagogik. München-Basel

Zink, K. J. (1995): TQM als integratives Managementkonzept. München/Wien

9.8. Methoden der Supervision

Von Rainer Käsgen und Harald Ott-Hackmann

9.8.1. Definition von Supervision

Supervision wird von unserem Institut als ein Instrument gesehen, Arbeitssysteme in sozialen Arbeitsfeldern bei der Bearbeitung ihrer Probleme hilfreich zu begleiten. Problemfelder können dabei Fallbesprechungen, -reflexion, Teamkonflikte oder Organisationskonflikte sein.

Supervision heißt für uns:

- Einer Person des Teams Hilfestellung bei der Suche nach neuen Sichtweisen und Problemlösungen anzubieten.
- Die unterschiedlichen Sichtweisen im Team miteinander in Entwicklung zu stellen.
- Das Team und deren Mitglieder zu ermutigen, einen geeigneten Weg zu entwickeln; und zwar im Bewußtsein, daß es nicht möglich ist, den einzig wahren Weg zu definieren.
- Ressourcen und Fähigkeiten des Teams aus anderen Problemkontexten zu aktualisieren, und sie nach einer Übertragung auf die aktuelle Anforderung als Hilfen für konkrete Lösungswege zu nutzen.

9.8.2. Kurze theoretische Einführung in systemische Aspekte von Supervision

Supervision kann vor dem Hintergrund unterschiedlicher psychologischer Konzepte durchgeführt werden. Unserem Konzept liegt die Systemische Psychologie zu Grunde. Das systemische Konzept ist ein konstruktivistisches Konzept und folgt u. a. den nachstehenden Grundaspekten:

Humberto Maturana: Systeme sind autopoietisch organisiert. Damit ist gemeint, daß sie sich autonom entwickeln und nicht von außen instruierbar sind. Sie greifen dabei auf die systemimmanenten Potentiale zurück und nutzen ihren Kontext (ihre Umwelt), um den Nutzen ihrer Entwicklung zu überprüfen. Das heißt, daß Supervisionsteilnehmerinnen und -teilnehmer den Supervisor und die anderen Teilnehmerinnen/Teilnehmern der gleichen Supervision als ihren Kontext nutzen können. Das Ergebnis von Supervisionen kann aus unserer Sicht demnach als eine kooperative Konstruktion autonomer Systeme angesehen werden.

Heinz v. Foerster: Systeme konstruieren sich ihre eigene Wirklichkeit, ihr eigenes Bild von der Welt, in der sie leben. Es ist nicht sinnvoll, nach der Wahrheit zu fragen, da sie in jedem Fall eine subjektive „Erfindung" des Verkünders ist. Viel hilfreicher ist es, die Wahrheit als eine Konvention zwischen Menschen anzusehen, deren Erarbeitung und Entwicklung ein kontinuierlicher Prozeß ist. Das begriffliche Gegensatzpaar „richtig/falsch" könnte nach v. Foerster durch „hilfreich/nicht hilfreich" beim Versuch der Bewältigung der aktuellen Erfordernisse ausgetauscht werden. Er formuliert die interessante Aussage: „Wahrheit ist die Erfindung eines Lügners" (von Foerster/Pörksen 1998). Konsequenzen für unserer Arbeit mit Supervisionsgruppen sind danach: Erarbeitung unterschiedlicher Sichtweisen, Suche nach weiteren möglichen Sichtweisen und die Verhandlung eines geeignet erscheinenden Lösungsweges.

Luhmann/Ludewig: Soziale Systeme entstehen in Kommunikation. Systeme erzeugen Problemsysteme in Kommunikation. Diese Aussage machte es erforderlich, geeignete Kommunikationssysteme zu erarbeiten, die es ermöglichen, Probleme in Kommunikation wieder aufzulösen. Therapien, Beratungsgespräche oder Supervisionen können solche Instrumente sein. Im Besonderen stellten wir in diesem Workshop die *Technik des konstruktiven Fragens* und das Setting des *reflekting teams* als hilfreiche Instrumente für die Arbeit in Supervision vor.

9.8.3. Vorstellung der Konstruktiven Fragetechnik

Das konstruktive Fragen verfolgt das Ziel, der/dem Supervisionsteilnehmerin/ -teilnehmer bei der Konstruktion einer neuen Sicht auf die aktuelle Problematik und dem Entwickeln einer geeigneten Lösungsstrategie behilflich zu sein.

Die Fragen sind u. a. daran orientiert:

- Das Problem herauszuarbeiten und einzugrenzen.
  Was ist an ihrer Geschichte für Sie das Problem?
  Welchen Teilaspekt sollten wir zuerst erarbeiten?
  Stellen Sie sich vor, wir haben eine Antwort gefunden, die alles in Bewegung setzen würde, zu welchem Teilaspekt ist das möglich?
- Mit der Teilnehmerin/dem Teilnehmer, Ressourcen zu erarbeiten und zu dem bestehenden Problem zu vernetzen.
  Gab es schon einmal eine ähnliche Situation, wie haben Sie diese gelöst?
  Welche kleine Veränderung müssten wir entwickeln, daß es so ähnlich gehen könnte?
  Wer hat damals an der Lösung mitgewirkt?
- Die Vorstellungen von einer problemfreien Zukunft zu ermöglichen und den daraus entstehenden Unterschied zur aktuellen Situation in der Handlungsstrategie deutlich zu machen.
- Das Wunder der Problemlösung geschehen zu lassen und nach den dazu erforderlichen Fähigkeiten zu fragen.
  Stellen Sie sich vor, das Problem ist über Nacht verschwunden, was ist dann in Ihrer Fallbearbeitung anders, was ist dann in Ihrem Team anders usw.?
  Stellen Sie sich vor, der Gralshüter aller Problemlösungen kommt in diesen Raum und kann Ihnen zwei Fähigkeiten verleihen, die Ihnen bei der Problemlösung helfen könnten, was wären das für Fähigkeiten?

9.8.4. Vorstellung des „reflecting team"

Der norwegische Psychiater Tom Anderson entwickelte mit seinem Team das sogenannte „reflecting team". Es handelt sich um ein im systemischen Theoriekontext häufig angewendetes Setting, welches die Möglichkeit bieten soll, die Kommunikation zwischen dem hilfesuchenden System (bestehend aus Ratsuchender/Ratsuchendem und Beraterin/Berater) und dem über die Beratungsinhalte reflektierendem Team (bestehend aus dem nicht direkt in das Problem involvierten Teil des Supervisionsteams) zu trennen. Die Trennung dieser beiden Systemteile durch z.B. Einwegspiegel oder unterschiedliche Gruppenaufteilung und Kommunikationsregeln (eine Gruppe redet/die andere hört zu) hat den hilfreichen Effekt, daß eine direkte Rückkoppelung nonverbaler Signale im Kommunikationsverlauf unterbunden sind. Die reflektierenden Kolleginnen und Kollegen können unbelasteter ihre Wahrnehmung von der angesprochenen Problematik zur Verfügung stellen. Das ratsuchende System kann sich, in einer der Reflexion anschließenden Auswertungssequenz ihm brauchbar erscheinende Handlungsstrategien oder Erklärungsmöglichkeiten aus den sich voneinander unterscheidenden Angeboten herausnehmen und zu einer Lösung weiterentwickeln. Besonderen Raum in dieser Methode nimmt der von uns so benannte systemische Dreiklang ein, der in den jeweiligen Reflexionsrunden die Einhaltung folgender Arbeitsschritte vorsieht:

(1) *Loben:* Die Hilfesuchende Person wird für Ihre Leistungen gelobt, die dem reflekting team im Gespräch deutlich wurden.

(2) *Reformulierung:* Die Mitglieder des Teams versuchen, das Problem in seinen unterschiedlich wahrgenommenen Facetten darzustellen.

(3) *Empfehlungen/offene Fragen:* Die Mitglieder des Teams geben mögliche, sich unterscheidende Empfehlungen und stellen die noch offen erscheinenden Fragen zu diesem Problem dar.

9.8.5. Supervision als Kontext für Fallbesprechungen/Teamentwicklung

Diese beiden Methoden lassen sich hilfreich in *kollegiale Supervisionen* einbauen und fördern den respektvollen Umgang mit unterschiedlichen Sichtweisen. Die in der Diskussion deutlich gewordene Problematik der Workshopteilnehmerinnen und -teilnehmer, dieses Instrumentarium in die jeweiligen Arbeitskontexte zu übertragen, wurde kommentiert mit: „Wir haben häufig das Problem, daß in den Fallgesprächen unterschiedliche Sichtweisen keine Berechtigung haben dürfen." Als dominanteste Beschreibung wurde auf das Bestehen von Hierarchien unter den unterschiedlichen Professionen hingewiesen. Die einen kennen die nicht existierende Wahrheit eben besser als die anderen und es ist immer schwer, einen neuen Weg zu etablieren. *Nur Mut!*

Literatur

Andersen, T. (1996): Das refektierende Team. Dortmund

Foerster, H. v., Pörksen, B. (1998): Wahrheit ist die Erfindung eines Lügners. Gespräche für Skeptiker. Heidelberg

–, von Glaserfeld, E. (1999): Wie wir uns erfinden. Eine Autobiographie des radikalen Konstruktivismus. Heidelberg

Fuchs, P. (1993): Niklas Luhmann beobachtet. Eine Einführung in die Systemtheorie. Wiesbaden

Käsgen, R., Ott-Hackmann, H. (1999): So sollst Du sein. Wie Familiengeschichten die Persönlichkeit prägen. Reinbek bei Hamburg

Ludewig, K. (1997): Systemische Therapie. Grundlagen klinischer Therapie und Praxis. Stuttgart

Maturana, H. R., Varela, F. J. (1990): Der Baum der Erkenntnis. Die biologischen Wurzeln des menschlichen Erkennens. München

10. Zusammenfassung

Ergebnisse und Perspektiven

Von Christoph Leyendecker und Tordis Horstmann

Frühe Förderung und Frühbehandlung sind auf einem guten Weg. Das System früher Hilfen hat sich in den letzten Jahren zügig weiterentwickelt. Methodische Vielfalt, interdisziplinäre Zusammenarbeit und familiäre Orientierung prägen das Bild. Obgleich noch keineswegs allerorten ein optimaler Stand oder gar ein bedarfsdeckendes Angebot erreicht ist, stoßen die Bemühungen an Grenzen. Diese werden zunächst von ungelösten Problemen der Finanzierung gezogen:

„Große Pläne brauchen Geld" – Finanzierungsformen und Kostenträger im System der Frühförderung

Die Frage *„Wer soll was bezahlen?"* (vgl. 1.1./Jochheim) wird derzeit zweiseitig beantwortet: medizinisch-therapeutische Leistungen werden von den Krankenversicherungen gezahlt, für die übrigen, die pädagogisch-psychologischen Leistungen, ist der örtliche Träger der Sozial- bzw. Jugendhilfe zuständig. Dies führt häufig zu Schwierigkeiten der Finanzierung, da Zuständigkeiten nur vordergründig geregelt sind und Kostenträger die Übernahme bestimmter Leistungen ablehnen. Daher ist es dringend geboten, bindende Rahmenvereinbarungen auf Länderebene zu schaffen oder die Frühförderung nach §125a SGB V (ambulante, komplexe Rehabilitation) in die sozialrechtlichen Regelungen des SGB IX einzubeziehen.

Im Vergleich zur ungesicherten wirtschaftlichen Situation vieler Frühförderstellen hat die konzeptionelle Entwicklung einen verläßlichen Standard erreicht. Dieser stellt selbstverständlich keinen Endpunkt dar; vielmehr werden die theoretischen Grundlagen kritisch reflektiert und weiterentwickelt. Aktuelle Förderkonzepte zeigen,

„Wie kleine Leute handeln lernen" – Aktuelle Förderkonzepte in der Frühförderung.

Von grundlegender Bedeutung ist die *interdisziplinäre Einbindung der Kinderneurologie* (vgl. 2.1./Michaelis). Diese ist noch nicht immer selbstverständlich, sollte aber zum Standard der Frühförderung gehören. Die kinderneurologische Tätigkeit ist nur bedingt an die Arbeit mit dem Kind selbst gebunden, wie es die anderen Berufsgruppen in der Frühförderung auszeichnet. Die Kinderneurologie kann jedoch Ordnungsprinzipien in die zunächst nur phänomenologisch wahrzunehmenden Gefährdungs- und Behinderungsmuster von betroffenen Kindern bringen. Damit werden Diagnose und Aussage zu Schwere und zu Verlauf einer Behinderung möglich, über die mit Eltern, Therapeuten und Pädagogen gesprochen werden kann. Aus den neurologischen Ordnungsprinzipien können aber auch therapeutische und pädagogische Strategien abgeleitet werden.

Die kinderneurologische Diagnose hat die große individuelle Variation der kindlichen Entwicklung zu berücksichtigen; sie wird sich nicht mehr an streng hierarchisch geordneten Entwicklungsmodellen orientieren.

Was die Frühbehandlung des Kindes anbelangt, hat sich im letzten Jahrzehnt ein entscheidender Wandel vollzogen. Im Vordergrund steht nicht die Behandlung, sondern das gemeinsame Handeln mit dem Kind (*Handeln statt Behandeln*, vgl. 2.2./Schlack). Neurobiologische und psychologische Forschungsergebnisse belegen übereinstimmend, daß die spontane (und nicht nur eine reagierende) Aktivität des Kindes von Geburt an die entscheidende Triebfeder der Entwicklung ist. Ebenso ist offenkundig, daß sich jedes Kind selektiv entwickelt, d. h. aus dem Angebot der Umwelt diejenigen Informationen und Aktionsmöglichkeiten auswählt, die seinen Anlagen und seinem Entwicklungsstand entsprechen. Schließlich sprechen alle Beobachtungen dafür, daß diese Bedingungen für behinderte Kinder in gleicher Weise wie für nichtbehinderte gelten.

Therapie- und Förderkonzepte, die auf diesen Voraussetzungen aufbauen, werden dem Kind – bei adäquater Anregung und Unterstützung – eine weitgehende Selbstbestimmung einräumen und den immanenten Antrieb des Kindes zur eigenaktiven Entwicklung unterstützen. Dieses steht im Gegensatz zu bisherigen Konzepten von „Behandlung", die davon ausgehen, daß therapeutische Maßnahmen einen unmittelbaren und spezifischen Einfluß auf das Gehirn des Kindes ausüben und deshalb auch ohne Motivation und ohne aktive Mitwirkung des Kindes sinnvoll und effektiv seien. Solche Vorstellungen sind allerdings weder theoretisch noch empirisch erwiesen. Daraus folgt, daß Selbstbestimmung, Eigenaktivität des Kindes und Qualität der therapeutischen Beziehungen die Dreh- und Angelpunkte jedweder Frühförderung sind.

Ein aktuelles Förderkonzept stellt die neuromotorische Entwicklungstherapie i. w. S. bzw. i. e. S. die *orofaziale Regulationstherapie nach Castillo Morales* dar (vgl. 2.3./Enders).

Die Indikationsstellung wird gesehen für: genetisches Syndrom, muskuläre Hypotonien, verlangsamte sensumotorische Entwicklung, zentral-motorische Störungen, periphere Hemmungen, neuromuskuläre Erkrankungen sowie Schädel-Hirn-Traumen.

Anhand des „Modells zweier Körperdreiecke" kann die sensumotorische Entwicklung des Kindes veranschaulicht werden. Die orofaziale Regulationstherapie baut auf der motorischen Ruhehaltung des Kindes auf. Voraussetzung für die Therapie sind exakte Kenntnisse über die Muskelfunktionen, die muskulären Abläufe und physiologischen Funktionen des orofazialen Komplexes. Das Konzept von Castillo Morales wird zwar in spezifischen Behandlungstechniken umgesetzt, diese orientieren sich aber zentral am individuellen Kind.

Weitere *Behandlungsmöglichkeiten der orofazialen Muskulatur* (vgl. 2.4./Beckmann-Hopp) sind die myofunktionelle Therapie nach Garliner, die neurofunktionelle Reorganisation nach Padovan, die Mund- und Eßtherapie innerhalb des Bobath-Konzeptes und schließlich sollten praktische Überlegungen der Nahrungsaufnahme berücksichtigt werden.

In den letzten Jahren wird auch das Konzept der Konduktiven Förderung, das auf Petö zurückgeht, hinsichtlich der Methode und Wirksamkeit kontrovers diskutiert. Vor diesem Hintergrund sind derzeit in Deutschland zwei Effektivitätsstudien in Arbeit; über eine wird hier ausführlich berichtet: *Konduktive Förderung von cerebralbewegungsgestörten Kindern im Vorschulalter unter den Bedingungen eines Frühförderzentrums* (vgl. 2.5./Horstmann, Oskamp). Das Konduktive Konzept umfaßt pädagogische und therapeutische Orientierungen. Unter pädagogischer Orientierung ist die Interdisziplinarität, die systemisch-konstruktivistische Ausrichtung sowie der Empowerment-Ansatz aufzufassen. Die therapeutische Orientierung ist im Sinne herkömmlicher Behandlungsmethoden zu verstehen: wie sie etwa die Konzepte von Bobath und Vojta darstellen. Die Konduktive Methode positioniert ihren Standort zwischen einer speziellen Therapie und einer pädagogisch orientierten Förderung. Nach einem Jahr Förderung zeigten die Kinder signifikante Fortschritte in motorischen, sprachlichen, perzeptiven und kognitiven Funktionen. Die positiven Erfahrungen zeigen, daß Konduktive Förderung als ein Zusatzangebot, nicht aber als Ersatz bisheriger Förderangebote für cerebralparetische Kinder etabliert werden sollte.

Bedeutsame Lebensereignisse und Schritte der Entwicklung bergen stets Chancen und Risiken: *„Klippen im Leben kleiner Leute" – Die Bewältigung von kritischen Übergängen in Kindheit und Jugend: Vulnerabilität und Resistenz.* Dies wird an *Entwicklungsverläufen von Scheidungskindern* (vgl. 3.1./Schmidt-Denter)verdeutlicht. Die Scheidung stellt sowohl für die Kinder als auch für alle anderen betroffenen Familienmitglieder einen kritischen Übergang dar. Viele Kinder sind durch die Scheidung ihrer Eltern problembelastet. Es konnten drei Verlaufstypen kindlicher Symptombelastung ermittelt und näher charakterisiert werden. Die Symptombelastung der Kinder hing wesentlich von der Gestaltung der familiären Beziehungen nach einer Trennung/Scheidung ab. Die Ergebnisse eröffnen hilfreiche Angebote für Prävention und Intervention.

Auch normative soziale Übergänge bergen Chancen und Risiken: *Entwicklungsrisiken und -chancen bei der Bewältigung normativer sozialer Übergänge im Kindesalter* (vgl. 3.2./Beelmann).

Der Kindergarteneintritt, Grundschuleintritt und der Eintritt in die weiterführende Schule sind wichtige Einschnitte im Lebenslauf eines Kindes.

In der Langzeitstudie werden unterschiedliche Teilgruppen hinsichtlich des Verlaufs von Anpassungsproblemen im Übergangsprozess deutlich. Bei diesen Subgruppen ist der Grad der Belastung durch die Übergänge in den drei zentralen Lebensbereichen (Familie, Gleichaltrige, pädagogische Betreuung) unterschiedlich stark ausgeprägt. Wesentliche Risiko- und Schutzfaktoren für ein Gelingen bzw. erschwerte Anpassung waren: einerseits das Repertoire problemlösender Bewältigungsstrategien, das den Kindern zur Verfügung stand, und andererseits die Qualität der Eltern-Kind-Beziehungen und das Erziehungsverhalten. Die Ergebnisse führen zu anwendungspraktischen Vorschlägen für Prävention und Intervention.

In der Entwicklung behinderter Kinder stellt die Diagnosemitteilung ein frühes kritisches Ereignis für die Eltern dar. Daher nimmt *die Erstberatung bei Kindern mit genetischen Syndromen* (vgl. 3.3./Sarimski)im Bewältigungsprozess eine wichtige Rolle ein. Wie die Fallbeispiele zeigen, verändert die Mitteilung der Diagnose die Lebensperspektive der betroffenen Eltern schlagartig und unumkehrbar. Traumatisierungen durch eine belastende Diagnosemitteilung führen zu Problemen für das Erziehungsverhalten und die Interaktionsprozesse zwischen Eltern und Kind. Als Folge entstehen Entwicklungsbarrieren für die Kinder, die ohnehin syndromgenetische Entwicklungs- und Verhaltensbesonderheiten zeigen. Notwendig erscheinen deshalb die psychologische Begleitung und Betreuung der Eltern bei der Erstberatung und die Fokussierung in der Beratung auf die elterliche Kompetenz und Stabilisierung der Interaktion.

Die Notwendigkeit der Kenntnis von Bewältigungsstrategien, von Ressourcen, die einer Familie zur Verfügung stehen, und die systemisch orientierten Hilfsangebote werden in dem Erfahrungsbericht einer Mutter zur *Persönlichkeitsentwicklung eines Kindes in seiner Familie*(vgl. 3.4./Zobel) eindrucksvoll bestätigt.

Frühe Förderung ist kein simples Tun:
   „Große Pläne sind nicht einfach" – *Frühförderung komplex und spezifisch*
Dies wird an einigen Beispielen aufgezeigt.

Ziellos, planlos und immer in Bewegung: Möglichkeiten und Grenzen bewegungsorientierter Förderung im Vorschul- und Grundschulalter (vgl. 4.1./Beudels).

Hyperaktivität und Aufmerksamkeitsstörungen stellen Verhaltensprobleme dar, welche primär neurologisch begründet sind, für deren Ausprägung und Persistenz jedoch psychosoziale Prozesse eine wichtige Rolle spielen. Bisher wurden in Förderprogrammen systemische Ansätze meist nicht ausreichend berücksichtigt, in neueren Förderansätzen werden jedoch verschiedene Konzepte im Sinne eines multimodalen bzw. multimodulen Aufbaus integriert. Bewegungsorientierte bzw. psychomotorische Fördermaßnahmen bieten einen leichten Zugang, hohen Anregungsgehalt und eine direkte Leistungsrückmeldung für das Kind. Zur Zeit wird in einem mehrjährigen Modellversuch an der Universität Dortmund die Effizienz multimodaler psychomotorischer Fördermaßnahmen untersucht, wobei die Förderangebote der Kinder durch Beratungsangebote für Eltern und Schule ergänzt werden.

Manuelle Medizin bei bewegungsgestörten Kindern (vgl. 4.2./Lohse-Busch).

Die nur vom Arzt durchzuführende Manipulation eines bewegungsgestörten Gelenks, bei der beide Gelenkflächen leicht, aber ruckartig voneinander abgehoben werden, wird von der physiotherapeutischen Mobilisation durch wiederholte, das Gelenkspiel erweiternde Bewegungen unterschieden. Bei Kindern mit Cerebralparese oder Muskelschwund ist die Propriozeption des myofascialen Systems an den betroffenen Gelenken durch die Fehlstellung verändert, so daß als Sekundärstörung eine sensomotorische Integrationsstörung entsteht. Durch Techniken der manuellen Medizin wird die Position der Gelenke normalisiert, d. h. Biomechanik, Propriozeption und damit die Tonusregulation verbessert, z. B. durch die Atlastherapie nach Arlen, durch kindgerechte klassische Manipulationen an der Wirbelsäule und das myofasciale Lösen, welche einzeln, als serielle Komplexbehandlung oder Intervallbehandlung durchgeführt werden. Bei Tonusasymmetrien von Säuglingen reichen meist wenige Einzelbehandlungen zur Normalisierung aus, sofern keine cerebrale Bewegungsstörung vorliegt. Eine Untersuchung an Kindern mit cerebralen Bewegungsstörungen konnte zeigen, daß nach 14tägiger Komplexbehandlung besonders die schwerstmehrfachbehinderten Kinder von dem Behandlungsansatz profitieren.

Frühförderung und Kindergarten – Qualitätskriterien für die Kooperation (vgl. 4.3./Mayr).

Im Rahmen des Modellversuches „Pädagogisch-Psychologischer Dienst im Kindergarten" wurden Qualitätsmerkmale für die professionelle und effektive

Zusammenarbeit zwischen Kindertageseinrichtungen und therapeutischem Fachdienst herausgearbeitet. Als Strukturqualitätsmerkmale werden die Präsenz des Fachdienstes in der Einrichtung mit regelmäßigen Kontakten und die Kontinuität von Personen und Arbeitskonzepten des Fachdienstes hervorgehoben. Außerdem ist es sinnvoll, daß in einer Einrichtung nur eine primäre Anlaufstelle („lead agency") präsent ist, welche die Kontakte zu anderen Hilfsangeboten koordiniert.

Im Rahmen der Evaluation der Prozeßqualität wurde ein Fragebogen ausgewertet, der von den Gruppenleiterinnen in den Einrichtungen beantwortet worden war. Die Zufriedenheit der Erzieherinnen mit dem Fachdienst ist umso größer, je vertrauensvoller die Beziehung auf der persönlichen Ebene ist und je besser die Zusammenarbeit auf der sachlichen Ebene organisiert und abgestimmt wird. Außerdem spielt der offene Umgang mit Meinungsverschiedenheiten eine Rolle, da bei einer intensiven Zusammenarbeit die z. T. beträchtlichen Unterschiede therapeutischer und regelpädagogischer Ansätze zu einer plausiblen Handlungsstrategie verschmolzen werden müssen.

Die Förderung von Kindern im Kindergartenalter – ein Konzept zur Verbesserung der psychosozialen Versorgung (vgl. 4.4./Abel, Schneider)

Am Beispiel eines Kölner Modells wurde die Frage diskutiert, wie eine praktikable Förderung sozial benachteiligter Kinder im Regelkindergarten umgesetzt werden kann. Der Kindergarten ist als ein besonders niedrigschwelliger Zugang anzusehen, der für alle Familien einen vertrauten und gut erreichbaren Ort darstellt, so daß es insbesondere sozial benachteiligten Familien erleichtert wird, Förderangebote für ihre Kinder dort anzunehmen und zu nutzen.

In einem sozial benachteiligten Stadtteil Kölns wurden in mehreren Kindertageseinrichtungen Fördergruppen eingerichtet. Die Kinder wurden diesen Gruppen nach einem Screening des Kinder- und Jugendgesundheitsdienstes zugeteilt. Im Kindergarten wurden nach einer Förderdiagnostik der Kinder gemeinsam mit Eltern und Erzieherinnen Förderansätze entwickelt, wobei sich die Compliance der Eltern erheblich verbesserte, wenn sie von Therapeuten und Erzieherinnen als gleichberechtigte Partner angesehen wurden.

In der Diskussion dieser Förderangebote wurde betont, daß es lohnenswert ist, die eigene Arbeit und die der Kooperationspartner transparent zu gestalten, Netzwerke zu bilden und Finanzierungsformen für neue Fördermodelle zu finden.

Jedwede Förderung setzt eine diagnostische Abklärung voraus: *„Erst erkennen, dann große Pläne machen" – spezielle Diagnostik und Therapie.*

Die Aufgabe der *„Optimierung der postnatalen Umgebung extrem unreifer Frühgeborener: Beginnt Frühförderung bereits auf der Intensivstation?"* (vgl. 5.1./Groneck) bedeutet, dass ein neuer Aspekt in der Intensivmedizin in den Mittelpunkt tritt: die entwicklungsadaptierte sensorische Stimulation. Die Intensivpflege, die aufgrund der Funktionsbeeinträchtigung erforderlich wird, wirkt sich jedoch wegen der unphysiologischen Bedingungen als Stressfaktor aus, der die vegetative Stabilität stark beeinträchtigt, da die sensorische Stimulation unphysiologisch ist, d. h. nicht dem physiologischem Reifegrad der sensorischen Systeme entspricht und folglich auch den Reifungsprozess nicht unterstützt.

Die Entwicklungschancen extrem unreifer Frühgeborener werden entscheidend verbessert, indem die sensorische Stimulation entsprechend der neurophysiologischen Reifung in Form strukturierter Interventionskonzepte angeregt wird. Schwerpunkt aller entwicklungsbegünstigender Maßnahmen ist die Optimierung des Kontaktes des Vaters oder der Mutter zum Kind (durch Känguruhpflege) und somit die entwicklungsadaptierte sensorische Stimulation durch die Eltern und die Verbesserung der elterlichen Kompetenz durch frühzeitige Übertragung der Versorgungskompetenz auf die Eltern.

Das Projekt *„Nachsorge für Hoch-Risikofrühgeborene und ihre Familien"* (vgl. 5.2./Büchter, Götz) greift den auf der Perinatalstation durchgeführten Ansatz auf und bezieht die entwicklungsorientierten Interventionsmaßnahmen auf die Erfordernisse der nächsten Entwicklungsphasen. Prävention und Rehabilitation werden durch die eltern- und kindzentrierten Maßnahmen in Form von Beratung und Anleitung zur Unterstützung von Bewältigungsprozessen, bei der Gestaltung der Eltern-Kind-Interaktion, bei speziellen Entwicklungsproblemen (z. B. Schlaf- und Eßstörungen) und durch die Entwicklungsförderung bei 54 Kindern mit einem Geburtsgewicht unter 1000 Gramm durch ein multidisziplinär ausgebildetes Team geleistet.

Angesichts der Tatsache, daß bei extrem frühgeborenen Kindern das hohe biologische Ausgangsrisiko über Jahre wirksam bleibt und psychosoziale Belastungen ihren dekompensatorischen Einfluß nehmen können, ist es dringend notwendig, Schutzfaktoren zu aktivieren, um kompensatorisch begünstigende Bedingungen in Kooperation mit den Eltern zu schaffen. Erste Ergebnisse unterstreichen die Bedeutung anregender Interaktion.

Im Vorschulalter sollten sich bestimmte Fähigkeiten entwickeln, u. a. die Planungskompetenz als wichtige Voraussetzung für den Schulerfolg:

„Wie gut können Kinder planen? Neue diagnostische Ansätze" (vgl. 5.3./Fritz, Boedecker)

Planung bedeutet die Bestimmung aufeinanderfolgender Handlungsschritte, die Festlegung von Handlungsprioritäten, das Abwägen konkurrierender Handlungsschritte. Es werden Fähigkeiten benötigt wie gedankliche Vorausschau, Entwurf einer Handlungsabfolge, Erkennen spezieller Aufgabenbedingungen, Überwachung der Planausführung, Korrektur des Handlungsablaufes. Die Fähigkeit zu planen stellt einen bedeutsamen metakognitiven Entwicklungsfaktor dar.

Die Analyse und der Vergleich von Planungsstrategien bei Schulkindern und drei bis vierjährigen zeigt, daß auch jüngere Kinder in der Lage sind, einen hypothetischen Umgang mit Ereignissen und ihren Folgen sowie die Übertragung der Strategie auf ihre Handlungsebene vorzunehmen. Bei jüngeren Kindern ist die Planungstiefe d. h. die Anzahl der ausgeführten Handlungsschritte noch geringer als bei Schulkindern. Fördermaßnahmen sollten einsetzen, wenn die Planungskompetenz nicht altersentsprechend entwickelt ist.

Spezielle metalinguistische Fähigkeiten und deren Entwicklung im Vorschulalter sind die Voraussetzung für die Lese-Rechtschreibkompetenz:

„Zeitliche Informationsverarbeitung (Ordnungsschwelle), Sprachverarbeitung und Lese- und Rechtschreibleistungen" (vgl. 5.4./Barth)

Die metalinguistischen Fähigkeiten wie phonologische Bewusstheit und das phonologische Recodieren beim Zugriff auf das semantische Lexikon sowie phonetisches Recodieren im Arbeitsgedächtnis für verbale Informationen bilden wesentliche Vorhersagekriterien für die LR-Kompetenz.

Das Screening-Verfahren von LRS-Risikokindern ergibt Hinweise auf die Entwicklung der metalinguistischen Fähigkeiten sowie auf den Förderbedarf. Die Beeinträchtigung der zeitlichen Verarbeitungsmechanismen führt zu Defiziten in der Verarbeitung rasch wechselnder akustischer Reize und stellt sich in der Schwierigkeit der Phonemdiskrimination dar.

In der Untersuchung der metalinguistischen Fähigkeiten erwies sich die phonologische Bewußtheit als bedeutsamster Prädikator für eine Lese- und Rechtschreibstörung.

Für die Gruppe der Kinder mit Lese- und Rechtschreibstörung kann die Überprüfung des Binokularsehens von Wichtigkeit sein.

„Gestörtes Binokularsehen und mögliche Auswirkungen auf das Lese- und Schreibverhalten bei Kindern" (vgl. 5.5./Gorzny).

Fehlgesteuertes Blickverhalten führt zur Dauerbelastung bei der Fusion (Vereinigung der Bilder des rechten und linken Auges); dies führt zu okkulomotorischem Streß und es kommt zur Vermeidungshaltung.

Die Diagnostik prüft die Abweichung aus der Orthophorie bei erhaltener Fusion. LRS-Kinder wiesen eine Winkelfehlsichtigkeit auf, die teils durch Brillenkorrektur oder durch Operation korrigiert wurde.

Es zeigte sich nach der Korrektur eine Steigerung der Konzentration, ein Nachlassen der motorischen Unruhe, eine Verbesserung der Lesefähigkeit und des Schriftbildes.

Weniger spezifisch wie die vermuteten Zusammenhänge von Lese-Rechtschreib-Schwäche und Störungen im ophtalmologischen Bereich, aber allgemein wegen ihrer großen Vorkommenshäufigkeit bedeutsam, sind *Diagnostik und Therapie bei Aufmerksamkeitsdefizit-, Hyperaktivitätsstörungen* (vgl. 5.6./Linderkamp)

Die mangelnde Selbststeuerungsfähigkeit der aufmerksamkeitsgestörten Kinder wird auf eine defizitäre Regulation des ZNS zurückgeführt. Entscheidend für die Entwicklung von Problemverhalten sind psychosoziale Schutz- bzw. Risikofaktoren.

Die Diagnostik orientiert sich an international gültigen Klassifikationskriterien und erfolgt mehrschrittig, um u.a. die Störungsschwerpunkte, die reaktive Verursachung, den Entwicklungsstand und das Fähigkeits- bzw. das Intelligenzprofil zu erfassen. Die Therapiekonzeption ist multimodal, wobei auch der pharmakotherapeutischen Behandlung eine Bedeutung beigemessen wird, die bei einem hohen Prozentsatz der Kinder wirksam ist. Darüber hinaus sind weitere Maßnahmen erforderlich und wirksam: Selbstinstruktionstraining, soziales Kompetenztraining, Eltern-Kind-Training, strukturelle Familientherapie, Aufklärung und Beratung.

Frühe Förderung kann nur in der Zusammenarbeit gelingen: *„Große Pläne gelingen nur zusammen" – Kombination und Integration von Psychotherapieansätzen in der Frühförderung*

Die wichtigsten Kooperationspartner sind die Eltern: *Elternarbeit in der Frühförderung* (vgl. 6.1./Warnke)

Elternarbeit im Rahmen der Frühförderung umfaßt die vielfältigen Formen des Zusammenwirkens von Eltern und Fachleuten in Pflege, Erziehung und Behandlung sowie sozialer Integration des in seiner Entwicklung bedrohten oder beeinträchtigen Kindes im Vorschulalter. Der Informationsaustausch und die Zusammenarbeit zwischen Fachleuten und Eltern in Diagnostik, Therapieplanung und -durchführung sowie die damit verbundene Effizienzsteigerung von Frühfördermaßnahmen durch Aktivieren elterlicher Ressourcen und Kompetenzen sollen das Wohl des entwicklungsgefährdeten Kindes sichern und seine Entwicklungschancen optimieren. Eine lösungsorientierte Zusammenarbeit mit den Eltern ist auch und gerade dann sinnvoll, wenn die Entwicklung des Kindes primär durch dysfunktionale familiäre Interaktionen und Umweltbedingungen gefährdet ist, wobei die Elternarbeit den Bedürfnissen und Handlungsspielräumen der individuellen Familie angepaßt werden muß.

Kooperation mit den Eltern ist besonders bei einer Verhaltensauffälligkeit angesagt, die eine erschreckend hohe Stabilität bis ins Jugend- und Erwachsenenalter zeigt: *Oppositionelle Verhaltensauffälligkeiten – Symptomatik, Diagnostik und Behandlungsansätze* (vgl. 6.2./Döpfner, Lehmkuhl)

Oppositionelle und aggressive Verhaltensauffälligkeiten entwickeln sich häufig im Alter von drei bis sechs Jahren. Die Therapie von älteren Kindern und Jugendlichen ist häufig sehr schwierig und von begrenztem Erfolg. Im Vorschulalter haben sich dagegen therapeutische Interventionen bewährt.

Hauptursache für die Entwicklung oppositioneller und später aggressiver Verhaltensweisen in der frühen Kindheit sind eine inkonsistente Erziehung und mangelnde Kontrolle, verbunden mit mangelnder Wärme und herabgesetzter Aufmerksamkeit für angemessene prosoziale Verhaltensansätze des Kindes.

Die Diagnostik umfaßt eine multimodale Verhaltens- und Psychodiagnostik einschließlich klinischer Exploration des Patienten, der Eltern und Kindergartenerzieher bzw. Lehrer. In der Behandlung haben sich vor allem verhaltenstherapeutische Konzepte bewährt, die hauptsächlich an der Veränderung der Beziehungskompetenzen der Eltern ansetzen: es werden die Fähigkeit zur sozialen Wahrnehmung und Problemlösung, zur Selbstkontrolle sowie soziale Kompetenzen eingeübt. Eltern und die institutionellen Erzieher werden in das verhaltenstherapeutische Konzept einbezogen. Die Wirksamkeit des Programms ist besonders bei jüngeren Kindern belegt.

Das therapeutische Vorgehen wird an einem 9jährigen Kind exemplifiziert: *Behandlung hyperkinetischer Störungen im Kindesalter – ein Fallbeispiel* (vgl. 6.3./ Döpfner, Frölich, Quast, Schürmann)

Am Beispiel des Kindes Britta verdeutlichen die Autoren das Ineinandergreifen von hyperkinetischen Auffälligkeiten beim Kind mit inkonsistentem Erzieherverhalten, welches schließlich eine klinisch relevante Störung des Sozialverhaltens mit oppositionellem Verhalten hervorrief. Das „Therapieprogramm für Kinder mit hyperkinetischem und oppositionellem Problemverhalten" ist ein multimodales Interventionsprogramm, bei dem verhaltenstherapeutische Interventionen („Behandlungsbausteine") in der Familie, im Kindergarten bzw. in der Schule mit medikamentösen Interventionen anhand der individuellen Problemkonstellation mit Hilfe eines Entscheidungsbaumes indiziert und miteinander kombiniert werden können.

Unter Einbeziehung der Eltern und der Lehrerin konnte bei Britta die Eltern-Kind-Interaktion und die Kooperation des Kindes mit den Eltern und in der

Schule verbessert werden. Britta erlebte eine verbesserte Akzeptanz innerhalb ihrer Klassengemeinschaft, was sie besonders für die Therapie motivierte. Der Therapieerfolg wurde mit Hilfe von Eltern- und Lehrerfragebogen ein Jahr nach der Intensivphase evaluiert und bestätigt.

Solche positiven Erfolge treten in der Frühförderung oft ein. Die Eltern werden für ihre vielfachen Anstrengungen belohnt. Dementsprechend hoch ist die Überzeugung, daß vieles therapeutisch machbar ist. Gleichwohl sind der Machbarkeit Grenzen gesetzt: *„Wenn die Großen weg-üben sollen, was den Kleinen nicht weg-therapiert wurde" – Pädagogischer Aktionismus als mögliche Spätfolge bei ehemals frühbehandelten Schulkindern* (vgl. 6.4./Oelsner)

Frühbehandelte Kinder zeigen in späteren „Schwellensituationen" wie der Einschulung oder dem Wechsel zur weiterführenden Schule oft dezente Ausfälle, Teilleistungsschwächen oder Integrationsstörungen, so daß Eltern auf das aus der Frühförderung bewährte Vorgehen zurückgreifen: Therapieren und Üben. Eltern sollten daher schon früh sensibilisiert werden, daß nicht alle Probleme therapierbar sind, damit Eltern und Kinder im späteren Entwicklungsverlauf Grenzen annehmen können. Am Beispiel eines 17-jährigen Oberschülers, der als Säugling wegen einer Spastik intensiv krankengymnastisch behandelt wurde, wird verdeutlicht, wie dieser jetzt motorisch unauffällige Junge die Dramaturgie seines Lebensstarts immer wieder neu inszeniert, um sich seinen Aufmerksamkeits- und Konzentrationsproblemen nicht stellen zu müssen.

Eine „Überdosierung" des einstmals erfolgreichen Lösungsmodells „Therapieren" führt zu einem späteren Zeitpunkt oft zu Überlastung von Eltern, Kind und Lehrern, die geleugneten Defizite zeigen sich als psychische Auffälligkeiten. In der Frühbehandlung Tätige sollten auch zu einem späteren Zeitpunkt einbezogen werden können, um Probleme zu erklären und Familien zu begleiten.

Eine besondere Aufgabe stellen Kinder mit schwersten Behinderungen dar: *„Kleine Leute vor schwersten Aufgaben" – Konzepte der Förderung schwerstbehinderter Kinder".*

Dazu wird zunächst eine verständige *Einführung und Übersicht* gegeben (vgl. 7.1./Fröhlich). Kinder mit schwersten Behinderungen sind einerseits Kinder, die nach der Entlassung aus der Geburtsklinik schon erkennen lassen, daß sie einen schweren Weg vor sich haben, aber auch Kinder, die durch einen Unfall oder schwere Erkrankung extrem beeinträchtigt sind. Frühe Förderung orientiert sich ebenso wie die Frührehabilitation an vergleichbaren Konzepten: diese sind kompetenz- und ressourcenorientiert. Und da sich menschliche Entwicklung über wechselseitige Austauschprozesse vollzieht, ist der Aufbau von Beziehungen Grundlage jeder Förderung.

Dies wird auch in der *frühen Rehabilitation von Kindern im apallischen Durchgangssyndrom* (vgl. 7.2./Boksch, Ischebeck, Klüting-Somo Watong) versucht. In der stationären Behandlung arbeitet ein interdisziplinäres Team zusammen: medizinische, pflegerische und therapeutische Förderung werden integriert. Das jeweilige Fachpersonal sollte nicht wechseln, sondern durch Verläßlichkeit Beziehungsgrundlagen aufbauen und kontinuierliche Prozesse in Gang zu setzen versuchen. In einem basalen Förderkonzept werden sensible, sensorische, auditive und visuelle Wahrnehmungsmöglichkeiten der kleinen Patienten gezielt und individuell dosiert stimuliert. Nach einer durchschnittlichen Behandlungsdauer von 30 Wochen waren von 98 Patienten sechs verstorben und 37 verblieben im apallischen Syndrom (44%), 26% waren schwer behindert und 31% zeigten nur noch mäßige oder keine Behinderung, mußten aber häufig wegen fortbestehender neuropsychologischer Defizite in einer anderen Schulform, als vor ihrer Erkrankung, unterrichtet werden. Am schwersten betroffen waren die Kinder mit hypoxischen Schäden.

Allerdings sollten Prognosefaktoren nicht das Behandlungskonzept bestimmen.

Interessant sind in der *Frührehabilitation von schwer schädel-hirn-verletzten Kindern* (vgl. 7.3./Melchers) auch neue Bemühungen, die Kinder nach der postakuten Versorgung nicht in eine Rehabilitationsklinik aufzunehmen, sondern mit einem ambulanten neuropsychologischen Rehabilitations-Programm zu fördern. Dabei werden die Eltern in die Therapie einbezogen: dies reicht von der frühen Koma-Stimulation bis hin zur psychotherapeutischen Unterstützung der Eltern. Die Evaluation des Behandlungsprogramms zeigte eine günstige Beeinflussung der kognitiven Restitution und eine Verringerung psychopathologischer Folgen.

Die Situation im Krankenhaus ist für schwerbehinderte Kinder eine schwierige Situation: *Kleine Leute im Krankenhaus – Möglichkeiten der Pflege und Förderung* (vgl. 7.4./Wedde). Neben der medizinischen Versorgung ist auch die Pflege meist von einer Defizitorientierung geprägt: die Pflegekräfte sehen nur das, was das Kind nicht kann. Um die Ziele der Frühförderung auch während eines Krankenhausaufenthaltes zu verfolgen, sollte die Pflege aktivierend und ressourcenorientiert sein. Möglich ist dies durch eine Integration von Elementen der basalen Stimulation in die pflegerischen Handlungen.

Ein zentrales Problem ist für schwerstbehinderte Kinder die Aufnahme einer Kommunikation; viele sind nicht zur Lautsprache fähig. Sie brauchen andere Zugänge und Hilfen.

Dazu werden die *Prinzipien und Grenzen der Kommunikationsförderung im Kontext besonderer Lebensbedingungen* (vgl. 7.5./Hildebrand-Nilshon) betrachtet.

Für die Entfaltung von Kommunikation und Sprache sind fünf allgemeine Prinzipien der frühen Entwicklung von Bedeutung: das Erleben von Selbsturheberschaft und eine Selbstwirksamkeitserwartung, die gemeinsame Aufmerksamkeitsausrichtung von Bezugsperson und Kind, die Affektabstimmung (in dem in einer Art Spiegelungsprozeß die expressive Dynamik des erwachsenen Verhaltens an die expressive Dynamik der kindlichen Aktivität angepaßt wird), eine strukturierte und nach bestimmten Regeln ablaufende Interaktion und schließlich die Fähigkeit, So-zu-tun-als-ob (womit die Fähigkeit gemeint ist, eine theory of mind über das zu entwickeln, was im Kopf des anderen vorgeht).

Um diese Prinzipien in der Frühförderung umzusetzen, bedarf es eines Perspektivenwechsels im Sinne einer nichtdefizitorientierten Sicht von Behinderung, eines Erkennens und Aushaltens ambivalenter Haltungen gegenüber alternativen Kommunikationsformen, positiver Entwicklungsphantasien für Menschen mit Behinderungen und einer Veränderung des antagonistischen Widerspruchs zwischen Intimität der Förderprozesse und Professionalität der Hilfen.

Vor diesem Hintergrund gibt es durchaus *Chancen eines frühen Einsatzes Un-*

terstützter Kommunikation bei Kindern mit einer schweren Behinderung (vgl. 7.6./Leber). Allerdings sind für sehr kleine schwerstbehinderte Kinder Hilfsmittel wie Computer oder Sprechgeräte ungeeignet. Grundsätzlich kann man aber davon ausgehen, daß Kommunikation nicht basal angebahnt werden muß, da Kinder – wie auch immer – sich äußern. Daher gilt es, alles aufzugreifen, was ein Kind „von sich gibt". Bedeutsamster Ansatzpunkt einer kommunikativen Förderung ist das Erlebnis des Kindes, überhaupt etwas bewirken zu können. Darin liegt auch der basale Wert von Hilfsmitteln. Sie bieten dem kleinen Kind die Möglichkeit, seinen (Un-)Willen zu äußern, und sie machen ihm das Verhalten der Erwachsenen verständlich und akzeptabel. Ohne das Erlebnis der Selbstwirksamkeit und der Verläßlichkeit im sozialen Bezug wird es dem Kind kaum möglich, sich auf die frühen Hilfen seiner Förderung einzulassen.

Unterstützte Kommunikation im Vorschulbereich – Möglichkeiten der Förderung von Kindern, die sich nicht oder sehr begrenzt lautsprachlich verständigen können (vgl. 7.7./Franzkowiak). Die Förderung der Kommunikation ist von zentraler Bedeutung, da sie wesentlichen Einfluß auf die Gesamtentwicklung eines Kindes hat. Von daher ist es wichtig, bereits im Vorschulalter in systematischer Form Möglichkeiten der Unterstützten Kommunikation bei behinderten Kindern zu erproben. Der Förderprozeß baut auf dem Sammeln verfügbarer Informationen auf, geschieht nach Schaffung einer vertrauensvollen Beziehung, beinhaltet das Zugeständnis von Geduld und viel Zeit, läßt sich vom Kind und seinen Interessen leiten und sucht erst dann nach geeigneten Techniken und Hilfsmitteln. Im Förderprozeß sind besondere Regeln für „natürlich Sprechende" in der Kommunikation mit nichtsprechenden Gesprächspartnern einzuhalten.

Denn „*auch wer nicht sprechen kann, hat viel zu sagen*". *Unterstützte Kommunikation – Wege zur Verständigung* (vgl. 7.8./Hüning-Meier, Pivit). Durch Unterstützte Kommunikation werden die Betroffenen aus der sozialen Isolierung befreit, Verständigung wird möglich und somit die soziale Integration erleichtert. Unterschiedliche Kommunikationsformen und -mittel unterstützen, ergänzen oder ersetzen die Kommunikation mittels gesprochener Sprache. Im wesentlichen werden körpereigene Kommunikationsformen (Mimik, Gestik, Körperhaltung, Blickbewegungen, Laute, Gebärden) und nicht elektronische Kommunikationshilfen (Objekte / Miniaturen, Bildsymbole, Fotos, Buchstabentafeln) sowie elektronische Kommunikationshilfen (verschiedene Systeme mit synthetischer oder digitaler Sprachausgabe) unterschieden. Körpereigene Kommunikationsformen haben den Vorteil, ständig zur Verfügung zu stehen, erlauben oft eine recht hohe Kommunikationsgeschwindigkeit, sind aber für komplexere Anforderungen nicht geeignet. Nichttechnische Hilfen sind preiswert und einfach in der Herstellung, erlauben oft eine schnelle Kommunikation mit Bezugspersonen, erfordern allerdings ein hohes Entgegenkommen von fremden Personen sowie eine hohe Konzentration. Vorteil der elektronischen Kommunikationshilfen ist im besonderen, daß ohne personelle Hilfe Kommunikation initiiert und selbständig etwas gesagt werden kann.

Frühe Förderung ist immer familienorientiert: *Möglichkeiten der Zusammenarbeit mit Eltern schwerbehinderter Kinder* (vgl. 7.9./Sarimski). Die Zusammenarbeit mit Eltern sollte so früh wie möglich beginnen. Untersuchungen zeigen, daß schon mit der Diagnosemitteilung ein Bedürfnis nach Beratung und psychischer Unterstützung entsteht. Für eine förderliche Interaktion mit ihrem Kind brauchen die Eltern keine besondere Belehrung oder Anleitung. In der Regel genügt es, die Wahrnehmung der Eltern für die Signale ihres Kindes zu sensibilisieren und ihr Vertrauen in die eigenen intuitiven Fähigkeiten zur Gestaltung einer förderlichen Interaktion zu stärken. Dies kann in einer videogestützten Interaktionsberatung anschaulich vermittelt werden. Eine Beratung, die ressourcenorientiert ist, ermutigt die Eltern, ihr Verhaltensrepertoire auszubauen und ihre Lösungsmöglichkeiten fortzuentwickeln. Eine solche Beratungsarbeit ist nur in flexiblen Formen und bei entsprechender Ausbildung der Mitarbeiterinnen/Mitarbeiter in pädagogischen Frühförderstellen möglich.

Unter dem vielen, *„Was man mit Kleinen Großes machen kann"* – *Praxisorientierte Förderkonzepte,* werden einige dieser *Konzepte exemplarisch vorgestellt.*

Das nach seinem Begründer Moshe Feldenkrais benannte *Feldenkrais-Konzept* ist noch nicht *in der Frühförderung* etabliert (vg. 8.1./Shelhav). Ausgehend von dem Begriff der „Bewußtheit" als der Einheit von Denken, Fühlen, Wahrnehmen und Bewegen versteht sich die Feldenkrais-Methode als Lernprozeß, der primär über die Bewegung, also körperlich ausgeübt, geführt und erfahren wird. Da die Methode sich mit dem Bewußtmachen des körperlichen Repertoires des einzelnen Menschen beschäftigt, ist sie unabhängig von körperlichen und geistigen Voraussetzungen und auch unabhängig vom Alter des Menschen. So können auch schwer motorisch und geistig behinderte Kinder in organischen Lernprozessen ihr Potential entwickeln. Ausgangspunkt der Arbeit ist stets das, was das Kind kann bzw. was ihm leichtfällt. Verbesserungen der Orientierung und der Wahrnehmung werden über Bewegung, besonders über die Rotation erreicht. Wenn sich die Qualität der Drehung verbessert, entwickelt sich auch die Orientierung, das Gleichgewicht und die Feinmotorik besser. Es wird angestrebt, das Feldenkrais-Konzept in die Arbeit von Frühförderung, Kindergarten und Schule zu integrieren und zu erproben.

Die *Konduktive Förderung – ein Behandlungskonzept für bewegungsgestörte Kinder* (vgl. 8.2./Müller, Salem) beginnt sich in Deutschland zu etablieren. Der Prozeß wird begleitet von wissenschaftlichen Studien, von denen eine in Kapitel 2.5. dieses Bandes dargestellt ist. Das Konzept geht auf den ungarischen Neurologen und Heilpädagogen Andràs Petö zurück. Konduktion bezeichnet ein komplexes und interdisziplinäres Zusammenführen von Entwicklungs-, Lern- und Erziehungsprozessen. Das Therapieprogramm ist nicht ursachenorientiert, sondern aufgabenorientiert. Ziel ist, die Dysfunktion im Sinne einer Lernstörung zu überwinden und zu einer Orthofunktion hinzuführen. Im Mittelpunkt der Förderung steht die Eigenaktivität des Kindes und die Anregung durch das Umfeld (Gruppensituation). Zentrale Punkte der Förderung liegen im Rhythmischen Intendieren, in alltagsorientierten Handlungen und in der Konduktorin/dem Konduktor als Schlüsselperson, die therapeutische und erzieherische Aufgaben vereint. Die Indikation zur Konduktiven Förderung ist allerdings enger zu stellen als in anderen Behandlungskonzepten (z.B. der Bobath-Therapie). Die untere Altersgrenze ist bei etwa 6 Monaten anzusetzen; die Therapie ist für schwerstbehinderte Kinder weniger effektiv.

In der neuropsychologischen Erklärung *von Entwicklungsverzögerungen und Entwicklungsstörungen* wird nicht zum ersten Mal auf *basale Defizite* sensorischer Verarbeitung, neuronaler Speicherung und *Automatisierung* hingewiesen.

Es mag faszinierend einfach sein, vielerlei Störungen, u. a. die Lese-Rechtschreib-schwäche in verschiedenen sensorischen Automatisierungsdefiziten zu sehen. Diesen Ansatzpunkt greift das Prüf- und Trainingsverfahren nach Warnke auf (vgl. 8.3./Priebs, Warnke). Ausgehend von einer selektiven Prüfung typischer zentraler Funktionen (u. a. Tonhöhenunterscheidung, Richtungshören, auditive und visuelle Ordnungsschwelle) werden in einem Förderprogramm basale Fertigkeiten u. a. durch ein Ordnungsschwellentraining, ein Lateraltraining sowie das Lesen und Synchronsprechen von Pseudotexten geübt. Aus der Praxis werden ermutigende Erfolgsberichte gemeldet. Eine empirische Vergleichsuntersuchung steht noch aus.

In der Praxis hat das Konzept der Sensorischen Integration breiten Niederschlag gefunden. Die *Sensorische Integrationstherapie* (SI) geht *als Behandlungsansatz bei Kindern im Vorschulalter mit Reizregulationsstörungen* (vgl. 8.4./Knipschild) von der Bedeutung der Basissinne – Gleichgewichtssinn, Körpereigenwahrnehmung und Tastsinn – aus. Die Ursache von Reizregulationsstörungen wird in Verarbeitungsstörungen der Basissinne gesehen. Die betroffenen Kinder versuchen diese Defizite auszugleichen, oft mit Handlungen, die von der Umwelt als unerwünscht empfundenen werden. Die Therapiemöglichkeiten der Sensorischen Integration bieten diesen Kinder ein gezieltes Reizangebot an, um eine verbesserte Regulation bzw. Modulation der Reizverarbeitung zu erreichen, damit die Kinder eine angemessene Handlungsfähigkeit erwerben können.

Förderansätze, die sich am Konzept der Sensorischen Integration orientieren, haben bislang nicht ausdrücklich auch die emotionalen Prozesse berücksichtigt. *Sensorische Integration* und emotionale Prozesse verbinden sich im *Konzept der Emotionalen Aufmerksamkeit*(vgl. 8.5./Kaufmann, Wankerl). Es besteht eine enge Wechselwirkung zwischen sensorischer Verarbeitung und emotionaler Bedeutung. Diese Wechselwirkung läßt sich leicht an körpernahen, z. B. Berührungsreizen verdeutlichen. Die Haut hat einerseits Kontakt-, Schutz- und Abwehrfunktion (protopathisches System), andererseits die Funktion des Erkennens und Unterscheidens (epikritisches System). Dies sollte in der Therapie berücksichtigt werden. Zentraler Punkt ist die Aktivierung interner und externer Aufmerksamkeit (awareness). Es gilt, die relevanten Signale beim anderen und bei uns wahrzunehmen. Wenn wir so mit dem Kind im Kontakt sind, entwickeln sich aufeinander eingespielte, sich selbst organisierende Muster. Dieser Prozeß wird als emotionale Aufmerksamkeit bezeichnet.

Viele entwicklungsbeeinträchtigte Kinder zeigen *Schwierigkeiten beim Schreibenlernen.* Diese *graphomotorischen Störungen* können *ergotherapeutisch* (vgl. 8.6./Mlynczak-Pitharn) behandelt werden. Die Entwicklung der Feinmotorik, an deren vorläufigem Ende für Kinder das Schreibenlernen steht, beginnt mit der Geburt und ist an bestimmte motorische Voraussetzungen, wie Körperkontrolle (Gleichgewicht halten) oder Auge-Hand-Koordination gebunden. In dieser Hinsicht beeinträchtigte Kinder fallen meist erst mit Schuleintritt auf, da sie sich sonst „normal" entwickelt zeigen. In der Ergotherapie wird unter Einbezug der Eltern nicht nur die Feinmotorik trainiert, sondern es werden auch eventuelle, mit der graphomotorischen Störung im Zusammenhang stehende Auffälligkeiten des Sozialverhaltens aufgegriffen.

Fragen der Qualität sind ein aktuelles Thema. Sie werden unter dem provokanten Titel *„Verbraucherschutz für kleine Leute"* – *Qualitätssicherung und Qualitätsmanagement in der Frühförderung* diskutiert (vgl. 9.1./Leyendecker). Angesichts der Kostenentwicklung im Sozial- und Gesundheitswesen wird auch nach der wirtschaftlichen Notwendigkeit gefragt. Frühförderung ist allerdings kein Thema, das nur unter ökonomischen Gesichtspunkten zu behandeln ist. Verbraucherschutz in der Frühförderung meint mehr als einen wirtschaftlichen Interessenausgleich zwischen Verbrauchern und Anbietern. Gefragt ist vielmehr, wie das professionelle Handeln in der Frühförderung wissenschaftlich begründet und in eine menschliche Dienstleistung für Kind und Eltern umgesetzt werden kann. Diese Reflexion der Qualität führt daher nicht nur zum Gebot, möglichst gut zu wirtschaften, sie führt auch zu einem klareren Bewußtsein der Kontur des Leistungsangebots. Damit werden Maßnahmen der Qualitätssicherung und des Qualitätsmanagements zu einer Basis der Verbesserung und Fortentwicklung der Arbeit.

„Qualität in der Frühförderung sichern und managen heißt zunächst einmal *Wissen, was wir tun"* (vgl. 9.2./Leyendecker, Wacker). Im Dialog zwischen Theorie und Praxis werden grundlegende Qualitätsfragen aufgeworfen. Dazu muß Qualität in der Frühförderung nicht neu entdeckt oder gar erfunden werden. Viele, die in der Frühförderung tätig sind, leisten sicherlich gute Arbeit. Doch es fehlt ihnen oft die systematische Möglichkeit, den Umfang des eigenen Angebots transparent zu machen, dessen Qualität zu beschreiben, Wege der weiteren Qualitätssicherung zu gehen und die eigene Qualität effektiv zu managen. Dieses ist besonders dringlich, da nach dem novellierten § 93 BSHG der Kostenträger zur Übernahme der Leistungen nur verpflichtet ist, wenn Leistungs-, Vergütungs- und Prüfungsvereinbarungen getroffen sind. Jenseits dieses Zugzwanges haben sicherlich alle in der Frühförderung Tätigen ein Interesse daran, ihre Qualität zu sichern, Standards auf Grund fachlicher Argumente einzufordern und ihre Arbeit konzeptionell weiterzuentwickeln. Diesem Ziel dient ein Forschungsprojekt zu „Qualitätssicherung und Qualitätsmanagement", das in enger Kooperation mit allen Trägern der Freien Wohlfahrtspflege und vielen Einrichtungen der Frühförderung in Nordrhein-Westfalen durchgeführt wird. Dabei stellt ein zentrales Problem die besondere Qualität der Frühförderung dar. Denn neben der Strukturqualität auf der einen und der Ergebnisqualität auf der anderen Seite erweist sich in der Prozeßqualität die interaktionale Dimension als höchst bedeutsam. Da fragt es sich, wie solche Wesensmerkmale wirkungsvoller Frühförderung wie „Autopoiese", „Selbstwirksamkeitserwartung", „gemeinsame Aufmerksamkeitsausrichtung", „Affektabstimmung", „ritualisierte Kontinuität" und „Empowerment" erfasst und bewertet werden können. Um diesem komplexen Ziel näher zu kommen, werden im Forschungsprojekt zunächst der Ist-Zustand und in einem zweiten Schritt Indikatoren zur Feststellung von Handlungsbedarf, der „Soll-Zustand" erfaßt. Damit wird auch deutlich, daß Qualitätssicherung und Qualitätsmanagement keine fix und fertigen Lösungen anstreben, sondern ein kontinuierliches Verfahren der Bewertung und Veränderung darstellen.

Auf dem Weg zu einem besseren „Verbraucherschutz für kleine Leute" ist noch ein gutes Stück Arbeit zu leisten. Zunächst gilt es, den Begriff der Qualität zu erfassen: *Qualität begrifflich gesehen* (vgl. 9.3./Weigel-Tichy). Qualität kann statisch und dynamisch betrachtet werden. Bei ganzheitlicher Betrachtungsweise stellt Qualität das dazwischenliegende Potential dar. Auf ein zweidimensionales Bild reduziert, beinhaltet es zentripetale/zentrifugale und fokussierende/expandierende Kräfte. Demgemäß ist auch Qualität nicht in einem linearen Dreierschritt von Struktur, Prozeß und Ergebnis zu sehen. In einer räumlichen Vorstellung können alle Begriffe dieser Wirkungsdreiheit Ursache, Wirkung und Folge bedeuten. Instrumentarien, die einen solchen lebendigen Prozeß des Wandels und der Veränderung begleiten, sind flexible Dokumentationssysteme – wie sie in Hessen entwickelt und erprobt wurden.

Weiterführende Überlegungen zu dem, was *Qualität* ist, (vgl. 9.4./Giering) führen zunächst zu der Erkenntnis, daß Frühförderung kein materielles Produkt darstellt; denn die „Produktion" der sozialen Dienstleistungen fällt in der Frühförderung zeitgleich zusammen mit ihrer Nutzung, ihrem „Verbrauch". Die Qualität der Frühförderung spiegelt sich wesentlich in Prozessen der Kommunikation, in Beziehungen zwischen Personen, wider. Damit ein Team sich seiner eigenen „Qualitätssicherung" nähern kann, werden Schritte von der eigenen Qualitätssicherung bis zu einem Qualitätsentwicklungskonzept vorgeschlagen.

Damit Qualität sich entwickeln kann, ist zuerst der Schritt *vom Beobachten zum Wissen* zu gehen: *Computerbasierte Analyseprogramme zur Unterstützung einer praxisnahen Qualitätsentwicklung in der Frühförderung* (vgl. 9.5./Peterander). Die Nutzung der neuen Informations- und Kommunikationstechnologien stellt eine bedeutsame Möglichkeit zur Qualitätsentwicklung und deren Sicherung in der Frühförderung dar. Eine differenzierte Erfassung, Speicherung, Vernetzung, Analyse und Präsentation wichtiger Informationen eröffnen für eine empirisch fundierte soziale Arbeit neue innovative Möglichkeiten für Forschung und Praxis. Im einzelnen geht es um spezielle PC-Software, mit deren Hilfe die Diagnose- und Analyseverfahren transparent gemacht und einheitlich durchgeführt werden können; das gleiche gilt auch für die Speicherung von Therapieverläufen und die Erstellung von Abschlußberichten. Mit einem solchen System gewinnt die Einrichtung eine fundierte Grundlage für die Diskussion einzelner Fälle im Team, so daß die vorhandenen Potentiale kooperativen Lernens besser genutzt werden können. Voraussetzung für den praxistauglichen Gebrauch ist eine entsprechende Aus- und Weiterbildung der Mitarbeiterinnen und Mitarbeiter. Die Entwicklung der Programme sollte in enger Zusammenarbeit mit den Frühförderstellen erfolgen. Die Errichtung eines Zentrums für Sozio-Informatik, das Software für den Sozialbereich entwickelt, in den Einrichtungen implementiert, evaluiert und den notwendigen Support gewährt, ist für die weitere qualifizierte Entwicklung zu fordern.

Wie u. a. ein solcher *Weg zur Qualität* beschritten werden kann, wird in der *Arbeitshilfe zur Entwicklung eines Qualitätsmanagementhandbuches in Heilpädagogischen Frühförderstellen* (vgl. 9.6./Hülsken) der Diözesen Münster, Paderborn und Essen beschrieben. Das Projekt wurde in Zusammenarbeit mit 18 Frühfördereinrichtungen durchgeführt. Ziel war es, für jede einzelne der beteiligten Einrichtungen ein „Qualitätssicherungspaket" in Form eines Qualitätshandbuches zu erstellen. Mittlerweile haben die Einrichtungen unter Einbeziehung der Kolleginnen und Kollegen sowie der Träger spezifische Qualitätshandbücher entwickelt, die sich an den Anregungen der Arbeitshilfe orientieren. Damit wird eine Außendarstellung der Einrichtungen möglich und das spezifische Leistungsprofil deutlich.

Einen weiterführenden Weg habe Kolleginnen und Kollegen in Bayern beschritten, indem sie ein *Organisationshandbuch zur Qualitätsentwicklung an interdisziplinären Frühförderstellen* entwickelt haben (vgl. 9.7./Harzer, Kottmann, Schillmaier). Die Leiterinnen und Leiter bayerischer Frühfördereinrichtungen fanden sich in einem „Arbeitskreis Qualität" zusammen; in diesem sammelten sie Kriterien der Arbeit und stellten sie in einem Organisationshandbuch zusammen. Dieses Handbuch folgt dem Modell zur Qualitätssicherung nach Donabedian; demgemäß gliedert es sich in die Dimensionen Struktur-, Prozeß- und Ergebnisqualität. Die theoretischen Qualitätsmerkmale werden auf die praktische Tätigkeit in der Frühförderung bezogen. Es werden die Faktoren benannt, die wesentlichen Einfluß auf die Umsetzung in die Praxis haben, die Schritte der Umsetzung in die Praxis aufgelistet und Methoden zur Qualitätsentwicklung in der Praxis angegeben. Alle Qualitätsaspekte werden inhaltlich gegliedert in die Fragen: Worum geht es? Was ist zu beachten? Wie geht es? Wodurch kann es weiterentwickelt werden? Mit dem Organisationshandbuch wird es möglich, die Arbeitsweisen und Leistungen von Frühförderstellen transparenter zu machen, einen Leitfaden für die Arbeit zu erstellen und auch die Einarbeitung neuer Mitarbeiterinnen/Mitarbeiter zu erleichtern. Anhand festgelegter Kriterien kann eine Optimierung der Angebote, Arbeitsabläufe und der organisatorischen Bedingungen erreicht werden.

Schließlich wird ein wesentlicher Aspekt von Qualität in der Arbeit verdeutlicht: *Methoden der Supervision* (vgl. 9.8./Käsgen, Ott-Hackmann). Supervision ist ein wesentliches Instrument, Arbeitsprozesse zu reflektieren, kritisch zu hinterfragen und zu Problemlösungen beizutragen. Unter systemischer Sicht werden in besonderem die Technik des Konstruktiven Fragens und das Setting des Reflecting Team vorgestellt.

Damit wird eine Perspektive eröffnet, die Frühförderung in einem Prozeß der ständigen Entwicklung sieht, getragen von dem Bemühen, die theoretischen Voraussetzungen kritisch zu hinterfragen, die Konzepte in der Praxis zu evaluieren und Frühförderung in einem hohen Qualitätsstandard zu etablieren, der nicht nur guten Verbraucherschutz für die Nutzerinnen und Nutzer bringt, sondern auch Eltern und Kind als kompetente Partnerinnen und Partner respektiert.

Sachregister

Autorenverzeichnis

Abel, Martina, Dipl.-Psychologin, Gesundheitsamt der Stadt Köln

Barth, Karlheinz, Dr. päd., Dipl.-Psychologe, Beratungsstelle für Kinder, Jugendliche und Erwachsene, Geldern

Beckmann-Hopp, Gudrun, Dipl.-Sprachheilpädagogin, Logopädische Praxis, Köln

Beelmann, Wolfgang, Dr. rer. nat., Psychologisches Institut der Universität zu Köln

Beudels, Wolfgang, Dr. päd., Bewegungserziehung und Bewegungstherapie in Sondererziehung und Rehabilitation, Universität Dortmund

Boksch, Wolfgang, Arzt für Kinderheilkunde, Klinik für Neurochirurgische Rehabilitation, Klinik Holthausen

Boedecker, Monika, Dipl.-Psych., Wissenschaftliche Mitarbeiterin, Pädagogische Psychologie, Universität Gesamthochschule Essen

Büchter, Elke, Dipl.-Psychologin, Zentrum für Frühbehandlung und Frühförderung, Köln

Döpfner, Manfred, Prof. Dr. sc. hum., Klinik und Poliklinik für Psychiatrie und Psychotherapie des Kindes- und Jugendalters, Universität zu Köln

Enders, Angelika, Dr. med., Kinderklinik und Kinderpoliklinik im Dr. von Haunerschen Kinderspital der Ludwig Maximilians Universität München

Franzkowiak, Thomas, Sonderschullehrer, Westf. Schule für Körperbehinderte, Olpe

Fritz, Annemarie, Prof. Dr. rer. nat., Pädagogische Psychologie, Universität Gesamthochschule Essen

Fröhlich, Andreas, Prof. Dr. päd., Institut für Sonderpädagogik, Universität Koblenz-Landau

Frölich, Jan, Dr. Dr. med., Klinik und Poliklinik für Psychiatrie und Psychotherapie des Kindes- und Jugendalters, Universität zu Köln

Giering, Dietrich, Dipl.-Soziologe, Ministerialrat, Planungsreferat, Hessisches Sozialministerium, Wiesbaden

Götz, Claudia, Dipl.-Heilpädagogin, Zentrum für Frühbehandlung und Frühförderung, Köln

Gorzny, Fritz, Dr. med., Augenärztliche Praxis, Koblenz

Groneck, Peter, PD Dr. med., Pädiatrische Klinik, Kliniken der Stadt Köln

Harzer, Waltraud, Dipl.-Psychologin, SOS-Entwicklungsdiagnostische Beratungsstelle, Landsberg/Lech

Hildebrand-Nilshon, Martin, Prof. Dr. phil., Institut für Arbeits-, Organisations- und Gesundheitspsychologie, Freie Universität Berlin

Horstmann, Tordis, Dr. päd., Dipl.-Psychologin, Zentrum für Frühbehandlung und Früh-förderung, Köln

Hülsken, Heiner, Dipl.-Sozialpädagoge, Diözesan-Caritasverband, Münster

Hüning-Meier, Monika, Sonderschullehrerin, Westf. Schule für Körperbehinderte, Bad Oeynhausen

Ischebeck, Werner, Prof. Dr. med., Klinik für Neurochirurgische Rehabilitation, Klinik Holthausen

Jochheim, Kurt-Alphons, Prof. Dr. med., Erftstadt/Lechenich

Käsgen, Rainer, Dipl.-Psychologe, Psychologisches Privatinstitut für Systemische Bera-tung, Hamburg

Kaufmann, Ernst, Dipl.-Psychologe, Entwicklungsberatung, Konsultation, Aachen

Klüting- Somo Watong, Nicole, Dr. med., Klinik für Neurochirurgische Rehabilitation, Kli-nik Holthausen

Knipschild, Iris, Ergotherapeutin, Zentrum für Frühbehandlung und Frühförderung, Köln

Kottmann, Günter, Dipl.-Psychologe, SOS-Kinderzentrum Garmisch Partenkirchen

Leber, Irene, Sonderschullehrerin, Private Schule für Körperbehinderte des Caritasver-bandes, Pforzheim

Lehmkuhl, Gerd, Prof. Dr. med., Klinik und Poliklinik für Psychiatrie und Psychotherapie des Kindes- und Jugendalters, Universität zu Köln

Leyendecker, Christoph, Prof. Dr. rer. nat., Sondererziehung und Rehabilitation bei Kör-perbehinderung, Universität Dortmund

Linderkamp, Friedrich, Dr. phil., Sonderpädagogische Beratungsstelle, Universität Dort-mund

Lohse-Busch, Henning, Dr. med., Ambulanz für Manuelle Medizin, Rheintalklinik Bad Krozingen

Mayr, Toni, Dipl.-Psych., Staatsinstitut für Frühpädagogik, München

Melchers, Peter, Dr. rer. nat., Klinik und Poliklinik für Psychiatrie und Psychotherapie des Kindes- und Jugendalters, Universität zu Köln, und Kreiskrankenhaus, Gummersbach

Michaelis, Richard, Prof. Dr. med., Tübingen

Mlynczak-Pithan, Ute, Ergotherapeutin, Coburg

Müller, Ingrid, Dr. med., Zentrum für Frühbehandlung und Frühförderung, Köln

Oelsner, Wolfgang, Sonderschulrektor, analytischer Kinder- und Jugendlichenpsychothera-peut, Schule für Kranke in der Universitätsklinik Köln

Oskamp, Ulrich, Prof. Dr. päd., Pädagogik der Körperbehinderten, Universität zu Köln

Ott-Hackmann, Harald, Dipl.-Sozialpädagoge, Psychologisches Privatinstitut für Systemi-sche Beratung, Hamburg

Peterander, Franz, Prof. Dr. phil., Frühförderung, Ludwig-Maximilians-Universität Mün-chen

Pivit, Conny, Sonderschullehrerin, Beratung ISAAC Deutschland, Gesellschaft für Unterstützte Kommunikation e. V., Albatros-Schule, Bielefeld

Priebs, Reinhard, Motopäde, Zentrum für Frühbehandlung und Frühförderung, Köln

Quast, Christiane, Dipl.-Psychologin, Klinik und Poliklinik für Psychiatrie und Psychotherapie des Kindes- und Jugendalters, Universität zu Köln

Salem, Hanan, Konduktorin, Köln

Sarimski, Klaus, Dr. rer. nat., Dipl.-Psychologe, Kinderzentrum München

Schillmaier, Anna, Dipl.-Sozialpädagogin, Arbeitsstelle Frühförderung Bayern, München

Schlack, Hans Georg, Prof. Dr. med., Kinderneurologisches Zentrum, Bonn

Schmidt-Denter, Ulrich, Prof. Dr. phil., Psychologisches Institut, Universität zu Köln

Schneider, Ursula, Ergotherapeutin, Zentrum für Frühbehandlung und Frühförderung, Köln

Schürmann, Stephanie, Dipl.-Psychologin, Klinik und Poliklinik für Psychiatrie und Psychotherapie des Kindes- und Jugendalters, Universität zu Köln

Shelhav, Chava, Dr. Ph. D., Feldenkraiszentrum Chava Shelhav GmbH, Neuss – Tel Aviv

Wacker, Elisabeth, Prof. Dr. rer. soc., Soziologie in Sondererziehung und Rehabilitation, Universität Dortmund

Wankerl, Elisabeth, Ergotherapeutin, Praxis für Ergotherapie, Rheinbach-Ramershoven

Warnke, Andreas, Prof. Dr. med., Klinik und Poliklinik für Kinder- und Jugendpsychiatrie und Psychotherapie, Universität Würzburg

Warnke, Fred, Kommunikationsberater, Wedemark

Wedde, Marlies, Kinderkrankenschwester, Lehrerin für Pflegeberufe, Kinderkrankenpflegeschule, Städt. Klinikum Duisburg, Wedau-Kliniken

Weigel-Tichy, Nina, Referat Frühförderung, Hessisches Sozialministerium, Wiesbaden

Zobel, Eva, Ergotherapeutin, Zentrum für Frühbehandlung und Frühförderung, Köln

Martin Thurmair / Monika Naggl

Praxis der Frühförderung

Einführung in ein interdisziplinäres Arbeitsfeld

Mit einem Geleitwort von Otto Speck
2000. 279 Seiten. 10 Abb. UTB-S (3-8252-2171-7) kt

Das vorliegende Lehrbuch beschreibt und analysiert das Arbeitsfeld der interdisziplinären Frühförderung systematisch nach seinen Bereichen der Förderung und Therapie der Kinder, der Zusammenarbeit mit den Eltern und den institutionellen Voraussetzungen, die die Qualität der fachlichen Angebote sichern. Die Autoren vermitteln interdisziplinäres Grundlagenwissen und wichtige Forschungsergebnisse. Mit zahlreichen Praxisbeispielen illustrieren sie die Arbeitsschritte des Frühförderprozesses: Diagnostik, Therapie, Förderung und Elternberatung. Die Prinzipien der Ganzheitlichkeit, Familienorientierung, Interdisziplinarität und Vernetzung werden für professionelles Handeln fruchtbar gemacht.

Aus dem Inhalt

Grundlagen und allgemeine Prinzipien

Die Eingangsphase

Allgemeine Aspekte im Ablauf der Förderung und Therapie

Das Thema Behinderung in der Förderung

Mit Eltern über die Behinderung reden

Die Förderstunde

Familienorientierung in der Frühförderung

Mobiles Arbeiten als Routine oder Angebot

Der Abschluß der Frühförderung

Schweigepflicht und Datenschutz

Ernst Reinhardt Verlag München Basel

Beiträge zur Frühförderung interdisziplinär:

1 Familienorientierte Frühförderung

Dokumentation des 6. Symposiums Frühförderung Hannover 1991
Hrsg. von der Vereinigung für Interdisziplinäre Frühförderung e.V.
1991. 155 Seiten. (3-497-01239-4) kt

Ohne Familienorientierung sind therapeutische Anstrengungen „am Kind" weitgehend vergeblich. Die Einbeziehung der Familien in die Bemühungen, Kindern bei ihrem „Lebensstart unter kritischen Bedingungen" (O. Speck) zu helfen, umfaßt dabei ein weites Spektrum von Anliegen. Es wird in diesem Band in ausführlichen Beiträgen und instruktiven Mitteilungen ausgebreitet.

2 Frühförderung im Team

Förderverläufe aus der Sicht von Eltern und Fachkräften

von K.-P. Herberg / H. Jantsch / C. Sammler

Mit einem Geleitwort von Otto Speck
1992. 204 Seiten. (3-497-01274-2) kt

Die elf beschriebenen Förderverläufe zeigen die Kette von Diagnose-, Behandlungs- und Fördermaßnahmen die Familie mit den unterschiedlichsten Fachkräften aus Kliniken, Frühförderstellen, medizinischen/therapeutischen Praxen, Kindergärten u. a. Einrichtungen verbindet. Durch seine Praxisnähe und die konkreten Erfahrungsberichte ist das Buch informativ und besonders hilfreich für betroffene Eltern.

Ernst Reinhardt Verlag München Basel

3 Früherkennung von Entwicklungsrisiken

Dokumentation des 7. Symposiums Frühförderung Tübingen 1993
Hrsg. von der Vereinigung für Interdisziplinäre Frühförderung e.V.
1993. 155 Seiten. (3-497-01301-3) kt

Wirksame Prävention von Gefährdungen in der kindlichen Entwicklung braucht Früherkennung. Früherkennung ist die Handlungsgrundlage der Frühförderung. Dieser Band gibt einen grundlegen Überblick über den fachlichen Stand der Früherkennung und setzt Impulse für die theoretische und praktische Weiterentwicklung.

4 Frühförderung und Integration

Beiträge vom 9. Symposion Frühförderung in Köln 1997
Hrsg. von der Vereinigung für Interdisziplinäre Frühförderung e.V.
1998. 128 Seiten. 6 Abb. (3-497-01462-1) kt

Die Beiträge des vorliegenden Bandes analysieren und reflektieren Prozesse der Frühförderung unter integrativem Anspruch. Sie befassen sich mit der Frühförderung als System, mit spezifischen Merkmalen von Therapie und Förderung, mit besonderen Situationen und thematisieren auch die gesellschaftlichen Strömungen, die Integration gefährden.

Ernst Reinhardt Verlag München Basel

5 Autonomie und Dialog – kleine Kinder in der Frühförderung

von Jürgen Kühl (Hrsg.)

98 Seiten. 2 Abbildungen. 2 Tabellen. (3-497-01496-6) kt

Die neuere Säuglings- und Bindungsforschung hat den „kompetenten Säugling" entdeckt. Babys und kleine Kinder können Reize sensibel wahrnehmen und darauf reagieren. Auch Kinder mit Entwicklungsbeeinträchtigungen verfügen über das Potential, Beziehungen zur Umwelt aufzubauen, werden jedoch häufig „mißverstanden". Hier greift die Frühförderung stützend ein, indem sie das Verhalten dieser Kinder beobachtet, systematisch reflektiert und den Eltern verständlich macht.

7 Frühförderung mit Kindern und Familien in Armutslagen

von Hans Weiß (Hrsg.)

2000. ca. 225 Seiten. ca. 5 Abb. ca. 10 Tab. (3-497-01539-3) kt

Entwicklungsgefährdete Kinder, die unter ökonomischer Benachteiligung aufwachsen, sind mit zusätzlichen Risiken konfrontiert. Das Buch verdeutlicht die Zusammenhänge von Armut und Behinderung und Entwicklungsgefährdung. Es beinhaltet Informationen über Forschungsergebnisse, anwendungsorientierte Strategien über die Beziehungsdynamik in den Familien und zwischen Familie und Fachleuten sowie über institutionelle Hilfesysteme und gesetzliche Rahmenbedingungen.

Ernst Reinhardt Verlag München Basel